教书育人

出人才出成果

邓子基
于厦门大学
2009. 12.

财政老兵
事业前行

邓子基

资深教授
百年诞辰纪念文集

本书编写组　编

厦门大学出版社　国家一级出版社
XIAMEN UNIVERSITY PRESS　全国百佳图书出版单位

图书在版编目（CIP）数据

财政老兵 事业前行：邓子基资深教授百年诞辰纪念文集 / 本书编写组编. -- 厦门：厦门大学出版社，2023.6

ISBN 978-7-5615-8967-0

Ⅰ．①财… Ⅱ．①本… Ⅲ．①邓子基－纪念文集 Ⅳ．①K825.31－53

中国版本图书馆CIP数据核字(2023)第069025号

出 版 人	郑文礼
责任编辑	江珏玙
美术编辑	李夏凌
技术编辑	朱 楷

出版发行　厦门大学出版社

社　　　址	厦门市软件园二期望海路 39 号
邮政编码	361008
总　　机	0592-2181111　0592-2181406(传真)
营销中心	0592-2184458　0592-2181365
网　　址	http://www.xmupress.com
邮　　箱	xmup@xmupress.com
印　　刷	厦门市竞成印刷有限公司

开本	787 mm×1 092 mm　1/16
印张	28.5
字数	600 千字
版次	2023 年 6 月第 1 版
印次	2023 年 6 月第 1 次印刷
定价	128.00 元

厦门大学出版社
微信二维码

厦门大学出版社
微博二维码

财政老兵 事业前行

邓子基资深教授百年诞辰纪念文集

编写组成员

刘瑞杰　刘　晔　洪金镖　唐文倩

郑俊峰　邓　明　邓力平

序言

经世之子　治学强基

　　"冬至冬至冬，你家冬至我家空，待到金榜题名时，不是冬至也是冬……"这是一首久远流传于闽西的客家民谣，邓子基先生经常挂在嘴边。它寄托了风雨如晦的旧社会底层贫苦大众对孩子的无限期望，也激励着邓子基先生一生不畏艰难、拼搏奋斗。

　　求学旅沧桑，梅花苦寒香。先生出生于闽西沙县，幼失父母，伶仃孤苦，负箧曳屣，瘦影当窗。历经坎坷，奋发求学，深知唯有不懈拼搏，掌握知识方能改变命运。先生年少即已崭然见头角，1943年因成绩优异被保送到国立政治大学，1947年毕业后被分配到江苏省泰州县税务局。1949年参加福州"民革"地下组织，积极从事爱国革命活动。1950年7月，以福州考区第一名的成绩入王亚南教授门下研习财政学，后又留校任教，矢志教育报国。先生传承师道，治学严谨，器局开阔，才具优长，深得师门之风。

　　三尺杏坛间，六秩磨一剑。从助教、讲师，到副教授、教授，再到文科资深教授，先生自喻为长期战斗在教学科研一线的"老兵"。先生立德树人，著论甚丰，是新中国财政学的重要奠基人和开拓者之一。先生1980年加入中国共产党，始终坚持运用马克思主义的立场、观点、方法开展研究，系统梳理、深入阐释马克思主义财政思想，对财政本质、财政职能、财政范围、财政属性等财政基础理论问题进行了全面深入的研究，公开出版的专著、译著、教材共计75本，发表重要论文500多篇，累计2000余万字。2017年4月，中华人民共和国财政部和中国财政学会授予先生首届"中国财政理论研究终身成就奖"。

问道持真理，主流岿然立。20世纪60年代初，作为青年学者的先生坚持学术真理，注重学术创新，极力倡导"国家分配论"。先生笔耕不辍，通过一系列论著逐步夯实了"财政的本质是以国家为主体的分配关系"这一主流学术理论基础，全面、系统、完整地提出"国家分配论"的财政本质观。先生提出建立健全财政学这门原理科学的设想，对于构建新中国财税理论体系大厦具有重要的指导意义。先生积极投身教学实践，时刻不忘党性教育，为财政学科的建设与发展做出了卓越贡献。厦门大学财政系也在先生的带领下，日益枝繁叶茂，为全国财政系统源源不断输送青年才俊，更添财政事业的勃勃生机。

文章与时进，立论为人民。改革开放后，先生始终倡导、坚持与发展"国家分配论"，提出了许多精湛而富有新意的学术观点，特别是在理论层面整合"公共财政论"，并且取得了"双重（元）结构财政""一体五重""一体两翼"等累累硕果。此外，在建设中国特色社会主义市场经济的大背景下，先生在财政政策、国资管理、国有资本财政、税利分流、涉外税收、国际税收等方面提出了许多建设性意见，并为内外资企业所得税并轨积极建言，终见其成。先生的理论主张在我国财政学界独树一帜，并长期指导我国社会主义财政基础理论研究与财政管理实践，在政学两界深孚众望，广受推崇。各级政府及财政部门常以先生之学术思想、理论成果为内在肌理，见之于政策，付之于实践，力求生财有道、聚财有方、用财有据，为经济建设与民生福祉发挥重要的作用。

老兵传薪火，桃李欣满园。先生亦以"得天下英才而教育之"为平生最快意之事，长年不倦耕耘于三尺讲台，不辞繁剧，更兼有教无类，大木为宋，细木为桷，各得其宜，为培养新中国财经人才倾注了大量心血。随着研究生制度的实行，先生又成为我国高等院校中最早招收财政学硕士生、博士生的导师之一，虽至耄耋之年，却如伏枥老骥，坚守教学一线，一生为国家培养了108名博士、300多名硕士，财经人才更是数以万计。昔时春风化雨，换却今日桃李芬芳。如今先生弟子遍布海内外，多已为行业精英翘楚，居机枢要津者亦不乏其人，渐成经济社会发展之中坚。

念故乡教育，系桑梓后生。从大山深处走来，先生始终铭记一路曾经保护过他、帮助过他的好心人，传承大爱努力回馈家乡、社会。正如其所言："人生要掌握两把钥匙：

治学的钥匙、做人的钥匙。"对家乡唯一的大学三明学院升本建院，先生倾尽全力给予极大的支持和帮助。2007年，先生发起成立"福建省邓子基教育基金会"，这是福建省第一个由教授发起的非公募教育基金会，他四处奔走筹款、倾囊相助，资金全部用于奖励优秀师生、资助特困师生。十余年来，基金资助的范围从沙县不断扩大到全省、全国。

习近平总书记在党的二十大报告中，向全党全军全国各族人民发出号召：用新的伟大奋斗创造新的伟业。那一刻，脑海里浮想起先生在历届学生的第一堂课上总要叮嘱的："人贵有志，人各有志；刻苦励志，奋发拼搏；坚持不渝，必有成就；服务人民，矢志奉献。"作为马克思主义经济学家、财政学家、教育家，先生一直秉承马克思主义研究方法，他认为，对待马克思主义，应先坚持、后发展，重在"发展论"，反对"僵化论"，更反对"过时论"。对待西方学术理论，先生主张学习、分析、批判、吸收，重在"消化论"，反对"排斥论"，更反对"照搬论"。先生始终专注于我国财政基础理论与财政政策、财政与宏观调控理论研究，扎根中国大地，立足时代前沿，阐幽发微、立论求真，与时俱进、开拓创新。

在此，引用先生的一位博士生在2009年厦门大学经济学院财政系金融系建系80周年之际写下的《难忘邓子基老师》一文的片段：

　　邓老师是我的学习榜样。邓老师以他自己的一言一行、亲力亲为所体现出来的严谨认真一丝不苟的学风、诲人不倦循循善诱的师风、不怕挫折直面困难的气势、与时俱进不懈探求的勇气、坚持真理无所畏惧的骨气，已经深深地影响和教育着我们。在邓老师身上，我们的确有许多应当学习感悟的东西。我们现在也年过半百了，尤以下面两点为最：一是坚持学习，永不满足。邓老师从事教学科研几十年，笔耕不辍，年年有新论文面世，岁岁有新专著出版。真是不得了，了不得。一生勤奋、勤奋一生，这正是我等后辈应当一生学习仿效的。二是勇于探索，与时俱进。财政是以国家为主体的分配。财政的这一本质决定了财政理论政策必须始终紧密结合新时期新形势，按照党和政府的方针政策适时地总结、提炼、修正、完善。财政工作不可能游离于现实之外，不可能游离于改革开放和国民经济发展的实践之外，因此，财政理论必须与党和国家的方针政策同行，必须与时俱进。邓老师的论文、专著无一不反映和体现了这个鲜明特点。也正因为如此，由邓老师创研和坚持的"国家分配论"始终闪烁着马克思主义基本原理和中国特色社会主义理论体系的真理光芒，始终充满活力而生机勃勃，始终对社会主义财政工作发挥着巨大的影响和指导作用。真是难能可贵。夜深了，窗外已经一片寂静安详，想必母校也是如此。再度翻阅母系发来的邀请函，真有了种文中所描述的感觉：流年逝水，别梦依稀。难忘母校！难忘母系！难忘邓子基老师！

字里行间，家国情怀融为一体，思念之情喷涌而出！

在先生100周年诞辰之际，谨以此书追忆先生历经磨难、追求卓越的一生，也激励广大后学后生为中国式现代化不懈奋斗。

全书篇章结构分为：第一部分"初心如炬　点亮理论之光"，选取先生不同历史时期具有代表性的学术论文16篇，这些文章发表于不同时期，为表尊重，所引文章均保留原貌；第二部分"使命如磐　勇担时代重任"，选载社会各界对先生的访谈、报道、解说等；第三部分"师恩如灯　烛照桃李深情"，集结邓门学子对老师的感恩感怀文章。当然，百年奋斗历程集于一书，加之笔者能力有限，如有纰漏，望各位读者雅正，也希望抛砖引玉让大家帮我们找出更多被淹没和遗忘的史实。

寥寥数言，难尽表殷殷思怀之情。书短意长，唯愿先生的伟岸风骨和治学精神生生不息，代代相传！

目 录

第一部分 | 初心如炬 点亮理论之光

1

第二部分 | 使命如磐 勇担时代重任

第三部分 | 师恩如灯 烛照桃李深情

初心如炬

点亮理论之光

略论财政本质

长期以来，经济学界对财政的本质进行了争论。其所以争论，是因为，财政这一特殊的经济现象具有强烈的历史性与阶级性，人们对财政这一概念的理解不同；加上人们去探讨时，在思想方法上又不尽一致。所以，对财政本质的认识，仁者见仁，智者见智。

毛泽东同志指出："每一物质的运动形式所具有的特殊的本质，为它自己的特殊的矛盾所规定。这种情形，不但在自然界中存在着，在社会现象和思想现象中也是同样地存在着。"[1] 可见，要探讨财政这一经济现象的本质必须抓住它所固有的特殊矛盾，即它所固有的特殊的经济关系。

在资本主义制度下，资产阶级经济学者由于他们的阶级偏见的限制，不敢也不能真正地去揭示资本主义财政的矛盾及其本质。他们把财政抽象地看作是满足所谓"福利国家"需要的公共经济或国家经济，用现象的列述掩盖着剥削的本质。关于这，我不去讨论它。

在我们社会主义社会里，经济学界在探讨财政本质问题上也经历了一段较长过程。

最早，有的同志把社会主义国家财政理解为国家利用货币的形式与方法。这个观点把财政看作是社会主义国家采取的措施，忽视了财政的客观基础与本质。于是，有的同志进而把财政理解为货币资金。但这一论点仍未能揭示财政本质。后来，有不少同志提出了新见解，认为财政以商品货币经济的存在为前提，认定财政是商品货币经济产生与发展的产物，是商品货币经济所决定的这种或那种形成分配与使用财政资源的社会关系；而且有的同志确认财政的本质就是"形成、分配与使用货币基金的一种货币关系的体系"[2]。诚然，这种论点比以前的论点前进了一大步。因为它接触到了财政的矛盾与本质，指出财政不是利用货币的技术措施，不是货币资金本身，而是反映社会关系的货币关系。应该指出，这种论点在认识财政本质问题上做出了不能抹杀的巨大贡献。正因为如此，一二十年来，财政是货币关系的论点在财政论坛上占着主要地位，普遍地被传播着。但是，它仍有值得进一步商榷的地方。因为不仅财政历史实践是不尽相符的，而且在理论概括和逻辑上也是不够完整、不确切的。换句话说，它不能全然揭示财政运动的矛盾及其所规定的本质。

---

[1] 《矛盾论》，《毛泽东选集》第2卷，人民出版社1952年第1版，第775页。

[2] 参见《经济译丛》1959年第2期，第37-38页；《经济研究》1961年第5期，第68页。

财政本质应该是什么呢？我认为，讲得完整一些，它是人类社会各个不同社会形态国家为实现其职能并以其为主体无偿地参与一部分社会产品或国民收入的分配所形成的一种分配关系，简称为财政分配关系。我不同意财政是一种货币关系体系的论点。

　　为什么？我打算从下列三个方面进行考察。

　　首先，可以从财政产生、发展的历史考察中得到证明。

　　大家知道，财政是人类社会分裂为敌对阶级、出现了国家以后的产物。财政随着国家的产生而产生，随着国家的存在而存在，随着国家的发展而发展。财政始终同国家密切地联系着。这是本质的联系。

　　在原始公社时期，原始人过着共同劳动、共同消费的生活，没有私有制，没有阶级划分，没有人剥削人的现象。到了原始公社末期，由于社会分工与交换发展的结果，逐渐产生了私有制，社会上分裂为奴隶主与奴隶两大阶级，形成了奴隶占有制的生产方式。私有制的产生和社会分裂为阶级，这就在客观上需要国家权力。因为奴隶主要保持占有生产资料与生产者奴隶本身的特权，强迫奴隶服从自己统治，镇压奴隶的反抗，必然要组织暴力机关，如监狱、法庭、警察、军队及其他强制机构。这样，国家产生了。如西方古代的雅典国家与罗马国家以及我国古代的殷商国家就是这样产生的。奴隶主阶级为了维持这种国家，实现其对内压迫奴隶、对外进行战争的职能，就必须消耗一定的物质资料（社会产品）。因此，奴隶制国家就以政治权力采取税捐（这是最早的财政范畴）形式无偿地在物质生产领域以外再分配一部分由劳动人民生产的社会产品来满足需要。这样，就产生了财政。

　　古代奴隶制国家的统治者——奴隶主或帝王不仅直接对奴隶进行剥削、获得劳动地租与实物贡赋，而且还通过国家向当时由社会分工而出现的手工业者、商人以及城市自由民课征实物形式与货币形式的税捐。如西方古代的土地税、关税、果园税、葡萄园税、牲畜税、建筑税等，其中主要是实物形式的税捐。这些税捐都是劳动者生产的产品或其劳动所得。这说明了财政一产生就是一种与国家有本质联系、以剥削为特点的分配关系。至于当时财政主要采取实物形式，这是因为在奴隶制时期生产力低微、自然经济占统治地位的缘故。

　　随着不同社会形态国家的更迭，财政也不断得到发展。在阶级社会里，不论哪一种社会形态国家，由于建立在生产资料私有制的基础上，它总是统治阶级压迫被统治阶级的工具。既然如此，各个不同社会形态国家的财政都是阶级国家为实现其职能并以其为主体无偿地参与一部分社会产品的再分配从以满足需要所发生的一种以剥削为内容、具有对抗性矛盾的分配关系。其所不同的只是由于商品货币经济的逐渐发达，财政由主要采取实物形式发展到逐渐较多地甚至主要采取货币形式。在封建社会时期，在强迫的劳役地租和实物地租让位给货币地租的同时，国家的货币形式税收也逐渐提高了比重。如那时土地税、矿山税、渔业税等采取了货币形式。当时封建帝王国家由于对内统治事务的发展与对外战争频繁等原因出现了不足开支的现象，为了应付这种局面，于是加重了税捐，使税收日益占了重要地位，而且还发行了公债。封建国家这样通过税捐、公债对被统治阶级的压迫剥削为当时封建社会的财政特征。在封建社会时期，财政虽然比奴隶社会时期较多地采取货币形式，但仍大量采取实物形式。在我国封建社会时期，"田赋"的缴纳长期采用实物形式。如唐代租庸调制（租即纳粟，庸即劳役，调即纳绢、绫、絁、绵、布、麻）。清代的"漕粮"也是实物形式税收。到了资本主义社会，财政随着资产阶级国家实现其对内统治劳动人民特别是工人阶级与对外进行掠夺、侵略战争的职能的需要，随着资产阶级国家这个官僚统治机构的渐趋庞杂臃肿，财政的收支活动远较封建社会为发达。税收占着非常重要的地位。税收成了资产阶级国家的物质基础。不仅如此，公债发达起来了。公债的还本付息又只能依靠税收来解决。这样税收又成为国债的补充手段。资本主义财政这样随国家的发展而发展了以后，由于商品货币经济的高度发达，财政才主要采取了货币形式。即使资本主义财政主要采取货币形式，但在战争时期也实行实物税。在我国国民党政府统治时期，就实行过"田赋征实"。然而，不论财政从主要采取实物形式到主要采取货币形式，它的本质并没有变化，那就是阶级社会的国家为实现其职能并以国家权力所有者这一主体身份参与一部分社会产品的再分配所发生的一种分配关系。当然这是由生产资料私有制决定的、以国家为主体、以剥削为特征的一种分配关系。

在社会主义时代，工人阶级专政的国家是一种新型的国家。它建立在生产资料社会主义所有制基础上。这里，消灭了私有制，没有人剥削人现象。生产资料公有制这一经济基础决定了社会主义国家职能的新内容，它除了发挥着形式类似、实质不同的镇压国内被推翻的阶级敌人和保卫国家、抵抗外来侵犯的对内外职能之外，还增加了由生产资料公有制与社会主义国家本质所决定的新职能，即组织经济与组织文化教育工作的职能。因而使国家不仅以国家权力所有者这一主体身份无偿地对一部分社会产品或国民收入进行再分配以满足需要，而且还以生产资料所有者这一主体身份组织社会主义扩大再生产，直接地参与物质生产领域，无偿地参与一部分社会产品或国民收入的分配与再分配。这样，社会主义国家这一主体就成了国家权力所有者与生产资料所有者的结合体。国家这一主体就以两重身份无偿地参与一部分社会产品或国民收入的分配与再分配，使分配产品的范围由非物质生产领域扩展到物质生产领域。这是社会主义国家财政不同于资本主义国家及其以前所有阶级国家财政的基本特征之一。尽管如此，社会主义国家财政仍是国家为实现其职能并以其为主体无偿地参与一部分社会产品的分配与再分配所形成的一种分配关系。这即是社会主义国家财政具有与阶级社会国家财政共同的一般本质。其不同的乃是生产资料公有制决定了的社会主义国家财政不再有剥削内容与对抗性矛盾，而具有反映人民根本利益这一新的特殊本质。由此可见，凡由国家为主体无偿地参与社会产品的分配而形成的分配关系乃是人类社会各个不同社会形态国家财政的质的同一性或普遍性；而由不同生产资料所有制决定的每个特殊社会形态国家财政则又具有与其他特定社会形态国家财政相区别的质的差别性或特殊性，这也就是我们通常所说的财政的阶级性或社会性质。

至于社会主义国家财政为什么主要采取货币形式，这是因为在社会主义社会里尚存在高度发达的商品货币经济，财政利用价值形式更便于分配与再分配社会产品或国民收入，更便于促进工农业生产与商品流转的发展，但也并没有排斥实物形式。如苏联在新经济政策时期，于1921年3月颁布命令实行征收谷物的实物税代替余粮征集制；而且还对马铃薯、油脂、种子、亚麻与大麻纤维、烟草、干草、园圃业、瓜果业的产品、乳制品、肉类、鸡蛋、家禽、皮革原料、毛皮、养蜂业产品实行了实物税。到1921年末，苏联实行的实物税共有12种，产品达18种以上。到1923年实行统一农业税法令后，仍以裸麦或小麦的普特数额来计算与表示，虽然一部分改用货币征收，一部分仍保留实物形式。直到1926年实行了农业税改革后才采用货币形式。苏联在新经济政策时期还发行了实物公债。在卫国战争时期，苏联人民以自愿捐献实物（主要为农产品与贵重物品）支援保卫祖国的斗争。再以我国为例，从1949年到现在，农业税仍采取实物形式征收，通称"公粮"。

我认为，了解、分析上述这些历史事实与社会主义财政实践，对于我们去认识财政是国家产生与发展的产物而不是商品货币经济产生与发展的产物，从而认识财政的本质是一种以国家为主体的分配关系而不是什么货币关系，是很有帮助的。

讲到这里，我还要强调指出：在讨论财政本质问题时必须尊重历史事实并从不同表现形式中揭示财政这一事物产生的客观依据与本质这一方面，马克思与恩格斯为我们做出了典范，因而他们的指示对于我们探讨财政本质具有重要指导意义，并富有重大启发作用。

马克思与恩格斯讨论资本主义社会及其以前各社会形态的财政时，总是把财政同国家本质地联系着，而不是把财政同商品货币经济本质地联系起来。马克思于1847年在《道德化的批评和批评化的道德》一文中指出："从物质方面说，君主制也和其他一切国家形式一样，直接用捐税来加重工人阶级的负担。捐税体现着表现在经济上的国家存在。官吏和僧侣、士兵和舞蹈女演员、教师和警察、希腊式的博物馆和歌德式的尖塔、王室费用和官阶表这一切童话般的存在物于胚胎时期就已安睡在一个共同的种子——捐税之中了。"[①] 恩格斯在《家庭、私有制和国家起源》一文中特别指出，当时"罗马国家变成了一架庞大的复杂机器，专用以榨取臣民的膏血了。税捐、国家的差役及各种代役租，使人民大众陷于日益贫困的深渊；总督、收税吏和兵士的勒索威逼，更加强了这种压迫，而

① 《马克思恩格斯全集》第4卷，人民出版社1958年版，第342页。

使之变得不能忍受了"①。这里，马克思和恩格斯十分明白地指点了作为财政范畴的捐税是一切阶级国家的产物并且是阶级国家为实现其职能并以其为主体、具有剥削特点的一种分配关系。马克思于1857年在拟定第一次研究体系时，还把国家列为研究资本主义经济制度五个分篇之一。他说："第三，资本主义社会在国家的形式上的总结。就其本身来考察。'不生产的'阶级。税。国债。公的信用。人口。殖民地。移民。"②这一段话实际上就是马克思所拟定要研究财政学的主要内容。到1859年马克思拟定第二次研究体系时又把国家列为研究资本主义经济制度六个项目之一。他说："我照着这个次序来研究资本主义经济制度：资本、土地所有权、雇佣劳动，国家、对外贸易、世界市场。在前三项下我研究现代资本主义社会分成的三大阶级的经济生活条件；其他三项的相互联系是一望而知的。"③马克思在这里指的"国家"就是第一次研究体系中，以财政为中心内容的第三篇。可见，马克思总是把财政同国家本质地联系着，而且在一定意义上相互通用着，他并没有把财政同商品货币经济本质地联系起来。况且，马克思还讲过这样的话："这个十分简单的范畴（指货币——引者），在历史上，除了在社会最发达的情况以外，没有表现出它的充分的力量。它决没有走遍一切经济关系。例如在罗马帝国，在它最发达的时候，实物税与实物贡纳仍然是基础。"④他还在另一场合说道，只在"商品生产发展到相当的高度和范围以后，货币充作支付手段的机能，会扩延到商品流通的领域之外。它成了契约上的一般商品。租税等等，会由实物支付变为货币支付"⑤。由此可见，马克思不但说明了财政远在商品货币经济发达以前早已存在、明确指出财政与国家本质联系和采取实物形式并曾居基础地位的事实，而且还把财政由实物形式转变为货币形式看作是商品货币经济在其发达过程中反映到财政上的结果。因此，从马克思与恩格斯的指示中，我们也可以判定那种认为财政以商品货币经济为存在前提、认定财政是商品货币经济产生与发展的产物并把历史上一切财政现象都看作是货币现象从而肯定财政的本质是货币关系的论点，并没有令人信服的充分根据。

　　然而，能不能说财政与商品货币经济没有任何联系呢？当然不能说。应该肯定，财政与商品货币经济是有密切联系的。问题在于不是本质的联系，而是形式的联系，货币关系更不是财政的本质内容。财政既是由国家为主体无偿地分配一部分社会产品所形成的分配关系，那么国家采取实物形式或是利用价值（货币）形式来分配社会产品，这是由当时的政治经济状况，特别是商品货币经济的发展情况来决定的。一般说来，在自然

---

① 《马克思恩格斯文选》第2卷，莫斯科外国文书籍出版局1955年中文版，第297页。
② 马克思：《政治经济学批判》，人民出版社1955年版，第170页。
③ 马克思：《政治经济学批判》，人民出版社1955年版，第1页。
④ 马克思：《政治经济学批判》，人民出版社1955年版，第165页。
⑤ 马克思：《资本论》第1卷，人民出版社1954年版，第139页。

经济占统治地位、商品货币经济不发达的情况下，财政主要采取实物形式，主要表现为实物关系；在商品货币经济充分发达的情况下，财政主要采取货币形式，主要表现为货币关系。可见，财政主要采取货币形式或表现为货币关系只能是商品货币经济发达与财政货币化程度的反映。这里，财政与货币没有本质联系，而财政本质是国家无偿地参与社会产品分配所形成的分配关系本身，不是它的货币表现形式。

我在上面叙述了不同社会形态国家财政采取实物形式的事实，是否特别重视财政的实物形式而忽视财政的货币形式呢？不是这样。我们应当十分重视财政必须利用货币形式。我所不同意的是有些同志把财政归结为货币关系体系的论点。他们说：奴隶制或封建制国家的实物形式的交纳与贡赋不是财政的对象；说这种实物关系表明了财政关系的微弱的初步的发展是商品货币关系发展的结果；而且还肯定，这种实物的关系逐渐消灭了，代之以货币关系，从而开始了财政的产生与发展历史。[①] 我认为，这些论点实际上把奴隶制与封建制国家的实物形式的财政说成不是财政，他们割断了财政产生、发展历史，把财政产生的历史往后推迟了多少年代！有的同志则这样说："至于在前资本主义社会曾以实物作为财政收入，那只是说明财政由初级到高级的发展，最后才发展成为较完善的货币关系。"[②] 这个说法并不能摆脱货币关系论者的困境。它表面上虽被迫承认实物形式收入是财政，但由于只承认货币关系是财政，实际上否定了实物关系的财政内容，在逻辑上也是自相矛盾的。况且把财政收入形式分为低级与高级两种也是牵强的。我们无论如何不能把我国当前的农业税理解为低级财政。有的同志还认为，用实物形式动员和分配资源会在某种程度上扰乱货币经济和削弱财政的作用。我认为，这个论点却说了一些道理，但不全面，不能因此把实物形式动员与分配的资源说成不是财政呀！我们知道，财政的实物形式与货币形式各有优缺点，它们在一定时期所表现的效果不同。在商品货币经济高度发达的情况下，财政大量采取货币形式是最适宜的，也是必需的，因为货币具有价值尺度的职能，具有综合、全面和易于比较的特点，因而利用货币（价值形式）进行经济活动，就便于工农业的扩大再生产与商品流通的发展，便于分配与再分配社会产品，便于进行经济核算，能够发挥货币的监督作用等。至于实物形式，在自然经济占统治地位时期固然是最适宜与必需的了。然而即使在商品货币经济高度发达的现代时期，因为财政的实物形式可以保证战时或政治经济的特殊需要（如货币不稳定时采用或平时保证军需民食以及工业需要），所以也是一种不能或缺的必要形式。但财政的实物形式也有它的品种复杂、笨重、运输保管不便诸缺点，当不宜随便采用或扩大范围。如果选择运用得不恰当，确会在一定程度上影响财政关系的发展与应有作用。但是，还要看到问题的

---

① 参见《经济译丛》，1959年第2期，第37页。
② 《经济研究》，1961年第5期，第68页。

另一方面，如果选择运用得当，那么就会产生各得其所、各展所长的显著作用。由此可见，不能一般地把财政的某些形式都说成是货币关系发展不充分所引起的暂时现象。当然，更没有理由同意有的同志所说的，在任何社会形态下财政都是货币关系的看法了。①

其次，财政何以是一种分配关系还可以从被分配的社会产品的两重性考察中找到根据。

我们说财政是一种分配关系还有被分配的社会产品（在商品货币经济存在时期，即为商品）或国民收入具有使用价值与价值这两重性的实质作为客观依据。我们知道，各个不同社会形态国家通过财政所动员、集中与分配使用的财政资源，不论其采取实物形式也好，货币形式也好，归根到底，总是一部分物质资料或社会产品。在商品货币经济条件下，社会产品或国民收入莫不具有使用价值与价值这两重性。产品的使用价值决定于它的自然属性。马克思说："不论财富的社会形式如何，使用价值总是它的内容。"② 社会产品以使用价值为其物质内容，这就充分说明了财政所分配的、用以满足国家实现其职能需要的社会产品有采取实物形式的可能与必要。社会产品的价值，这是商品生产社会所固有的历史现象。价值以使用价值为其物质基础而表现出一定的经济关系。在商品货币经济条件下，财政采用了价值（货币）形式来分配社会产品或国民收入是为了更便于满足国家需要，促进生产发展，但其结局，还是一部分以使用价值为物质内容的社会产品的消耗。必须指出，社会产品的使用价值与价值这两重性又是彼此统一的，所以，财政参与一部分社会产品的分配，实际上还必须同时采取实物形式与价值形式来计算安排以便保证国民经济高速度发展中的必要比例，协调财政、信贷与物资供应三者之间的平衡关系。可见，财政参与一部分社会产品的分配所展开的运动，就是使用价值（实物形式）与价值（货币形式）这两方面的统一运动。这就是财政采取实物形式或货币形式的客观依据。而这两方面的运动本质都是一部分社会产品的分配关系。由此也证明了财政的本质必然是国家为实现其职能并以其为主体无偿地参与一部分社会产品所形成的分配关系。如果只承认货币形式（价值形式）的分配运动所表现的货币关系是财政，那么岂不等于否定了社会产品所固有的使用价值这个方面分配运动的本质内容吗？从这一点看，财政是货币关系的论点也是不完整的。

再次，只有把财政本质确定为一种分配关系才能揭示财政的质的规定性。

任何事物都有一定的质。它是事物内部的规定性。毛泽东同志指出："任何运动形式，其内部都包含着本身特殊的矛盾。这种特殊矛盾，就构成一事物区别于他事物的特殊的本质。"③ 把财政看成是货币关系的论点能否揭示财政运动的质的规定性呢？我看，有问

---

① 参见《经济译丛》，1959年第2期，第38页。
② 马克思：《政治经济学批判》，人民出版社1955年第1版，第2页。
③ 《矛盾论》，《毛泽东选集》第2卷，1952年第1版，第775页。

题。首先因为在商品货币经济条件下，社会再生产过程的一切经济活动都表现为价值运动，如在资本主义社会表现为资本运动，在社会主义社会主要表现为资金运动。可以说，在社会再生产过程中的一切经济活动中绝大部分反映为货币关系。如果把财政看作是货币关系体系，这就无异把整个社会再生产中的生产、交换与分配的运动的货币关系都列入财政范畴，无异把一切与商品货币经济有本质联系的经济范畴，如价格、信贷、工资、货币、地租等等都看作是财政。其结果，使财政内容、范围，以及它在整个再生产过程中的地位、作用扩大了；财政运动的特殊矛盾的质的规定性也就无从确定了。虽然，主张财政是货币关系体系的同志看到了这个漏洞，提出把货币关系规定一个界限，那就是按价值形态更换（生产关系与交换关系）和以价值本身的运动（分配关系）为标志来划分财政的货币关系与非财政的货币关系。[①]但这个补充说明本身正说明了财政是一种分配关系。说到这里，或许主张货币关系论的同志会问：说财政是一种分配关系，不是同样有同其他分配关系相区别的问题吗？是的，有这样的问题，然而这个问题是容易解决的。我们说财政是分配关系，乃是一种以国家为主体并无偿地参与社会产品分配所形成的分配关系。这种分配关系同时具备如下两个本质特点或标志：（1）以国家为主体参与一部分社会产品的分配，国家是分配关系的主体；（2）按无偿原则分配一部分社会产品。因此，我们把它称为财政分配关系。这就与凡不同时具备这两个本质特点（标志）的而由价格、信贷与提供劳务等而形成的分配关系即非财政分配关系相区别开了。其次，把财政看作是货币关系还不够明显地区别出不同社会形态国家财政的质的规定性。货币关系固然可以反映剥削的与非剥削的特殊本质，但不如分配关系之更加明确。马克思说："所谓分配关系，是与生产过程的历史规定的特殊社会形态，及人类在人类生活的再生产过程内加入的关系相适应，并由此发生。分配关系不过表示生产关系的一面而已。资本主义的分配，与由别种生产方式发生的分配形态是有区别的。每一种分配形态都会和它由以发生的相适应的生产形态一同消灭。"[②]请看，分配关系的阶级性与历史性是多么明显啊！还有，货币关系不是分配概念，而是价值（货币）形式所反映的经济关系，是一般的概念。就我国来说，财政是货币关系的概念不能表明它在社会主义公有制中的地位与作用，不能表明在社会主义扩大再生产过程中的地位与作用。然而，财政分配关系则是一个分配概念，它在社会主义公有制与扩大再生产过程中的地位与作用是明确的。因为分配关系是生产关系的一个组成部分，它反映着全民所有制内部全局与局部以及全民所有制与集体所有制之间的产品所有权转移关系，有利于我们划清财政收支活动的界限，正确处理人民内部矛盾，调动一切积极性。而且分配关系概念使我们容易明确如下原理：生产决定分配、

---

①　参见《经济译丛》，1959年第2期，第38页。
②　马克思：《资本论》第3卷，人民出版社1954年版，第1157页。

经济决定财政，但分配反过来促进生产发展、财政反过来促进经济繁荣。此外，由于主张财政是货币关系的同志只承认财政与商品货币经济有本质联系，不承认财政与国家有本质联系，这也就无法特征出财政的质的规定性。固然也有的同志提出财政是同国家存在及其活动有密切联系的货币关系。但这种论点一方面同样不能反映财政的本质，一方面却承认了财政是与国家有本质联系的事实。这里，我还想提出，我们强调财政与国家有本质联系，只是说国家乃是特征财政分配关系的本质特点或标志之一，不能把国家理解为财政本质内容本身或其构成的因素，财政的本质内容仍是一种分配关系。因此，我也不大同意有的同志把国家与分配关系同列为财政本质的两个必要因素的提法。①

综上所述，我个人认为，在探讨财政本质时，一方面要注意财政与国家的本质联系，明确财政是国家存在的基础，另一方面要抓住财政的本质内容，明确财政本质是以国家为主体与无偿原则为特征的一种分配关系；这两者不能等同，也不能割裂。同时，一方面要抓住财政的本质内容，另一方面要区别财政的内容与形式，注意财政形式运用；财政内容与形式这两者也是不能混淆的。

把财政本质确定为财政分配关系，这是符合历史实际与客观实际的，不仅有其重要的理论意义，而且也有其重大的现实意义。这就是说：第一，它揭示与反映了财政这一特殊经济现象的特殊矛盾与内在规律性，有助于明确财政学的研究对象，从而促进财政学的发展。第二，可以深刻认识在不同社会形态国家财政的一般本质和每个特定社会形态国家财政的特殊本质，透过货币形式或实物形式的运动研究财政一收一支所反映的经济关系，有助于揭发批判阶级社会特别是资本主义社会财政分配关系的剥削性，有助于阐明我国社会主义财政分配关系反映人民根本利益的一致性，从而正确处理各方面关系，调动一切积极性，高速度发展我国国民经济。第三，明确财政是分配关系，是分配范畴，可以帮助我们了解财政在不同社会形态中的地位与作用，特别有助于认识我国财政在生产资料公有制与社会主义扩大再生产过程中的地位，正确处理生产与分配，经济与财政、建设与生活这几方面的关系，从而发挥财政的积极作用。第四，明确财政是分配关系，有助于我们总结社会主义财政工作经验，揭示财政发展规律，提高财政工作水平，诸如有助于协调安排财政、信贷、物资供应三者的平衡关系，加强财政工作的政治观点、生产观点与群众观点，等等。

（原载于《厦门大学学报（哲学社会科学版）》1962年第3期）

---

① 参见《学术月刊》，1962年第2期，第9页。

试论财政学对象与范围

一

毛泽东同志指出："对于某一现象的领域所特有的某一种矛盾的研究，就构成某一门科学的对象。"又说："社会科学中的生产力和生产关系、阶级和阶级的互相斗争……都是因为具有特殊的矛盾和特殊的本质，才构成了不同的科学研究的对象。"[①]

可见，科学的对象就是对事物运动的特殊矛盾及其所规定的特殊本质的研究。

财政学是以财政这一特殊经济现象为对象的。探讨财政学的对象就是研究财政的特殊矛盾与特殊本质。所以，财政学对象与财政本质有彼此联系的共同一面。但两者并非相等，又相互有区别。财政本质指的是客观存在的财政运动的特殊矛盾及其所规定的本质；财政学对象则以财政本质为研究对象去探讨揭示财政运动在其发展过程中所展开的发展规律。

本文的任务在于探讨财政学的对象与范围，对财政本质不作专门论证、分析；但鉴于财政学对象及其确定的范围同财政本质有其共同的或联系的一面，在展开财政学对象与范围问题讨论时不能不联系到它，所以我简要地先谈一点关于财政本质的看法。

我认为，财政的本质乃是人类社会各个不同社会形态国家为了实现其职能并以其为主体无偿地参与一部分社会产品或国民收入的分配所形成的分配关系，简称为财政分配关系。我不同意有些同志把财政本质归结为货币关系的论点。[②]

为什么财政本质是一种财政分配关系，而不是货币关系呢？我只想提一下，如果我们从财政这一特殊经济现象的产生、发展历史过程去考察，那么自然就会得出财政本质是一种财政分配关系的结论。大家知道，财政是人类社会分裂为敌对阶级、出现了国家以后的产物。在原始公社时期，没有国家，也就没有财政。财政是以国家的产生与存在为前提的。奴隶制国家一出现，奴隶主阶级为了维护这个国家、实现其对内压迫奴隶、对外进行战争的职能，就必须消耗一定的物质资料（社会产品）。因此，奴隶制国家就以其主体身份依靠政治权力，采用了税捐形式无偿地在物质生产领域以外再分配一部分社会产品来满足需要。这样，就产生了财政。

---

① 《毛泽东选集》第2卷，人民出版社1952年第1版，第775～776页。
② 参见《经济研究》，1961年第5期，第68页。

财政随着不同社会形态国家的发展而发展。在阶级社会里，不论哪一种类型的国家，由于建立在生产资料私有制的基础上，它都是统治阶级压迫被统治阶级的工具。财政都是阶级国家为实现其职能并以其为主体无偿地参与一部分社会产品的再分配来满足需要所形成的一种以剥削为内容、具有对抗性质的分配关系。其所不同的只是因商品货币经济的发达与否而分别由主要采取实物形式发展到主要采取货币形式。

在社会主义社会里，工人阶级专政的国家是一种新型的国家，它建立在生产资料社会主义所有制基础上。生产资料公有制这一经济基础决定了社会主义国家职能的新内容，即除了具有与阶级社会国家职能在形式上相同在实质上根本不同的对内外职能以外，还增加了组织经济与组织文化工作的新职能。因而，使社会主义国家不仅以国家权力所有者这一主体身份无偿地对一部分社会产品或国民收入进行再分配以满足需要，而且还以生产资料所有者这一主体身份组织社会主义扩大再生产，直接地参与物质生产领域，无偿地参与一部分社会产品或国民收入的分配与再分配。这样，社会主义国家这一主体就成了国家权力所有者与生产资料所有者的结合体。国家这一主体就以两种身份无偿地参与一部分社会产品或国民收入的分配与再分配，使分配产品的范围由非物质生产领域扩展到物质生产领域。这使社会主义国家财政具有不同于资本主义国家及其以前所有阶级国家财政的新的基本特征。虽然这样，社会主义财政仍具有同各个不同社会形态国家财政共有的一般本质，即是国家为实现其职能并以其为主体无偿地参与一部分社会产品或国民收入的分配与再分配所形成的分配关系。但社会主义财政不再有剥削内容与对抗性矛盾，而只具有反映人民根本利益的新的特殊本质。在社会主义社会里，由于仍存在着高度发达的商品货币经济，财政仍然需要利用价值形式，必须主要采取货币形式来分配与再分配社会产品或国民收入，但没有排斥实物形式。

其次，我们说财政是一种分配关系，还有被分配的社会产品或国民收入具有使用价值与价值这两方面作为客观依据。因为在社会再生产过程中分配社会产品或国民收入的运动总是包括使用价值（实物形式）与价值（货币形式）这两方面的运动。这两方面运动的本质都是一部分社会产品的分配关系。至于财政采取实物形式或货币形式，或者说财政表现为实物关系或货币关系，那都是分配社会产品的运动本质的形式表现。

于是，我认为，财政的本质是一种分配关系。它同时具备了如下两个特点：（1）国家以主体身份参与社会产品的分配，即国家是这种分配关系的主体；（2）按无偿原则分配社会产品。至于国家究竟采取实物形式还是利用价值（货币）形式来分配社会产品，那是由当时的政治经济情况，特别是商品货币经济的发展情况来决定的。一般来说，在自然经济占统治地位、商品货币经济不发达的情况下，财政主要采取实物形式，主要表现为实物关系；在商品货币经济充分发达的情况下，财政主要采取货币形式，主要表现为货币关系。财政主要采取货币形式只能反映商品货币经济发达与财政货币化的程度。财政与商品货币经济只有形式的联系，财政与国家才是本质的联系，以国家为主体满足实现其职能需要而无偿地参与社会产品分配而形成的财政分配关系是财政的本质内容。

二

明确了财政的本质不是货币关系，而是财政分配关系以后，财政学的对象、范围就容易搞清楚了。

我们知道，生产关系的性质是由生产资料所有制决定的，而分配关系则与生产关系相适应并是生产关系的一个有机组成部分。马克思曾指出："各种分配关系在本质上是与这种生产关系相一致的，是这各种生产关系的背面。"[①] 又说："分配关系不过表示生产关系的一面而已。"[②] 我们也知道，政治经济学是研究人类社会生产关系，即经济关系的科学，它阐明人类社会各个不同社会形态上支配物质资料的生产与分配的规律。而财政学是政治经济学中分化出来的，它是政治经济学的一个分支。因此，财政的本质既是一种财政分配关系，而且从财政学与政治经济学的关系看，财政学对象也必然是研究社会关系中的一个特定部分——财政分配关系及其发展规律。这就是说，财政学乃是研究人类社会不同社会形态的国家为了实现其职能并以其为主体无偿地参与一部分社会产品（国民收入）的分配所形成的分配关系及其固有的发展规律的科学，简称为研究财政分配关系及其发展规律的科学。这里包括人类社会各个不同社会形态国家的财政分配关系及其共有的发展规律以及每个特定社会形态国家财政分配关系及其特殊发展规律。因此，财政学的对象、范围应包括奴隶占有制、封建主义、资本主义和社会主义四个社会形态国家共有的及每个社会形态特殊的财政分配关系及其发展规律。鉴于财政分配关系是整个生产关系分配关系的特定部分以及财政学是政治经济学的一个分支，在研究财政的分配关系及其发展规律时，必须以政治经济学在不同社会形态共有的经济规律以及每个社会形态特殊的经济规律为指导并探讨其在财政领域内的具体运用与表现，进而探讨各个不同社会形态所共有的与每个社会形态特殊的财政发展规律。

这样看来，财政学首先应该是一门以研究财政规律（包括原理原则）为主要内容的原理科学。我说它是原理科学，是否说研究各个不同社会形态或每个社会形态的财政分配关系及其发展规律时不包括国家的财政政策、制度与措施呢？我看，不能排斥它们。因为研究财政发展规律不能孤立、抽象地进行，而且不论哪种社会制度下的国家所制定、实行的财政政策、制度、措施，总是在不同程度上反映了特定的财政分配关系，何况研

① 马克思：《资本论》第3卷，人民出版社1953年版，第1151页。
② 马克思：《资本论》第3卷，人民出版社1953年版，第1157页。

究财政规律时还必须考虑到作为上层建筑构成部分的财政政策、制度、措施的作用呢！我觉得，规律与政策是彼此联系而又相互区别的，两者不能割裂，也不能等同。特别要指出，在社会主义制度下，共产党和国家所提出的方针、政策、制度与措施是以客观发展规律为依据并考虑了人们的主观能动性来制定的。如在我国，我们的党与国家的财政方针、政策、制度就是根据客观的财政分配关系与发展规律来制定的，它们在很大程度上是客观规律的反映。研究党和国家的财政方针、政策、制度可以帮助我们认识财政运动及其规律性。因此，就我国来说，社会主义财政学在研究客观的财政分配关系及其发展规律时必须包括党与国家的财政方针、政策、制度与措施。问题在于，不要单纯停留在方针、政策、制度、措施上，应该通过它们去认识揭示财政这一分配关系的矛盾与内在规律性，即提高到原理原则的高度去学习、体会与研究。但是，是否要把财政方针、政策、制度和措施列为财政学的研究对象呢？我认为无须也不宜把政策同规律并列为财政学的对象。如果要把政策作为科学对象，那是政策学的事了。

其次，财政学就其范围来说，应该是一门广义的财政学。它不宜局限于社会主义财政或资本主义财政，更不能像有的同志所说的什么"实物关系逐渐消失了代之以货币关系以后才开始了财政的产生与发展历史"，因为这无异于否定了以实物为主要表现形式的奴隶制与封建制国家的财政是财政学的对象。固然，财政学作为一门科学来说，那的确开始建立于资本主义时期，而到社会主义社会才成为真正科学，但不能因此否定在财政学建立以前还客观存在的财政学对象。一门科学的产生同它的早已存在的研究对象，那是两回事。当然，在广义财政学前提下，我们可以也应该从事狭义财政学的研究，即独立研究每一个社会形态国家财政的特殊本质与发展规律。于是就有财政学的各个社会形态财政部分之分，如财政学资本主义部分（或称为资本主义财政学）、财政学社会主义部分（或称为社会主义财政学）。但在同一社会形态的财政学不应再有中、外国家财政学之分，因为在同一社会形态的财政本质及其发展规律基本上都是一样的，当然这不排斥而且应该鼓励随各国的不同情况来研究每一个国家财政的特殊表现。

就广义财政学来说，其体系、结构的轮廓初步考虑如下：首先研究财政的基本理论：（1）绪论，包括对象、任务、本质、职能、指导思想、研究方法；（2）财政与财政思想的发展，包括财政发展简史、财政学说简史，着重马克思、恩格斯、列宁、斯大林和毛泽东同志财政思想的研究及对资产阶级财政思想的批判；（3）财政诸基本范畴的特点与规律性。其次，按各个不同社会形态分为奴隶占有制、封建主义、资本主义与社会主义各部分财政，分别就其特殊本质探讨财政诸范畴的不同运动内容、特点与规律性。当然，在确定广义财政学对象、范围时，还应注意财政学与从其分化发展出去的专门学科如国家预算、企业财务、财政史等学科的联系与分工关系。关于这方面不拟在这里多说。

三

为了结合我国实际，我以我国社会主义财政为例，试就我国现阶段财政分配关系来进一步探讨在我国条件下社会主义财政学的对象与范围问题。

在我国社会主义制度下，如前所指，财政这一分配关系除具有与各阶级社会相同的一般本质，还具有新的特殊本质。我们国家以国家权力所有者与生产资料所有者这两重身份的结合为主体无偿地参与社会产品的分配与再分配。财政是国家在党的社会主义建设总路线的指引下用以分配一部分社会产品或国民收入、努力积累资金从而保证把祖国建成一个现代化社会主义强国的有力武器。因而我国财政所发生的分配关系反映了人民根本利益的一致性。但是，毛泽东同志教导我们："在社会主义社会中，基本矛盾仍然是生产关系和生产力之间的矛盾，上层建筑和经济基础之间的矛盾。不过社会主义社会的这些矛盾，同旧社会的生产关系和生产力的矛盾、上层建筑和经济基础的矛盾，具有根本不同的性质和情况罢了。"[①] 我国财政这一分配关系是我国生产关系的一个方面，也是经济基础的组成部分。因此，财政这一分配关系也体现着它同生产力与上层建筑的矛盾。必须及时调整财政这一分配关系，调动各方面积极性，以便不断地推动社会生产力向前发展。显然，财政学的研究应该服务于这一目的。

为此，必须明确在我国社会主义条件下财政学的对象与范围，亦即财政分配关系的具体内容与范围。

我试就我国财政这一分配关系的特殊本质并根据毛泽东同志关于正确处理人民内部矛盾问题的指示精神，提出大致反映我国财政分配关系内容、范围的四个标志，供大家讨论参考。

（一）从发生主体与无偿原则考察

财政分配关系的发生主体与无偿原则乃是划分财政分配关系与非财政分配关系的本质标志。我们国家是以国家权力所有者与生产资料所有者这两重身份的结合为主体并无偿地参与一部分社会产品的分配与再分配的。这两种身份统一于国家这个主体，但两者又有不同：前者代表着国家政权，后者代表着生产资料所有权。这就是我国财政分配关系比任何阶级社会财政分配关系范围扩大了的根本原因。从国家权力所有者身份进行的无偿分配反映了国家与国营企业之间、国家与人民公社手工业合作社之间以及国家与居民之间的关系；从生产资料所有者身份进行的无偿分配，反映了全民所有制内部的全局与局

---

① 毛泽东：《关于正确处理人民内部矛盾的问题》，人民出版社1957年版，第10-11页。

部之间或集权与分权之间的关系。于是，凡在不具备国家主体身份与无偿原则这两个本质特点的情况下所形成的分配关系如因信贷、等价交换或提供劳务而引起的分配关系则均为非财政分配关系。

（二）从表现形式考察

财政参与社会产品或国民收入的分配与再分配是通过许多形式来进行的。由于我国还存在着全民所有制与集体所有制，社会产品或国民收入的原始分配分成如下三个部分：（1）物质生产领域内国营企业职工的工资收入，手工业合作社社员工资收入和人民公社社员劳动收入；（2）国营企业的纯收入；（3）人民公社、手工业合作社的纯收入。因为国营企业是全民所有制企业，于是财政参与国营企业纯收入的原始分配，而对人民公社、合作社的集体所有制经济的纯收入和个人收入进行再分配。这样，财政有计划地分配与再分配社会产品或国民收入就构成国家预算收入。由于预算收入的经济内容（分配关系）不同，这就决定了我国形成预算收入的形式，如税收、利润、公债等。税收是国家通过政治权力强制无偿地取得一部分社会产品或国民收入所形成的分配关系，其中人民公社、合作社与居民交纳税收反映着产品所有权的转移，是再分配；而国营企业上缴的税收虽也有强制无偿的特点，但实质上是全民所有制代表者——国家分取国营企业的一部分纯收入，属于原始分配，这里不存在所有权转移问题。利润是国家以生产资料所有者身份分取企业的一部分纯收入，属于原始分配。它反映着全民所有制内部的全局与局部关系。公债是国家按有偿原则动员居民货币收入的一种形式，属于再分配，反映着国家与居民之间的分配关系。公债按其特点来说，应属于信用范畴，但由于历史上向以国家为主体发行公债而且把公债资金用于无偿支出，所以也列入财政范畴。

（三）从预期效果考察

社会总产品扣除已消耗的生产资料后的净产值，即国民收入。国民收入又分为积累资金与消费资金；积累资金用以扩大再生产，消费资金用以满足人民生活需要。因此，财政在参与社会产品或国民收入的分配与再分配过程中所发生的、同财政有关的那部分积累与消费关系，自是财政分配关系。其具体内容有：

1. 积累与消费关系所反映的财政分配关系，包括：（1）国家预算收入与国民收入（社会产品净值）之间的财政分配关系。积累与消费是通过对国民收入的分配与再分配来实现的。国民收入中用以积累的最主要部分是由国家预算加以分配的。预算对这部分积累的分配所形成的关系构成财政分配关系的内容。（2）国家预算支出中的积累与消费关系即财政分配关系。预算支出就是预算资金的使用，它是财政参与国民收入分配与再分配的另一个重要方面。这方面的财政分配关系如生产性建设与非生产性建设支出的关系，即经济建设支出与社会文教、行政管理、国防支出的关系。上述这些积累与消费关系反映着国家、集体与个人利益关系，反映着长远利益与当前利益关系，反映着生产与分配关系，反映着建设与生活关系。

2. 国家预算支出中的基本建设支出所反映的财政分配关系，包括：基本建设支出与其他生产支出之间、工业与农业之间、农业轻工业与重工业之间、基本建设支出与当年生产支出、固定资产支出与流动资金国家储备等支出之间等这几方面的关系。这几方面关系同样反映上述积累与消费之间所反映的诸关系，还反映工农之间的关系。

3. 财政资金与物资供应之间的关系也反映财政分配关系。我们知道，一定的货币（价值）总是代表着一定数量社会产品或一定数量的物资。资金与物资两者反映着来自生产资料与生活资料的财政收入与用于积累与消费的财政支出之间的关系。

（四）从关系的对象考察

从关系的对象考察包括如下五个方面：（1）中央与地方的财政分配关系。这即中央与地方各级政权之间在国家预算收支划分与管理权限方面所反映的分配关系。这是全民所有制内部全局与局部的分配关系，也是集权与分权的分配关系。（2）地区与地区之间和部门与部门之间的财政分配关系。这主要指中央或各级政权组织在安排确定国家预算收支划分范围、管理权限与资金分配使用方面所发生的分配关系。这些关系反映了全民所有制内部上下级之间、全局与局部之间以及兄弟单位之间的关系。（3）国家与企业的财政分配关系。如国家预算与国营企业之间的上缴下拨的分配关系。这也是全民所有制内部的全局与局部的关系。（4）国家与农村人民公社、合作社之间的财政分配关系。即国家预算对农村公社的无偿投资和公社各级组织向国家纳税的分配关系以及合作社向国家纳税的分配关系。国家与农村人民公社、合作社之间的财政分配关系反映着全民所有制与集体所有制之间的一部分产品所有权转移的关系，其中国家与农村人民公社的财政分配关系反映着工农联盟的关系，反映着城市与农村的关系以及国家与集体之间的关系。（5）国家与居民之间、各阶级、阶层之间以及各民族之间的财政分配关系。国家与居民的财政分配关系包括人民对国家的纳税、认购公债与交纳规费和国家预算在文教卫生、社会福利等支出的关系。各阶级、阶层之间与各民族之间的财政分配关系，包括各级政权安排预算收支如确定课税对象、范围、税率、税额从而调节阶级收入以及安排决定各项支出比重、数额等方面所反映的关系。

从上述四个角度考察的财政分配关系都是相互矛盾而又彼此统一的关系。在我国社会主义制度下，由于生产资料公有制的建立和人与人剥削现象的消灭，社会总产品或国民收入属于全体劳动人民所有。财政参与社会产品或国民收入的分配与再分配是为了扩大社会主义再生产与满足其他方面需要，归根到底，为了不断提高劳动人民的物质与文化生活水平。因而财政分配关系从根本上反映了人民的最大利益，这里没有对抗性矛盾，但仍有非对抗性的人民内部矛盾。财政分配关系所反映的上述各种内部矛盾虽然错综复杂，归结起来，乃是生产与需要之间或积累与消费之间的矛盾，而在实质上主要是人民的长远利益和目前利益的矛盾，国家与集体、个人之间的矛盾，全局与局部之间的矛盾。为了正确处理这些内部矛盾，明确财政收支分配关系诸方面的界限，妥善安排协调各方面的积极性，合理分配使用财政资源，高速度发展社会主义扩大再生产与不断提高人民生活水平，我们必须研究上述这些财政分配关系所固有的矛盾及其发展规律。由此可见，在我国条件下，社会主义财政学研究对象同样是国家为实现其职能并以其为主体无偿地参与一部分社会产品分配所形成的分配关系及其发展规律，简称为财政分配关系及其发展规律。

对象决定范围。根据上面四个标志所反映的内容，在我国条件下，社会主义财政学范围应该包括国家预算与国营企业（包括国民经济各部门，下同）财务两大环节。国家预算是社会主义财政的中心，国营企业财务是社会主义财政的基础。有的同志主张把银行信用列入财政或财政学范围。[1] 我不同意这种意见。不错，社会主义银行信用固然同财政共同建立在生产资料公有制基础上，而且参与社会产品或国民收入的再分配，在本质上与财政具有共同性一面——一种分配关系。但是，从银行信用的产生、存在与发展历史看，它与国家没有本质的联系，却同商品货币经济有本质的联系。而且，它有偿还性的特点。可见，银行信用与财政毕竟是两个反映不同分配关系的经济范畴。国家预算拨给银行的增拨信贷资金与银行向国家预算的上缴收入，这是银行信用与国家财政的联系。对这种财政分配关系的研究包括在国家预算和国营企业财务范围之内。如果把银行信用列入财政或财政学范围就会混淆财政与信用这两个不同特殊本质，混淆这两个不同特点的经济范畴，也会影响财政资金与信用资金分口管理的实际工作。

有的同志还主张把农村人民公社财务列入财政或财政学范围。[2] 我也不同意这个看法。因为现阶段农村人民公社仍是集体所有制经济，国家不能以生产资料所有者身份通过财政直接参与公社产品的原始分配，财政只能以体现产品所有权转移的农业税及其他税收形式再分配一部分公社产品，而公社的大部分产品是由公社、生产大队或生产队自己掌握支配的。虽然财政给予农村人民公社以无偿的投资，但这只能理解国家对农村人民公社的财政支援。农村人民公社的上缴税收和国家对公社的财政支援，这与全民所有制国营企业同国家之间的上缴下拨关系不同。而且公社财务与国家财政的联系所反映的分配关系可以包括在国家预算范围之内。至于公社作为基层政权的一级财政，那是公社的全

---

[1] 参见《光明日报》，1961年8月21日第4版。
[2] 参见《光明日报》，1961年8月21日第4版。

民所有制成分，它与集体所有制的公社财务必须分开。如果把人民公社财务列入财政或财政学范围，就会混淆全民所有制与集体所有制的界限，甚至不利于工农联盟。至于将来农村人民公社由集体所有制过渡到全民所有制后，农村人民公社财务自可列入财政或财政学范围。不过，这是未来的事。

社会主义财政或财政学包括了国营企业财务，这是不同于资本主义社会财政或财政学的基本特征之一。因为如此，有些同志把国营企业财务所反映的分配关系通通包括在财政或财政学范围内。比如，有的同志说："凡是企业财务工作所涉及的分配关系，企业生产过程中所发生的通过资金活动所反映的分配关系，都属于财政分配关系。"[1] 又如有的同志认为，"国营企业与各方面发生的分配关系则全部是代表国家的，亦即全部是以国家为主体的，因而全部都属于财政的范围"[2]。是不是这样呢？我认为，上述这些提法都是值得商榷的。如果根据我上述的反映我国财政分配关系的标志来看，我认为，国营企业财务中反映的财政分配关系的那一部分，即体现以国家为主体与无偿特点而与国家预算发生相互关系的那一部分，如上缴下拨、税收、利润、企业定额流动资金、折旧基金上缴、固定资产变价收入等才属于财政或财政学范围。至于国营企业在其生产、交换过程所发生的经济关系，以及分配过程中非财政分配关系部分均应属于整个社会经济关系的组成部分。我们知道，国营企业的产销等经济活动所形成的各种经济关系包括分配关系是整个社会扩大再生产过程所形成的经济关系的缩影或其中一个部分。在整个社会再生产过程中，财政既不包括全部经济关系，也不包括那些由信贷、等价交换、提供劳务而形成的分配关系，那么作为财政基础的国营企业财务自应把财政分配关系从由生产、交换与分配过程中所形成的经济关系及其组成部分的分配关系中区别开来。还必须指出，国营企业是全民所有制企业，它是国家这个生产资料所有者的代表，它代表国家占有与经营这个企业。但它只以生产资料所有者身份，并不以国家权力所有者身份同各方面发生分配关系。可见，国营企业本身在生产资料所有者这一身份上是同国家一致的，但它还不等于国家或国家的一级政权。因此，不能像有的同志那样把国营企业在其经营活动中所形成的分配关系，全部理解为"以国家为主体"的，不能把企业与各方面所发生的那种有偿的非财政的分配关系列入财政或财政学范围。如果把国营企业支付工资与职工形成的分配关系以及各企业之间相互交换生产资料而形成的分配关系等列为财政分配关系，那就无异把财政关系扩大化了。国营企业职工在企业创造新价值后以按劳分配原则参与原始分配获得了体现必要产品部分的工资所反映的分配关系，这是劳动者（工人）同国家作为生产资料所有者身份共同参加而发生的，这里也不能一般地认为是"以国家为主

---

① 《经济研究》，1961年第5期，第69页。
② 《学术月刊》，1962年第2期，第12页。

体"而发生的。我们不能把工资当作财政范畴来对待。在这场合，正如农村人民公社社员所获得的劳动报酬不能当作财政范畴一样。至于各企业互相交换生产资料而形成的分配关系是企业在再生产过程中因补偿物化劳动的消费而形成的关系，是属于利用价值形式、按等价交换原则而发生的关系，自不属于财政或财政学范围。

（原载于《中国经济问题》1962年第4期）

为什么财政只能是经济基础的范畴

本文原题为《财政只能是经济基础的范畴》，发表于《中国经济问题》1962年第11期上，现增加了"确定财政是经济基础的范畴，不会抹杀财政的阶级性与历史性"一节，并在个别地方做了一些补充，把题目改为《为什么财政只能是经济基础的范畴》。

一、财政的本质决定财政只能是经济基础的范畴

马克思指出："人们在自己生活的社会生产中参与一定的、必然的、不以他们本身意志为转移的关系，即与他们当时的物质生产力发展程度相适合的生产关系。这些生产关系的总和就组成为社会的经济结构，即法律的和政治的上层建筑所借以树立起来而且有一定的社会意识形态与其相适应的那个现实基础。"[1] 这里，马克思指明了，经济基础乃是生产关系的总和。据我的理解，生产关系的总和就是斯大林所揭示的三个方面：（1）生产资料所有制；（2）人们在生产过程中的地位及他们的相互关系；（3）分配关系。[2] 简单说来，生产关系总和包括生产资料所有制关系、生产关系，以及以它们为转移的分配关系与交换关系。马克思还说过："各种分配关系……是这各种生产关系的背面。"又说："分配关系不过表示生产关系的一面而已。"[3] 十分明显，分配关系是生产关系的一个方面，从而是生产关系总和的一个组成部分。

我觉得，凡是所有制以及在生产、分配、交换过程中所存在的经济范畴，总是反映着经济基础或生产关系总和的一个方面或其个别要素的内容。马克思曾说过这样的话："经济范畴只不过是生产方面社会关系的理论表现，即其抽象。"又说："人们按照自己的物质生产的发展建立相应的社会关系，正是这些人又按照自己的社会关系创造了相应的原理、观念和范畴。"[4] 可见，许许多多的经济范畴，总是一定的生产关系或经济关系的体现，总是经济基础的组成部分的反映。

财政是什么？财政是一个经济范畴，而且是反映一种分配关系的经济范畴，因为财政的本质是一种分配关系，是人类社会各个不同社会形态的国家为了实现其职能并以其

---

① 马克思：《政治经济学批判》，人民出版社1955年版，第Ⅱ页。
② 参见斯大林：《苏联社会主义经济问题》，人民出版社1953年版，第65页。
③ 马克思：《资本论》第3卷，人民出版社1953年版，第1151、1157页。
④ 《哲学的贫困》，《马克思恩格斯全集》第4卷，人民出版社1958年版，第143、144页。

为主体无偿地参与一部分社会产品或国民收入的分配所形成的一种分配关系。这只是就财政在不同社会形态下的一般本质而言。但由于生产资料所有制性质不同，财政在特定的社会形态下又具有不同的特殊本质或社会性质。换句话说，财政这一经济范畴所反映的分配关系，在不同社会形态下各有不同的质的规定性。在剥削阶级占统治地位的社会里，不论哪一种类型的国家财政，由于建立在生产资料私有制的基础上，总是剥削阶级国家为实现其职能并以其为主体无偿地参与一部分社会产品的再分配，来满足需要所形成的一种以剥削为内容、具有对抗性质的分配关系。拿资本主义社会来说，马克思主义经典作家多次揭露过，资本主义财政具有以剥削为内容的分配关系本质。马克思指出："公债及与此相应的国家财政制度，在财富的资本化及民众的剥夺上起了重大的作用。"[1]经典作家还指出，作为资本主义财政收入最主要来源的税收，归根到底是剩余价值的再分配，是工农群众工资的扣除。马克思说："每出现一种新税，无产阶级的处境就更恶化一些；取消任何一种旧税都不会提高工资，而只会增加利润。"[2]马克思还指出在资本主义社会中资产阶级通过税收对农民的剥削情况。他说："很明显，农民所受的剥削和工业无产阶级所受的剥削，只是在形式上有所不同。剥削者是同一个：资本。单个的资本家通过抵押和高利贷来剥削单个的农民；资本家阶级通过国家赋税来剥削农民阶级。"[3]马克思恩格斯均明显地指出税收是剩余价值的分配形态之一。马克思曾把什一税、救贫税和国税同利润、利息一样，当作剩余价值的分配形态。[4]恩格斯则说："正是资本家与工人间的这种交易（指工人出卖劳动力这一特殊商品的交易——引者注）创造出全部剩余价值，这些剩余价值随后就以地租、商业利润、资本利息、捐税等等形态分配于各个类别的资本家及其仆从之间。"[5]当然，在剥削阶级占统治地位的社会里，财政在非物质生产领域内进行的再分配，以及由此而形成的分配关系，是一种非原始的、非基本的、派生的分配关系。但这一点并不妨碍在剥削阶级占统治地位的社会里的财政是一种分配关系，因为归根到底，它总是剩余劳动与一部分必要劳动所创造的社会产品或国民收入分配的延长。马克思指出，把任何社会化生产当作前提，"我们总是能够区分出劳动的两部分，一部分的生产物是直接供生产者及其家属用在个人的消费上，别一个部分——那总是剩余劳动——的生产物总是用来满足一般的社会的需要，而不问这个剩余生产物是怎样分配，也不问是谁当作这种社会需要的代表。……所以，不同各种分配方式的同一性，是归结到这一点：如果我们把它们的区别性和特殊形态抽掉，单只把它们的和区别性相反的共通性放在心

① 马克思：《资本论》第1卷，人民出版社1953年版，第956页。
② 《马克思恩格斯全集》第7卷，人民出版社1959年版，第336页。
③ 《马克思恩格斯全集》第7卷，人民出版社1959年版，第98页。
④ 参见马克思：《资本论》第1卷，人民出版社1953年版，第246页。
⑤ 《马克思恩格斯文选》（两卷集）第1卷，莫斯科外国文书籍出版局1954年中文版，第546页。

里，它们就是同一的"①。可见，在剥削阶级占统治地位的社会里，不论在物质生产领域中把社会产品或国民收入"分配在不同生产要素的所有者间"②也好，或通过财政在非物质生产领域中对劳动者所创造的剩余产品与一部分必要产品进行再分配也好，从本质上看，仍然属于分配范围，在分配或再分配的过程中所形成的分配关系或再分配关系仍然是同一的，它们分别地成为各该社会形态中生产关系总和的一个组成部分。

在社会主义社会里，社会主义生产资料所有制决定的社会主义国家财政，具有区别于剥削阶级占统治地位社会的国家财政的新的特殊本质。社会主义国家是全民所有制的代表，是国营企业的所有者。社会主义国家不仅以国家权力所有者这一主体身份在非物质生产领域无偿地对一部分社会产品或国民收入进行再分配，而且还以生产资料所有者这一主体身份组织社会主义扩大再生产，直接地参与物质生产领域，参与社会产品或国民收入的原始分配。这样，社会主义国家财政分配社会产品或国民收入的范围，就由非物质生产领域扩展到物质生产领域，使自己成为分配与再分配社会产品或国民收入的主要工具，这样，财政在这个参与分配与再分配过程中所形成的分配关系，就不仅是非原始的、派生的分配关系，而且进而是在物质生产过程中，"在不同生产要素的所有者间"进行原始分配而形成的基本分配关系。社会主义财政参与社会产品与国民收入分配与再分配的目的，在于形成全国性基金，最后用于积累与消费，即用于高速度发展社会主义扩大再生产与不断提高人民物质文化生活水平。所以，社会主义财政是"取之于民，用之于民"的，它不具有剥削内容与对抗性矛盾，而是体现人民根本利益一致的分配关系。这就是社会主义国家财政具有与剥削阶级占统治地位社会的国家财政不同的新的特殊本质，或新的基本特征。

从上述可见，不论是资本主义社会及其以前各社会形态的财政或是社会主义财政，不论前者只参与社会产品或国民收入的再分配所形成的派生的分配关系，或是后者同时参与分配与再分配社会产品或国民收入所形成的基本分配关系与派生的分配关系，都是一种分配关系。既然如此，财政这一分配关系自然从属于有关社会形态生产关系总和（经济基础），而成为其一个组成部分。

财政这一反映分配关系的经济范畴，在商品经济占统治地位的社会里，不仅表现为实物形式或实物关系，还因为需要利用价值形式表现为货币形式或货币关系。不论财政的实物形式也好，或货币形式也好，也不论财政收支的性质如何，财政总具有一部分社会产品（国民收入）的物质内容，在商品经济社会里，它总是社会产品固有的使用价值与价值这两重性所表现出来的物质运动与货币运动相结合的统一运动的体现。由于利用价值形式，所以在商品货币经济发达的各社会形态中，财政就直接或间接地同商品、价值、

①　马克思：《资本论》第3卷，人民出版社1953年版，第1150页。
②　马克思：《资本论》第3卷，人民出版社1953年版，第1149页。

货币、成本、价格、工资、利润、利息、银行信用、国民收入等等经济范畴发生了联系。在很大程度上可以这样说，财政离开了上述这些经济范畴，就很难展开它的运动。可见，财政在采取实物形式的场合，反映着一种物质资料分配关系，在利用价值形式的场合，则反映一定的价值（货币）分配关系。无疑，从财政所采取的实物形式或货币形式看，财政也是从属于特定社会形态的生产关系总和（经济基础），而成为其一个组成部分。

当然，财政这一分配关系只是整个生产关系中分配关系的特定部分，因而财政这一经济范畴又有如下的两个特点：（1）财政以国家为前提，是国家的产物，又以国家为主体参与社会产品的分配；（2）按无偿原则分配社会产品。后一特点是前一特点的派生。主要特点还是前面一个，即财政是以国家为前提的。这种特点是财政这一分配关系或经济范畴区别于一般的（非财政的）分配关系或其他经济范畴的标志，显示了财政这一分配关系或经济范畴的特殊性。但不能因为财政具有这种特殊性，而否定了财政同一般分配关系或其他经济范畴的同一性。

还应该指出，我们说财政以国家为前提，是国家的产物，这是就国家为了实现其职能并以其为主体无偿地参与一部分社会产品或国民收入的分配，以满足其物质资料的需要而言，只是把国家的这种对物质资料的需要，或者说国家这一上层建筑对经济基础所提出的物质资料的需要，看作是财政产生与发展的本质原因。由于在经济基础之上产生与建立起来的国家，对经济基础提出了满足物质资料或货币资金的要求，才从原已客观存在的、作为生产关系总和一个方面的分配关系中分化出一部分，而构成财政分配关系，使财政这一分配关系具有了国家的特点，打下了国家的烙印。所以，财政还是原来生产关系总和的一个部分。国家本身不会创造任何物质资料或产生货币资金，财政不可能是国家这个上层建筑的组成部分。这里正体现着经济基础与上层建筑互相影响、互相制约的联系，说明了它们之间具有对立统一的辩证关系。但是，财政与国家显然是两个不同的范畴。当然，在财政以物质资料或货币资金满足国家实现其职能的物质需要这一方面，财政是为国家服务的，但由于国家是为经济基础服务的，所以财政服务的最终对象是经济基础本身。在这里，国家只起着中介作用。为了便于理解起见，我把上述这些关系图示如下：

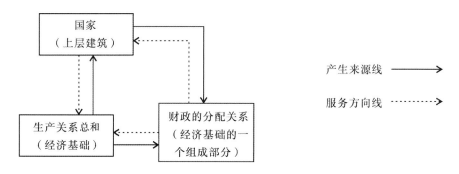

可是，有的同志并不是这样看的。他们只看到财政具有不同于其他经济范畴的特点，机械、片面地理解财政由国家产生的含义，因而否定了财政是经济基础的范畴，甚至否定它是经济范畴。比如，有的同志说"财政是随国家的产生而产生的"，"财政应该是上层建筑"，"中央财政金融学院讨论国家财政性质的若干问题"，[①] 显然，这种看法是由于混淆了财政具有国家的特点同国家本身的界限，以及混淆了国家对经济基础提出满足物质资料需要的要求同财政分配关系本身的界限所引起的。

如果我们读一下马克思的有关指示，就不难看到马克思是如何注意财政具有与国家相联系的特点，而又把国家同财政本身区别开来的。他于1847年在《道德化的批评和批评化的道德》中指出："从物质方面说，君主制也和其他一切国家形式一样，直接用捐税来加重工人阶级的负担。捐税体现着表现在经济上的国家存在。官吏和僧侣、士兵和舞蹈女演员、教师和警察、希腊式的博物馆和歌德式的尖塔、王室费用和官阶表这一切童话般的存在物于胚胎时期就已安睡在一个共同的种子——捐税之中了。"[②] 这里，马克思一面肯定了捐税具有国家的特点，一面又把捐税看作是"体现着表现在经济上的国家存在"，即把捐税认定是剥削阶级国家赖以存在的经济基础。马克思于1857年在《哥达纲领批判》中又肯定"赋税是政府机器的经济基础"[③]。同年，他在拟定第一次研究资本主义经济体系时，还把国家列为研究资本主义经济制度五个分篇的第三篇。他指出："第三，资本主义社会在国家的形式上的总结。就其本身来考察。'不生产的'阶级。税。国债。公信用。人口。殖民地。移民。"[④] 我认为，这里所谓"资本主义社会在国家的形式上的总结。按其本身来考察"等等，实际上就是马克思拟定要研究的财政学。可惜，马克思在生前没有完成这一著作。到1859年马克思写《政治经济学批判》时，又在序言中把"国家"列为研究资本主义经济制度六个项目之一（这是马克思第二次拟定的研究资本主义经济体系）。他说："我照着这个次序来研究资本主义经济制度：资本、土地所有权、雇佣劳动；国家、对外贸易、世界市场。在前三项下我研究现代资本主义社会分成的三大阶级的经济生活条件；其他三项的相互联系是一望而知的。"[⑤] 马克思这里指的"国家"就是"导言"中拟定的第三篇。马克思在《资本论》中还把同国债、税捐相联系的国家权力本身也看作是"一种经济力"[⑥]。我体会，这里马克思一方面说明了国债、捐税等范畴所反映的分配关系，只是经济基础适应于国家为履行职能所提出的满足物质资料的要求和利用了国家权力的结果，反映了财政具有与国家相联系的特点；另一方面，马克思只是把国家权

① 见《经济研究》1961年第5期，第68页。
② 《马克思恩格斯全集》第4卷，人民出版社1958年版，第342页。
③ 《马克思恩格斯文选》（两卷集）第2卷，莫斯科外国文书籍出版局1955年中文版，第32页。
④ 马克思：《政治经济学批判》，人民出版社1955年版，第170页。
⑤ 马克思：《政治经济学批判》，人民出版社1955年版，第1页。
⑥ 马克思：《资本论》第1卷，人民出版社1953年版，第949页。

力比拟为一种经济力，并不把财政和国家等同起来。综上所述，我们不难领会，马克思在把财政（国债、税捐）视为同国家相联系具有国家特点的经济范畴的同时，总是把财政同国家的联系与国家本身区别开来。可是，有的同志却混淆了这两者的区别，以致他们因看到财政具有同国家联系的特点，而否定了财政本身的客观分配关系。

还有同志说："财政的性质直接取决于国家的性质，有什么样的国家，就有什么样的财政"，因而他们肯定财政是上层建筑。"中央财政金融学院讨论国家财政性质的若干问题"，[1] 这是一种误解。请问：国家的性质又是由什么决定的呢？我们知道，劳动者与生产资料结合的形式、人们对生产资料的关系，即生产资料所有制形式，乃是生产关系的基础。生产资料所有制性质决定着生产关系、分配关系以及社会的阶级结构的性质，决定着国家的性质。生产资料所有制性质不同，国家的性质也就不同。没有离开生产资料所有制的抽象的国家性质。当人们说财政性质取决于国家性质的时候，总是指不同生产资料所有制的国家的性质，决定着财政的性质。国家在决定财政性质这个问题上也只起着中介作用。这就是说，财政的性质是取决于生产资料所有制性质的。"有什么样的国家，就有什么样的财政。"这句话当然是对的，但最好把"什么样的国家"明确为"不同所有制的国家"，才不会产生误解。因此，可以这样说，所谓国家性质决定财政性质，实际上只是生产资料所有制性质决定财政性质的反映，是生产资料所有制性质决定财政这一分配关系性质的体现。况且，由于财政这一分配关系乃是生产关系总和的构成部分，而作为生产关系总和的核心的生产资料所有制的性质，总是决定着从属于生产资料所有制的或从属于生产关系总和的财政分配关系的性质，并彼此相一致。在此，不难看到，财政之属于经济基础范畴，而不是上层建筑，其道理是自明的。因而，从"财政的性质直接取决于国家的性质"出发，而硬说财政是上层建筑的说法是片面的。

二、财政学对象可以反证财政只能是经济基础的范畴

大家知道，政治经济学是研究人类社会生产关系，即研究经济基础的科学。它阐明人类社会各个不同社会形态上支配物质资料的生产与分配的规律。财政学是从政治经济学分化、发展出来的，是政治经济学的一个分支，属于部门经济学。财政学以财政，即以生产关系的特定部分——财政的分配关系及其发展规律为对象。可见，财政学也属于研究经济基础的科学。正因为如此，研究财政的分配关系及其发展规律时，必须以政治经济学在不同社会形态共有的经济规律和每个社会形态特殊的经济规律为指导，并探讨其在财政领域内的具体运用与表现，进而探讨各个不同社会形态所共有的与每个社会形

---

[1]　见《经济研究》1961年第5期，第68页。

态所特有的财政发展规律。如果把财政理解为上层建筑，那么，是否意味着作为政治经济学的分支或部门经济学之一的财政学是研究上层建筑的科学呢？能否认为在财政领域中所展开的财政运动及其发展规律，是作为意识形态、思想关系的上层建筑的运动及其发展规律呢？显然不能。在这里，主张财政是上层建筑的同志是碰壁了。但主张财政具有经济基础与上层建筑两重属性的同志，或许还认为说得通。其实也不然。因为，既然财政学同政治经济学一样是研究经济基础的科学，那么，它必须以客观的财政分配关系及其发展规律作为对象。我们这样说，并不等于说研究财政学时不应联系上层建筑（如财政思想观点、财政政策制度、财政计划措施以及政治思想工作等）。恰恰相反，应该密切联系它们来反映、分析财政，使财政学更富有阶级性与战斗性。但是，联系上层建筑不等于把上层建筑当作对象。上层建筑不等于也不能代替客观的财政分配关系及其发展规律。我们不能把财政学理解为研究经济基础与上层建筑的科学。还有，主张财政具有经济基础与上层建筑两重属性的同志，他们的说法虽各有不同，但都把财政现象作了表象的、机械的分析。有的同志把财政的一部分（如国营企业财务、来自国营企业收入）看作经济基础，把另一部分（如国家预算、居民税收、行政管理、国防支出）看作上层建筑，即在同一部分中（如预算支出），有时看作经济基础（如基本建设投资），有时又看作上层建筑（如对外援助支出）。[①] 他们说，这就是"具体分析"。具体分析无疑是十分重要的。但这样的分析，太表象化了，实际上把财政这一整体搞得支离破碎，也使财政学没有明确的经济基础对象了。

在实际的财政工作中，通常把财政本身同财政思想观点、财政政策制度、财政计划措施等视为一个东西，通通以财政作为泛称。因为它们之间有密切关系，即经济基础与上层建筑彼此发生作用的辩证关系，所以把它们加以通用、混用，这是可以理解的。但在学术界中也长时期地不注意财政本身同财政思想观点、财政政策制度、财政计划措施等之间的区别，主观与客观不分，因而就在科学分析上造成不少误解与不恰当的论断。我们知道，科学的任务，应该是通过财政现象，弄清财政这一事物发展所固有的特殊矛盾所规定的本质同适应经济基础（包括财政分配关系）并为它们服务的财政思想观点、财政政策制度、财政计划措施等这两者之间的区别。财政本身是一种分配关系，属于经济基础的范畴；适应经济基础（包括财政分配关系）并为它们服务的财政思想观点、财政政策制度、财政计划措施等则是上层建筑，它们是同整个社会的经济基础（包括财政分配关系）相适应的政治、法律、宗教、道德、哲学、艺术等思想、观点、政策、制度、计划、措施等上层建筑的构成部分。比如毛泽东同志的财政思想，财政工作的三大观点，

---

① 参见《关于财政是基础还是上层建筑问题的来稿综述》，《学术月刊》1958年第3期，第43页转第33页；《经济研究》1961年第5期，第68页；《光明日报》1961年8月21日第4版"学术动态"。

"发展经济，保障供给"的经济工作和财政工作方针，合理负担或区别对待的税收政策，财政税收的规章制度，财政预算的计划以及相应的措施，等等，都是整个社会的上层建筑的构成部分，但不应把它们同财政本身混同起来。它们是财政学应该联系研究的一些内容，而不是财政学研究的客观对象。财政的思想观点、政策制度、计划措施等，可以反映财政学的对象与规律，但不能等同或代替后者，更不能因为财政思想观点、政策制度、计划措施等是上层建筑，而说财政本身是上层建筑，或者说财政本身具有上层建筑属性。据我个人体会，适应经济基础的经济思想观点、经济政策、管理制度、经济计划措施等，也是社会上层建筑的组成部分。举例来说吧，生产关系是经济基础，以生产关系为研究对象的政治经济学本身则是上层建筑；工资、价格是经济基础范畴，工资或价格政策、制度、计划、措施则是上层建筑。在这里，从来没有人把生产关系、工资、价格这些经济基础范畴看成是上层建筑，或说它们具有上层建筑的属性。可见，经济基础同适应它并为它服务的经济思想观点、政策制度、计划措施等，是可以区分，而且应该区分开的。为什么财政这一经济基础范畴不能同财政思想观点、政策制度、计划措施等区分开来呢？有的同志总喜欢以国家预算为例，说我们国家的预算是国家的基本财政计划，它要经过最高立法机关（我国最高权力机关为全国人民代表大会）缜密研究，审查通过，具有法律形式或立法的一面，起计划作用，所以认为它是上层建筑。有的同志引述毛泽东同志下面一段话，即"国家的预算是一个重大的问题，里面反映着整个国家的政策，因为它规定政府活动的范围和方向"。毛主席在中央人民政府委员会第四次会议上的讲话[1]，肯定国家预算是政权的一个组成部分，是上层建筑。我认为，就我国国家预算作为国家的基本财政计划来说，确有立法的一面，并起计划作用，可理解为上层建筑；但国家预算的收支活动所反映的分配关系，是我国最基本的财政分配关系，是经济基础范畴。这两者不能混淆。其次，据我的体会，毛泽东同志关于国家预算"反映着整个国家的政策""规定着政府活动的范围和方向"的指示，乃是对国家预算所体现的国家职能的科学规定，是就国家预算这一基本财政分配关系所决定与反映的国家性质、政治方向与目的而言。这里并没有否认国家预算的实质内容——财政分配关系。事实上，在许多场合，毛泽东同志总是把财政当作分配问题来处理的，如把生产决定分配、分配影响生产的基本原理发展为经济决定财政、财政影响生产的重要原理，提出"发展经济，保障供给"的经济工作和财政工作总方针。[2]毛泽东同志又把分配问题当作生产关系的一个方面，如把我国全民所有制经济和集体所有制经济之间的积累和消费的分配问题，同所有制与各经济部门的生产和交换的相互关系一样，当作社会主义生产关系来看待。再次，我们还可以举出

---

[1] 见《新华月报》第1卷第3期，第647页。
[2] 《抗日时期的经济问题和财政问题》，《毛泽东选集》第3卷，人民出版社1953年版，第893页。

国民经济计划为例来说明。我国每一年度的国民经济计划，同样经过全国人民代表大会缜密研究，审查通过，具有立法的一面，并起计划作用，它应为上层建筑；但我们从没有把国民经济计划中所规定的生产与流通领域、各经济部门的生产或经营活动所反映的经济关系（如两大部类生产之间的关系，农、轻、重比例关系，积累与消费之间的关系，等等），说成是上层建筑或具有上层建筑属性。为什么又能因国家预算有其作为国家基本财政计划的作用，而否定它本身所反映的分配关系呢？一句话，财政本身同财政思想观点、政策制度、计划措施等是不能混淆的。还应指出，有的同志虽然主张财政是经济基础的范畴，也主张财政这一分配关系同财政计划措施之间应该加以区别，可是却仅把国家预算当作是计划范畴来看待，这在实际上就等于否认了国家预算所反映的财政分配关系，其自相矛盾是不待言的。

三、确定财政是经济基础的范畴，不会抹杀财政的阶级性与历史性

有的同志认为财政是历史的产物，是阶级斗争的工具，具有阶级性与历史性，因而是上层建筑。他们担心，如果把财政确定为经济基础的范畴，就会抹杀财政的阶级性与历史性，忽视阶级斗争；有的同志还认为会造成"有财无政"的后果，等等。真的会这样吗？我认为，阶级性与历史性不能作为判别财政是经济基础还是上层建筑的标志。

首先，不能认为只有上层建筑才有阶级性与历史性，而经济基础没有阶级性与历史性。任何社会形态都有经济基础与上层建筑。但在剥削阶级占统治地位的社会和社会主义社会（包括从资本主义到共产主义的过渡时期）里，每个社会形态都有它自己特定的经济基础，以及由它决定并为它服务的特定上层建筑。这种特定社会形态的经济基础与上层建筑，均有其特殊的质与量的规定性，即同样具有阶级性与历史性。所以，构成经济基础的生产关系及与其相适应的分配关系本身也具有阶级性与历史性。不相信么？且看马克思是如何理解的。马克思的伟大著作《资本论》所以具有强烈的阶级性与战斗性，就是因为它从生产关系与分配关系等方面去"揭露近代社会的经济的运动法则"[1]。这就是说，马克思在《资本论》中揭示了资本主义生产关系的发生、发展与灭亡的规律，科学地论证了资本主义制度的历史性与局限性，分析了资本主义社会的生产关系，揭发了资本主义剥削的秘密，以及劳动同资本之间的对抗的经济关系与阶级矛盾，从而得出了由社会主义生产关系代替资本主义生产关系的革命结论。马克思还说过，生产关系及与其相应的分配关系这"二者具有同样的历史的暂时的性质"。又说："一定的分配关系，只是历史规定的生产关系的表现"。"所谓分配关系，是与生产过程的历史规定的特殊社会

---

① 马克思：《资本论》第1卷，人民出版社1953年版，初版序第4页。

形态，及人类在人类生活的再生产过程内加入的关系相适应，并由此发生。这种分配关系的历史性质，就是生产关系的历史性质。……资本主义的分配，与由别种生产方式发生的分配形态，是有区别的。每一种分配形态，都会和它由以发生的，相适应的生产形态一同消灭。"① 在这些地方，马克思不是十分明白地指出作为经济基础的生产关系与分配关系的强烈阶级性与明显历史性么？事实也是如此。在资本主义社会里，由于生产资料私有制的统治，构成经济基础的生产关系与相应的分配关系是存在着对抗性矛盾的。如果说资本主义经济基础没有对抗性矛盾，没有阶级性与历史性，那么，无产阶级革命为什么要把矛头指向资本主义生产资料私有制？为什么要剥夺剥夺者？谁都知道，任何社会革命的胜利，总是意味着经济基础的变化或替代。社会主义革命的胜利，意味着以社会主义经济基础代替资本主义经济基础。这不就是历史性么？我体会，具有历史性的事物或说是属于历史范畴的事物，有的会在一定历史阶段通通消失掉（如我国的剩余价值、资本这些经济范畴），有的也可能是在一定历史阶段只消失其特殊性部分，而仍继承其普遍性部分或保留其原来形式（如我国的利润、利息、工资这些经济范畴）。财政作为一种分配关系，它从属于特定社会形态的经济基础，而成为其一个组成部分，新的经济基础所包括的新的财政分配关系，总是继承其普遍性部分内容，保留旧形式，而否定其特殊性部分内容。只有到共产主义社会，原来含义的财政才会完成其历史任务。由此可见，把财政理解为经济基础范畴，并不会否定其阶级性与历史性。

其次，还要知道，财政这一分配关系（经济基础）的阶级性与历史性，是财政这一事物固有的属性，它还通过由整个社会的经济基础（包括财政的分配关系）所决定与要求的财政思想观点、政策制度、计划措施等，来表现其阶级性与历史性。这些财政思想观点、政策制度与计划措施等又反作用于经济基础（包括财政的分配关系）。不难看出，这其中正反映了经济基础决定上层建筑、上层建筑影响经济基础的辩证关系。我国在三大改造取得决定性胜利以前，财政税收的方针、政策、制度，就是我们党和国家从当时占统治地位的生产关系以及从属于它的其他生产关系这一过渡性的经济基础出发，按照建立、巩固与发展社会主义经济基础的要求来制定的。我国财政税收的政策和制度在制定出来付诸实行以后，又在"利用、限制与改造"资本主义工商业过程中起了很大作用，积极促进了社会主义经济基础的巩固与发展。在三大改造以后，根据社会主义生产关系的要求而制定的我国财政税收的政策和制度，又在巩固、发展与壮大社会主义经济和削弱、限制以至消灭资本主义经济残余与资本主义自发倾向的斗争中发挥了应有作用。在今后一定历史时期内，我国财政税收的政策和制度仍是整个过渡时期阶级斗争的工具之一。应该指出，我们通常所说的财政是党与国家进行阶级斗争的工具，就是指财政、税

---

① 马克思：《资本论》第3卷，人民出版社1953年版，第1151、1156、1157页。

收的方针、政策和制度所发挥的这种作用而言。当然，这种财政税收的政策、制度的上层建筑作用，应该说是导源于经济基础，而又反作用于经济基础的。事实证明，社会主义的经济基础（包括财政的分配关系）同样具有阶级性与历史性，而且是同上层建筑的阶级性与历史性相一致的。

至于说把社会主义财政确定为经济基础的范畴，就会导致"有财无政"的说法，既是片面的，也是一种误解。我们社会主义财政的监督职能，是财政这一分配关系固有的职能之一，它是分配职能的必要的派生职能。发挥监督职能是分配职能圆满实现的重要保证。社会主义财政对国民经济各个部门、各个方面活动的监督，是保证国民经济有计划按比例、高速度发展的重要手段。财政监督乃是凭借货币具有价值尺度的职能，通过国民收入的分配与再分配，或者说通过建立、分配与使用资金运动的过程来发挥监督作用的。因此，财政监督首先是一种分配关系的监督，不是什么"主观意识活动"。这种监督是属于经济基础范畴的。当然，国家也通过财政部门、财政法令政策、规章制度与计划措施等方面来进行财政监督，但这种具有上层建筑性质的行政监督，是建立在财政这一分配关系的监督之上的，是经济基础性质的监督的派生。这种派生的监督作用，最终是要通过经济基础来实现的。如果没有通过价值形式而进行的财政收支运动，上层建筑性质的监督是不可能的。可见，把财政理解为经济基础范畴，不但不会出现"有财无政"的现象，而且更加符合财政监督的性质。

四、财政收入来源与支出用途同样可以说明财政只能是经济基础的范畴

财政收入来源与财政支出用途是由财政的本质决定的。资本主义国家财政的本质决定资本主义国家的财政收入绝大部分取自税收，财政支出大部分用于军事、债务等非生产性支出；社会主义国家财政的本质决定社会主义国家的财政收入绝大部分取自社会主义经济收入，财政支出绝大部分用于经济与文化建设。可见，资本主义财政收入来源与支出用途，反映着资产阶级统治者通过国家对工人、农民及其他劳动人民进行额外剥削，具有对抗性矛盾的分配关系，而社会主义财政收入来源与支出用途所反映的分配关系，则是体现人民根本利益一致的分配关系。所以，财政收入来源与支出用途具体地构成了财政的本质内容。它们当然也是判别财政属于经济基础的一个重要角度。

可是，有的同志虽然主张财政是一种分配关系，也认为财政属于经济基础，但却说"财政收入来源和支出用途不是判断财政是否属于基础或上层建筑的标志"[①]。这是不妥当的，而且是自相矛盾的。如果财政收支活动内容不反映分配关系，不能作为判断其为经

---

① 见《光明日报》1961年8月21日第4版《关于国家财政性质等问题初探》一文及"学术动态"。

济基础范畴的根据，那么，财政本质就成为一个没有内容的抽象了。

另有一些同志则走向另一极端。他们抽掉财政收支活动所形成的分配关系，而光把财政收入与支出表象地理解为资金，并以其是否来源于或使用于生产领域作为判别财政收支何者属于经济基础、何者属于上层建筑的根据。这当然也是不恰当的。因为：一方面把财政单纯归结为资金，就无从真正揭示财政的本质；另一方面，使财政之属于经济基础或上层建筑成为变动不定的，势必出现"经济基础之中有上层建筑，上层建筑之中又有经济基础"的现象。这样，就无从理解财政收入来源与支出用途之间的同一性，徒增概念混乱而已。症结在哪里呢？就在于单纯表象地、机械地以财政资金来源于或使用于生产领域与否，作为判别财政属于经济基础或上层建筑的根据。当然，划清财政收入来源与支出用途的生产性与非生产性是十分必要的。这样做，有利于明确财政收入资金的原始分配或再分配性质，有利于减少非生产性开支，使财政支出资金集中而有效地用于扩大再生产。但不能以此作为判断财政属于经济基础或上层建筑的依据，因为非直接来自生产领域而从流通与分配过程中再分配而来的财政收入和用于非生产性的支出，就其形成的分配关系来说，也属于经济基础范畴。在资本主义社会里，如前所述，财政收入（主要是税收）最终是由劳动人民负担的，是剩余价值的一部分，是无产阶级工资的扣除。资本主义税收在表象上虽非生产性的，但它体现着资产阶级通过再分配国民收入（剩余价值）来剥削劳动人民的一种分配关系，自然属于经济基础范畴。资本主义财政支出，如军事、债务、维持暴力机关、所谓社会文化以及补助地主、资本家等支出，其绝大部分是非生产性的，但这种支出十分明显地反映着资产阶级对劳动人民的残酷剥削的再分配关系，当然也该是经济基础范畴。

谈到这里还须指出，有的同志虽然承认社会主义财政是经济基础范畴，却认为"资本主义社会及其以前的各剥削阶级占统治地位的社会的财政则是上层建筑""中央财政金融学院讨论国家财政性质的若干问题"[①]，这种看法是片面的，也是自相矛盾的。为什么社会主义财政的分配关系可以是经济基础的范畴，而剥削阶级占统治地位的社会财政的分配关系则成为上层建筑了呢？我们只能说，剥削阶级占统治地位的社会的财政具有剥削性、非生产性的特殊本质，社会主义社会财政与它们具有根本不同的新的特殊本质（即社会性质），剥削阶级占统治地位社会的财政与社会主义社会财政分别从属于各该社会的经济基础，而成为其组成部分，不能把剥削阶级占统治地位社会的财政看作是上层建筑。况且，非生产性、剥削性的范畴不一定是上层建筑。如在资本主义社会里，剩余价值、利润、利息、地租、资本这些经济范畴是剥削性的典型概念，但并没有人否定它们是经济基础范畴；再如虚拟资本，既是剥削性的，也是非生产性的，由于它仍反映着资本

---

① 　见《经济研究》1961年第5期，第68～69页。

对劳动的剥削关系，所以仍是经济基础范畴，也从没有人认定它是上层建筑。还必须指出，所谓财政收入来源的生产性与非生产性问题，是就生产资料所有制性质所决定的国家有无组织经济职能，能否在生产领域内进行原始分配或只能在生产领域以外通过再分配取得财政收入而言。如前所述，社会主义国家因为是生产资料所有者，可以直接从生产领域的原始收入中取得收入；而资本主义国家，由于生产资料资本主义私有制，则只能从生产领域以外再分配一部分国民收入，来满足资产阶级国家的需要。这就是社会主义财政与剥削阶级占统治地位社会的财政相区别的根本特征之一。然而，归根到底，不论什么社会形态的财政收入，总是劳动人民所创造的一部分社会产品，都是当年国民收入的一种扣除。所以，从这个意义上说，财政收入来源在实质上也是生产性的。至于我们说财政支出的生产性与非生产性，乃是就国家财政支出资金用于生产性开支或非生产性开支而言。它随服务对象的有否生产性为转移，并非财政资金本身能够创造新价值。创造新价值的是劳动力，即活劳动。财政只在生产过程中为创造新价值提供了条件。所以，财政本身只是一个分配范畴，不是生产范畴。分配决定于生产。马克思指出："分配的结构完全决定于生产的结构。分配本身就是生产的一种产物，不仅就对象说是如此，因为能分配的只是生产的成果，而且就形式说也是如此，因为参与于生产的一定形式决定着分配的特定形式，即参与于分配时所采取的特定形式。"① 因此，生产资料公有制所决定的社会主义财政本质，决定着社会主义财政支出的大部分资金必然与生产过程直接相结合，在经济上直接为生产对象或生产要素服务，小部分资金则间接为社会扩大再生产服务，从而使社会主义财政成为国民经济财政或生产建设财政。我体会，我们说社会主义财政是国民经济的财政，说它具有生产性与建设性的含义即在于此。相反，生产资料资本主义私有制决定的资本主义财政本质，决定着财政支出的绝大部分必然与生产过程相分离，而主要在生产过程以外为非生产性对象服务，从而保证垄断资产阶级获取高额利润，使资本主义财政成为非生产性、寄生性财政。这样看来，决定于生产资料所有制性质和国家有否经济职能的财政支出资金，其基本上为生产对象或非生产对象服务而使它在使用效果上表现出生产性或非生产性这一点，乃是判别财政支出用途的性质的一个标志，也是判别社会主义财政与剥削阶级占统治地位社会的财政的根本特征之一，但不能像有些同志那样，单纯表象地、机械地以财政收入来源与支出用途的是否具有生产性，作为判定财政是经济基础还是上层建筑的依据。当然，有的同志完全排斥把财政收入来源和支出用途作为判断财政是否属于经济基础或上层建筑的标志的提法，也是不能令人同意的。问题在于如何理解它们。如果我们把财政收入来源与支出用途所形成的分配关系作为根据来考察，财政之属于经济基础范畴，应该是没有什么疑问的了。

---

① 马克思：《政治经济学批判》，人民出版社1955年版，第158页。

把财政确定为经济基础范畴，是具有重要的理论意义与实际意义的。第一，把财政理解为经济基础的范畴，这是对财政这一客观事物固有的特殊矛盾和特殊本质的确认，有利于揭示财政发展规律，促进财政学的发展。把财政看作是一种上层建筑，或是把社会主义财政看作是特殊的上层建筑，都不能正确解释不同社会形态财政所形成的分配关系的本质与规律，即既不能真正从经济上揭露剥削阶级占统治地位社会的财政的剥削本质与规律，也不能真正阐明社会主义财政的本质与规律，因为意识形态只能是物质的经济关系的产物，不能代替经济关系本身。把社会主义财政理解为经济基础与上层建筑两重属性，则会把财政这一有机统一体，在哲学意义上作单纯表象的、机械的与支离的理解，以致把概念搞得十分不明确。其结果，同样不能很好理解社会主义财政的本质与规律，不利于财政学的发展。第二，把财政认定是经济基础的范畴，就可以进一步明确财政是一个分配问题，一个分配范畴，明确生产决定分配、分配影响生产，或者经济决定财政、财政影响经济的辩证关系，有利于发挥我国社会主义财政的分配职能与监督职能的作用，保证我国社会主义扩大再生产的顺利进行。如果把财政看作是上层建筑，或把财政看作具有上层建筑属性，则与财政是分配范畴这个概念不相符，并都会导致否定或削弱财政是分配问题的后果，否定或削弱财政积极影响经济的作用的充分发挥。第三，把财政理解为经济基础的范畴，从而又区别财政这一分配关系本身同适应它并为它服务的财政思想观点、政策制度、计划措施等的不同，有利于正确处理客观可能性与主观能动性的关系，并在经济基础（生产关系总和及其组成部分的财政分配关系）的发展变化过程中，及时总结经验，调整财政政策制度与计划措施，使之适应整个经济基础（包括财政分配关系）的发展与变化的要求，又促进经济基础（包括财政分配关系）的巩固与发展，从而有计划、高速度地推进社会生产力的不断发展，使我国尽速建成一个具有现代化农业、现代化工业、现代化国防和现代化科学技术的伟大国家。

（原载于《财政是经济基础还是上层建筑》，中国财政经济出版社1964年版）

关于认识与发挥财政职能作用问题

什么是社会主义财政职能？有哪几个职能？财政职能与财政作用有什么关系？我们通常说的"发挥社会主义财政职能作用"的含义又是什么？怎样才能充分发挥社会主义财政职能作用为四化服务？这些都是人们所经常关心的、十分重要的财政理论与财政实践问题，对这样的重要问题，人们的认识并不一致，有必要加以探讨，做出回答。我个人对这些问题的认识，是随着30年来我国财政实践与理论的发展而经历了一段过程的。下面，我就上述问题谈一点粗浅看法。

一、什么是社会主义财政职能？有哪几个职能？

社会主义财政的本质是，无产阶级专政国家为实现其职能并以其为主体的，利用价值形式无偿地分配社会产品或国民收入而形成的，取之于民、用之于民的社会主义分配关系，简称为以无产阶级专政国家为主体的分配关系。社会主义财政的本质决定财政的职能。所以，社会主义财政职能乃是社会主义财政本质的客观反映、要求和固有功能。

长期以来，人们总是把社会主义财政职能表述为分配职能与监督职能。两年多来，我在参与编写《社会主义财政学》过程中，曾把社会主义财政的分配职能分解表述为"筹集资金职能"与"供应资金职能"，连同"监督职能"并称为社会主义财政的三个职能。近半年多来，我回顾总结了我国30年来财政实践的正反面经验，觉得社会主义财政在客观上还有一个"调节平衡职能"，并认为必须把原有的监督职能表述为"反映监督职能"。因此，我主张，社会主义财政具有筹集资金职能、供应资金职能、调节平衡职能与反映监督职能这样四个职能。

为什么要把社会主义财政的分配职能分解为筹集资金职能与供应资金职能？应该指出，确定社会主义财政具有分配职能，而且是最基本的首要的职能，这当然是正确的。但是，把它分解为筹集资金职能与供应资金职能却有两点好处：第一，"分配职能"与"分配关系"这两个概念，同冠以"分配"二字，嫌重复；而且不易把两个概念区别清楚。财政的几个职能都是财政本质——分配关系的固有功能，都导源于分配关系，不必独把其中某一职能冠上"分配"二字，这样可以减少使用"分配"二字的重复，有利于明确财政本质（分配关系）与财政职能（不用"分配"这冠词）各自的内涵。第二，财政的分配职能指的是分配社会产品或国民收入的职能，它包括筹集资金（组织收入）与供应资金（安排支出）两个方面。把分配职能分解为筹集资金职能与供应资金职能，更符合财政参与分配社会产品（或国民收入）过程中所形成的资金运动的客观实际，有利于财政收支工作。

为什么要在社会主义财政职能中单独提出调节平衡职能？我认为，单独提出调节平衡职能有如下三点理由：

第一，社会主义财政具有调节平衡职能，这是一个客观存在。社会主义财政的调节平衡职能，也是社会主义财政本质的客观反映、要求与固有功能，又是国民经济有计划按比例发展规律和社会主义财政分配的客观要求。我们知道，社会主义财政参与一部分社会产品或国民收入的分配而形成的收支运动，是受社会主义计划经济所制约而为国民经济按比例、高速度发展服务的。收入与支出是财政在价值量上的基本矛盾。收入与支出是对立统一的，其中收入是矛盾的主要方面。收支必须做到当年平衡，略有结余。在组织收支平衡过程中，必须调节收入，调节生产、流通与消费，调节投资比例。平衡需要调节，调节为了平衡。可见，财政的调节平衡职能确实是客观存在的。有的同志虽然同意这样分析，但是却说，调节平衡是财政的"作用"，而不是"职能"，是发挥财政的分配职能或筹集资金职能与供应资金职能的结果；还说，如果把调节平衡的"作用"当作"职能"，也会同分配职能或筹集资金职能、供应资金职能相重复。其实不然，社会主义财政的筹集资金职能、供应资金职能（或并称为分配职能），甚至监督职能，它们之间确实有交叉而互相联系着的一面，但又各有自己的特殊性。把客观存在的调节平衡职能单独提出来，不但不与筹集资金职能与供应资金职能重复，而且恰恰是把调节平衡职能的特殊性突出起来了。不单独把调节平衡职能提出来，它就经常容易被忽视或掩盖了。过去，忽视调节平衡职能的教训难道还不深刻么？

第二，从我国财政实践与客观效果看，在国民经济恢复时期、"一五"时期和三年经济困难进行调整时期，由于客观上发挥了财政的调节平衡职能，国民经济得到顺利发展；反之，在违反客观经济规律、工作失误时期与林彪、"四人帮"横行时期，由于忽视甚至否定了财政的调节平衡职能作用，却招致了国民经济的两次大挫折。可见，社会主义财政的调节平衡职能的承认与否和发挥作用的大小，同国民经济发展的顺利与否密切相关。

第三，从"四化"的客观需要看，实现四个现代化，必须争取国民经济有一个持久的高速度和按比例的发展。由于林彪、"四人帮"的干扰破坏与我们工作的经验不足，国民经济比例严重失调的情况目前还没有根本扭转。对此，我们一定要认真贯彻执行"调整、改革、整顿、提高"的方针，打好实现"四化"的第一仗。调整是关键，就是要调整主要比例关系，压积累，下基建，实现综合平衡。因此，认识与发挥财政的调节平衡职能作用，不仅符合客观实际，而且对于促进国民经济的调整，实现四个现代化，更有重大现实意义。

为什么要把社会主义财政的监督职能改为反映监督职能？过去，人们只把反映（或综合反映）作为一种"作用"看待，当作监督的前提，没有把它提到"职能"的高度。这显然是不够的。财政同社会再生产各环节和非生产各领域都有密切联系。财政能综合反映国民经济各方面的活动，灵敏度高。这是客观的存在。财政部门在反映财政资金运动过程中，可以肯定成绩，总结经验，探索规律，揭露矛盾，提出措施。反映为了监督（当然，反映本身也是一种监督），监督必先反映。先有反映，从反映中得到情况与信号，监督才能胸中有数，对症下药。因此，把反映与监督并列为一个职能，有利于发挥财政的管理监督职能作用。

二、社会主义财政四个职能之间的相互关系与财政职能、作用的联系区别

社会主义财政具有的筹集资金职能、供应资金职能、调节平衡职能与反映监督职能之间是相互内在联系着的，是不以人们的意志为转移的客观存在。它们是各具特殊性、共处于社会主义财政这一个统一体之中而发挥其各自特殊能动作用的。

我们要巩固无产阶级专政，建设社会主义，实现四个现代化，就需要资金。社会主义财政担负着为按比例、高速度发展国民经济而筹集资金的任务。这就是筹集资金职能。财政发挥筹集资金职能，就是利用价值形式参与一部分社会产品或国民收入的分配，把分散在各地区、各部门、各企业单位的劳动者为社会劳动而创造出来的那部分产品价值集中起来，形成全国集中的财政资金。如果没有财政的筹集资金职能，就不能形成国家财政收入，那么巩固无产阶级专政、进行社会主义扩大再生产就没有财力源泉，建设社会主义、实现四化就没有物质基础，国家与人民不断增长的需要就得不到满足。可见，社会主义财政筹集资金职能在社会再生产中居于关键地位。它是社会主义财政所固有的第一个基本职能。

然而，社会主义财政并不能以发挥筹集资金职能而形成国家财政收入为满足，还必须把国家财政收入转化为国家财政支出，在各经济部门、各地区、各建设项目之间以及在非生产部门之间供应资金、安排支出，以满足国家建设与人民生活的需要。这种供应资金、安排支出，以满足需要的职能，叫做供应资金职能。财政供应资金、安排支出时，要正确处理简单再生产与扩大再生产的关系、积累与消费的关系、积累中的生产性积累与非生产性积累的关系、生产性积累中的增拨流动资金与基本建设投资的关系、农轻重的关系，以及消费中的社会消费与个人消费的关系，等等。财政供应资金职能的圆满实现，是建设社会主义、实现"四化"和巩固无产阶级专政的必要条件。供应资金职能是社会主义财政所固有的第二个基本职能。

筹集资金，组织收入，供应资金，安排支出，都要发挥社会主义财政的调节平衡职

能。所谓调节平衡职能包括调节与平衡两个方面，指的是在筹集、供应资金或组织收入、安排支出过程中，必须按照党的路线、方针、政策与国家计划，按照客观财政经济规律的要求，调节各社会集团与个人在国民收入中的占有份额，正确处理国家、地区、部门、企业与个人各方面的分配关系，调节生产、流通与消费，调节积累与消费的关系及其各自内部的关系，从而促进国民经济综合平衡，保证国家建设与人民生活的需要。如果忽视、否定财政的调节平衡职能，那么就忽视、否定了财政守计划、把口子的作用，就会造成财政收支失平、信贷收支失平、物资供求失平，发生国民经济的比例失调，影响社会再生产的发展。可见，社会主义财政的调节平衡职能乃是社会主义财政所固有的第三个基本职能。

社会主义财政筹集、供应资金或组织、安排收支并及时调节收支，实现平衡，这是一个过程。不过这一过程又是认识与运用客观财政经济规律的过程。这里有主客观是否适应与统一的问题。而且这一收入、支出与调节平衡过程并不等于财政资金运动的全过程或终结。因为财政收支与调节平衡最后还是为了使用资金，满足国家与人民的需要。所以，财政资金运动最终必须表现在使用上，财政资金的使用是否合理、节约，是否发挥了资金的经济效能，即是否以最小耗费取得最大的经济效益，这里也有一个主客观适应与统一的问题。

由于人们的认识往往落后于实际，因此，财政收支与调节平衡过程中，往往会受到干扰，或出现工作上的偏差、失误。为了保证财政资金运动顺利开展，财政还必须在筹集、供应资金，组织、安排收支，调节平衡和使用资金的全过程中对国民经济各方面进行反映监督。这就是社会主义财政的反映监督职能。这个职能有两种含义：第一，在筹集、供应资金，组织、安排支出，进行调节平衡与使用资金的全过程中，通过价值形式对国民经济各方面的反映与制约的能动作用来进行管理监督；第二，在日常财政管理工作中，通过反映、检查与财政制裁等形式来进行的管理监督。财政的反映监督是社会主义财政本质的客观功能，要求按照客观规律办事，着重于防止违反财经制度与财经纪律的行为产生。财政管理则是人们认识与运用财政反映监督客观要求在日常工作中的表现。着重于积极要求与引导按照客观规律办事。财政的反映监督与财政管理是互相促进、相辅相成的。它们的任务在于，通过各种财政收支计划的编制与审查，以及财政收支与调节平衡活动，了解、反映、督促、检查国民经济各部门、地区、企事业在财政经济或业务活动中，是否按照客观财政经济规律，党的路线、方针、政策，以及国家计划、财政制度办事，保证及时、正确、足额地组织收入，按比例地安排支出，合理、节约、有效地使用资金。只有这样，才能充分发挥财政的筹集资金职能、供应资金职能与调节平衡职能的能动作用，为"四化"服务。可见，社会主义财政的反映监督职能是社会主义财政所固有的第四个基本职能。

综上所述，社会主义财政所固有的筹集资金、供应资金、调节平衡与反映监督这四个职能是不以人们的意志为转移的客观存在。它们是由建立在社会主义公有制基础上的无产阶级专政国家的性质和社会主义财政本质所决定的。这四个职能又是互相联系、彼此制约的，是相辅相成、不可偏废的。

讨论到这里，接着要说一下：什么是社会主义财政作用？社会主义财政职能与财政作用有什么关系？又如何理解社会主义财政的"职能作用"？

我认为，"职能"与"作用"两词是两个既有联系而又互相区别的概念，但人们有时把它们等同起来，通用了。"职能"指的是事物的固有功能，"作用"则是事物的职能在实际生活中的表现或效果。比如，嘴巴在客观上有吃饭与说话两个职能，而吃什么、如何吃、吃的效果如何、说什么、怎样说、说的效果怎样，则是嘴巴作用的问题。社会主义财政职能与财政作用的关系也是这样。我们通常所说的发挥"社会主义财政的职能作用"，指的是发挥财政职能的能动作用，也就是发挥社会主义财政的筹集资金、供应资金、调节平衡与反映监督四个职能方面的能动作用。我认为，社会主义财政作用可以从不同角度去分析，而有各种不同的多方面的表述。诸如：

第一，从财政同经济的关系与财政政策同经济基础的关系看：经济决定财政，财政影响经济；经济基础决定财政政策，财政政策反作用于经济基础。这里"影响""反作用"指的是能动作用。据此，社会主义财政作用可表述为三个：（1）促进生产力按比例、高速度地发展与四个现代化的迅速实现；（2）促进科学技术、文教卫生事业的蓬勃发展与人民物质文化生活水平的不断提高；（3）促进社会主义公有制与无产阶级专政的巩固、发展与加强。

第二，从财政在社会再生产中的地位、作用看，社会主义财政具有中介作用。

第三，从财政部门的职责与财政部门同各部门、企业事业单位之间的关系看，社会主义财政具有促进（支持、服务）作用与监督（管理、制约）作用。

第四，从财政资金运动过程和财政部门工作任务看，社会主义财政具有筹集资金作用、供应资金作用、调节作用、平衡作用、综合反映作用、管理监督作用。不过这样表述财政作用，既要认识它们同社会主义财政的四个职能是相适应的，又要认识它们是同上述四个职能相区别的，因为财政作用毕竟是财政职能在实际工作中的运用与效果，这里有主观因素在内。

对社会主义财政作用，在我国国民经济发展不同时期还有其他表述。

财政部门是根据党的路线、方针、政策以及国家计划，运用财政规律，实现社会主义财政职能作用的部门。可见，财政部门的职责或职能作用是同社会主义财政职能作用相一致的。由于财政部门从事财政工作是人们按照财政规律与政策等办事的，这里亦有主客观是否相适应与统一问题，有一个通过实践去检验工作效果的问题。当财政工作符合客观规律的要求、充分发挥财政职能作用时，就能有力地促进国民经济的协调发展，否则，就会使国民经济受到损害。

三、怎样才能充分发挥社会主义财政职能在新时期中的能动作用

我国30年来国民经济几起几落的历史实践，告诉人们一个带有规律性的基本认识：国民经济发展的顺利与否，除了别的因素之外，同社会主义财政在国民经济中的地位是否被重视、社会主义财政职能作用能否得到充分发挥有十分密切的关系。

因此，认识社会主义财政的本质，摆正社会主义财政在国民经济中的地位，充分发挥社会主义财政的职能，不仅对于当前贯彻执行"调整、改革、整顿、提高"的方针，打好实现"四化"的第一仗，而且对今后进行社会主义现代化建设，都有重大的理论意义与现实意义。怎样才能充分发挥社会主义财政在新时期中的职能作用，为四化服务呢？我提几点不成熟的建议：

第一，要加强社会主义财政本质与职能作用的理论研究与宣传。现在财政职能作用没有很好发挥，它的一个重要原因，就是理论认识不清，思想混乱，正确观点又没有被正面所接受。比如，所谓"计划是根据，财政是保证"的提法，就值得商榷。我们知道，计划不等于经济，更不等于客观规律，计划上的主观需要当然也不等于财政上的客观可能。符合经济规律的计划自然可以作为根据，不符甚至违反经济规律的计划（如高指标）就不能作为根据。看来，"计划框财政，财政框计划"这个相互促进、相互制约的办法还有恢复的必要。还有，把财政看作只是"保证"，也不全面。因为不能把财政单纯看作是筹集、供应资金工具，不能把财政部门单纯看作是会计出纳机关，必须充分发挥社会主义财政四个职能的能动作用。显然，在新时期中应当加强财政基本理论的研究与宣传，提高财政工作的理论认识水平，应当进行财政理论再教育，普及财政的本质与职能作用的知识。

第二，财政部门要解放思想，适应新时期要求，又要坚持实事求是的科学态度。回顾历史，有这样一个现象：每当国家经济困难，比例失调，或国家财力有限，需要集中力量搞建设的时候，财政部门与财政工作就受到重视，财政职能作用就发挥得较好；反之，每当强调解放思想，敢想敢说，追求高指标的时候，财政部门与财政工作就受到责难、围攻、甚至被当作是前进的"绊脚石"。对上述现象该怎么看，大家可以讨论分析。但我觉得，财政部门是掌握国家财政大权的综合部门，在分配社会产品或国民收入中居于主导地位，对于国民经济的发展负有重大责任，起着重要作用。财政部门的这种地位、作用，决定了它必须按财政职能与财政规律办事，从实际出发，进行调查研究，注重数量关系与科学分析。一般说来，财政部门的情况与数字是比较切实可靠的。但也要看到，财政部门也有墨守成规，拘泥于某些已不适应新情况或不利于生产力发展的制度、办法。对此，当然应该虚心听取各方意见，解放思想，改进工作，以适应四化要求。然则，解放思想必须同实事求是统一起来，该改革的改革，该坚持的坚持。比如，当前贯彻执行"调整、改革、整顿、提高"的方针，就要坚持调整这

个关键，特别要充分发挥财政的调节平衡的职能作用。要积极大胆而又步子稳妥地进行财政、财务体制的改革。要探讨与掌握客观财政经济规律，充分发挥财政的经济杠杆作用，用经济手段管理经济，又要重视财政这个同国家权力相联系的分配工具作用，采取必要的符合规律的行政手段，干预国民经济，使国民经济不走或少走弯路，得到持续高速度的发展。

第三，要充分发扬民主与加强法制。社会主义财政职能之所以在林彪、"四人帮"横行期间没有发挥应有的能动作用，其重要原因之一就是没有发扬民主与执行法制。在当时，有的地方与单位搞一言堂，闹独立性，以权代法，各自为政，违反制度，乱挖财政；对严重违反财经制度与财经纪律的单位与个人没有处理，不追究经济责任与法律责任，财政的反映监督职能不能发挥。类似问题还有待于进一步解决。因此，我们必须在坚持四项基本原则前提下，充分发扬民主，发挥群众与专业人员的监督作用，以期避免或尽量减少某些领导人员瞎指挥，乱批条子，甚至违法乱纪的行为；还必须加强财政经济立法，健全法制，按法律与法定制度办事，做到有法可依，有法必依，违法必究。只有这样，财政才能发挥它的职能作用。

第四，建议各级党政领导加强对财政部门的领导与支持，维护财政部门的应有地位与权力。这些年来，国民经济比例失调，原因很多，但是一个主要原因是基本建设战线太长，投资效果差。对此，财政部门当然有责任。不过，财政部门的地位、职能作用被忽视，财政部门没有应有的权力，不能很好发挥作为人民政府的一个财政职能部门的作用，这却不是财政部门本身所能解决的问题。因此，要充分发挥财政部门的职能作用还必须得到党政领导部门的领导、支持与各地区、各部门的积极配合。比如，当前我们要调整积累与消费的比例关系，压积累，下基建，优先把农业与轻纺工业发展起来。财政部门固然可以用主管财政分配的身份，从本身职能出发提出方案，但如果得不到各地区、各部门的积极配合，共同协商，制订调整方案，特别是得不到党政领导的支持，那么调整工作是不能搞好的。当然，估价财政部门的地位与职能作用必须采取实事求是的态度，不可夸大，也不应忽视。当前，在贯彻执行调整国民经济方针过程中，对一度被忽视的财政职能作用似有加以重视的必要。

粉碎"四人帮"3年多来，在党中央领导下，拨乱反正，正本清源，国民经济得到迅速恢复，各条战线取得很大成绩。如何充分发挥社会主义财政在新时期的能动作用，进一步发展大好形势，更好地为"四化"服务，这是时代赋予的历史使命，也是全国人民的共同愿望。让我们总结我国历史经验，吸取外国先进经验，自觉地认识与掌握运用客观规律，提高财政理论水平与管理水平，做好财政工作，为加速"四化"进程，促进国民经济的持续高速度发展多做贡献。

（原载于《第三次全国财政理论讨论会文选》，中国财政经济出版社1980年版）

社会主义市场经济条件下的财政职能

一、社会主义市场经济条件下的财政职能及其内涵

新中国成立初期我们搬用苏联财政教科书的"分配职能"与"监督职能"的两职能说。这里讲的"分配"是大分配概念，包括生产要素和劳动成果的分配。1976年，在编写《社会主义财政学》时，我曾把分配职能分解为筹集资金职能与供应资金职能，这是同财政收支运动形式相适应的，也反映了我们中国自古以来财政的"聚财"功能与"用财"功能。1979年，鉴于当时忽视财政调控职能作用，我把原内含于分配职能中的调节经济功能独立出来，就构成财政的筹集资金、供应资金、调节经济与反映监督四大职能，或称为分配（含筹集资金与供应资金）、调节与监督三大职能。这已成为大家的共识。1986年我和邓力平同志编译美国穆斯格雷夫的《美国财政理论与实践》（中国财政经济出版社1987年9月版）一书时，引进了西方财政的配置职能、分配职能和稳定职能的三大职能说，这是适应西方市场经济实践的财政职能。1989年我写《财政学原理》（经济科学出版社1989年12月版）一书时，仍提分配、调节与监督三大职能，当时没有把配置职能独立出来，因为它们的内涵同我国财政职能不大相同。当时我还认为西方讲的分配职能和我们讲的分配职能内涵不大相同，他们讲的"稳定职能"同我们讲的调控职能相接近。所以那时，我们只是客观地加以介绍而已。现在，我国确立社会主义市场经济体制，市场体制发挥着配置资源的基础作用，因而在客观上有必要把原内涵于"分配职能"中的配置职能单独提出来，构成财政配置职能。而且对原来我们确定的分配职能、调节职能与监督职能重新界定其客观内涵。这是一个从整体考察财政职能的思路。但是有的同志提出另一种思路，认为在社会主义市场经济体制下，要把财政职能区分为公共财政职能与国有资产管理职能；有的同志则主张"建立财政职能与所有者职能"，这样就把"国有资产管理职能"或"所有者职能"同财政职能相割裂而相提并论了。我个人认为，社会主义财政职能应根据社会主义市场经济的要求，并从整体上考察，确定为分配职能、配置职能、调控职能和监督职能为宜。下面我重新加以界定、说明。

1. 分配职能

分配职能是财政固有功能，导源于分配关系。因此，财政分配职能是财政本质的最直接、最具体的集中反映。分配职能乃是财政存在的直接动因，包括财政代表国家以政权行使者和以所有者两种身份参与部分社会产品或国民收入（主要是 M）分配的职能。

这是国家为了实现自己的职能，把财政作为一种分配手段，从社会再生产过程中筹集一定数量的物质资料，然后供应安排出去的客观功能。所以，无论从财政本质看，还是从财政产生与发展角度分析，财政天然就具有分配社会产品或国民收入的功能。如没有这一职能，财政就失去了存在的必要性及其基础。因此，我们说分配职能是财政首要的和最基本的职能。

西方财政学中讲的"分配职能"，没有把它放在基本的和首要的位置上，而是放在配置职能之后。这是因为西方财政学所讲的分配职能与我们传统上讲的"分配职能"在内涵上不一致。他们所指的分配是所得分配（income distribution），即在劳动力和资本之间以及内部进行的分配，当然这种分配包括了类似于我们的聚财内容，但由于劳动所得和资本所得之间及其内部都存在着很大差异，会造成收入悬殊、贫富不均，甚至导致阶级矛盾的激化和影响国家政权的稳定。因此，政府必须出面进行调节，在分配所得中又含有调控功能在内，而调控的手段有直接的和间接的。最直接的办法就是向高所得者征收累进税以补贴低收入者；间接的办法有政府帮助穷人提高他们的教育水平和工作技能，以增加他们获得高收入的机会。所以，政府通过财政对所得进行的分配，实际上是要塑造一种"公平分配"的机制，通过税收和预算等分配和再分配手段对所得进行分配，这不仅为了聚财，而且为了进行调节，以增加资源的总效用，改善社会福利，追求所谓"社会公正"，促进社会进步。

2. 配置职能

过去我们在论述财政职能时，没有讲"配置职能"。原因主要有二点：一是过去实行的是计划经济，并将计划经济与市场经济对立起来。因此，作为市场经济主要特征和主要内容的资源配置也就无法得到确认；二是过去所讲的财政分配职能中，已包含了配置职能，只不过是没有突出和强调资源配置的重要性。现在我们将配置作为财政的一个职能单独提出来，理由有三点：一是确立社会主义市场经济体制，就是要发挥市场在资源配置过程中的基础作用，同时财政也在参与社会产品分配的过程中主要通过生产要素分配，参与资源配置。二是将配置职能从分配职能中突出出来，可以显示其重要性，更好地符合市场经济发展的需要，优化资源配置，提高经济效益，就像将宏观调控职能从分配职能中突出出来是为了加强经济协调发展一样，这也是我们对财政职能的认识进一步加深的结果。三是在社会主义市场经济中，要发展"生产建设型的公共财政"。通过财政收支安排实现国家职能需要的任务。可见，对财政配置功能的认识、界定和概括就成为必要了。

资源配置的方式有二种：一种是内在配置，或叫市场配置，即社会经济运行机制自我配置资源的流向、流量和分布，其作用特征是自发的。另一种是外在配置，即"社会人"——国家通过财政对经济运行中的资源进行直接干预，通过这种干预影响资源的流向和流量，以达到符合意向的资源分布状况。私有资源，有独占性，有利润目标，因而需要通过市场，买卖双方均以市场价格为导向自发地在市场上有序运行。这就是资源的内在配置机制。公共资源，无独占性，某些公共产品不能通过市场来提供，不能通过生产者和消费者之间的交易来进行，需要公共部门进行干预，这就是资源的外在配置机制，即政府财政资源配置职能。

资源的内在配置机制作用的范围只限在与市场有关的领域内，它不能覆盖社会的所有领域，"看不见的手"会出现"市场失灵"问题。如一些重大的公共基础设施，投资大、周期长、见效慢、经济效益较低，但又是社会和经济发展所不可缺少的领域。由于其社会效益很大但经济效益较低（即"内部不经济"），个别企业都不愿意投资或者根本无能力投资，市场配置在这方面是失效的。又如环境污染问题，是"外部不经济"问题，它对于人类生态、资源保护和经济的协调发展影响越来越大。资源的内在配置方式也无法解决这类问题。对这些问题政府财政有必要发挥其配置职能，加以适当解决。还要特别指出，我国财政是建立在全民所有制基础上，国有资产占主导或核心地位，又具有方向性、垄断性与外溢性的特点。因此，财政同国有企业的生产经营或国有资产的保值、增殖问题直接有关。财政及其国有资产管理部门必须从事国有企业的资源配置。这比西方财政学所谓"配置职能"内容要丰富得多。

3. 调控职能

市场经济越发展，宏观调控越要加强。20世纪80年代末90年代初，正当计划经济国家实行面向市场的经济转轨之际，市场经济发达的国家，如美国、日本，以及欧洲各国却进入了经济周期性和结构性的衰退时期。80年代通行的新自由主义经济政策在90年代初失灵，这些国家开始出现了由政府加强对经济实行宏观调控的倾向。这一倾向表明，完全依靠市场调节这一"看不见的手"，并不能适应已经高度现代化的市场经济体制，也不能在强手如林的世界市场的激烈竞争中成为赢家，理论与实践一再证明，"看不见的手"应与"看得见的手"携起手来。财政宏观调控的必要性，在于它能纠正市场调节的缺陷。

（1）市场调节虽然能够自动地调节并实现社会总供给与总需求在总量上的平衡，但那将要经历一个痛苦、长期的过程，而且这一过程往往伴随着经济波动、震荡乃至危机，造成社会劳动的巨大浪费以及失业大军的形成。1929—1933年的经济大危机及其以后的多次经济危机充分证明了这一点。而政府则可以利用一系列财政手段在供给不足或需求不足的场合，调节供给与需求，政府财政甚至可以直接作为供给者和需求者起作用。因此，在调节总供给与总需求的过程中，财政宏观调控比市场调节在方式上更直接，在时间上更迅速，在效果上更明显。

（2）由于市场调节的起点和归宿点是商品生产者和经营者自身的局部利益。因此，市场调节的局限性、盲目性和滞后性是客观存在的。市场调节不可能自动地实现眼前利益与长远利益、整体利益与局部利益的有机统一，不能自发地使经济朝着某个特定的战略目标迈进。即使市场机制十分完善，市场调节的结果也不一定符合政府的产业政策，不能自发地实现产业结构的优化。而政府财政则可通过税收、直接投资、补贴等杠杆，引导、鼓励、支持某些"短线"产业的发展，反对、限制某些"长线"产业的发展，引导微观经济行为符合宏观发展目标，实现总供给与总需求在结构上的平衡。

（3）由于市场调节是追求效率的，难以兼顾公平。因此，市场对收入分配调节的结果必然会形成收入过分悬殊、贫富差距过大的趋势，如任其发展，势必会造成两极分化，甚至会导致政府危机，不利于社会经济的稳定与发展。这就需要国家财政通过累进税以及财政补贴、社会保险和社会救济等方式，对市场调节的结果进行再一次高层次的调节。

4. 监督职能

是否仍要保留"社会主义财政的监督职能"？有的同志认为，"监督职能"不是财政所独有的，可以不提财政监督职能。我认为，这个理由不充足。一是财政监督职能具有不同于其他监督职能的特有内涵，它是在分配社会产品或国民收入即在分配、配置资源和调控经济过程中，对国民经济各个方面的活动状况进行综合反映和制约的客观功能，是别的监督所不能代替的。二是在社会主义市场经济条件下，更需要加强监督，包括财政监督，以纠正市场经济的缺陷，促进经济的健康发展。

在社会主义市场经济条件下，财政作为监督手段，是代表国家以政权行使者和资产所有者两重身份来实现其监督职能的。尽管市场功能作用的发挥有赖于其客观经济基础和市场本身的发展，但市场体系的建立、市场正常运转规则的制定，却不能靠市场本身，而只能靠政府。财政为了实现其监督职能就应该处于制定并监督比赛规则的专门位置，扮演竞赛运动委员会和裁判员的角色，而不是运动员。财政作为市场的监督者，对于维护市场秩序，防止人为因素如垄断对市场机制的破坏等方面起着重要作用。从资产所有者身份的角度看，我国社会主义市场经济与西方市场经济的主要区别在于我们仍以公有制为主体，财政作为国有资产代表者，必须对国有企业及其资产实行监督。财政监督的目标是给国有企业以方向和航线的指引，使其在市场经济汪洋大海之中能按预定目标乘风破浪前进。财政监督的重点是国有资产的补偿、保值、增殖以及盈利分配：保证国有资产能发挥方向性、垄断性与外溢性作用，促进经济的健康发展。监督的方式主要是法制监督，监督国有企业执行国家的法律、制度，规范国有企业的经营活动。

上述社会主义市场经济条件下财政的四大职能，是坚持具有中国特色的社会主义市场经济，同时借鉴、吸收西方财政理论有益的部分，并结合中国经济体制改革的现状而提出的。它们是互相联系、相辅相成，共处于社会主义财政分配这个统一体中，各自发挥着自己不同的作用。它们只有积极配合，才能在改革开放与建设进程中发挥积极的作用。

二、财政职能与财政部门职能（职责）的关系

一般说来，财政职能与财政部门职能具有一致性。财政职能是财政固有的客观功能，内含着财政规律，是抽象的概括。财政部门的职能或职责就是要完成国家的收入和支出任务，组织实现资源的优化配置，综合平衡和监督管理。因此，财政职能是财政部门职能（职责）的基础和工作依据，而财政部门职能（职责）是财政职能的具体化和据以制定的政策目标与工作任务。可见，财政职能与财政部门职能（职责）又是有区别的。不能把财政部门职能（职责）和财政职能等同起来。因为财政部门是从事财政工作，是人们按照财政职能、规律与政策办事的，这里亦有主观与客观是否相适应和统一的问题，有一个通过实践去检验工作效果的问题。当财政部门工作符合客观规律的要求，正确发挥财政职能的作用时，就能有力地推进社会主义市场经济的发展，否则，就会使市场经济遭到损害。因此，财政部门应根据财政职能、规律的客观要求，在社会主义市场经济条件下，做好分配、配置、调控和监督工作，强化宏观决策，积极主动地做好财政工作，为改革、开放和发展社会主义市场经济做出更大贡献。下面说说怎样理解与发挥财政部门职能或职责问题。

1. 转变理财思想，建立新型的理财模式

改革开放以来，财政工作在支持改革、开放与经济建设等方面是取得了巨大成绩的。无可讳言，财政工作也处于被动、困难局面。财政工作之所以处于被动、困难局面，其原因是多方面的。这里也有财政自身的原因，如理财思想、理财模式和管理体制等方面均跟不上发生了深刻变化的经济形势和改革开放的步伐，因而影响财政职能的充分发挥。因此，首先要重新认识贯彻"经济—财政—经济"的理财思想，即根据社会主义市场经济的要求，从服务于发展市场经济出发，按邓小平同志提出的三个"有利于"标准，更新财政理论，从事财政改革，促进国有企业转换经营机制，扩大各方面财源，用活用好资金，达到促进市场经济发展的目的。其次要建立新的财政模式，从而塑造新的财政运行机制。

在市场经济条件下，如何建立新的理财模式呢？现在学术界有两种思路：一是财政完全退出物质生产领域，成为纯粹的"公共财政"，即"吃饭型"财政；二是财政应扩大其在物质生产领域里的作用，主张建立"生产经营型"财政。我认为两种思路各有一定道理，也各有其缺点与片面性。社会主义市场经济是以公有制为主导或核心的市场经济，财政应缩小参与经营性企业的范围，不能退出物质生产领域；财政要提高"公共支出"的比重，解决"错位"与"缺位"问题。因此，应建立"生产建设型公共财政"的理财模式，并据以制定适应社会主义市场经济要求的重大财政战略、方针政策、规划与改革措施，顺

应市场经济发展的潮流。关于这方面本文不加以详论。

2. 根据需要与可能相结合的原则，确定财政收支规模

财政部门最基本的职能（职责）是组织收入和安排支出，即聚财和用财。在社会主义市场经济条件下，财政部门在这方面应充分发挥财政的分配职能，要研究与确定收入与支出的总规模。总规模的确定仍应坚持"量入为出，尽力而为"的原则，也要把"量入为出"原则与"量出为入"原则结合起来考虑。在分析研究制约财政收支因素的基础上，支出的规模根据收入的可能和社会经济发展的需要来确定，收入的规模尽量根据支出的需要来安排，坚持财政收支的基本平衡或动态平衡，确定社会总需求与社会总供给的基本平衡，建立与逐步实现全方位、多元化的管理财政性资金与引导社会资金的新的复式预算管理方式。改变过去将财政只等同于预算的狭窄的观念。建立与社会主义市场经济体制相适应的来自多种经济的财源体系和合理的收入分配结构，改变过去只注重国有企业收入、忽视非国有企业的财源和过分强调投资、忽视公共支出的分配"错位"与"缺位"问题，财政投资应限于能源、交通及高科技等少数领域，提高公共支出比重。

3. 善于用财，合理配置资源

在传统的计划经济体制下，我们没有重视资源的配置职能。现在财政部门迫切需要认真分析研究财政资源配置职能的内涵及其作用，解决好市场资源配置不能解决的问题。在我国资源主要集中在国家手中，公共产品的范围比西方要广得多。因此，财政部门必须适应社会主义市场经济发展的客观要求，优化支出结构，强化资源配置的职能作用。

具体说来，财政支出主要应满足以下四个层次的需要：一是保证国家机构如国防、行政以及公、检、法等执行某些社会职能的需要；二是要保证科学、文教、卫生、社会保障等事业发展中必须由财政部门提供的部分；三是要满足大型公共设施、基础产业、重点建设投入的需要，这是财政配置资源职能发挥作用的最主要场所，是市场经济无法解决的问题；四是对产业结构的调整与优化，也需要财政从宏观上进行资源优化配置，如对主要产业、短线产品、高新技术的倾斜政策与必要投资，以带动整个经济的又快又好地发展。

4. 加强宏观调控，支持经济发展

社会主义市场经济发展需要加强宏观调控，也必须强调财政宏观调控的重要性。但要改变传统的调控观念和调控手段，不能搞"调控万能论"。财政要从以直接调控为主转向以间接调控为主，从以行政命令为主转向以经济杠杆为主。具体说来，财政部门的宏观调控，应实施如下转变：在调控对象上，要改变对微观经济管得太多太具体的情况，加以对规模、速度、比例和结构等方面的宏观调控；在调控手段上，要从只注重财政调控转向财政、银行、物资等部门共同调控，特别同银行部门配合，互相协调，做到财政政策与货币政策的配套运用。在调控体系上，要从只注重中央财政调控转向中央财政与地方财政共同调控，明确产业结构的调整不仅是中央财政部门的任务，地方财政部门也有不

可推卸的责任；在调控产业结构方式上，要从只注重增量调控转向增量与存量调控相结合，以便更好提高效益，开辟财源。

5. 依法治财，加强监督

社会主义市场经济条件下的财政监督具有新的内容。在传统的体制下，财政部门监督的对象主要是国营企业，这无法适应已经变化了的经济结构。多种所有制成分并存，要求财政部门对全社会经济活动进行监督。财政部门的职责就是利用财政反映监督的手段，维护市场的正常秩序，为市场经济的发展服务。如反映监督收入分配是否合理、资源配置是否最佳、宏观调控是否合适得力、国有资产是否流失等等这些问题，过去在财政监督检查中是常被忽视的，而今后在市场经济中则显得十分重要。为此，财政部门的监督工作应实行以下几个转变：（1）在管理体制上要从高度集中型向统一与分级结合型转变；（2）监督方法上要从以经验方法为主向以科学方法为主转变；（3）在监督手段上，要从人治型向法治型转变；（4）在监督体系上，要从单一依靠国家财税监督转向财税银行监督、社会监督和审计监督三者并立，要从事后监督转向事前监督、事中监督和事后监督三者并重的格局。

（原载于《经济研究》）1993年第9期）

社会主义市场经济与税收基础理论

党的十四大明确提出了我国经济体制改革的目标是建立社会主义市场经济体制，我国要大力发展社会主义市场经济。在这种情况下，我国积极开展对社会主义市场经济与税收基础理论这一重大课题的研究非常必要。可喜的是，这十多年来我国关于税收基础理论的研究空前活跃，形成了许多很有价值的学术观点。为了适应社会主义市场经济的客观要求，近来不少同志又明确地就社会主义市场经济与税收基础理论这一问题作了探讨，提出了一些新的见解。下面，我就社会主义市场经济条件下税收基础理论若干问题谈些初步的看法。

一、征税依据

征税依据是税收的一个最基本的理论问题，我们研究征税依据，首先应弄清楚税收产生和存在的条件。我是个"国家分配论"者。我认为，税收产生和存在的条件主要有两个。一是政治条件。税收的产生和存在以国家的产生和存在为政治前提，它是国家为了满足实现其职能的需要，作用于经济基础的产物。如果没有国家，就失去了征税的需要。二是经济条件。税收是社会提供给国家，以维持其存在，满足实现其职能需要和维持社会再生产需要的"社会扣除"，这种从社会经济条件中分离出来，作为"社会扣除"的剩余产品，是税收产生和存在的物质基础。如果没有剩余产品，也就失去了征税的可能。其中，经济条件是第一性的，政治条件是第二性的。税收的产生和存在以经济条件为内在依据，以国家这个政治条件为外在因素。可以这么说，税收作为与国家有本质联系的分配，正是以经济条件为内在依据和政治条件为外在因素的辩证统一的反映，也体现了需要与可能的有机结合。

在社会主义市场经济中，税收存在的条件主要也是两个：一是社会主义国家为了满足实现其职能，需要以其为主体，直接参与社会产品或国民收入（主要是剩余产品）的分配。社会主义国家的性质决定了社会主义国家的职能。它不仅具有人民民主专政、保卫国家安全的政治职能，更具有领导与组织经济建设，满足人民物质文化需要的经济职能。社会主义国家要实现上述两个职能，需要大量的资金，这在客观上需要以其为主体，通过税收这个聚财的分配手段，直接参与社会产品或国民收入（主要是剩余产品）的分配，来筹集大量资金。二是随着社会主义市场经济的发展，不仅作为社会主义经济主体的国有经济更加充满活力，而且非国有经济也逐步壮大和更为活跃，税收还可以作为调控经济的有效杠杆，从而促进经济的健康、协调发展，使社会产品和国民收入不断增多，剩余产品大为丰富。这就说明社会主义税收的存在正是体现了社会主义国家的需要与社会主义市场经济发展的可能之间的内在统一，并大大丰富了税收分配的内容，而且社会主义市场经济中的税收已完全采取价值形式分配。正由于它通过价值形式作用于经济活动全过程，因而税收与经济的关系更为紧密。社会主义市场经济中税收存在同税收一般的两个主要条件一样缺一不可。那种认为税收与国家完全无关，而把它只看作是"纯经济"范畴的观点，是值得商榷的。把税收的存在看作同国家无关或可以脱离国家的反作用于经济基础的客观实际，这是难以想象的。同时，那种认为社会主义市场经济中的税收只是由于"市场失灵"而存在，税收完全是在"市场失灵"的情况下产生的一种政府干预手段的观点就更值得商榷了。市场经济只有200多年的历史，在资本主义市场经济产生之前，税收早已产生和存在，上述观点无疑难以对客观上已具有5000年历史的税收做出科学解释。

我们说，税收的产生和存在离不开国家，税收是国家为了满足实现其职能的需要，以其为主体，参与社会产品或国民收入（主要是剩余产品）分配的一种手段，这个说法并没有过时。然而国家到底是依据什么来征税的呢？关于这个问题，西方早已作过许多论述，较有代表性的是"交换说"与"义务说"。所谓"交换说"指的是，税收是纳税人对国家向其提供安全保护和公共秩序所付出的一种代价，国家与纳税人之间是一种交换关系，国家征税的依据是其向纳税人提供了安全保护和公共秩序等利益。而"义务说"则可概括为，税收是国家为了满足实现其职能的需要，向纳税人所进行的强制课征，纳税人对国家负有纳税的义务，国家征税的依据即是纳税人具有这一纳税义务。近年来，我国部分学者也借鉴西方的这些学说，结合本国的实际情况，作了不少有益的探讨。但这些学说无疑都没有从最深层次去寻求国家征税的依据。我认为，国家凭借其政治权力征税，这才是国家征税的最深层次的依据，这叫"权力说"。国家为了满足实现其职能的需要，但自身又不直接创造物质财富，因而只能凭借其政治权力，对纳税人进行强制课征。国家取得税收收入从来都是与国家权力相联系的，国家征税所依据的只能是其政治权力，而非财产权力。不管是"交换说"，还是"义务说"，从根本上说来，国家都必须依据其政治权力征税。即使说税收是国家与纳税人之间的一种利益交换关系，但国家在征税时也必须依据其政治权力予以强制执行。这是因为，提供安全保护和公共秩序等都是国家职能范围内的事，而税收是国家赖以存在和实现其职能的经济基础。如果没有这些职能要求，国家也就失去存在的必要了。但由于国家实现其职能所提供的这些"利益"都具有"公共性"特征，因而在国家与纳税人之间不可能存在直接的交换关系，纳税人也不可能完全自愿纳税，从而也不可能与国家作所谓的"交换"。而说税收是纳税人负有的义务，则本身就意味着国家具有征税的权力，即国家凭借政治权力征税。这一点必须坚持，不能有任何动摇！

我一向主张，税收与国家有着本质的联系，国家是为了满足实现其职能的需要而征税的，国家征税依据的是其政治权力。这样立论并非如有的同志说的那样是"国家意志论"或"权力意志论"，也不应被认为是实践中可能产生随意征税、税收分配关系混乱的理论依据。正如前述，税收是国家作用于经济基础的产物，国家采取价值形式征税，税收与经济密不可分。因此，国家依据其政治权力征税并不能脱离客观经济实际，而必须牢固树立"发展经济"即"经济—税收—经济"的治税思想。而且国家征税是要有一个"度"的，即所谓"取之有度"。在社会主义市场经济体制下，国家征税也是如此，即征税必须有利于社会主义市场经济的发展，促进平等竞争和资源的优化配置，从而涵养税源。同时，从国家征税的目的即满足实现其职能的需要来看，国家也不能随意征税。历史上，横征暴敛导致政局不稳、社会动荡和衰败的例子屡见不鲜，更何况，社会主义市场经济是法制经济，在法制社会里，国家必须树立起牢固的"依法治税"的思想，加强税收法制建设。而税法的制定则不仅体现了国家的意志，更重要的是体现适度税负的原则，要反映作为纳税人的人民的要求，正确处理人民当前利益与长远利益以及局部利益与全局利益的关系，因而社会主义国家征税从来不可能是随意的行为。

至于说在社会主义市场经济条件下，引入西方的"交换说"有助于处理好国家与纳税人之间的税收分配关系，促进自觉自愿纳税，这种愿望是好的，但对此要作深入分析。首先，从税收产生起，国家征税就打上了权力的烙印。在国际社会，征税权构成国家主权的一个重要组成部分，因而回避国家凭借政治权力征税，回避国家在征税事务中的主体或主导地位，这不能揭示税收的本质，是不科学的。而且把利益交换关系引入国家征税之中，必然有失税法的严肃性。其次，即使在国家征税中引入利益交换关系，也不一定能促进自觉自愿纳税。要知道，社会主义市场经济从根本上来说是利益经济，利益关系更为明确。国家与纳税人之间当然也有利益关系，这是长远利益与眼前利益，整体利益与局部（个人）利益，国家、集体与个人利益之间的关系，或说是"取之于民，用之于民"的利益关系，这是我们的"利益说"，但绝不是西方的等价交换的"交换说"。可见，社会主义税收所反映的"利益关系"有其特殊性，不凭借政治权力，不实行强制征税，只能使国家在这种"利益"交换中处于劣势。我国进行市场取向改革以来，暴力抗税事件日益增多，并非由于没有在国家征税中引入利益交换关系，其根本原因在于我国的税收法制建设尤其是税收执法软化。最后，如果说在国家征税中引入利益交换关系是导源于社会主义市场经济中的利益交换原则的话，则未免过于牵强。我认为，在征税依据方面借鉴西方学说是必要的，但不能全盘照搬，更不能抛弃凭借"政治权力"这个征税的根据。至于西方的"义务说"，可为我们吸收的成分要更多些，因为它同征税的"权力说"

是一致的。纳税是企业、单位和个人的义务，古今中外任何一个国家都把纳税作为一种义务，我国宪法就明确规定，纳税是"义务"。当然社会主义税收的"义务说"，也就是"权力说"，又是以"利益说"为前提的。因此，"权力说"与"利益说"，这两者是统一的，作为征税主体的国家行使"权力"，而纳税者既享"利益"也应承担"义务"，我们可以称之为"权益说"。说全面一些，"权益说"是我国征税的根据。

二、税收职能

税收职能是指税收在客观上所固有的内在功能。税收的职能主要有两个：一个是聚财职能，一个是调控职能。当然，如果要全面地表述税收的职能，还可以加上一个监督职能。我认为，只要是税收，都具有这三个职能。但在不同的社会经济条件下，税收的各个职能有所侧重。这里就社会主义市场经济中税收的聚财职能和调控职能简单谈些看法。

税收的聚财职能即税收组织财政收入的功能。在社会主义市场经济中，税收是国家取得财政收入的最主要手段，税收收入在财政收入中占很大比重。但应当看到，同"税利不分""以税代利"的不正常分配格局相比，税收收入占财政收入的比重必然有所下降。同时，随着我国社会主义市场经济的发展，税源结构会发生重大变化，因而必须转变税收观念和税收分配办法。国家课自国有经济的税收将逐步下降，而课自非国有经济的税收将相应上升；国家课自生产领域的税收将逐步下降，而课自流通领域和整个第三产业的税收将相应上升。总的说来，社会主义市场经济中税收的聚财职能必然进一步强化。

税收的调控职能即税收调控国民经济的功能。发展社会主义市场经济，必须使市场对资源配置起基础性作用，通过竞争机制的功能，优胜劣汰，促进资源的优化配置。但市场这只"看不见的手"还有其自身的弱点和消极方面，客观上存在着"市场失灵"和盲目发展等问题，因而必须加强和改善社会主义国家对经济的宏观调控，发挥政府这只"看得见的手"的作用。由于在社会主义市场经济中，国家将主要依靠税率、利率和汇率这三大杠杆对整个国民经济实行宏观调控，因而税收是国家进行宏观经济调控的最有效工具之一。就税收调控的具体内容而言，首先是调控总量，国家通过税收的"内在稳定器"功能和随客观经济发展情况增减税收，促进社会总供给和社会总需求的基本平衡，实现经济稳定增长。其次是调控结构，国家通过税种、税率和税收优惠等形式，促进包括产业结构等在内的国民经济结构合理化，大力提高经济效益，实现经济协调发展。最后是调控收入分配，国家通过征税，调节不同主体的经济利益，促进收入的公平分配，保证社会稳定。正如前述，发展社会主义市场经济必须加强和改善社会主义国家的宏观经济调控，税收作为宏观调控经济的一个有效工具，其作用更为重要。但由于税收完全采取价值形式分配，税收与价格发挥作用的基础密不可分，因而必须防止税收调控对市场机制可能产生的扭曲，这增加了税收调控的难度。由此看来，税收在社会主义市场经济中的调控职能也必将强化。

就税收聚财和调控这两大主要职能的相互关系而言，聚财职能是基本职能，国家征税首先是为了发挥税收组织财政收入的功能。而调控职能也是一个重要职能，它寓于税收聚财的全过程之中，是聚财职能的派生职能。通过优化税收调控，有助于更好地发挥税收的聚财功能。可见，在社会主义市场经济中，税收这两大主要职能都须进一步强化。

在税收职能问题上，我们既要反对"税收无用论"，也要反对"税收万能论"。"税收无用论"忽视税收的各种功能，既不注重税收聚财，更否认税收调控，这是导致税收实践中以利代税和税收调控弱化的重要理论根源。而"税收万能论"则过于看重税收的各种功能，不仅不正常地偏重税收聚财，而且认为税收是一个"万能"的调控工具，这是导致税收实践中以税代利和滥用税收调控的理论根源之一。在社会主义市场经济中，我们反对"税收无用论"是要防止削弱甚至取消税收的聚财、调控功能，特别要防止在强调税收调控的时候，忽视税收聚财；而反对"税收万能论"则是要防止过分夸大税收的聚财与调控功能，特别要防止在强调税收调控的时候，滥用税收调控。发展社会主义市场经济必须更加重视税收调控，这已形成共识。但在强调税收调控的同时，却存在着忽视税收聚财的倾向，这无疑是非常有害的。如前所述，税收聚财作为税收的基本职能，在社会主义市场经济中必然进一步强化。在80年代以来的世界税制改革浪潮中，发达国家的任何税制改革实践都充分考虑了税收的聚财职能。发展中国家的税制改革经验也表明，导致收入下降的税制改革必然归于失败，应当消除无收入目的的税制改革措施。而且，如果忽视税收聚财，就失去了税收调控赖以存在的基础。因此，我国在强调税收调控的同时，仍应充分重视税收的聚财职能。另一方面，在强调税收调控的时候，也存在着滥用税收调控的倾向，这同样有害。我们知道，任何一个调控工具都有其特定的调控范围与内容，因而不恰当地进行税收调控只会适得其反，更何况在社会主义市场经济中需要减少乃至消除税收对市场机制可能产生的扭曲，因而应当谨慎地进行税收调控。因此，我国在强调税收调控的同时，还必须防止滥用税收调控。

三、税收原则

税收原则是税收分配应当遵循的基本准则。由我主要负责编译的西方财政学代表性巨著《美国财政理论与实践》一书中讲了两条税收原则，即公平原则与效率原则。过去，我们曾将税收原则总结为效率原则、公平原则和收入原则这样三条。但实际上，收入原则主要讲两点，一是足额稳定，二是适度合理。足额稳定体现了保证收入的要求，税收的基本职能即是组织收入，这用不着多谈，而适度合理则可归结到公平与效率原则上。

因此，税收原则主要是要讲效率原则与公平原则这样两条。在社会主义市场经济中必须处理好公平原则与效率原则的关系，以促进社会生产力的发展。

税收的效率原则主要包含两个方面的内容，一是行政效率，二是经济效率，其中经济效率处于首要地位。讲求税收的经济效率是指国家征税应有利于提高经济效率，实现资源的优化配置。其关键在于通过平等纳税，形成平等的税收环境，以促进竞争。税收的公平原则主要也包含两个方面的内容，一是经济公平，二是社会公平。讲求税收的经济公平是要通过公平税负，创造一个公平的外部税收环境，以促进公平竞争。讲求税收的社会公平则主要是要通过公平税负，实现收入的公平分配，保证社会稳定。就公平税负而言，一是要求纳税能力相同的人负担相同的税收，即横向公平；二是要求纳税能力不同的人负担不同的税收，即纵向公平。

不难看到，税收的效率原则与公平原则既有矛盾性，又有统一性，强调税收的效率原则必然使税收有失公平，强调税收的公平原则则必然要以牺牲税收效率为代价，因而税收的效率原则与公平原则首先表现出其矛盾的一面。但税收的经济公平与税收的经济效率有着直接的内在一致性，讲求税收的社会公平也有助于间接地促进税收效率的提高，因而税收的效率原则与公平又具有统一性。

鉴于税收的效率原则与公平原则之间存在着上述关系，为谋求经济发展，应树立起效率优先、兼顾（或相对）公平的税收公平效率观，这已为20世纪80年代以来世界税制改革的实践所运用。众所周知，发展中国家迫切需要加快其经济发展步伐，发达国家也因陷入"停滞"而深感应当促进其经济发展。为此，世界各国在改革其最能反映效率原则与公平原则的所得税制时，出现了采用比例税率征收公司所得税的倾向，以促进企业平等竞争和提高效率，而仍采用累进税率征收个人所得税，以实现公平税负，促进收入的公平分配。但与此同时，出现了缩减个人所得税税率级数的倾向，这表明世界各国注重横向公平，而对纵向公平并不十分重视。所有这些都体现了效率优先、兼顾（或相对）公平的税收公平效率观。我国是一个正处于社会主义初级阶段的发展中的大国，迫切需要谋求经济发展，因而在我国发展社会主义市场经济的过程中，更应牢固树立起效率优先、兼顾（或相对）公平的税收公平效率观。结合我国的所得税制改革，在统一的企业所得税中要采用比例税率，实现各种不同类型的企业平等纳税，促进竞争，以提高效率。而在统一的个人所得税中仍采用累进税率，通过公平税负，实现收入的公平分配，以保证社会稳定。但应适当缩减个人所得税的税率级数，以更好地体现效率优先的要求。

最后，有必要简单谈一下现在讲得较多的税收中性问题。按照我的理解，税收中性是指国家征税不应对经济产生扭曲。平等纳税无疑反映了税收中性，因而税收中性与税收效率原则直接相关。但必须指出的是，税收中性绝非税收不偏不倚，而是服从于实现资源优化配置这一目标。因此，国家完全可以通过适当运用税收优惠来贯彻产业政策，促进产业结构的合理化。这在较早提出税收中性的西方国家是有经验可资借鉴的。在20世纪80年代以来的世界税制改革浪潮中，世界各国大多强调税收中性，通过推行增值税和大量取消无效的税收优惠等措施，大大增进了税收中性。但仍保留和重新制定了必要的税收优惠，以贯彻本国的经济政策，如鼓励出口、利用外资等，以促进资源的优化配置。

四、税收模式

税收模式是指选择什么税种、税率和税收优惠等，以更好地运用税收杠杆和发挥税收功能的税收体系。其中，税制模式处于核心地位。

从世界各国的税收实践来看，采用复合税制，实行多种税、多次征和多层次调控，已无疑义。它能较好地发挥税收的内在功能，不仅保证了税收聚财，而且有效实行了税收调控，因而历史上从来没有哪个国家真正采用过单一税制。但在组成复合税制的多种税中，存在着主体税种与辅助税种之分。一种税是否构成主体税种，是由这种税的聚财功能和调控功能所综合决定的。主体税种不仅其收入在税收总收入中占有相当的比重，而且具有较强的调控功能，否则就是辅助税种。在主体税种的选择上，当今世界各国有一定的差别。具体说来，主要有这样三种情况：一是以所得税为主体税种，为多数发达国家所采用；二是以流转税为主体税种，为多数发展中国家所采用；三是以所得税和流转税并重（双主体税种），为一部分发达国家和发展中国家所采用。我是较早主张第三种即并重（双主体税种）模式的。

我国自党的十一届三中全会以来，对税制进行了多次改革，尤其是经过两步利改税和工商税制的全面改革，形成了以流转税和所得税为双主体税种，多种税、多次征、多层次调控的复税制，不论是在组织财政收入，还是在调控国民经济方面都发挥了非常重要的作用。我认为，在社会主义市场经济中，我国仍应以流转税和所得税为双主体税种，而且要对这两个主体税种在两方面的功能做出强化和弱化的调整，双主体（并重）的格局将更为明确。这是因为：

（1）以流转税和所得税为双主体税种，可以更好地发挥税收的整体功能。流转税和所得税各有优点与不足。流转税的优点是可以保证国家财政收入的均衡、可靠与稳定增长，但在社会主义市场经济中，流转税的调控功能将有所弱化。所得税的优点是具有很强的调控功能，但在我国现阶段，它对于保证国家财政收入的足额稳定仍有不足。因此，只有以流转税和所得税为双主体税种，才能既较好地发挥税收的聚财功能，又大大强化税收的调控功能，从而更好地发挥税收的整体功能。

（2）在社会主义市场经济中，以流转税和所得税为双主体税种（并重）的格局将更为明确。在社会主义市场经济条件下，价格主要由市场供求关系决定。因此，我国过去在计划价格条件下运用流转税与价格相配合进行宏观调控的做法将逐步失效。而且，由于流转税与价格直接相关，过于强调流转税的调控功能，很容易产生对市场机制的扭曲，因而流转税的调控功能应有所弱化，主要发挥其聚财功能。同时，随着我国社会主义市场经济的发展，所得税的聚财功能将更为重要，不仅要重视通过企业所得税取得收入，而且要拓宽个人所得税税基，增加个人所得税收入。因而总的说来，所得税的地位将进一步提高，以流转税和所得税为双主体税种（并重）的格局将更为明确。

（3）20世纪80年代以来的世界税制改革出现了以流转税（间接税）和所得税（直接税）为双主体税种的倾向。在80年代以来的世界税制改革浪潮中，发达国家在削减所得税的同时，推行和增加间接税（增值税和消费税）。发展中国家则在注重间接税改革的同时，不仅随经济发展而增加了所得税收入，而且通过拓宽所得税税基，更好地发挥所得税的功能。这表明，世界各国出现了向以流转税和所得税为双主体税种的方向迈进的倾向。

税收模式的另一个重要内容便是税负模式。我一向主张实行轻税政策，因为一般说来，轻税负会促进经济增长，也不一定会导致低收入，关键是要适度。而重税负则阻碍经济增长，也不一定能有高收入，且诱使逃避税收。因此，世界各国出现了采用轻税模式的倾向，纷纷通过削减税率而采用了低税率。我国为促进社会主义市场经济的发展，自然也应采用轻税模式。因而不仅要大大降低企业所得税税率，而且应适当削减个人所得税税率。但与此同时，应当大量取消不必要的税收优惠，并加强税收征收管理，通过"紧优惠、严征管"，保证收入。需要强调指出的是，轻税负必须适度，如果税负太轻，税收聚财功能弱化，难以保证国家财政收入，那么一切都是空谈。因此，近年来部分国家和地区所采用的"避税港"模式不能普遍适用于我国，因为那些国家和地区的情况都十分特殊。当然，在我国经济特区，应实行特殊的税收模式，即应当借鉴"避税港"的经验，实行"自由港"的某些政策，实行特殊的轻税、低税和减免税等优惠政策，以扩大发挥"窗口"与"排头兵"的作用，但也不能任意攀比与扩大。

（原载于《当代经济科学》1993年第4期）

税利分流的经济学思考

一、"税利分流"存在的条件和依据

"税利分流"是我国在特定的历史时期，国家与企业（本文除非另外标明，均指全民所有制企业）之间分配方式选择的特有范畴。其基本含义是：国家在参与企业纯收入分配过程中，开征一道所得税（这一道所得税对所有经济成分企业而言都是一样的），尔后再以适当的形式参与企业税后利润的分配。国家以两种形式，两个渠道向企业取得纯收入。"税利分流"是一种对"以税代利"的校正性措施。"以税代利"设想，通过税收一种方式，一个渠道来规范、固定国家与企业之间的纯收入分配关系，国家向企业征收所得税和调节税后，剩余利润由企业支配。"税利分流"是在利改税的基础上，通过降低税率，取消调节税和逐步解决税前还贷问题等办法，降低税收在企业纯收入分配中的比重，重新引入部分税后利润上交机制，形成税收和利润的分渠分流，达到规范化的税收分配与非规范化的利润分配之间的统一。

因此，税利分流的理论依据就包含了两个互相联系的问题，其一，要说明国家用税、利两种方式参与企业纯收入分配的客观必然性；其二，要说明用"税利分流"校正"以税代利"的合理性和实践意义。这一部分先研究第一个问题。

在社会主义社会里，由于生产资料的全民所有制在现阶段还表现为国家所有制。国家代表全体劳动人民掌握归全民所有的生产资料所有权。在社会主义现阶段，国家的性质是双重的，一方面它是行使政治权力，执行社会管理职能的国家，它同样要承担保卫国土、维持社会秩序、建立一般的生产条件和对微观经济进行合理适度的干预、协调等具体责任。另一方面国家又是全民财产的所有者，行使全民财产所有权，执行资产管理职能的社会中心。具体地说，它不仅行使政治权力，建立一般的生产条件，而且要行使财产所有权，参与国有经济的投资和再生产活动。权力总是要通过一定的物质利益加以表现的，不存在无物质利益表现的虚幻的权力。既然存在两种权力就有两种不同的物质利益表现形式。

政治权力的行使和所有权的行使都要求通过与之相适应的方式参与社会纯收入的分配，从中获得一部分经济利益以作为它们各自运行的物质基础。不过，政治权力本身不会创造物质财富，政治权力与社会纯收入创造者之间不存在利益的等价交换关系和平等的契约关系，它要获得一部分经济利益或物质财富只能以强制、无偿为特征的形式，即税收形式，税收也就成为国家政治权力的物质利益表现形式。而所有权则是内在于生产，是生产活动的起点，它内含着一种排斥别人、不顾所有者利益或意志的随意侵夺，使用其所有物的职能作用，所有权意味着他人要使用所有者的所有物就要付出一定的经济利益作为代价。农民要使用、耕种地主的土地，要向地主交租，地租就成为土地所有权的经济利益表现。同样，国有资产的经营者要使用、经营国有资产，也要向国有资产的所有者（现阶段是国家）以一定的形式上交一部分利润作为报酬。也就是说，国家要凭借全民资产所有权参与社会收入分配，这种分配是建立在国家与社会纯收入实际创造者之间利益等价交换基础上的契约关系。国家具有两种权力和两种职能，并以两种方式参与企业纯收入分配的客观关系，说明了"税利分流"的内在可能性，但要使这种可能性变为现实是不容易的，这是"税利分流"能否真正起作用的关键所在。

我们容易观察到这样一种事实：当国家层次上的两种权力（政治权和财产所有权）、两种职能（社会管理职能和资产管理职能）是合在一起由一个主体使用，彼此不分的条件下，其获取物质利益的方式即上缴利润和税收是可以合二为一的。即使在形式上，这两种形式彼此分开也无实质上的意义。例如，在改革以前的传统社会主义经济体制中，国家层次上的两种权力、两种职能是彼此不分的，这与企业层次上的所有权和经营权不分状况相联系，造成国家直接通过指令性计划管理每一个企业的格局。在这种格局中，向企业征收税收，还是要求企业上缴利润并无实质性的差异。因此，"税利分离"的条件便是国家层次上的两权分离。我们可以这样说，国家层次上的"两权分离"必然会导致"税利分流"。我们的课题也就转变为"税利分流"的现实性根据于国家层次上"两权分离"的可能性和必要性。

国家层次上的"两种权力"是否应当分离，如何分离是一个极其复杂的理论与实践问题。在社会主义的国家形态中，两种权力可以由一个主体行使，也可以分开由不同的主体行使，同一还是分离取决于具体的历史条件。在由新民主主义革命转向社会主义革命，建立社会主义生产资料全民所有制的过程中，宜采取同一的方式。一旦建立起了社会主义公有制，并且面临着大力发展商品生产的历史性任务，国家层次上的政治权力和财产权力的分离则具有重要的意义。从理论上讲，政治权和财产权在性质、目标、运行方式和利益获取形式都是有差别的，两者融为一体，对有计划商品经济体制的形成具有阻碍作用。政治权力是国家管理社会包括对经济实施宏观控制的权力，其主要目标是防止社会经济震荡，促进社会经济有序发展，在商品经济社会里还要抗拒市场机制缺陷，维持公平竞争环境，增进社会效益；政治权力的运行方式是通过法律和行政命令强制执行，在社会结构中形成纵向分层联系，下级服从上级是其基本机制；政治权力获取物质利益的方式是以无偿和强制为特征。而财产所有权是生产资料和产品所有、占有、支配和使用关系的法律表现；全民财产所有权的主要职能是保证社会主义全民财产的完整和不断增值，它遵循商品经济的一般法则——等价交换，以追求尽可能大的盈利量为直接目标，以满足人民日益增长的物质文化生活需要为间接目标；财产权力运行方式主要通过契约和合同，在社会经济结构中形成横向联系；财产所有权也要求通过一定的物质利益加以表现，但不像政治权力的物质利益表现形式那样是强制、无偿的，而是以等价交换为特征，表现为经营者向所有者支付报酬。这两种根本不同的权力融为一体，由一个主体行使时，往往就形成政企不分、官商不分，社会经济既无公平也无效率的状况。国家层次上的"两权分离"是发展有计划商品经济的客观要求。

但是，我们应该看到，现实生活远较理论抽象复杂得多。国家层次的"两权分离"是经济体制改革的结果。它涉及企业管理机制和政治体制的系统化的配套改革，不是一蹴而就的。即使国家层次上的"两权分离"实现了，也有一个全民财产所有权从政治权力中独立出来以后如何体现的问题，也就是说这个所有权放在哪里的问题。学术界从不同角度试图去解决这个问题，这就引发了企业体制改革的不同思路。有的同志主张把全民财产所有权放到企业层次上去，实现企业所有制，国家与企业的关系只存在税收关系。有的同志主张实行所有权、政治权和经营权的彻底的"三权"分离，塑造国有资产管理体系，实行资产经营责任制和股份制。这些思路虽然美好，但存在巨大的实践操作的困难，在现阶段根本行不通。

而承包经营责任制却是比较现实的选择。承包经营责任制虽发生企业层次上的所有权和经营权的适当分离，但不发生国家层次上的两权分离，在国家层次上，政治权力与财产所有权仍然是合二为一的。在这样的特定框架内，"税利分流"就其内容上不可能完全实现。"税利分流"的意义与其说是解决国家与企业之间的分配关系问题的治本办法，不如说是综合承包制和利改税各自的优点、统一企业所得税制度、完善税制的治表办法。

二、"税利分流"的实践意义：利改税缺陷的克服与承包制的完善

虽然"税利分流"在我国现阶段并不能解决国家与企业分配的所有问题，或者说它不能触动企业分配体制的根基（其具体表现我们留待本文最后一个部分研究），但"税利分流"保留"利改税"的合理内含，克服利改税的缺点，对完善承包经营责任制、统一企业所得税制度具有重要意义。

"利改税"的初衷是好的。"利改税"的目的是使企业成为独立的经济利益主体，以利于搞活企业。设想通过国家征收国营企业所得税，税后利润留归企业，在法律上确立了企业自身的经济利益，使企业具有利润动机。加上市场竞争机制的塑造，形成企业既有动力、又有压力的格局。

但是，由于改革不配套，市场发育不健全，价格体系不合理，宏观调控机制和企业

经营机制不完善，社会摊派，因财政困难而征收能源交通重点建设基金等外部原因，"利改税"搞活企业的目标没能圆满实现。

回顾"利改税"几年的实践，必须承认"利改税"许多目标不能到位，除了外部原因外，还有其内在的原因。"利改税"在方法、理论基础以及政策选择方面都有缺陷。

从方法上讲，"利改税"重蹈了绝对化、简单化、急功近利的老路。提出"彻底的""完全的"利改税，从"以利代税"的极端走向了"以税代利"的另一个极端。

从理论基础上讲，"利改税"混淆了三个问题。第一，混淆了"两重身份"，即国家作为政治权力行使者的身份和资产所有者的身份，从而也混淆了"两个权力"即政治权力与财产权力。第二，混淆了"两种形式"，即税收和利润。由于实行"彻底的""利改税"，实际上是"以税代利"，导致税利不分，模糊了体现国家政治权力的"税收"与体现国家财产权力的"利润"的区别。这样，不仅具有弹性的利润分配形式遭到了否定，而且具有刚性的税收分配形式也发生了软化。第三，混淆了两个层次的分配关系，即混淆了国家以政权行使者向国营企业征税的第一层次的分配关系（或税收征纳关系）和国家以资产所有者参与国营企业利润分红的第二层次的分配关系（或利润分红关系）。

在实践上，由于脱离现实条件，兼之缺乏经济体制的配套改革，因而导致了"利改税"在实践上的四个不良后果。一是加重了企业负担，影响了企业活力。"一户一率""名税实利"的调节税的设置违背"利改税"的初衷，再加上超量的所得税、能交基金以及各种社会摊派等，使许多国营企业负担过重，企业的活力不能充分发挥。二是由于税种设置较多，税负高低悬殊，利改税未能在分配上给企业造成平等的竞争环境，反而造成了一些新的不平等和苦乐不均。三是实际工作中出现了"高税率、低税负、多减免、松征管"的现象，使本应具有刚性的税收杠杆与税收制度也软化了，税收的经济杠杆作用没有充分发挥。四是由于所得税率过高，加上征收调节税，企业自我积累、自我改造、自我发展的能力不足，不得不实行税前还贷。税前还贷实行的初期，对企业技术改造起了促进作用，但后来税前还贷失去控制，形成企业投资受益、财政承担风险和还款责任，银行"旱涝保收"的局面。责、权、利严重脱节，造成企业争项目、争投资、银行盲目贷款的格局，既严重影响国家财政收入的稳定性，又成为投资膨胀的重要因素。

由于"利改税"存在上述缺陷和问题，如何建立激励企业生产积极性的经营机制，承包经营责任制，却是一种现实的选择。从承包制不长的实践来看，在一些方面确实起了"利改税"所无法产生的作用。承包制抓住了企业经营机制这个核心，把利益驱动机制、自我激励机制、自我约束机制以"包"的形式引进了企业的经济活动中。在"包死基数、确保上交、超收多留、欠收自补"的原则下，既保证了国家财政收入，又使企业的生产经营成果与企业和职工自身的利益挂起钩来，激发了企业的活力。承包制对比"利改税"具有更大的适应性和灵活性，与我国的国情、目前的生产力水平、职工素质以及千差万别的企业经营状况相适应,是一种简便易行、容易得到普遍推广的经营方式。而且承包制可以在不改变社会主义公有制的前提下,落实企业层次上"两权分离",使企业有一定的经营自主权,可以较好地做到商品经济与公有制的统一。但承包责任制也存在一定的缺陷。

表现之一:国家与国营企业之间的分配关系难以规范化。应该明确,承包制是一种经营管理形式和方法,而不是分配形式。企业千差万别,一户一个合同,这必然导致企业与国家之间在承包基数、递增分成比例上"一对一"的讨价还价,而且承包合同毕竟代替不了税法的严肃性,因此,在财政分配关系上有可能出现不稳定、不规范的趋势。

表现之二:承包制不能从根本上解决企业行为短期化的问题。承包虽然使企业和职工有了动力和活力,但由于受承包合同期、承包人素质、职工短期愿望等因素的影响,企业追逐短期利润,注重眼前利益,忽视长远发展的短期行为很难避免。

表现之三:由于合同是"讨价还价"的结果,因而承包制软化了经济手段(税收)和法律手段,强化了行政干预,这是与经济管理方式由直接管理为主转向间接管理为主的方向相违背的。

表现之四:承包制注意调动企业的生产积极性,着眼点放在保证企业利益方面,没能使国家财政收入实现稳定增长。由于承包基数很难确定合理,企业超基数的好处得到了,但完不成承包任务,还得由国家包起来,因而出现企业利润增长,留利增加,国家财政收入不增加甚至减少的情况。

深化经济体制改革的方向应着眼于如何联结利改税和承包制,使它们各自的优点得到发扬,缺点尽量地得到克服。税利分流、税后利润承包是利改税和承包制两优结合的现实选择。

税利分流,是在充分肯定并保留"利改税"的合理内涵——征收国营企业所得税的前提下进行的,具备了"利改税"的优点。它又通过降低税率、取消调节税、整顿减免税、逐步变税前还贷为税后还贷,对"利改税"的缺点进行纠正。从方法上看,它跳出从一个极端走向另一个极端的思维模式。从理论上看,它区分了国家两种身份、两种职能、区分了国家的税收收入和利润收入两种不同的分配形式,从而有利于建立刚性和弹性、规范化与非规范化、统一与灵活相结合的两个层次的分配关系,为理顺国家与企业的分配关系提供了理论的可能性。从实践上看,把55%的税率降为35%左右,为建立我国统一的法人所得税制度,提高我国税制的公平程度和效率程度具有重要作用;降低税率,同时整顿减免税,使我国走出一条"低税率、少优惠、严管理"的治税新路子,更好地贯彻"公平税负、鼓励竞争"原则。对多数企业逐步把税前还贷改为税后还贷,虽然并不能彻底转变企业的投资机制,但肯定有助于消除企业盲目争投资、争项目的"积极性",也形成对专业银行盲目发放贷款的一种制约,这对控制固定资产投资膨胀、端正企业投资行为，减少投资失误，促进投资结构的优化和投资效益的提高也是有益的。

税利分流、税后承包，兼顾了国家与企业利益，综合了利改税和承包制的长处。从国家看，降低税率就短期而言，可能会减少所得税收入。但从长期看，因为调动了企业积极性，增强了企业活力，实行税前还贷，端正了企业投资行为，会使所得税税基扩大，从而增加财政收入，同时减少投资的损失和税收支出数量。这一增一减，客观上保证了国家财政收入的稳定。另外，在税利分流的体制下，国家还可以通过利润上交渠道，获得一定收入。因此，从总体上看，税利分流有利于消除承包经营制对国家财政收入稳定增长的不利影响。从企业来看，测算税利分流方案时，要保证企业合理的留利水平，还要考虑企业税后还贷能力，造就一个大多数企业都有剩余利润实行承包经营的格局。在此基础上，确定企业上交承包利润的基数，通过契约加以稳定，企业税后利润超基数越多，企业实得也越多，这样就保留了承包制的优点，企业利益得到兼顾，企业活力得到确认和保证，而且又克服了当前把所得税甚至流转税也拿来承包的问题，可以在一定程度上减轻短期行为、行政干预等对经济增长造成的损害。

三、"税利分流"的难点分析和政策选择

"税利分流"从理论上区分了国家层次上的两种权力、两个职能和两种利益获取方式；区分了国家与企业两个层次的分配关系。但国家社会管理职能和资产管理职能各自的范围到底有多大、怎样确定一个数量界限，这个问题不容易解决。从而企业纯收入中到底要划出多大的比例作为税收上缴国家，划分多大比例作为利润分红上交国家，也就无从作出科学合理的界定。有的同志主张，改革国家预算组织形式，实行复式预算即把统一的国家预算分为经常预算和资本预算。税收主要作为经常预算的财力来源，保证国防、行政、教育和公共生产条件的经常费用。企业上交利润作为资本预算的财力来源用于再投资扩大全民财产的规模。经常预算只允许盈余，资本预算财源不足先用经常预算的盈余补足，再不够时，可发行公债弥补。但这一思路也未回答上述国家两种职能难以界定的问题，而且由于当前甚至今后一段时间内，国家财政十分困难，复式预算难有实行的条件。即使可以实行，在国家层次上的两种权力归由一个主体行使时，也只能是形式上的改革，实际意义不大。这是"税利分流"遇到的第一个难题。这个难题的解决依赖于国家财政状况的根本好转和经济体制改革的成功。

"税利分流"的第二个难点便是"税前还贷"改为"税后还贷"。解决税前还贷问题，控制基建规模，大家的意见是一致的。但税前还贷失控的主要原因是宏观政策失误，许多企业乐于增加贷款，扩大基建规模是按国家规定进行的，当然也有不合理的地方，现在不能把全部责任都推给企业，也就是说不能采取一刀切的税后还贷办法。解决税前还

贷有不同的思路。第一种思路，像在厦门经济特区试点的那样，内外资企业所得税税率统一到15%。由于税率大大降低，国营企业留利增加，实行彻底的税后还贷，这在特区有可行性，并且对解决内外资企业税负不平、最后统一内外资企业所得税有重大意义。但在日前国家财政困难的情况下，设想把全国国营企业所得税税率由55%降为15%是不切实际的。第二种思路，以承认企业既得利益为前提，保持目前企业利润总额中上交国家与企业留利的分配比例不变。用取消调节税和能交基金的办法，增强企业还贷能力，实行税后还贷，也就是用取消调节税和能交基金给企业增加的财力抵补企业由于税前还贷改为税后还贷而损失的利润。这一思路对企业的利益兼顾多了，形式上由税前还贷改为税后还贷，实际上仍是由国家减税让利替企业归还贷款，在目前财政困难的态势下也难以行得通。而且这一思路没有考虑国家产业政策和产业结构优化的因素，是一种一刀切地承认企业既得利益的解决办法。第三条思路，便是目前重庆试点中出现的"老贷"（指1987年以前借的）大部分税前归还、少部分税后归还，新贷全部税后归还，区别对待、一户一定的办法。据对重庆试点"税利分流"的2402户工业企业调查，所得税税前还"老贷"的比例平均为64.8%，税后还"老贷"的比例平均为35.2%。这个办法比较切合实际，兼顾了国家与企业两个方面的利益。虽然归还"老贷"的主要责任仍由国家承担，企业也承担一部分责任，但由于"老贷"包袱很重，采取上述办法，企业还贷年限平均高达6~7年，加上国家紧缩银根、开征国家预算调节基金、发行公债，试点企业还是感到技改基金不足，生产发展后劲受到严重影响。因此，"税前还贷"还是"税后还贷"实质上是宏观控制和微观搞活的矛盾。当前，要服从"治理整顿"的大局，以宏观经济均衡为考虑问题的基本出发点。但也不能一刀切，对那些符合国家产业政策要求、对优化产业结构有重要影响的企业，在还贷政策上仍然给予照顾。必要时，还可以通过提高折旧率，扩大企业折旧基金的办法来解决企业技改基金不足问题。"税前还贷"改为"税后还贷"，属于紧缩政策之列，不能绝对化，要紧中有松。

"税利分流"的第三个难点，是合理确定税后利润承包指标。通过"税利分流"明确了只能把税后利润拿来承包，改变了过去把所得税、调节税也纳入承包范围的做法。有利于从程度上减轻承包制的各种弊端。但税后利润承包照样有一个如何合理确定承包指标问题。在选择解决问题的对策时，要避免两种倾向。一种是承包指标过简，只有一个利润指标，这会造成企业不注意技术进步和产品结构优化，单纯追求产量增加和利润增长的结果。另一种是承包指标过繁。出现指标之间相互矛盾很难实行。我们认为税后承包指标，可考虑在上缴利润指标基础上再加上质量、物耗、资产增值三项指标，以促进企业注意技术进步，提高素质，减轻短期行为造成的损害。

税利分流，税后利润承包，除了要解决承包指标问题外，还要通过合同明确发包人和承包人的责任和义务。不能只明确企业的责任和义务，而没有明确作为发包人的政府机构的责任和义务。在选择承包人时，应尽量引入投标招标竞争机制，选择优秀的承包人。税利分流后，承包制固有的短期行为问题：包盈不包亏问题、争基数吵比例问题仍然存在。只能在程度上减轻其所产生的不良效应，还没有良策加以根治。这些问题的根本解决寄希望于企业改革的深化，就是要以税利分流为条件，以承包制为过渡模式，逐步改革实践，建立适合我国国情，又能克服承包制固有缺陷的新型企业运行机制。

（原载于《税务研究》1990年第9期）

"权益说"，还是"交换说"

　　征税依据是十分重要的税收基础理论问题，中外学者就此问题都进行了长期的探讨，并形成了诸多学说。"权益说"（含"权力说""义务说""利益说"，下同）与"交换说"是当代具有代表性的两种意见。"权益说"认为，国家为实现其职能，维护政治统治、公共安全与公共秩序，满足公共需要，为公众谋福利，必须凭借政治权力向公众征税，因而公众享受利益，负有纳税义务。我把它叫作"权益说"，它是"权力说"、"义务说"与"利益说"的统一。"交换说"认为，税收是纳税人为获得国家提供的安全保护和公共秩序等公共产品和服务所付出的一种代价，国家与纳税人之间是一种利益交换关系，国家征税的依据是其向纳税人提供了安全保护和公共秩序等利益。在我国实行社会主义市场经济条件下，征税依据是什么？是"权益说"，还是"交换说"？这对于研讨、认识其他税收理论和税收实务中的征纳关系等，都具有重要的理论与实践意义。

一、先看"交换说"的起源

　　"交换说"是西方税收理论发展过程中出现的多种征税依据理论中最有影响的学说之一。它产生于西方国家自由竞争时期，同市场经济息息相关，以社会对公共产品的需求为研究起点。从西方资本和市场的发展过程看，私人资本作为主要的纳税人，从一开始就具有独立的经济地位，通过同意和拒绝纳税，逐步剥夺和限制了专制君主的财政权乃至统治权限，导致了国家预算制度的建立。这样，在西方的市场经济中，尽管政府是以强制的方式征收税款的，但此时私人资本拥有着独立的政治地位和经济地位，对税收具有最后决定能力和作用，因此纳税人鲜明地意识到和表现出自己是税款的根本主人。此时，人们把国家和公众之间的税收征纳活动，看作是征纳双方在市场经济中的一种利益交换活动。这是当时的社会实际状况和经济关系决定的。[①] 这种观点对封建税权的冲击和对资本主义经济发展的影响是巨大的。在现代，比较流行的提法是，把政府视为一个公共经济部门，从市场失灵和公共产品的存在，来解释征税依据，即：由于"市场失灵"的存在，公共产品不能通过市场机制来解决，而只能由政府来提供；政府是提供公共产品的公共部门，而税收则是政府为补偿公共产品成本向公共产品的消费者收取的一种特殊形

---

① 　请参见张馨：《比较财政学教程》，中国人民大学出版社1997年9月版，第213～214页。

式的价格。凯恩斯、汉森、萨缪尔森和马斯格雷夫等，均持"交换说"观点。

我国正在进行市场化改革，借鉴西方的成功经验和成熟理论，显然有助于缩短我们的摸索过程。但是，近年来有的学者否定"权力说"，照搬西方的"交换说"，认为只有这样，才是符合市场经济的征税依据理论。是这样吗？值得商榷！因为我认为，"交换说"值得借鉴，不宜照搬，不能作为我国征税的主要依据。

二、为什么在我国社会主义市场经济条件下，不宜照搬"交换说"？

"交换说"从利益交换角度，考察税收与政府公共产品之间的关系，把税收视为政府为补偿公共产品生产费用之成本向公共产品的消费者收取的一种特殊的价格。应该肯定，"交换说"对于我国社会主义市场经济条件下的税收理论和实践，确有一定的借鉴意义。诸如：

（1）"交换说"从市场失灵和公共产品的存在来解释国家征税依据，认为，市场机制无法提供公共产品，而应由政府来提供，把税收作为政府提供公共产品的资金来源。这是符合西方市场经济实际的。

（2）在宏观层次上，"交换说"把征税依据归结为政府为社会公众提供公共产品所获得的价值补偿，主张根据公共产品的规模与其应纳税额之间建立起等价交换关系。政府依法征税的规模、内容和范围，表明了公众愿意付出的代价，认可了政府征税对他们的收入的分割。既定的税法所确定的税率代表着政府的税收收入规模，尤其是对税收规模的限制，从而确保了政府不能从市场取走过多的资源和要素，而只能索取自身为市场提供公共服务所支付的成本和费用，即所谓"税收价格"。这种抽象概括有一定参考意义。这就要求政府取得的用于提供公共产品的税收收入的使用，应贯彻"总体有偿"的原则。在市场经济条件下，政府可以取得多少税收收入，应该充分考虑到自身为社会提供了什么样和多少的服务，从而可以从社会那里取得多少的补偿或收入，而不能仅仅考虑自己在取得收入方面到底有多大的能力。因为从理论上讲，政府作为政治权力的行使者，通过强制手段取得收入的能力是可以非常巨大的，也容易造成对经济效率的损害。

（3）根据"交换说"，人们向政府纳税是为了换取政府所提供公共产品的消费权。政府是通过征税来汇集活动经费的，政府必须慎重地安排、使用好税收收入，把它用于关系纳税人切身利益的公共产品上。对于政府部门使用税款，纳税人作为"出资人"有监督的权利。这对于政府精简机构、避免不必要的行政成本、提高行政效率、自觉接受纳税人监督，都具有积极意义。

（4）"交换说"试图对征税依据做出与市场经济相符合的解释。按照"交换说"的观点，税收是消费政府所提供公共产品必须支付的"价格"，而非纳税人的一种无谓牺牲。

持"交换说"观点的我国学者，非常强调纳税人在纳税之后可以获得的消费公共产品的权利，认为伴随市场化改革的深入，利益驱动机制作用日益增强，只有从经济利益上对纳税人从其财富中割让出来的税款予以解释，才能被纳税人接受。这对于我国纠正过去过分强调纳税人的义务，而相对忽略纳税人权利的状况，对于公共产品的受益人认识权利义务的相关性，提高纳税人纳税意识，也提供了一定的参考思路。

尽管"交换说"有上述可以借鉴之处，但"交换说"在理论或实践上存在不少问题。

（一）"交换说"具有理论缺陷

（1）作为税收最基本理论的征税依据问题，不应随经济条件与制度而异，科学的征税依据学说应适用于整个税收历史。"交换说"直接立足于市场经济的基础上，无法解释非市场经济国家征税的原因。税收是古老的财政范畴，同国家有本质的联系，是国家与剩余产品两个条件同时存在这一特定历史条件下的产物，是一种延续了几千年的财政收入形式。"交换说"直接从典型的市场经济的交换角度来说明征税依据问题，试图挖掘税收征纳双方之间的市场关系。因为在资本主义市场经济条件下，基本经济活动过程采用等价交换方式，尽管此时国家征税凭借的是政治权力，但这时国家与社会成员之间的关系，是以纳税人具有独立的政治地位和经济地位为基本前提的。[1] 而在诸如奴隶制国家、封建制国家非市场经济形态下，社会成员的活动本身则不是以相互利益的交换为特征。况且，市场经济是同资本主义社会发展相联系的，至今仅三百年历史，同税收产生和发展迄今的几千年的历史，相距甚远。因此，"交换说"未能涵盖资本主义社会以前的历史时期的征税依据问题。科学的征税依据学说，不应随经济条件或体制背景的不同而不同，应该适用于税收产生和发展的整个历史过程，贯穿始终如一。

（2）政府提供的公共产品具有"公共性""整体性"特征，不能排除"免费搭车"问题，没有直接的报偿关系，不能与纳税人直接交换，国家与纳税人之间的等价交换，不具可操作性。政府提供的公共产品具有效用的不可分割性、消费的非竞争性和受益的非排他性。政府公共产品，例如国防、社会治安、环境保护、公共基础设施，无法分成份额，划归不同的人去享有，受益者不是社会中的某一个个体，而是全体社会成员。政府公共产品不具备商品特征，它和公众的纳税之间并没有类似于生产者和消费者之间的市场等价交换关系；公共产品无法把没有纳税的社会成员排除在受益范围之外，而纳税人享受的公共产品同他的纳税额也不成比例。因此，"交换说"只从个人的基点看问题，试图在个人享受的公共产品的数量与其应纳税额之间建立起等价交换关系，把它类比于一般的商品交换关系，从微观层次上看，显然，缺乏操作性。国家从社会取得的税款是统筹使用的，

---

① 请参见张馨：《比较财政学教程》，中国人民大学出版社1997年9月版，第213～214页。

一般无固定用途。税款通过财政支出结构的安排，满足公共需要，直接或间接地返还给社会，但这种返还绝不是对每个纳税人所缴税款的等价补偿，而是从社会公共需要出发集中统一支配使用的。

（3）国家与纳税人地位不可能平等，纳税人纳税与否不光是自愿与否的问题。所谓"交换"，是建立在双方平等关系基础之上的，双方交换与否取决于双方是否自愿。国家是一种暴力机器，反映在税收上，是税收的强制性，国家征税时不可能顾及纳税人是否自愿的问题。离开了强制性，把社会公共需要和国家职能需要主要建立在社会经济主体的自觉自愿性基础上，是不符合人类历史进入阶级社会后的社会现实的。"交换说"无法解释国家历史上的横征暴敛、君主帝王的奢侈消费，无法解释人民为什么在纳税后其生存的基本权利都难以得到保障的残酷现实，也无法解释为什么有人缴税多、有人则缴税少。剖析西方国家纳税人之所以"自愿纳税程度高"，也是同其具有一套威慑力的严管重罚的税收征管机制有直接关系的，这也从反面佐证了税收征纳双方的不平等性。从根本上看，数千年来，税收收入是以非市场的方式取得的，它直接的表现是政府在否定着对方对资源和要素的所有权或占用权，并没有按市场方式直接付给对方等价物，即税收收入采用的是无偿形式。[①] 征税只能依托政治权力、动用强制性的手段，而不能依托个人意愿、通过市场交换的行为加以实现。公共产品的提供也不可能按市场法则进行，而只能由国家按非市场原则进行。

（4）从国家职能和税收职能看，"交换说"也存在片面性。在阶级社会里，税收收入并非完全用于提供公共服务，满足公共需要。例如，在奴隶社会和封建社会，国家提供的公共服务并不多，其主要职能是镇压被统治阶级的反抗、维持统治阶级的政权、满足王室费用与统治阶级的奢淫生活。就税收职能来说，在任何社会形态下的国家，税收都不仅限于集中收入方面，还有一定的经济调控与社会政策职能，到了现代社会，税收在调节经济运行和收入分配方面，更显重要。征税的目的是实现国家职能的需要，而提供公共产品和服务、满足公共需要，当然是国家行使职能的一个很重要的方面，但非全部。

（5）"交换说"把市场经济中的等价交换原则照搬引入国家的政治权力活动中来，自然会否定政治权力在税收中的决定作用。"交换说"把国家与纳税人之间的关系简单放在纯市场经济关系中来考察、分析，自然会否定税收与国家的本质联系，忽略或否定税收的强制性、无偿性和固定性这"三性"，会放弃国家的征税权力，回避国家在征税中的主体或主导地位。这是不妥的。

---

① 请参见张馨：《比较财政学教程》，中国人民大学出版社1997年9月版，第213～214页。

（二）"交换说"在税收实践上有害

（1）"交换说"容易误导纳税人忽视、否定纳税义务，过分强调了纳税的自愿性。有的学者认为，在市场经济条件下，政府是提供公共产品的特殊产业部门，纳税是广大企业和居民为消费公共产品或服务的付款，与到饭店吃饭买单或上街购物付款无异，纳税非义务之举。指出纳税人受益是对的，但片面强调受益，却容易误导纳税人忽视、否定纳税义务。众所周知，税收的形式特征之一是强制性。所谓强制性，是同自觉自愿相对而言的。税收分配不同于以自觉自愿为基础的分配形式的重要区别在于，它以国家政治权力为基础和依据，税收是典型的依法分配的财政收入形式。法律和国家政治权力的特征是强制性。它是社会公共需要的客观性和调整局部利益和社会整体利益或长远利益矛盾的必须保证。无论持何种征税依据学说，纳税人的纳税义务是不容置疑的。何况，"交换说"的所谓等价交换纳税观点在理论上本身有缺陷。当然，强制性是相对的，并不否定自觉自愿性，我们反对的是滥用强制性，而不应该反对强制性。市场经济是一种法制经济，政府部门强调"依法治税"，取得税收收入的方式和规模必须建立在法制基础上，不能主观随意。

（2）强调"交换说"，会贬低甚至否定权力征管，有损税务机关执法权威性、税法严肃性和税务干部形象，十分不利于征管。"交换说"观点，不仅容易造成纳税人对自身义务的错误认识，而且容易引起税务机关征管职责的错位。前几年，我国税务机关的服务宗旨从原先倡导"全心全意为人民服务"到后来改为强调"全心全意为纳税人服务"，曾一度引起争议，这与"交换说"强调纳税人和国家之间的等价交换所造成的影响有一定关系。这对税务机关和税务人员来说，很容易影响履行自己的职责，因为片面强调"为纳税人服务"会影响履行"依法征税"这一首要职责。就我国的实际情况以及前述的国家与纳税人之间不可能存在等价交换来看，我国应大力倡导税务机关"全心全意为人民服务"的服务宗旨，当然也包括"为纳税人服务"。另外，过分强调"交换说"，在税收实践中，也出现了纳税人要求税务机关应以类似商业部门服务客户的精神（包括无原则的妥协）来为之服务、把税务机关看作是商业服务部门、把税务人员看作是商业服务人员、把纳税人看作是"上帝"，等等。可见，"交换说"从根本上弱化税务机关作为执法部门的权威性，不利于加强税收征管，导致征纳关系的混乱。

（3）"交换说"强调等价交换，可能为偷税、漏税、骗税和欠税打开方便之门，不利于充分发挥税收的聚财、调控等职能作用。

（4）"交换说"与反对滥用职权、维护纳税人权益并无直接关系。有的同志认为，"交换说"有利于反对滥用职权、收过头税，充分发挥纳税人监督权，进而提高纳税人纳税意识。上述的逻辑关系错误在于，把国家的征税依据与征税过程中的弊端混为一谈。实际上，以国家权力为后盾征税并不意味着国家可以"横征暴敛"，我们不能因税收工作中出现的一些违法行为、个别的腐败现象而回避税收国家权力问题。防止税收强制性的滥用的根本措施在于，国家制定科学、公正、严密、规范的法律制度，把国家的征税权力和纳税人的纳税行为纳入法治的轨道，一切依法办事，取之有度，应收尽收，不该收的分文不收。同时，权利和义务从来都是相互依存的。从具体纳税人来看，他既对社会承担了无偿的纳税义务，同时又享受了国家给予的权利，因此，我们应理直气壮地宣传"权益说"，"取之于民，用之于民"，享受权利，应尽义务。我国新《税收征收管理法》在维护纳税人权益方面已有长足的进步，这说明我国征管制度的逐步完善和国家征税权力进一步法制化。

综上所述，我国有的学者借鉴西方"交换说"、结合我国的实际情况所作的探讨对我国税收理论和实践有一定裨益，但没能从最深层次去寻求国家征税的依据，而且经不起推敲。"交换说"关于国家与纳税人之间存在等价交换关系的论断是值得商榷的。

三、社会主义市场经济下仍应坚持"权益说"

我认为，国家为实现其社会管理职能，满足公共需要，为公众谋利益，就需要消耗一定的社会财富，因自身不直接创造物质财富，只能凭借其政治权力，对纳税人进行强制课征，当然纳税人则负有自觉纳税义务。这里充分体现了"权力"、"义务"与"利益"的有机结合。这就是征税的理论依据。

税收总是同国家的政治权力和人民利益相联系的。税收的本质是"以国家为主体的分配关系"，"取之于民，用之于民"就是税收本质的最概括与最鲜明的体现。其中，由政治权力而产生的强制性、固定性和无偿性是税收的形式特征，应该坚持。尽管"交换说"等西方征税依据学说有诸多可借鉴之处，但都没有揭示税收必须凭借政治权力这一深层次的征税依据。因为他们忽视了政府为公众提供安全保护和公共秩序等公共产品与服务，乃是由国家职能所决定的这一客观事实。

在市场经济条件下，企业和个人有着自身独立的经济利益，税收的课征直接减少他们的经济利益。正是为了克服纳税人维护自身私利所产生的利益冲突和矛盾，税收只能凭借政治权力表现出应有的形式特征。我认为，正确处理国家与纳税人之间的征纳关系，必须坚持"权益说"这一征税依据，即把"权力说"（对国家征税来说）、"义务说"（对纳税人来说）和"利益说"（纳税人受益）这三说统一起来。其中，"权力说"指的是作为征税主体的国家（政府）凭借政治权力征税；"利益说"指的是纳税人享受国家给予的公共产品与服务的利益；"义务说"指的是纳税人承担纳税义务。可见，"权益说"既坚持了税收的最深层次的征税理论依据，又吸收了"义务说"、"利益说"和"交换说"的有益内容。但是，必须强调指出，税收是国家凭借政治权力的分配。税收是同国家有本质联系的经济范畴和政治范畴，是以国家（政府）为主体的分配，国家征税所依据的只能是其政治权力，这一点必须坚持。当然，"权益说"本身也处于不断完善之中。在改革开放的今天，在征税依据方面，我们还要借鉴西方有益学说，吸取其科学的、有益的东西，但不能全盘照抄，更不能抛弃、否定"凭借政治权力"这个征税的第一依据。

应进一步指出的是，对"权益说"也不应机械理解。税收容易给纳税人在物质和精神上带来一种"额外负担"的感觉，这是可以理解的。因为税收的确是一种义务性分配，会导致纳税人眼前利益的减少。但义务和权利从来都是相互依存的。从具体纳税人来看，他既对社会承担了无偿纳税的义务，还要向社会和国家承担其他的各种义务，但同时他也从国家得到公共产品与服务的很多权益。

有的同志还担心国家依据政治权力征税会导致"国家意志论"或"权力意志论"。的确，这是必须加以防止的。但国家依据权力征税，不能脱离经济实际，必须受社会生产力水平和可提供剩余产品的制约，必须考虑权利与义务的统一，必须处理需要与可能的辩证关系。我们相信，国家（政府）的领导层会善于掌握运用社会发展、市场经济和财政税收发展规律，树立"经济—税收—经济"的治税思想，善于运用"三财之道"，既注重"依法治税""文明办税"，又提倡"诚信纳税"，提高纳税人纳税意识，充分发挥税收职能作用，为巩固人民政权，持续、快速与健康发展国民经济服务。

（原载于《税务研究》2002年第7期）

对国家财政 "一体两翼"基本框架的再认识

众所周知，我国财政"一体两翼"的基本框架是以国家分配论为理论基础的。近几年来，随着公共财政的引进和关于"初步建立公共财政的基本框架"的提出，国家分配论受到了冲击，甚至有的同志对建立于其基础之上的"一体两翼"基本框架也表示质疑。但我们认为，国家分配论虽然是特定时代的产物，但它的本质论因能正确地揭示财政的本质而不会"过时"，仍有着持久的理论解释力。况且，现在我们正把国家分配论的本质论与公共财政论的运行论密切结合起来，务求达到"坚持 + 借鉴 = 整合 + 发展"之目的，以期形成新的国家分配论。因此，我们认为，在社会主义市场经济条件下，只要我国以公有制为主体的社会主义基本经济制度和国家的两种身份与两重职能没有改变，以国家分配论为理论基础的"一体两翼"财政基本框架就仍然具有现实适用性。

一、两权不分与计划型财政的转型

在以高度集中统一为特征的计划经济体制下，全民所有制经济在国民经济中处于绝对优势的支配地位。而作为凌驾于全社会之上的政治统治力量的社会主义国家，同时又是国有资产所有者的代表。因此，国家在行使对社会经济管理职能的同时，还拥有对国有资产的所有权职能。本来，政治权力与财产所有权力的区别是泾渭分明的。财产所有权是普通的民事经济权力，各权力主体在法律地位上互不隶属，在财产的占有、使用和处置上互不依赖，在经济交往上遵循等价交换的商品经济一般规律；即使这一财产所有者是国家，其所有权的行使也不例外。而国家固有的政治权力是一种遍及全社会各个领域（包括经济领域）的公共权力，具有强制性。国家在经济活动中运用经济规律作用时，也要运用政治权力，以获取满足其职能需要的经济资源，如税收收入。在计划经济体制下，这两种本来分属不同范畴的权力高度重合于国家这一主体上。同时，在其他所有制形式微不足道的情况下，这一主体在全民所有制范围内同时行使着这两种权力，而所有权意识有所淡化；再加上理论上对所有权与经营权关系的认识不清，如认为国家所有就必须国家经营，于是国家所有竟成了政府直接经营企业的逻辑依据。而国家作为同时执行双重权力的主体，为了实现自己的各种行政或社会目标，总是自觉或不自觉地运用政治权力取代所有权，直接干预企业的生产经营全过程；其后果便是微观方面的企业缺乏活力、经营效益低下，宏观方面的条块分割、经济结构失衡。

与这种两权合一的经济体制相适应，我国的财政模式表现为"大一统"的计划型财政。其基本特征是：为了满足政府履行职能的公共需要，作为分配主体的执行者，国家财政不仅既要承担各项公共事业发展的财力供给任务，又要承担国家经济建设的资金供给职责，而且还要直接管理国营企业的微观财务分配。这种财政模式造成了国家对社会经济发展的各种财力实行统包大揽，并通过财力安排对社会经济生活进行全面的直接安排和调控的局面。应该说，这是一种体现公共性的"吃饭财政"和体现经营性的"建设财政"合二为一（统一预算、单一运行、混合管理）的运行机制。它曾对当时的社会经济起到了积极的促进作用，是同计划经济体制的要求相适应的。

我国的经济体制市场化改革于1978年开始启动，并终于在1992年党的十四大确立了向社会主义市场经济体制转变。与此相适应，我国财政体制也开始了由计划型财政向市场型财政转变的进程。其主要内容包括：一是在财政调控方式上，由计划经济时期的统收统支等直接控制方式转变为以税收、财政投融资、财政补贴等经济手段为主的间接调控方式；二是在财政支出上，逐步从过去过分强调一般性经济建设投资转移到提供公共产品与服务、重点满足维护政权、支持科教文卫事业发展和公共基础设施建设等公共需要方面；三是在财政分配范围上，由过去依赖单一的国有经济转变为财政对国有经济与非国有经济并重的财政分配格局；四是在财政监督方面，改变了计划经济时期的行政指令性计划，而更多地通过财政经济杠杆的运用与法律法规的完善进行监督；五是在国有资产管理方面，改变了国家直接经营企业的做法，实行所有权与经营权的分离和终极所有权与法人财产权的分离。这些变化表明，随着经济体制改革的启动和深入，我国财政一方面以社会管理者的身份、并主要通过税收来筹集财政资源，向全社会提供公共产品与服务；另一方面以所有者的身份参与国有经济利润分配的格局逐渐形成，从而推动了我国财政"一体两翼"基本框架的建构。

二、"一体两翼"思想的形成过程与理论总结

国家财政"一体两翼"思想的产生是与社会主义国家的两重身份及其两重职能密切联系的；或者说，社会主义国家的两重身份和两重职能是决定国家财政呈现"一体两翼"基本格局的根本原因。如果从这一层面上看，"一体两翼"思想的产生可以追溯到20世纪60年代初关于财政本质的学术争鸣时期。为了论证财政本质上"是一种以国家为主体的财政分配关系"，我于1962年在《厦门大学学报》第3期上发表了《略论财政本质》一文，其中有这样一段阐述：建立在生产资料社会主义公有制基础上的国家，"不仅以国家权力所有者这一主体身份无偿地对一部分社会产品或国民收入进行分配以满足需要，而且还以生产资料所有者这一主体身份组织社会主义扩大再生产，直接地参与物质生产领域，无

偿地参与一部分社会产品或国民收入的分配与再分配。这样，国家这一主体就以两重身份无偿地参与一部分社会产品或国民收入的分配与再分配，使分配产品的范围由非物质生产领域扩展到物质生产领域"[1]。（囿于当时历史条件，体现在国家这一主体上的政治权力与财产所有者权力是高度重合的，因而不具备从体制上构建"一体两翼"框架的条件，从而也无法明确提出"一体两翼"的理论设想。但从以上阐述中我们不难看到，不仅社会主义国家所特有的"两重身份""两重职能"在这里已经作了明确的区分，而且还对其与财政分配的相互关系进行了正确的揭示。据此可以认为，这一时期的探索是"一体两翼"思想的萌芽阶段。

1983年6月，国务院决定在全国范围内对国营企业试行"利改税"，试图把国家与国营企业的财政分配关系通过税收形式固定下来。对于这一改革举措，我当时是基本赞成的；认为通过税收强制性、固定性、可靠性、及时性的特点，有利于发挥其组织财政收入的有效作用。但我同时坚持"利改税并没有改变以社会主义国家为主体的分配，特别是国家以生产资料所有者身份参与国营企业的利润分配的性质"[2]的观点。随着改革的深入，"利改税"在取得一定成效的同时也显露出明显的弊端，从而反映出其理论基础上的局限性：（1）混淆了"两个主体"（政权行使者主体与企业所有者主体）、"两种权力"（政治权力与财产权力）；（2）完全"以税代利"，导致"税利不分"，否定了刚性分配（税收）与弹性分配（利润）结合运用的客观必然性；（3）模糊了"两个层次的分配关系"，即混同了以政权行使者身份为主体、以税收为形式所反映的国家与企业在第一层次的刚性分配关系，同以企业所有者身份为主体、以利润为形式所形成的国家与企业在第二层次的弹性分配关系。这种理论的偏差导致了利改税在实践中，一方面加重了企业的负担，影响了企业活力；另一方面软化了税收，影响了其经济杠杆作用的正常发挥。正是基于对"利改税"理论和实践的充分认识，这一时期我多次撰文指出进一步改革的基本思路："实行'两个主体'分离（即政权行使者主体与企业所有者主体分离），'两种权力'分离（即政权与财权分离），税利并存、分渠与'两层分配关系'并存、分流（即刚性税收关系与弹性分红关系并存、分流）"。由此可见，作为"一体两翼"思想基本内容的"两权分离""利税分流"[3]等观点已经产生。因此，我把这一时期称为"一体两翼"的初步形成阶段。

1987年，随着国有企业承包经营责任制的兴起，国家与国有企业的分配关系由"利改税"转变为"利税分流"。这一改革把国有企业上缴国家的利润分成税和利两部分，建立起了国家与企业分配关系的新形式和新机制，使国家作为社会经济管理者和国有资产所有者的不同身份和职能得到了更好的体现，保证了国家税收的稳定增长和国有资产的

① 邓子基.略论财政本质［J］.厦门大学学报，1962，3.
② 邓子基.国营企业实行利改税的理论与实践［J］.中国经济问题，1983，6.
③ 邓子基.国营企业利改税与承包经营责任制［J］.新疆财会，1988，1.

合法收益。应该说，在经历了国家与企业分配关系模式的多次变换后，我们终于认识到，国家的社会行政管理职能和国有资产管理职能是其参与国有企业利润分配的依据；税收收入同国有资产收益必须分开。为此我曾撰文指出："税利分流是体现政府两种身份、两种职能的客观要求，符合政企开、两权分离的基本原则，是理顺国家与企业分配关系的方向性选择。"① 但我同时还认为，税利分流只是从理论上区分了国家层次上的两种权力、两个职能和国家与企业两个层次的分配关系，克服了"利改税"的缺陷，但并没有解决国家与企业分配关系的全部问题。② 就"一体两翼"思想的发展而言，把国家层次的"两权分离"归结为"税利分流"的理论依据，显然更加充实了"一体两翼"的理论内涵，从而构成了"一体两翼"思想形成的第三阶段。

第四个阶段是"一体两翼"思想的完全形成和确立阶段。进入90年代后，随着社会主义市场经济体制改革目标的确立，国企改革突破放权让利的改革框架后，进入了产权制度改革阶段；并明确提出了转变政府职能，实现政府社会经济管理职能与国有资产所有者职能分开，构建"国家统一所有、政府分级监管、企业自主经营"的新型国有资产管理体制。这就为国家财政"一体两翼"基本框架的最终确立创造了体制条件。在这一阶段，我连续发表了《深化产权制度改革理顺产权关系》等多篇论文，集中对我国财政"一体两翼"格局进行了深入的探讨。首先，我一再强调指出，在以公有制为基础的社会主义国家，国家是以"两种身份""两种权力"参与国有企业的收入分配，并以"两种分配形式"（税收征纳和利润上缴）来规范国家与企业的财政分配关系；与此相适应，国家财政预算必须实行复式预算，即经营预算和建设预算。其次，实现国家的国有资产所有权与国家政治权力的分离，就是要把国家作为国有资产所有者的职能从一般的经济行政管理部门工作中分离出来，交给一个专门机构去统一行使，即对国有资产实行专业化管理。这个机构就是国有资产管理局。再次，国有资产管理局应同税务局一样，成为财政的一个翼；财政、税务和国资管理三者之间应形成"一体两翼"的关系，即"专业分工协作、财政归口管理"的关系。至此，不仅"一体两翼"的财政理论框架完成了与改革实践的同步构建，而且第一次明确提出了"一体两翼"的概念，并得到了理论界的广泛认同和实际工作部门的采纳、实行。③

从上述四个阶段的演进过程中我们可以清楚地看到，以国家分配论为理论基础的"一体两翼"思想虽然萌生于计划经济时期，但其丰富、发展直到最后成型却是与经济体制的改革实践同步的，因而它不仅建立于坚实的实践基础上，而且具有充分的理论依据。为了论证这一思想的现实适用性，在这里有必要对"一体两翼"思想的理论依据简要地

---

① 邓子基.税利分流的经济学思考［J］.税务研究，1990，9.
② 在1998年以前，就实行财政部门、国家税务部门和国资管理部门的一体两翼"的格局。
③ 邓子基.关于产权管理改革及财政与国有资产管理的职能分工协作问题［J］.国有资产管理，1992，8.

加以重申和总结：社会主义国家财政内含"一体五重"的关系，即一个主体（国家或政府）、两种身份（政权行使者和国有资产所有者）、两种权力（政治权力和财产权力）、两种职能（社会管理和经济（含国有资产）管理）、两种分配形式（税收和国有资产收益）、两种分配关系（税收征纳和利润上缴）。这种"一体五重"的关系形成了社会主义国家财政特有的公共财政和国有资产（本）财政的"双重结构模式"；对应于财政管理部门来说，则形成国家财政部门和国家税务部门与国有资产管理部门的"一体两翼"格局（其中，财政是"母体"，税务与国资是与母体不可分割的"两翼"）。需要强调的是，在上述"一体五重"的关系中，社会主义公有制为主体与各种经济成分并存的基本经济制度，是"一体两翼"的经济基础；而社会主义国家的两种身份与两种职能，则构成了"一体两翼"的思想源泉。

三、国家财政"一体两翼"基本框架的现实适用性

近年来，为适应建立社会主义市场经济的需要，我国政府明确提出了初步构建公共财政基本框架的设想。在此背景下，一些持西方"公共财政论"的同志对"国家分配论"提出了种种质疑乃至否定和非难；认为"国家分配论"是计划经济的产物，与市场经济的逻辑相矛盾。与此相联系，以"国家分配论"为理论基础的"一体两翼"的财政基本框架也招致批评和否定。如有的同志说"一体两翼"只是一种工作思路，理论框架"并未成型"；有的则认为"一体两翼"模式带有"计划经济痕迹"，已经过时，不具备现实性；还有人则明确表示"国有资产（本）财政不可取"。稍加分析后我们不难发现，上述观点内含着这样一个结论或预期：在社会主义市场经济条件下，我国财政框架的建构只能从西方"公共财政论"中寻求解决方略。这就为我们提出了一个亟待解决的问题："国家分配论"及其建立在其理论基础之上的"一体两翼"财政框架是否真的"已经过时"？是否已经不能继续为我国财政改革的实践提供理论指导？对此，我们的回答是：在社会主义市场经济条件下，以国家分配论为理论基础的"一体两翼"财政框架，仍然具有理论解释力和现实适用性。

首先，我们并不否认，由于国家分配论产生于计划经济时期，其对财政运行过程及其特征的描述主要以计划经济为依据，因此在市场经济条件下已经失去其现实依据。但国家分配论针对计划经济下的财政特殊的"过时"把握，并不足以构成对国家分配论的核心思想（如"一体两翼"思想）的否定；相反，由于国家分配论正确地揭示了财政的本质，因此也在理论上取得了一般性的意义。正因如此，在经济体制转轨时期，在政企分开、政资分开和两权分离的条件下，我曾把原先内在于国家财政的"吃饭财政"与"建设财政"这两部分内容加以区分，把国家分配论形象地概括为"一体五重""一体两翼"，进一步明

确地把社会主义国家区分为具有公共权力的行使者和国有资产的所有者这双重身份了;[①]并在此基础上肯定和完善了"双重结构财政"模式理论,对社会主义市场经济体制下的财政模式作了颇具说明力的判断和把握,从而有利于丰富和发展国家分配论的科学内涵。

其次,从经济关系的本质上看,经济体制的转轨,只是使我国的经济运行模式和政府经济职能发生了变化,而没有改变我国的基本经济制度和生产方式。就财政而言,经济体制的转轨只是改变了我国财政职能的实现方式、收支的范围和内容,以及财政运行的特点;使得与计划型财政相比,财政的某些职能(如经营性国有资产管理职能)弱化了,而另一些职能(如税收的分配、调控职能)则加强了。但是,这些变化并没有改变财政是以国家为主体的分配关系这一本质内涵。在这里,由国家所代表的两重身份(政权行使者与国有资产所有者)及其两重职能(社会管理与经济管理)所决定,国家所进行的财政活动仍然局限于公共财政和国有资本财政这两大领域内;二者之间虽然在活动目的、运作方式和收支内容等方面存在差异,但国家作为共同的财政主体是唯一的。因此,分列于这个主体两翼的公共财政(以税收为主要来源)和国有资本财政(以国有资产收益为主要来源)的关系格局也就不可能改变。

再次,从所有制变革的角度看,党的十六大报告在坚持和完善公有制为主体、多种所有制经济共同发展的基本经济制度的基础上,特别强调指出,要坚持"两个毫不动摇";并在论及两者关系时突出地强调指出,"发展壮大国有经济"对于发挥社会主义制度的优越性,增强我国的经济实力、国防实力和民族凝聚力,"具有关键性作用"[②]。党中央的这一指导方针与我一贯主张的在"一体两翼"财政框架下,"必须重视国有资本财政"的理论观点是相一致的。针对近年来颇为盛行的"国有资产(本)财政不可取"、应当全面退出竞争性领域的"唱衰论",我多次撰文予以了质疑和论证。我始终认为,以公有制为主体的基本经济制度决定了在社会主义市场经济条件下,政府兼具政权行使者与国有资产所有者两种身份和社会管理与国有资产管理两种职能,因此政府的财政活动就体现了公共性和市场性两种不同的经济关系,这就显著区别于西方公共财政。尤其是在目前的体制转轨时期,处于竞争性领域的经营性国有资产控制着国民经济命脉,对经济运行、社会稳定和国家主权具有至关重要的作用。国家直接调控国有资产(本)的配置和运行,不仅能优化国有资产的规模、结构和运行状态,而且能够根据国家产业发展战略来正确引导社会资产(本)的流向,充分发挥国有经济对国民经济的主导和控制作用。当然,在"有所为、有所不为"原则的指导下,存量中"国有资产(本)财政"的比重应相对降低,增量中"公共财政"的比重应相对提高。这是国有经济主动采取"有进有退"战略性重

---

① 邓子基.借鉴"公共财政论",发展"国家分配论"[J].财政研究,2000,1.

② 江泽民.全面建设小康社会,开创中国特色社会主义事业新局面:在中国共产党第十六次全国代表大会上的报告[R].人民出版社,2002:25.

组的结果，并不意味着国有资本要"全面退出"竞争性领域。换言之，这种调整并不意味着"一体两翼"财政基本框架的解体。

又次，从财政体制改革的角度看，虽然国有资产管理机构的设置几经变动，但其与财政"一体两翼"的内在关系并没有改变。虽然在1998年的政府机构改革中，国务院直属的国有资产管理局被撤销，其有关职能并入财政部门，但我仍然坚持认为，只要我国以公有制为主体的社会主义基本经济制度和国家的两种身份与两种职能没有改变，就仍然必须坚持财政与税务、国资之间"一体两翼"的基本框架。1999年，我在《公共财政与当前财政政策》一文中明确指出，中国财政固有的"一体五重"关系，决定了"财政部门是母体、税务部门是财政部门的一翼、国有资产管理部门是财政部门的另一翼"。在社会主义市场经济时期，两翼分开了：一翼是公共预算，也就是"吃饭预算"；另一翼是国有资产预算，也就是资本预算。[①] 我们高兴地看到，党的十六大高度重视国有资产管理体制改革，并在报告中明确提出"中央政府和省、市（地）两级政府要设立国有资产管理机构"，统一管理国有资产，集中行使所辖国有资产出资人的职责。我认为，重新成立国有资产专职管理机构，其重要意义不仅在于贯彻了国家"两权分开"的改革原则，而且在实行国有资产所有权专门化管理的基础上，强化了国务院直属的国有资产管理部门的职能作用，使它成为国有资产人格化的唯一代表。这就要求把目前仍然分散在许多政府机构中的国有资产管理职能进行整合和归并，"移交"给国有资产专职管理机构（如国有资产监督管理委员会），使其能够相对独立、完整地行使出资人职责；从而真正实现党的十六大报告所要求的权利、义务和责任相统一，管资产和管人、管事相结合的新型国有资产管理体制。

最后，需要指出的是，囿于国有资产管理改革的现状和特点，党的十六大以后组建的国有资产专职管理机构，不是对1998年裁并的原国有资产管理局的简单恢复和物理拼凑，而是具有全新内涵的化学式有机组合；其职能要求、管理范围、权限划分、行政级别、内设机构及运作方式等均不同于以往模式，中央和地方都还在探索之中。新的国有资产监督管理委员会（简称"国资委"）行政隶属关系，如同国家税务总局一样直属于国务院。虽然因此而改变了过去财政部门与原国有资产管理部门之间的"归口管理"关系，但并不改变国家财政"双重结构""一体两翼"的内在实质。就现行的运行机制而言，作为国家收支分配的主体，财政部掌握税收政策；国家税务总局的税收收入必须上缴财政部，是国家财政收入的主要来源；国务院直属的国有资产监督管理委员会统一代行国有资产所有者职能，但其国有资产经营收益（利润、股票分红、租赁收入、产权转让收入及其它收入）也必须纳入国家财政收入的范围。此外，在现行复式预算体系中，财政部仍是国家

---

① 邓子基.深化产权制度改革、理顺产权关系［J］.中央财政金融学院学报，1992，4.

预算的主体，负责编制和管理国有资产和财政预算，包括存量和增量；虽然国家税务总局和新的国资委也各自编制税收计划和国有资本经营预算，但最终都必须纳入由财政部总编制的国家预算中，成为国家预算的一个组成部分。在最近颁布实施的《国务院国有资产监督管理委员会主要职责、内设机构和人员编制规定》中明确指出："国有资产监督管理委员会负责监管的企业国有资产经营预算的编制工作，作为国家总预算的组成部分应由财政部统一汇总和报告，预算收入的征管和使用接受财政部监督。"总之，虽然新的国有资产专职机构的重建，已经改变了过去与财政部之间"归口管理"的隶属关系；但我认为，这种行政机构隶属关系的变化，并不能否定我国财政"双重结构"和"一体两翼"的内在本质关系。只要我国以公有制为主体的社会主义基本经济制度不变，社会主义国家的两种身份（政权行使者和国有资产所有者）、两重职能（社会管理和国有资产管理）不变，以国家为主体的分配关系这一财政本质不变，我国财政"一体两翼"的基本框架既不会过时，也不可能被轻易改变；现行"双重结构"的财政运作模式，也不可能为其他单一结构的财政模式所替代。

马克思的再生产理论与社会主义财政

一、马克思的再生产理论对社会主义财政的指导意义

马克思在《资本论》中，在揭露资本主义生产方式的剥削性质与资本主义产生、发展与灭亡的规律时，也阐述了社会化大生产与商品货币运动的一般规律。其中《资本论》第二卷《资本的流通过程》中阐述的资本的循环、资本的周转和社会总资本的再生产与流通的理论，对于我国有计划地运用客观规律，进行社会主义现代化建设具有指导意义。

生产过程是不断反复和经常更新的过程。社会再生产过程包括生产、分配、交换、消费等环节。马克思指出："不管生产过程的社会形式怎样，它必须是连续不断的，或者说，必须周而复始地经过同样一些阶段。一个社会不能停止消费，同样，它也不能停止生产。"①

《资本论》第二卷讨论的资本的流通过程，是作为资本主义制度下资本的生产过程的补充来说明的。《资本论》第二卷的第一篇讨论资本的循环，第二篇讨论资本的周转，都是就单个资本的循环或周转来说明的，其要点在于说明资本运动的连续性、速度与条件。而第三篇是在第一、二篇的基础上讨论社会总资本运动，即社会总资本的再生产与流通，着重阐述资本再生产理论，主要说明以再生产公式来表现的两大部类生产之间的产品及其价值的实现条件。这里，马克思所揭示的再生产理论除了它的资本主义生产关系的特殊性之外，反映了以社会化大生产与商品生产为特征的社会再生产的共同规律。

我国是社会主义国家，实行生产资料社会主义公有制与计划经济，但在生产资料社会主义公有制占绝对优势条件下，还存在多种经济成分，必须发展商品生产，并在国家计划指导下充分发挥市场调节的辅助作用。可见，社会主义再生产是社会化大生产，又是社会主义商品生产。社会主义商品生产较之资本主义商品生产具有无比优越性。因为社会主义商品生产已摆脱了资本主义私有制及其固有的基本矛盾的支配，消除了商品过剩的危机。因此，总的说来，社会主义的社会化大生产与商品生产能在生产资料社会主义公有制基础上和计划经济指导下，按照再生产理论和规律，有计划地分配社会劳动，保持社会生产和社会需要，各生产部门之间的客观比例关系，使两大部类生产之间的产品及其价值的实现条件得以圆满实现，从而促进国民经济协调发展。

---

① 马克思：《资本论》第1卷，人民出版社1972年版，第621页。

斯大林说过："马克思的再生产公式决不只限于反映资本主义生产的特点；它同时还包含对于一切社会形态——特别是社会主义社会形态——发生效力的许多关于再生产的基本原理。……不仅对于资本主义社会形态是有效的，而且任何一个社会主义社会在计划国民经济时，不运用这些原理也是不行的。"[①] 因此，我国进行社会主义再生产、发展国民经济，必须以马克思的再生产理论为指导。

社会主义财政是建立在生产资料社会主义公有制基础上的人民民主专政国家实现其职能，发展国民经济的分配工具。它反映着以社会主义国家为主体的分配关系。社会主义财政不同于资本主义财政的根本特征之一，就是它建立在生产资料社会主义公有制基础之上，直接参与国营企业的生产要素与生产成果的分配，参与社会再生产，使社会主义财政同企业的再生产过程紧密地联系起来，因而财政就扩展到物资生产过程。社会主义财政通过税收、利润等形式对国营企业的一部分社会产品和国民收入进行分配与再分配，形成国家财政收入，而后转化为国家财政支出，通过基本建设投资、增拨企业流动资金、企业挖潜改造资金、地质勘探费、工业交通、商业等事业费支出形式，有计划地安排积累与消费比例，把积累中的大部分用于国营企业的再生产。国营企业的固定资产是财政历年拨付的基本建设投资和企业挖潜改造资金形成的，即使由建设银行贷给的基建贷款也是由财政拨付通过信贷方式供给的。企业流动资金是财政通过增拨企业流动资金形成的，即使由人民银行贷给的超定额或定额不足的流动资金，其相当部分也是由财政拨给人民银行通过信贷方式投放的。企业建立的各项专用基金，如生产发展基金、福利基金、奖励基金、科技三项费用等，也是由财政按企业财务管理体制规定或专款拨给而形成的。而国营企业的纯收入的大部分通过税收、利润上交国家财政。可见，国营企业再生产过程中的资金运动与财政资金运动是紧密联系着的。财政资金（包括固定资产与定额流动资金）就成为国营企业资金的重要来源，而国营企业上交财政的纯收入又成为国家财政收入的最主要来源。这样，由于财政资金参与国营企业资金的循环与周转，就使社会主义财政成为社会再生产中的一个主导的分配环节和内在因素；社会主义财政还能通过国营企业财政活动反映企业资金循环与周转全过程，反映企业生产、分配、交换与消费全过程，以及国家财政与企业之间财政分配关系（包括无偿上交下拨和有偿占用与收费的关系），因而使国营企业财务成为社会主义财政体系的基础。

由于社会主义财政同社会主义再生产具有上述那种内在联系，因而马克思的再生产理论，必然成为指导社会主义财政分配，从事社会主义财政工作的基本原理，使财政部门按"生财之道"、"聚财之道"与"用财之道"办事有了科学理论基础。诸如，用马克思的再生产理论中关于社会再生产过程生产、交换、分配、消费诸环节相互关系的原理

---

① 斯大林：《苏联社会主义经济问题》，人民出版社1971年版，第64页。

指导财政，有利于认识与运用经济决定财政，财政反作用于经济的规律性；用剩余产品是积累的唯一源泉、积累是扩大再生产的重要源泉、社会基金的形成与用途、资金循环周转、社会生产划分为两大部类和它们的比例关系、生产资料优先增长、社会再生产划分简单再生产与扩大再生产、扩大再生产划分内含扩大再生产与外延扩大再生产诸原理指导财政，便有利于认识与运用财政参与社会产品和国民收入的初次分配与再分配，形成国家财政收入与支出的规模与速度，财政、信贷与物资的综合平衡，财政在国民收入中补偿基金、积累基金与消费基金的比重以及它们同社会再生产的规律性，财政分配结构与生产结构的规律性，生产结构与所占固定资金和流动资金比重及其循环周转速度与经济效益的规律性。应该指出，作为马克思的再生产理论核心的按比例分配社会劳动，保持社会生产和社会需要，各生产部门之间的客观比例关系的再生产规律对社会主义财政尤有重要指导意义。

近一二年来，我国学术界和实际部门十分重视，大力倡导学习马克思《资本论》第二卷的再生产理论，用以指导财政经济工作，搞活经济，促进四化建设。这是很好的。我觉得有一度曾出现忽视社会主义公有制与计划经济特点的倾向。有的同志片面地强调生产力再生产，忽视了生产关系再生产，甚至忘记了社会主义再生产必须受社会主义生产关系的制约，必须主要由国家计划调节，而是不加区别地、全面地用马克思揭示的在资本主义生产关系制约下的循环、周转与再生产理论来解释和指导我国社会主义再生产，以致过于强调商品流通与市场调节的作用。这是不妥当的。我们充分肯定，只要进行社会化大生产和商品生产，必然就客观存在共同的再生产规律。这是毫无疑义的。社会主义再生产理论固然反映不同社会形态生产的共同规律，但又反映社会主义生产关系的特点，有它自己的表现形式。这正如资本主义再生产理论固然反映不同社会形态再生产的共同规律，但又具有资本主义生产关系的特点和有它自己的表现形式一样。撇去资本主义生产关系的特点来看共同的再生产规律并指出共同的再生产规律对社会主义再生产的指导意义是好的，但不能忽视或忘记社会主义制度下再生产规律具有自己的特点和表现形式，离开了社会主义生产关系和计划经济而抽象地谈共同的再生产规律是没有多大意义的，也是有害的，会走到邪路上去。马克思在《资本论》第二卷中以再生产公式表述资本主义的社会总资本运动过程可能顺利实现条件时，与其说是从正面说明资本主义再生产的顺利实现条件，不如说是从反面来阐述它的不可能顺利实现的条件。因为资本主义私有制及其固有的基本矛盾决定的资本主义社会两大部类生产之间的产品及其价值的比例关系，只是被动地通过盲目发展与周期性危机来实现的。马克思在《资本论》第二卷中曾预言："如果我们设想一个社会不是资本主义社会，而是共产主义社会，那么首先，货币资本会完全消失，因而货币资本所引起的交易上的伪装也会消失。问题就简单地归结为：社会必须预先计算好，能把多少劳动、生产资料和生活资料用在这样一些产业部门而不致受任何损害，这些部门，如铁路建设，在一年或一年以上的较长时间内不提供任何生产资料和生活资料，不提供任何有用效果，但会从全年总生产中取走劳动、生产资料和生活资料。"① 社会主义社会是共产主义社会的低级阶段。在我国社会主义社会，生产资料社会主义公有制已占绝对优势，全社会生产必须也能够在国家统一计划管理下进行，即必须又能够有计划按比例地分配社会劳动（包括资金、生产资料和生活资料）于各个生产部门。尽管我国还存在着非社会主义经济成分，但毕竟是从属的；尽管我国还必须发展商品生产和商品流通，因而还需要通过市场交易，发挥市场的作用，但这种作用毕竟是辅助的。由马克思早已预见的在社会主义制度下再生产规律受社会主义生产关系制约和必须能够有计划地分配社会劳动的特殊表现形式的特点，我们须加牢记。

有的同志指出，我国过去没有充分发挥信贷杠杆在再生产中的作用，今后必须强调社会主义银行信贷在国民经济中的地位与作用。这是正确的。但是我觉得有些想法忽视了社会主义生产关系的特点，不加区别地把资本主义制度下银行信贷的做法与作用移植到社会主义再生产中来。这是值得商榷的。有的同志在强调银行信贷在再生产中的地位与作用时，还对社会主义财政进行不实事求是的责难。如有的同志提出："30年来财政部门拨付的基本建设投资与定额流动资金是'肉包子打狗，有去无回'"；有的同志甚至主张社会主义财政不要参与社会再生产，要财政退出物质生产领域，回到资本主义财政那样只管非物质生产领域的文教卫生与行政国防等事业的老路上去。这是不妥当的。应该指出，新中国成立30年来，我国财政拨款在社会主义建设中发挥了巨大作用。现在国家的5000多亿固定资产和3000亿流动资金就是财政拨款形成的。它们是我国进行社会主义现代化建设的物质基础。当然，在过去较长时期，我国确实存在着资金占用多、周转慢、效益差的问题。其原因是多方面的，诸如"左"的错误思想、违背客观经济规律、忽视经济利益等，财政某些无偿拨款自然也是一个原因。我们必须总结经验教训，改善固定资金与流动资金的供应与管理办法，对某些财政资金（部分基本建设投资与定额流动资金）逐步改为有偿占用或由银行贷款，以提高财政资金的使用效果。但不能因为过去有一段时期财政资金使用效果不高来割断社会主义财政同社会主义再生产的内在联系，否定社会主义财政在社会主义再生产中的地位与作用。如果这样，就无异于否定了社会主义财政的根本特征与性质，否定了生产资料社会主义公有制。马克思在《资本论》第三卷中曾讲过这样的话："毫无疑问，在由资本主义的生产方式向联合起来劳动的生产方式过渡时，信用制度会作为有力的杠杆发生作用；但是，它仅仅是和生产方式本身的其他重大的有机变革相联系的一个要素。与此相反，关于信用制度和银行制度的奇迹般的力量的种种幻想所以会被赋予社会主义的意义，是由于对资本主义生产方式和作为它的一个

---

① 马克思：《资本论》第2卷，人民出版社1972年版，第350页。

形式的信用制度完全没有认识。只要生产资料不再转化为资本（这里也包括私有制的废除），信用本身就不会再有什么意义，……。另一方面，只要资本主义生产方式继续存在，生息资本就作为它的一个形式继续存在，并且事实上形成它的信用制度的基础。"① 从马克思的这段话中，我们可以认为社会主义银行信贷是社会主义再生产中的一个要素，是能够发挥有力的杠杆作用的，但绝不该把社会主义银行信贷在社会主义再生产中能发挥"奇迹般的力量的种种幻想"。我认为，社会主义财政与信贷在社会主义再生产中都有重要的地位和作用，各有不同特点与运动规律，可以相互补充，不可彼此替代，它们祸福同当、休戚与共。因此，对社会主义财政与信贷都须放在社会主义公有制与计划经济条件下进行恰如其分的评价，评价过高或不足，都是不恰当的，都是违背社会主义生产关系制约再生产规律以及社会主义再生产规律应有自己表现形式的原理的。

我们财政部门在学习再生产理论，运用再生产规律来指导财政工作时，必须坚持再生产是生产力（物质资料和劳动力）再生产和生产关系再生产的辩证统一观点，按照社会主义公有制特点，从我国国情出发，贯彻量力而行的原则，充分发挥社会主义财政对社会主义再生产的能动作用，配合计划、价格、信贷等，为贯彻执行在经济上实行进一步调整的方针，提高宏观和微观经济效益，促进国民经济良性循环和四化建设服务。

二、学习资金循环周转理论，掌握资金运动规律，提高微观经济效益，增加财政收入

在我国社会主义社会，实行生产资料社会主义公有制，资本已被否定，货币资本的循环也被否定了。资金代替了资本，货币资金循环周转代替了货币资本的循环周转，反映着两种根本不同的经济关系。从国营企业的生产经营活动方面看：存在着货币资金循环、生产资金循环和商品资金循环的运动。国营企业从事生产经营活动必须以货币资金为前提。国营企业资金是由国家财政拨款（包括基本建设拨款、定额流动资金等）、银行贷款（包括超定额流动资金、定额不足资金和中短期设备货款等）和企业专用基金与企业自有资金等构成。国营企业必须把全部资金分成货币资金、生产资金与商品资金，经历买进、生产与卖出三个阶段，采取三种不同职能与形态，而且在空间上并存，在时间上继起，具有连续性。企业资金在运动中，不论采取什么形态，把哪个形态作为它的出发点，总是要从出发点再回到出发点，这就是企业资金的一个循环。从买进阶段到卖出阶段，是流动资金的一次周转。不论货币资金循环、生产资金循环和商品资金循环，其任务是推动劳动由工人创造产品使用价值的同时，增殖产品价值。企业生产资金与商品

---

① 马克思：《资本论》第3卷，人民出版社1972年版，第686～687页。

资金循环，表明企业生产与供销连续进行状况，而货币资金循环，则反映企业资金运动带来的价值增值。大家知道，只在生产过程中才能增殖产品的价值，但是必须以买与卖的流通过程为条件；否则，在生产过程中创造的价值就不能为社会所承认，就得不到实现。所以，企业资金的任何一个循环不仅要不断改变它的资金形态，不断通过流通过程与生产过程，而且还要与其他循环同时存在，互为条件。所以，马克思指出："产业资本的连续进行的现实循环，不仅是流通过程和生产过程的统一，而且是它的所有三个循环的统一。"[①] 又说："相继进行一停滞，就是并列存在陷于混乱。在一个阶段上的任何停滞，不仅会使这个停滞的资本部分的总循环，而且会使整个单个资本的总循环发生或大或小的停滞。"[②] 企业资本经历买进、生产、卖出三个阶段，大致相当于我国的供、产、销三个环节。由于我国长期受生产资料不是商品观点的影响，以为生产就是一切，忽视商品流通，忽视市场问题，企业只要完成了生产任务就可以不管了。其结果，有的商品卖不出去，或者不能全部卖出去，致使生产过程中创造的全部或部分价值得不到实现，商品资金就不能全部或局部转为货币资金，资金的循环就会中断或受阻碍。于是出现企业资金积压，反映企业经济效益不好，上交税利不多，影响财政收入或造成财政收入虚假现象。如果企业供产销衔接，使三种不同资金形态在时间上和空间上的关系安排妥善，保持企业资金的连续性，那么在生产过程中创造的价值在流通过程中实现价值越多，说明企业的经济效益越好，盈利率越高，财政收入也就越多。

　　财政资金（包括固定资金与定额流动资金）是国营企业资金的重要来源。它在企业资金的循环周转中居于重要地位，国家财政收入中的绝大部分来自国营企业；财政部门的"生财之道"、"聚财之道"与"用财之道"，在颇大程度上取决于国营企业资金的循环周转是否正常，取决于国营企业资金运动是否有连续性。国营企业资金分为固定资金与流动资金。固定资金是国家财政拨给（或通过银行有偿贷给）企业用于固定资产扩大再生产与部分简单再生产的资金，它是再生产过程必不可少的部分。流动资金是国家财政拨给或银行贷给企业用于购买原材料、辅助材料和燃料等劳动对象的资金。固定资金和流动资金必须在资金循环周转过程中进行价值补偿和实物更新。两者的周转速度、补偿时间与更新形式各不相同。固定资金通过折旧逐次地进行部分价值补偿，通过更新进行实物替换。流动资金则在完成一次周转之后即须进行全部价值补偿与实物替换。财政部门本身并不从事生产，不创造剩余产品价值，为了提高固定资金与流动资金的经济效益，为国家积累更多的资金，必须按照资金循环周转理论，妥善安排投资，确定固定资金与流动资金比重，并协助企业实现企业资金循环周转正常，保持资金运动连续性，加速资

---

① 　马克思：《资本论》第2卷，人民出版社1972年版，第119页。
② 　同上书，第120页。

金周转速度，提高资金利用率。

首先，从安排财政投资看，固定资金与流动资金的比重如何对企业资金周转时间与速度影响很大。因为固定资金与流动资金的比重不同导致不同生产部门各自的资金周转时间与周转速度不同。因此，必须遵循社会再生产规律，按比例地分配财政资金，决定财政投资方向，确定合理的生产结构，并在固定资金和流动资金合比例的情况下，重视固定资金所占比重小的生产部门（如轻纺工业部门）的投资，这样才能发挥它们投资小、周转快、收效大的特点，收到较好的经济效益。这方面下面还要论述到。

其次，从企业资金循环周转时间看，固定资金与流动资金处于生产过程与流通过程时间长短，对资金周转速度与经济效益也有很大影响。

在固定资金方面，要根据资金循环周转原理，研究不同生产结构对固定资金占用比重的要求，研究提高固定资产交付使用率，降低在建工程占用资金，缩短建设周期与投资回收期等，从中提高固定资金的周转速度与经济效益。折旧基金属于补偿性质，但在实物形态上具有内含扩大再生产的性质，因而折旧基金必须首先用于简单再生产，其中包括内含扩大再生产；如果用于外延扩大再生产，必须以不使原有简单再生产受损害为条件。新中国成立初期，因新建大批企业，其设备距更新期还远，折旧基金多闲置不用；为了加速资金周转，有计划地发展国民经济，国家财政集中了企业折旧基金，一方面用于价值补偿以维持简单再生产，另一方面用于外延扩大再生产。当时这样做是必要的，也取得显著效益。为了适应经济发展，从1967年起把折旧基金大部作为企业更新改造基金，部分上交企业主管部门与财政部门。1978年又改革了折旧基金的提留制度，把企业折旧基金的50％留给企业，另有50％的折旧基金上交国家财政，由国家财政统一安排使用。当前工业企业固定资产折旧率偏低，不利于老企业的挖潜、革新、改造；企业基本折旧基金留成比例偏低，不利于进一步调动企业积极性；还有企业折旧基金使用效果不高，如从1967年至1981年期间下放给企业折旧基金累积达1700多亿元，光用这笔巨额资金就可以把全部固定资产更新一遍；可是，现在许多企业普遍反映更新改造资金不足，存在着"超期服役"与"带病运转"现象；此外，国家财政集中的折旧基金也过多地用于外延扩大再生产，既延长了基建战线，又损害了简单再生产，影响企业资金循环周转。因此，随着企业财务管理体制的逐步改革，企业实行"独立核算、国家征税、自负盈亏"的办法后，企业折旧基金应全部交由企业自行支配。同时，要研究折旧率的调整、折旧基金的提取、管理与使用办法，以提高折旧基金的使用效果。现在折旧率的确偏低，古老陈旧机器设备多年不能更新，就会大量增加无形损耗，所以必须适当提高折旧率；但也不宜提得过高。折旧率过高，必使机器设备过早报废，这又会增加产品成本，降低企业盈利，影响财政收入，造成生产资料供应紧张。那种不顾我国国情，盲目照搬外国"加速折旧"的理论与做法是不妥当的。因此，确定合理折旧率，必须从我国国情出发，以固定资产的物质（有形）磨损程度，适当考虑到精神（无形）损耗和有利于提高劳动生产率并同机器设备供应相适应为依据。企业扩大自主权，全部支配折旧基金后，财政部门虽不再直接集中管理折旧基金，但应根据新情况不断完善折旧基金的提取、管理与使用办法，加强财政管理与监督，发挥折旧基金的使用效果，以保证企业简单再生产和内含扩大再生产的顺利进行，充分挖掘现有企业潜力。

在流动资金方面，要根据资金循环周转原理，研究再生产比例与流动资金占用量、流动资金周转速度与经济效益的关系。流动资金是社会再生产的条件，也是社会再生产运动过程的反映。社会再生产能够按比例地进行，流动资金占用量就少，周转速度就快，生产成本就低，经济效益就好；反之，经济效益就不好。因此，必须缩短流动资金周转时间，加快流动资金周转速度，用同量预付资金取得更多的剩余产品价值，从而取得更多财政收入。同时，还要研究不同生产结构对流动资金占用量的不同要求，以及社会再生产所需流动资金占用总量及其周转速度。

新中国成立以来，我国流动资金周转速度与每百元工业产值占用的流动资金数有两次大起伏。到现在定额流动资金的周转时间，还没有恢复到1965年的75天的历史最好水平。如果流动资金周转时间达到1965年水平，那么全国流动资金占用量可减少一半左右。每百元工业产值占用流动资金，1956年只有17元，这是历史最好水平。如果全国工业企业能达到1956年水平，那么全国工业企业一年可节约流动资金500亿元；商业可节约流动资金142亿元。可见，加快流动资金速度，节约流动资金，增加财政收入的潜力是很大的。

国营企业的固定资金与定额流动资金是由财政无偿拨付或有偿供应的。财政部门必须学习研究资金循环周转原理同社会主义财政分配的关系，从我国国情出发，不仅协助企业在生产过程中，通过应用先进技术，改革工艺，加强专业分工与协作，提高劳动生产率，改善经营管理，降低生产成本，核定合理储备，生产适销对路产品，创造更多剩余产品价值；而且在流通过程中，搞好产销平衡，缩短流通时间，节省流通费用，加强市场调查、预测，了解市场变化，从而缩短流动资金周转时间，加速周转速度，提高经济效益，增加财政收入。

三、学习再生产理论，掌握再生产规律，按比例安排财政支出，提高宏观经济效益

马克思《资本论》第二卷第三篇讲的是社会总资本的再生产与流通。它是在第一、二篇中讨论单个资本循环周转基础上，"……要考察作为社会总资本的组成部分的各个单个资本的流通过程（这个过程的总体就是再生产过程的形式），也就是考察这个社会总资

本的流通过程"①。第三篇社会总资本的再生产运动包括预付价值的实现过程与剩余价值的实现过程，包括资本形态的变化与实物形态的变化，包括生产消费与个人消费，包括资本流通与一般商品流通。可见，社会总资本再生产的实现条件是社会总产品的各个组成部分如何实现的条件。马克思用再生产的公式表述的资本主义社会总资本运动过程，表述的社会两大部类生产之间的产品及其价值的实现条件，不仅有社会产品的各个组成部分在价值形态上的如何实现问题，而且有社会产品的各个组成部分在实物形态上的如何实现问题。这是存在着第一部类内部的交换和第二部类内部的交换以及第一、二部类之间的交换的客观规律性。在商品经济条件下，要进行商品交换，必须通过市场，通过流通。可见，社会生产过程是直接的生产过程与流通过程的统一。没有流通作为生产与消费的媒介，社会生产过程就没有结束，社会再生产就不能进行。

为了使社会总产品的实现过程得以正常进行，就必须使各种使用价值的生产同对它们的需要之间互相协调，即必须按照社会需要的比例来分配社会劳动。马克思在《资本论》第一卷中指出："诚然，不同的生产领域经常力求保持平衡，一方面因为，每一个商品生产者都必须生产一种使用价值，即满足一种特殊的社会需要，而这种需要的范围在量上是不同的，一种内在联系把各种不同的需要量联结成一个自然的体系；另一方面因为，商品的价值规律决定社会在它所支配的全部劳动时间中能够用多少时间去生产每一种特殊商品。"② 显然，马克思在这里从各种社会需要及其数量与社会所能支配的全部劳动时间这两个方面，揭示了社会生产与社会需要之间以及各个生产部门之间客观上存在着一定比例关系的客观规律。这是适用于不同社会形态再生产的原理。这同马克思在《资本论》第二卷第三篇中所论述的再生产原理是一致的。

我在前面说过，马克思的再生产理论对于我们社会主义再生产同样是适用的，具有指导意义，不过要注意共同的再生产规律，要受社会主义生产关系的制约及其有自己的特殊表现形式。还应该指出，只有在生产资料社会主义公有制条件下，才能充分发挥共同的再生产规律的作用。在我国实行生产资料社会主义公有制与计划经济，这就为我国自觉运用再生产理论与规律，有计划按比例分配社会劳动提供了客观条件与广泛可能性；但由于还存在非社会主义经济，必须发展商品生产，发挥市场调节的辅助作用，加上受了"左"的错误思想干扰和人们主观认识落后于客观实践，又为运用再生产理论与规律带来了一定盲目性，出现了违背再生产规律的情况。

社会主义财政是实现人民民主专政国家职能的分配手段。它根据社会主义基本经济规律与国民经济有计划按比例发展规律（有计划按比例分配社会劳动的再生产规律）的

① 马克思：《资本论》第2卷，人民出版社1972年版，第392页。
② 马克思：《资本论》第1卷，人民出版社1972年版，第394页。

要求，参与社会产品与国民收入的分配，妥善安排国民收入中的各种比例关系，主要是积累与消费之间的比例关系和中央、地方、生产单位、个人之间的财政分配关系，促进社会再生产的顺利进行。由于财政资金是社会总资金的重要组成部分和企业资金的重要来源，因此，社会主义财政在处理社会再生产中积累与消费的比例、生产性积累与非生产性积累的比例、固定资金与流动资金的比例、农轻重投资的比例以及社会消费与个人消费的比例过程中，起着决定性作用。

新中国成立以来，我国财政根据社会再生产理论、规律处理积累与消费、生产性积累与非生产性积累、农轻重投资等比例关系，取得了很大成绩。32年来，我国财政部门通过分配财政投资，投入社会再生产的资金近1万亿元，其中固定资金近7000亿元，流动资金3000多亿元，形成了5000多亿工业固定资产，3000亿工业流动资金，初步形成了独立自主的完整的工业体系与国民经济体系，奠定了我国进行四化建设的雄厚物质基础。在1956年中国共产党的八大会议上，薄一波同志根据马克思再生产原理，总结了"一五"时期经验，提出了正确处理积累与消费比例的"二、三、四"观点，即积累占国民收入的20%左右、财政收入占国民收入的30%左右、基本建设支出占财政支出的40%左右的数量界限的观点。陈云同志总结了"一五"时期的经验教训，提出了"国力论"与"平衡论"。"国力论"即国家建设规模大小必须和国家财力、物力相适应。这是经济稳定或不稳定的界限。"平衡论"或"三大平衡理论"即在安排国民经济计划、组织社会再生产时，必须坚持财政收支、信贷收支、物资供求的综合平衡，而其中财政收支平衡是关键。坚持三大平衡也就是坚持国家建设规模与国家财力、物力相适应。陈云同志和薄一波同志这些著名理论、观点，是根据我国社会主义生产关系特点与国情，运用马克思的再生产理论的卓越体现，也是社会主义财政理论的一个发展。

生产结构决定财政分配结构，财政分配结构又能制约或能动地反作用于生产结构。在当前国民经济调整时期，财政部门必须根据社会主义基本经济规律与有计划按比例发展的再生产规律，从我国国情出发，量力而行，通过调整财政支出结构（财政投资结构），改变资金使用方向，按照先农业、轻工业，后重工业；先简单再生产，后扩大再生产；先挖革改、后基建或先内含扩大再生产、后外延扩大再生产顺序安排财政投资，确定其恰当比例。要降低重工业投资比重，努力提高轻纺工业投资比重，保证有计划、按比例地分配财政资金，从而促使生产结构合理化和社会再生产协调进行。应该指出，在当前调整生产结构过程中，有的同志一概否定重型生产结构，甚至否定了生产资料优先增长的原理，提出走"轻型生产结构"道路；有的同志过多地否定外延扩大再生产，提出走"内含扩大再生产为主"道路。我认为，这些观点是可以商榷的。过去，我国曾先后出现过三次不合理的重型生产结构（即1958年以后的"钢铁结构"，1964年以后的以军工、重工为主的"战备结构"，1978年以石油、化工、冶金工业为主的"重工结构"），但不能否定"一五"时期的"重型结构"，更不能否定生产资料优先增长的原理。在"一五"时期，由于我国工业基础薄弱，又鉴于当时政治经济形势，实行以重工业为主，适当发展轻工业、农业的"重型结构"，是十分必要的，基本上是合理的，没有"一五"时期的"重型结构"，就没有现在进行四化建设的物质技术基础。生产资料优先增长原理是再生产理论的组成部分，否定了它，生产资料增长不按比例地相对快一些，两大部类生产之间就得不到协调发展，轻工业、农业得不到武装与技术改造，重工业本身也得不到发展，扩大再生产也就不能实现，四个现代化也就会落空。必须指出，经过近两年的调整，轻重工业的比例已有了改变，但必须防止重工业比重过于降低。我们既不能同意一味追求"重型结构"，走"重型化"道路；也不能同意一味追求"轻型结构"走"轻型化"道路。忽视重工业发展速度，过于降低重工业投资比重，也是要犯错误的。我认为，我们应主张逐步使生产结构合理化，建立、健全"合理生产结构"，做到第一、二部类，农轻重按比例发展。我赞同要尽速提高轻纺工业投资比重，注意发展农业，但切不可忘记了重工业应有一定发展速度，今后对重工业的调整应围绕消费资料生产，把重点放在重工业内部比例关系上。过去，我国存在着重扩大再生产，轻简单再生产；重外延扩大再生产，轻内含扩大再生产；重新建，轻挖革改的缺点，这是必须加以克服的。简单再生产是扩大再生产的基础与出发点，也是扩大再生产的现实因素。我国已有40万个工交企业，它们是四化建设的物质技术基础与出发点，我们要充分发挥挖革改资金作用，重视现有大量企业的内含扩大再生产，搞挖革改，实现内含扩大再生产，主要通过改进现有大量企业机器设备，采用新技术、进行补偿或更新。在同类企业中，通过挖革改进行内含扩大再生产，比新建企业可以收到投资小、收效大的效果，一般可省投资2/3，设备材料可省60％，时间可缩短一半。尽管如此，今后我国进行四化建设仍然要进行外延扩大再生产，进行基本建设，搞一批现代化骨干工厂，即使在当前进一步调整经济的时期，也还要有一定速度。当然，当前搞基本建设应主要放在短线与薄弱环节，如重工业中的煤、电、油、运、建筑材料与原料工业等。因此，我们肯定要在充分重视与发展内含扩大再生产的同时，重视与发展外延扩大再生产，在国家财力、物力许可条件下进行基本建设。我认为，只要能根据再生产规律和先挖革改、后基建的顺序有计划、按比例地分配资金，进行社会主义现代化建设，应该提倡走内含扩大再生产与外延扩大再生产相结合的道路；至于以何者为主、何者为辅，或是两者并重，则要根据不同时期的政治经济形势或社会再生产运动的具体情况来决定。当然，在当前进一步调整国民经济时期以及在今后长时期内，强调发展以内含扩大再生产为主是对的，但不应该把它绝对化为今后长期的根本道路。

由于我国在运用再生产规律、分配社会劳动进行社会主义经济建设方面存在着大起大落的事实和正反面经验，反映在资金使用效果上也有同样的起落情况。如"一五"时期每百元资金（固定资产净值加定额流动资金）实现的工业净产值（按现价计算）为58.9

元，这是历史最好水平。现在如能达到"一五"时期水平，一年就可增加工业净产值近1000亿元；按产值增加1％，财政收入能增加10亿元计算，则可增加财政收入近100亿元。又如每百元资金积累率在"一五"时期为29.4元。现在如能达到"一五"时期水平，则每年可多提供税收、利润七八百亿元。由于比例失调，生产结构不合理以及管理不善等原因，使得分配于各生产部门的资金与生产资料，得不到合理利用，存在着严重浪费现象。以能源为例，我国能源消耗同日本差不多，但产值只有日本的1／4。每万吨能源生产的国民收入，现在只相当于"一五"时期的一半。可见，能耗浪费过多，节能大有可为，增加国民收入与财政收入潜力很大。据统计，我国每年用作能源烧掉的石油达4000万吨之多，如果能把这些烧掉的石油出口或加工出口，则可增加财政收入数十亿元到百亿元之多。综上述可见。我国在安排财政支出、制约生产结构与发挥宏观经济效益方面，既有经验教训，也有巨大潜力。只要我们运用再生产规律，按比例分配财政投资，促进生产结构合理化，就能充分地发挥财政资金的宏观经济效益。

（原载于《厦门大学学报（哲学社会科学版）》1982年第2期）

马克思与财政学

1983年的3月14日是伟大的无产阶级理论家、革命家马克思逝世的100周年。

马克思在研究资本主义经济制度过程中，写下了《政治经济学批判》（导言、序言）与《资本论》等光辉论著，创立了马克思主义政治经济学，其中也包括拟建的财政学。虽然马克思在世时没有来得及给我们留下系统的财政学著作，但是他在许多论著中论述的财政理论，是马克思主义经济科学宝库中的杰出成就之一，为马克思主义财政学奠定了理论基础。我们纪念马克思逝世100周年，重温其不朽的光辉的财政理论与财政思想，具有重大的理论意义与现实意义。

一、马克思是怎样研究和考虑创建财政学的

马克思是在吸收了资产阶级经济学古典学派科学成分的基础上，在研究政治经济学的过程中，研究和考虑创建财政学的。

在资产阶级古典学派的政治经济学中，把财政学作为政治经济学的一个组成部分，财政学的最初形态是同政治经济学结合在一起的。被称为资产阶级政治经济学之父的威廉·配第的政治经济学代表作就称为《赋税论》。亚当·斯密的代表作《国民财富的性质和原因的研究》（即《国富论》）大量谈到财政、赋税问题，其中第五篇"论君主或国家的收入"又专门提到财政理论，可以说，亚当·斯密已比较系统地创建了资产阶级财政学。大卫·李嘉图的代表作《政治经济学及赋税原理》则是把政治经济学与赋税论并提，但也是将财政学包括在政治经济学之中。

马克思研究和评论了古典学派的经济理论和财政理论，吸取了他们观点中的科学成分，从而形成和发展了自己的经济理论与财政理论。马克思从古典学派那里吸取的科学成分，对于他研究和拟建财政学有一定的影响和启发。

首先，马克思在吸取了古典学派的劳动价值理论的基础上，明确财政诸范畴都是剩余价值的分配形态。

威廉·配第在《赋税论》中提出劳动决定价值的理论，反对英国封建国王的财政政策和税制，论证了各种课税方法，提出尽可能减少公共经费的观点，奠定了英国古典学派经济理论与财政理论的基础。亚当·斯密在《国民财富的性质和原因的研究》中，进一步系统地提出了劳动价值论，为政治经济学的发展做出了很大的贡献。大卫·李嘉图

在《政治经济学及赋税原理》中，又进一步对劳动价值论作了阐述。而且，古典学派还认识到资本主义社会存在三大阶级，看到资本与劳动利益的对立，把地租、利润、租税、公债等财政范畴当作劳动价值的转化形态。这些也为马克思认识财政诸范畴是剩余价值转化形态提供了线索。当然我们必须指出，由于古典学派不了解究竟是什么劳动创造价值，不了解劳动两重性的学说，因此，他们的劳动价值论是有缺陷和不完备的，从而对此范畴的解释也有其历史与阶级局限性。马克思科学地提出了理解政治经济学的枢纽点——劳动两重性问题，赋予劳动价值论以科学、完整的崭新意义，创造性地提出了剩余价值学说，这样就为马克思主义财政理论的创立奠定了基石。同样也只有在剩余价值理论的基础上，只有在揭示了资产阶级手中一切财富都是由产业工人的剩余价值所构成以后，租税、公债等财政经济范畴的内涵才有可能得到正确的解释。

其次，马克思从古典学派关于从经济导出国家的观点出发，阐明财政与国家的关系，确认财政学具有"资产阶级社会在国家形式上的概括"的地位。

我们知道，亚当·斯密提出了生产劳动和非生产劳动的概念，并把财政理论基础建筑在"生产的劳动"与"不生产的劳动"上面，肯定国家活动和国家支出的非生产性，主张限制国家职能，把国家的各种活动压缩到限于防御外国的侵犯、执行法律与正义以及维持各种公共事业与设施等的最低限度，使国家成为"夜警国家"或"自由国家"，否定依靠租税来维持的君主、官吏、军人等劳动的生产性，强调从地租、利润中派生的财政收入会阻碍生产力发展与财富的积累。因而主张"廉价政府"，批判"高价政府"。必须说明，亚当·斯密并不是要贬低或否定国家的必要性，而是从"国富"的观点、"生产"的观点出发，主张有一个"廉价"的、"正义"的国家。对于这一观点，恩格斯在1844年《英国状况——十八世纪》一文中进行了评述。恩格斯分析了英国产业革命的第一个后果，即利益被提升为人的统治者，从而改变了人与人之间的关系（个人的或国家的），人与人之间的关系都被归结到财产、物，使之成为世界的统治者。认为财产既成了统治者，就必须处理财产与国家的关系，因而必须先向国家进攻，并摧毁它；或者财产又非由国家保护不可，所以又须把国家"形骸化"，挖空它。进而，恩格斯指出："产业革命时亚当·斯密就着手进行这种挖空工作，他在1776年发表了自己关于国民财富的本质和成因的著作，从而创立了财政学。在这以前，全部财政学都纯粹是国家的，国家经济被看作全部国家事务中的一个普通部门，从属于国家本身；亚当·斯密使世界主义服从国家的目的并把国家经济提升为国家的本质和目的。他把一切——政治、党派、宗派——都归结为经济范畴，因此他认为财产是国家的本质，发财是国家的目的"[①]。可以看出，恩格斯在这里历史地评价了亚当·斯密的财政学，说明了亚当·斯密的国家观。对国家，既要限制它，又

---

① 《马克思恩格斯全集》第1卷，第675页。

要利用它，这也就是把国家"形骸化"的精神所在。在亚当·斯密看来，只有"形骸化"的国家才确认自然秩序——经济规律的自律性。他给予国家在经济学上的地位，这就带来了旧的国民经济学的改革，导致新的国民经济学的诞生。也正是在这个意义上，财政学成为经济学不可缺少的组成部分。这些思想对于马克思有一定的启发与影响，因而在批判地继承的基础上，马克思又对此有所发展。马克思把国家当作资产阶级社会三大阶级内部结构的必然表现形式来把握，而且在特定的经济制度下给财政学以"资产阶级社会在国家形式上的概括"的地位。这样，马克思就把亚当·斯密的从经济导出国家以及经济（财产）与国家的结合在总体上统一起来了。

最后，在古典学派上述思想的影响、启发下，马克思认为"国家"具有"财政学"的含义，在研究政治经济学体系时明确地把拟建的财政学包括在内。

马克思在《〈政治经济学批判〉导言》中第一次拟定研究资本主义经济学时就把财政学包含在内。他把"国家"列为研究资本主义经济制度五个分篇的第三篇，指出："（3）资产阶级社会在国家形式上的概括。就其本身来考察。'非生产'阶级。税。国债。公的信用。人口。殖民地。向外国移民。"[①] 实际上，这里所指的就是马克思拟定要研究的财政学。到1859年，马克思在《〈政治经济学批判〉序言》中第二次拟定研究资本主义经济制度时，又把"国家"列为研究资本主义经济制度的六个项目之一。他指出："我考察资产阶级经济制度是按照以下的次序：资本、土地所有制、雇佣劳动；国家、对外贸易、世界市场。在前三项下，我研究现代资产阶级社会分成的三大阶级的经济生活条件；其他三项的相互联系是一目了然的。"[②] 这里，马克思讲的"国家"就是前述"导言"中拟定的第三篇。马克思两次拟定研究对象时，提到"'非生产'的阶级、税、国债、公的信用"和"国家"等，这意味着，研究资产阶级国家政权，必须考察国家对于资产阶级社会本身的关系，即须考察"资产阶级社会在国家形式上的概括"问题；而且马克思把"国家"作为整个《政治经济学批判》结构体系中的一个项目，给了"国家"在该研究体系中的应有位置，这就为马克思创建马克思主义财政学奠定了基础，也为社会主义财政学指明了方向，包含了财政学研究对象、范围与方法论及财政学与其他经济学科的相互关系。同时，马克思也清楚地说明这一观点，即国家是财政分配中的中介因素。

二、马克思是怎样在批判、斗争过程中形成与发展财政理论的

马克思在研究、拟建财政学问题上虽然吸取了古典学派的科学成分，同时也明确指

---

① 《马克思恩格斯选集》第2卷，第111页。
② 《马克思恩格斯选集》第2卷，第81页。

出他们的阶级偏见和历史局限性。古典学派的财政理论根本不敢触及资产阶级社会三大阶级的相互关系，而是用超阶级的观点与共同欲望来说明国家与财政，或用伦理关系来代替经济关系，他们没有，也不可能暴露资本主义社会的剥削本质。况且，随着资本主义矛盾的发展，资产阶级的御用学者同古典学派的态度就不一样，陷于庸俗与反动了。马克思当时在肯定古典学派的同时就已这样指出："一旦资产阶级占领了地盘，一方面自己掌握国家，一方面又同以前掌握国家的人妥协；一旦资产阶级把意识形态阶层看作自己的亲骨肉，到处按照自己的本性把他们改造为自己的伙计；一旦资产阶级自己不再作为生产劳动的代表来同这些人对立，而真正的生产工人起来反对资产阶级，并且同样说它是靠别人劳动生活的；……事情就反过来了。这时资产阶级从自己的立场出发；力求'在经济学上'证明它从前批判过的东西是合理的。"① 这就是说资产阶级总要从其利益出发，据资本主义发展不同阶段的需要，在经济理论和财政理论方面论证他们批判过的东西是合理的。19世纪上半叶，资产阶级庸俗经济学者就是这样做的。他们为了粉饰资本主义，反对古典学派关于不生产劳动、自由放任、国家活动和经费支出非生产性及限制国家职能等观点，宣称官吏的劳动为生产劳动，国家活动与经费支出具有生产性，主张扩大国家活动范围，通过财政制度来干预经济，以达到麻痹无产阶级、缓和阶级矛盾、维护资本主义制度的目的。针对这种情况，马克思在19世纪40年代、50年代前后，将当时欧洲各国财政制度与庸俗经济学者的财政思想列为主要批判对象之一，以大量篇幅揭露欧洲各国财政制度、措施的剥削实质，批判各种财政思潮，号召抗税、拒债，批判反动政府。在此过程中，马克思不仅捍卫了无产阶级利益，而且形成和发展了自己的财政理论。

（一）揭露当时欧洲各资产阶级国家财政的剥削实质

马克思着重揭露了在资本主义制度下的捐税与国家的关系、捐税与工人农民的关系。指出资产阶级国家财政是资产阶级实现其政治统治的经济基础，是资产阶级剥削无产阶级与劳动人民的国家手段。马克思早在1847年写的《哲学的贫困》中就指出："实际上捐税正是资产阶级保持统治阶级地位的手段。"② 在同年的《道德化的批评和批评化的道德》中讲道："从物质方面说，君主制也和其他一切国家形式一样，直接用捐税来加重工人阶级的负担。"还提出"国家存在的经济体现就是捐税。工人存在的经济体现就是工资"③ 的著名论断。马克思与恩格斯在1850年《评艾米尔·德·日拉丹"社会主义和捐税"》中认为，捐税能使一些阶级处于特权地位，使另一些阶级负担特别沉重，指出："每出现一种

---

① 《马克思恩格斯全集》第26卷，第1册，第315页。
② 《马克思恩格斯全集》第4卷，第179页。
③ 《马克思恩格斯全集》第4卷，第342页。

初
心
如
炬
·
点
亮
理
论
之
光

新税，无产阶级的处境就更恶化一些；取消任何一种旧税都不会提高工资，而只会增加利润。^① 马克思在1850年写的《1848年到1850年的法兰西阶级斗争》中指出："赋税是喂养政府的娘奶。"认为农民和工人一样，同受资本的剥削，只是剥削形式有所不同而已，"单个的资本家通过抵押和高利贷来剥削单个的农民；资本家阶级通过国家赋税来剥削农民阶级"^②。马克思于1875年在《哥达纲领批判》中又明确指出"赋税是政府机器的经济基础"^③。在1851—1852年《路易·波拿巴政变记》中他又进一步指出，赋税是官僚、军队、教士和宫廷的生活源泉，是行政权力整个机构的生活源泉，"强有力的政府和繁重的赋税是同一个概念"^④。在光辉巨著《资本论》中，马克思又深刻揭露资本主义财政（包括税收、公债）的剥削实质。认为税收和国债都是原始积累因素，肯定"公债成了原始积累的最强有力的手段之一"。由于国债是靠国家收入来支付公债的年利息等开支，所以"现代税收制度就成为国债制度的必要补充"。借债能使政府抵补额外投资，而纳税人又不会立即感到负担，但借债最终还要求增加税收。另一方面，由于债务的不断增加而引起的增税，又迫使政府在遇到新的额外开支时总要借新债。这样一来，"过重的课税并不是一件偶然的事情，倒不如说是一个原则"。因此，马克思明确指出了"公债和与之相适应的财政制度在财富的资本化和对群众的剥夺中所起的重大作用"^⑤。

马克思对资产阶级国家预算的实质也进行了无情的揭露。19世纪50年代，他先后发表了几篇评论、批判资产阶级国家预算的文章，揭露其剥削实质、虚伪性、欺骗性及财政赤字的经常性。如他在1853年4月19日《菲格斯·奥库瑙尔——内阁的失败——预算》中指出："每一个预算的基本问题是预算收支部分之间的对比关系，是编制平衡表，或者为结余，或者为赤字，这是确定国家或者削减，或者增加税收的基本条件。"^⑥ 这说明要平衡预算，须从增减税中找出路，而税负最终是劳动人民负担的。同年4月20日在《英镑、先令、便士，或阶级的预算和这个预算对谁有利》中，指出格莱斯顿内阁的预算"是阶级的预算"，"是由贵族执笔写出的资产阶级的预算"；认为"把负担转嫁到不富裕阶层身上"，富人捐税负担轻了，富商会付得少些，然而不太富裕的小店主则在先前可不交直接税的情况下也须纳税，这种公平很成问题。他说："辉格党人的财政政策却是这样：他们采取装门面的、毫无价值的治标方法，拐弯抹角地做事，并且逐渐地然而是不断地减轻富人们的捐税负担，而把全部重担转嫁到穷人身上。"^⑦ 因为在资本主义制度下，"资产阶

---

① 《马克思恩格斯全集》第7卷，第336页。
② 同上书，第94、98页。
③ 《马克思恩格斯全集》第3卷，第22页。
④ 《马克思恩格斯全集》第8卷，第221页。
⑤ 《马克思恩格斯全集》第23卷，第819、823-825页。
⑥ 《马克思恩格斯全集》第9卷，第67页。
⑦ 《马克思恩格斯全集》第9卷，第72-73页。

级在碰到加税的时候，总是用降低工资或提高价格的办法来求得补偿的。"①马克思还用讽刺的口吻说，这预算"确实是——（完全用他自己的话来说）——'为了工商业阶级的便利'而编制的，同时也正是'廉价的立法'的典范。"②这里，马克思不仅揭露了预算和税收的实质，也提出了资产阶级税收转嫁理论。1853年4月25日，马克思在《人民得肥皂，"泰晤士报"得贿赂——联合内阁的预算》中较全面地评论、批判了英国预算。指出编制预算的财政大臣被议会习惯地看作是一个神秘的魔术师，能利用谁也不知道的神秘的法术创造出国家的全年收入。③然而，不管资产阶级费了多少心机，人们的智慧最终会揭穿它的秘密。马克思指出："我们所最热烈希望的是内阁失败，因为这个内阁的对内政策反动而诡诈，同它的畏首畏尾的阿谀逢迎的对外政策一样，都应该受到鄙视。"而且马克思还希望人民一旦夺取政权后，建立"工人阶级的预算"④。

（二）批判资产阶级国家的财政、税制改革和各种财政思想

马克思对当时欧洲各国那种属于资产阶级社会主义或改良主义的财政思潮与税制改革尝试、议论都作了有力驳斥。马克思、恩格斯在《评艾米尔·德·日拉丹"社会主义和捐税"》中深刻地揭露了资产阶级社会主义的财政思潮和资产阶级税收制度的本质。指出："税制改革是一切激进资产者的拿手好戏，是一切资产阶级经济改革的特殊要素。"认为资产阶级所谓税制改革的目的在于"废除影响工业发展的旧传统税和缩减国家机关的开支"，要求"更平等地分摊捐税"。但"资产者愈顽强地追求平等分摊捐税"，那只是"愈不能实现"的"幻想"。因为"捐税最多只能在一些次要方面改变直接以资产阶级生产为基础的分配关系"，如改革一些工资与利润、利润与利息、地租与利润的关系，"但是它丝毫动摇不了这些关系的基础"。马克思和恩格斯认为，那些急进资产者"关于捐税的一切争论和探讨都是预先肯定这些资产阶级的关系万世长存"的，因此这种税制改革、减低捐税、更公平地分配捐税等，是"庸俗无益的资产阶级的改革"，而废除捐税则是"资产阶级的社会主义"⑤。

（三）抵制、反对资产阶级财政措施，号召拒绝纳税、拒绝募债

1848年11月到1849年7月，马克思在《新莱茵报》上发表了一系列评论文章，其中多次提到要拒绝纳税。马克思要求普鲁士国民议会采取坚决的革命行动，把大臣们作为国

---

① 《马克思恩格斯全集》第9卷，第74页。
② 同上书，第76页。
③ 同上书，第87页。
④ 同上书，第94-95页。
⑤ 《马克思恩格斯全集》第7卷，第335-336页。

事犯加以逮捕，革除一切不服从国民议会决议的官员的职务，并宣布他们不受法律的保护。指出："我们应当拒绝纳税"，认为这是制服反革命政府的手段之一，是"用饥饿来制服它"的办法。而且就此而展开的运动是激发群众提高革命觉悟的方式，意味着革命新阶段的开始，有利于进一步推翻王权，创造取得人民胜利的条件。马克思于1848年11月15日在《莱茵省民主主义者区域委员会的呼吁书》中，"号召莱茵省各民主团体立即召开会议，并在附近各个地区举行民众大会，发动莱茵省全体居民拒绝纳税"①。同日，他又在该报143号号外上号召公民们要迫使敌人挨饿，不要向反革命政府纳税，而把捐款交给柏林民主主义者中央委员会。②次日，他又以满腔热情支持人民以"拳头"来制服反动王权的"拳头"。认为只要人民不再以捐税来喂养反动王权耀武扬威的拳头，它就会马上干瘪。他要人民"首先拒绝纳税，然后再来数一数，看哪一边的拳头多"③。马克思当时为了免除分散起义力量，曾在第一个呼吁书中劝告居民不要用暴力抗税；但在1848年11月13日德国国民议会通过抗拒纳税的决议后的3天，马克思就决然提出"从今天起捐税就废除了！！！纳税是叛国行为，拒绝纳税是公民的首要职责！"④再过3天，他又以"民主主义莱茵区域委员会代表"名义，发表了第二个呼吁书，号召莱茵省各民主团体通过并采取三个措施：（1）各地都应当用一切手段反对强制征税；（2）各地都必须组织民团，抗击敌人，由市镇出钱或募捐购置武器，发给贫民；（3）各地都应该要求地方当局正式声明，它是否承认并愿意执行国民议会的决定。在遭到拒绝时，应该成立安全委员会。⑤马克思认为安全委员会是当时革命政权机关的萌芽。由于这份暴力抗税的呼吁书，马克思遭到控告，罪名是"煽动叛乱"。1849年2月9日马克思出席科伦陪审法庭受审，在法庭上，马克思作了题为《对民主主义者莱茵区域委员会的审判》的发言，义正词严地驳斥了"控告"，论证了拒绝纳税是人民自然的合法的自卫手段，阐明人民有权用暴力还击暴力的道理。马克思认为国民议会做出拒绝纳税的决议还只是局限于消极反抗，还很不够，"人民在实行拒绝纳税时必须站到革命的立场上来"。如果国民议会不根据人民交给它的委托来行动，那么人民对它的委托"就失去效力"。"到那时，人民就亲自出台，并且根据自己的自主的权力来行动。"马克思以拒绝纳税为手段，始终不渝地坚决捍卫人民主权，捍卫人民进行革命的权利以及积极推动历史发展的权利。指出："当国王实行反革命的时候，人民完全有权利利用革命来回答它"。"我们在呼吁书中比国民议会跑得更远。这是我们的权利和我们的义务。"⑥

---

① 《马克思恩格斯全集》第7卷，第20、24页。
② 《马克思恩格斯全集》第7卷，第25页。
③ 《马克思恩格斯全集》第6卷，第34页。
④ 同上书，第36页。
⑤ 同上书，第39页。
⑥ 《马克思恩格斯全集》第6卷，第304-306页。

马克思号召抗拒募债。1848年7月，他在《强制公债法案及其说明》中挖苦讽刺了汉泽曼，汉泽曼于1848年3月至9月任普鲁士的财政大臣，实行同反对派妥协的叛卖政策。指出其所谓"只有用发行强制公债的办法才能使它们流通起来"的理由，是"为了制造好天气，就把人们赶到街上去，强迫他们散步"，是"要剥夺资本本身"，是把"国库变成旋转国民财富的旋盘赌的赌盘"。① 于是，马克思下了结论："强制公债无非是一种特殊形式的所得税"。"图谋侵犯流动资本的汉泽曼先生，像野蛮人一样，是砍树取果。"② 马克思指出："每一个爱国者的职责就是不要自愿为强制公债付出一分尼的钱。"③ 认为这样做有利于消除德国的分散割据状况，建立统一的民主国家。当时马克思把资产阶级民主革命的胜利看作是无产阶级革命的序幕，因此，他总是首先把矛头指向普鲁士腐朽的专制制度，而且把拒绝募债当作是革命斗争的手段之一。

（四）正面揭示社会主义社会产品分配与财政分配原理

马克思在揭露和批判当时欧洲各国财政制度与财政思潮的过程中，研究了社会主义的社会产品分配与财政分配原理。1875年马克思在《哥达纲领批判》中对拉萨尔所谓"不折不扣的劳动所得""公平分配"等谬论进行批判后，第一次正面揭示了同资本主义社会根本不同的社会主义社会产品分配原理，其中包括了社会主义财政分配原理。马克思指出，共产主义第一阶段，即社会主义社会阶段，在对"集体的劳动所得就是社会总产品"实行按劳分配以前，必须进行社会的必要扣除："第一，用来补偿消费掉的生产资料的部分。第二，用来扩大生产的追加部分。第三，用来应付不幸事故、自然灾害等的后备基金或保险基金。"④ 剩下的总产品中的其他部分用作消费基金。在消费基金中，还要扣除：第一，和生产没有直接关系的一般管理费用；第二，用来满足公共需要的部分，如学校保健措施等；第三，为丧失劳动能力的人等等设立的基金。在扣除这些集体消费基金后，才是实行按劳分配的产品或个人消费基金。"每一个生产者，在作了各项扣除之后，从社会方面正好领回他所给予社会的一切。"⑤ 今天我们的社会主义社会，虽然与当年马克思设想的发达社会主义社会尚存在差别，还存在商品经济范畴，但马克思揭示的社会产品分配原理，正是我们社会主义国家财政分配的原理。

马克思、恩格斯在1848年《共产党宣言》中还明确把财政措施当作"对所有权和资产阶级生产关系实行强制性干涉"的"变革全部生产方式"的"必不可少"的手段。他

---

① 《马克思恩格斯全集》第5卷，第308页。

② 同上书，第313-314页。

③ 同上书，第317页。

④ 《马克思恩格斯选集》第3卷，第9页。

⑤ 同上书，第10-11页。

们提到的财政措施是："（1）剥夺地产，把地租用于国家支出。（2）征收高额累进税。……（4）没收一切流亡分子和叛乱分子的财产。（5）通过拥有国家资本和独享垄断权的国家银行，把信贷集中在国家手里。"[①] 这些都为无产阶级在夺取政权后通过财政手段对生产资料私有制进行改造和促进生产力发展提供了理论依据。

三、马克思是怎样为社会主义财政学奠定理论基础的

自从人类分裂为敌对阶级、出现国家以后就有了财政现象，相应地就产生了反映与说明财政现象的财政思想，各种财政思想在奴隶社会与封建社会就已存在。但是只有在资本主义社会逐渐形成了比较完善的财政范畴与体系后，才开始构成有比较完整体系的财政学。古典学派创立的资本主义财政学就是代表。但是财政学成为真正的科学却是在马克思主义出现以后的事。因为只有到了伴随巨大工业生产力发展而出现无产阶级及其革命导师时，才有可能对社会历史与社会现象（包括财政历史和财政现象）进行全面的历史的分析，把对社会（包括财政）的认识变成了科学。马克思站在无产阶级立场上，用剩余价值理论与历史唯物论的观点与方法研究了历史上的（主要是资本主义的）财政现象，真正揭示了不同社会性质国家，特别是资产阶级国家财政现象所体现的分配关系及其发展规律，从而才有了马克思主义财政学。马克思在其批判斗争过程中虽主要针对资本主义财政现象，科学地揭示了资本主义财政的本质即以剥削为内容具有对抗性的矛盾，同时也揭示了一般社会化大生产条件下生产与分配关系原理，揭示了以生产资料公有制为基础的社会主义国家的财政分配原理，为社会主义财政学奠定了坚实的理论基础，给我们建立、丰富与发展社会主义财政学以重大启示。我初步体会，主要有以下诸方面：

（一）揭示了财政本质与财政学对象

马克思如下的几点指示，有利于我们认识社会主义财政的本质和社会主义财政学的对象。

1. 肯定财政是一种分配，一个反映特定分配关系的经济范畴

马克思在《资本论》中明确指出："剩余价值是分为利润、利息、什一税等等不同项目的。"[②] 把什一税当作是剩余价值的分配形态。可见财政是一个特定分配，反映着一种特定的分配关系。当然，在私有制社会里，财政在非物质生产领域内进行的再分配及由此

---

① 《马克思恩格斯选集》第3卷，第1卷，第272页。
② 马克思：《资本论》第1卷，第246页。

形成的分配关系，是一种派生分配关系。但是，马克思指出：在任何社会生产中"总是能够区分出劳动的两个部分，一个部分的产品直接由生产者及其家属用于个人的消费，另一个部分即始终是剩余劳动的那个部分的产品，总是用来满足一般的社会需要，而不问这种剩余产品怎样分配，也不问谁执行这种社会需要的代表的职能；……这样，不同分配方式的同一性就归结到一点：如果我们把它们的区别性和特殊形式抽掉，只注意它们同区别性相对立的一致性，它们就是同一的"①。可见，不论在物质生产领域中社会产品"在不同生产要素的所有者中间进行分配的关系"也好，或通过财政在非物质生产领域中对劳动者所创造的剩余产品与一部分必要产品进行再分配也好，都属于分配范围，而且除去在特殊社会形态的区别性外，初次分配关系和再分配关系仍是反映一定分配关系，这是同一的，它们分别成为各社会形态中生产关系总和的一个组成部分。

2. 阐明了财政与国家的关系

马克思主义国家学说是财政学理论基础之一。国家是一个阶级压迫另一个阶级的工具。17世纪，英国把殖民制度、国债制度、现代税收制度和保护关税制度作为其原始积累的重要因素。马克思指出："这些方法一部分是以最残酷的暴力为基础"，"利用国家权力，也就是利用集中的有组织的社会暴力，来大力促进从封建生产方式向资本主义生产方式的转变过程，缩短过渡时间。暴力是每一个孕育着新社会的旧社会的助产婆。暴力本身就是一种经济力"。② 这里，把与国债、税收相联系的国家权力也看作是"一种经济力"，并说明财政是同国家具有本质联系的，但是又把财政与国家区别开来。而且从此也给我们指明，财政是国家作用于经济的产物，国家不等于财政，国家对财政只是起了"中介"作用。这有利于我们认识财政作为反映一种分配关系，它是属于经济基础的。我们还可以从马克思1847年在《道德化的批评与批评化的道德》中讲的另一段话中看到同样意思。他说："从物质方面说，君主制也和其他一切国家形式一样，直接用捐税来加重工人阶级的负担。捐税体现着表现在经济上的国家存在。官吏和僧侣、士兵和舞蹈女演员、教师和警察、希腊式的博物馆和歌德式的尖塔、王室费用和官阶表这一切童话般的存在物于胚胎时期就已安睡在一个共同的种子——捐税之中了。"③ 这里也说明了捐税与国家有本质联系，但又互相区别，财政是以国家为主体的，是国家实现其职能的经济基础。

3. 说明了财政采取实物形式和价值形式

马克思在《政治经济学批判》中指出："虽然货币很早就全面地发生作用，但是在古代它只是在片面发展的民族即商业民族中才是处于支配地位的因素。……这个十分简单的范畴，在历史上，只有在最发达社会状态下才表现出它的充分的力量。它绝没有历尽

---

① 马克思：《资本论》第3卷，第992～993页。
② 马克思：《资本论》第1卷，第819页。
③ 《马克思恩格斯全集》第4卷，第342页。

一切经济关系。例如，在罗马帝国，在它最发达的时期，实物税和实物租仍然是基础。"① 这说明在自然经济占统治地位的条件下，捐税主要是采取实物形式的。在《资本论》中马克思又指出："在商品生产达到一定水平和规模时，货币作为支付手段的职能就会越出商品流通领域。货币变成契约上的一般商品。地租、赋税等等由实物交纳转化为货币支付。这个转化在多大程度上取决于生产过程的总的形态，可以由罗马帝国两次企图用货币征收一切赋税都告失败来证明。"② 这又说明随着商品经济充分发展，捐税才主要采取货币形式。不论财政采取实物形式或货币形式，其本质仍然是一种特定的分配关系，这对于我们今天讨论财政本质问题是具有指导意义的。

4. 提供了科学方法论

马克思创造性地提出了辩证唯物论与历史唯物论的科学方法论及具体方法。他特别在《政治经济学批判》与《资本论》中卓越地运用了唯物辩证方法，给我们研究财政学以有力指导与极大启发。他同时运用了历史和逻辑方法，由简单的抽象上升到复杂的具体及形式逻辑上的归纳法与演绎法。如根据事物本质与现象、形式与内容相互关系的原理，我们要透过财政现象去看财政本质，或通过财政形式去看财政内容，而不能满足于看到财政分配的现象形式（如税收、利润、公债、流动资金、基本建设拨款实物形式、价值形式等），而要通过它们去分析实质内容——分配关系。马克思说过："如果事物的表现形式和事物的本质会直接合而为一，一切科学就都成为多余的了。"③ 又如我们根据事物共性与特性原理和经济基础与上层建筑的相互关系，从国家性质、最终从所有制性质上区别社会主义财政与资本主义财政在社会性质上的根本不同以及同样在社会主义条件下，财政分配同其他分配（如信贷分配、价格分配、工资分配）的不同，从而从横向与纵向的对比上来认识社会主义财政的本质，等等。

上述马克思关于把财政确认为分配，财政以国家为前提这一"财政一般"的共性和采取相应的实物或价值形式以及由于国家政权、最后导源于所有制性质不同而又具有财政特性的论述，是我们去分析确认不同社会制度下国家财政的本质是以国家为主体的分配关系，进而确认社会主义财政的本质是以建立在社会主义生产资料公有制基础上的国家为实现其职能，并以其为主体、利用价值形式参与分配社会产品而形成的分配关系的有力论据。

马克思在《资本论》第一版序言中指出，《资本论》的研究对象"是资本主义生产方式以及和它相适应的生产关系与分配关系"。还指出："本书的最终目的就是揭示现代社会

---

① 《马克思恩格斯选集》第2卷，第105页。
② 马克思：《资本论》第1卷，第161页。
③ 马克思：《资本论》第3卷，第923页。

的经济运动规律。"① 作为从政治经济学中独立出来的学科——财政学，其研究对象也可以从中得到启示。社会主义财政学是以社会主义国家财政分配活动所反映的分配关系为研究对象的。社会主义财政学的研究对象也就是社会主义财政的本质——社会主义国家为实现其职能，利用价值形式，参与社会产品分配及其所形成的分配关系。社会主义财政学的任务就在于阐明社会主义财政分配关系及其发展规律。

（二）确立了社会主义社会产品分配和财政分配理论

前面已简述的马克思社会主义社会产品分配原理，其中包括财政分配原理，是社会主义国家财政据以进行分配的理论基础与客观准则。社会主义财政对一部分社会产品或国民收入所进行的分配，也就是按照"六个扣除"原理，形成与使用各项社会基金来满足各项需要的。

按照马克思在《哥达纲领批判》中提出的社会产品与财政分配原理来安排财政分配与国民收入分配之间的关系，主要是指出总轮廓、总方向，我们还须根据现实国家状况与国际环境来考虑安排。

（三）为揭示社会主义财政与再生产的关系奠定了理论基础

马克思在《政治经济学批判》中，在深入地分析了社会再生产过程各环节之间的相互关系时说："一定的生产决定一定的消费、分配、交换和这些不同要素相互间的一定关系。"② 并就生产与分配的关系指出："分配关系和分配方式只是表现为生产要素的背面。""分配的结构完全决定于生产的结构，分配本身就是生产的产物，不仅就对象说是如此，而且就形式说也是如此。就对象说，能分配的只是生产的成果，就形式说，参与生产的一定形式决定分配的特定形式，决定参与分配的形式。"③ 但进行社会再生产须先取得劳动力和生产资料，生产要素的分配又成为生产的前提与条件。在资本主义社会中生产要素的分配是资本家的事，财政在资本主义扩大再生产中的作用较小。马克思在提到财政在社会再生产中的地位作用时，多半是就公共消费和个人消费方面，或就社会产品的再分配而言的。马克思社会再生产原理，决不只限于对资本主义社会的分析，适用于一切社会化大生产，对社会主义社会也具有指导意义。社会主义财政是社会主义国家发展国民经济进行四化建设的工具，其不同于资本主义财政的根本特征之一，就是它是建立在生产资料公有制基础之上，直接参与国营企业生产要素与生产成果的分配，参与社会再生产，使社会主义财政同企业再生产过程紧密地联系起来，因而把财政扩展到物质

---

① 马克思：《资本论》第1卷，第8、11页。
② 《马克思恩格斯选集》第2卷，第102页。
③ 同上书，第98页。

生产过程。马克思的再生产理论是指导社会主义财政参与物质生产过程的重要原理，也是社会主义财政学的理论基础。马克思再生产理论中的许多基本原理，给我们社会主义财政工作以科学的理论依据。

（原载于《财政研究》1983年第2期）

为"国家分配论"答疑

这是作者在一次全国财政基本理论座谈会上的发言。

我是个"国家分配论"者，各学派论点给我很大启发，对修改《社会主义财政学》教科书，进一步研究财政理论都有很大好处。"国家分配论"是在20世纪50年代末肯定和评议了"货币关系论"的基础上，建立和发展起来的。20多年过去了，现在"国家分配论"还不完善。

这次座谈会不少同志对"国家分配论"提了许多质疑，"再生产决定论"者、"剩余产品决定论"者和"社会共同需要论"者提出了很多看法，从某个侧面讲都有一定道理。"国家分配论"过去也讲过这些侧面的内容，只是"立论"不同而已。这次座谈会上大家对了口径，加深了对许多问题的理解。下面讲几点意见。

第一，要讨论财政学应先分清几种概念，否则就要打"三岔口"。（1）分清财政现象与财政本质的概念。比如说，财政与财政本质这个问题，是既有联系又有区别的概念，不能等同，过去没讲清楚。财政是现象、工具、手段，是"以国家为主体的分配"，不能说是"以国家为主体的分配关系"。讲到财政本质，因为指的是财政这一现象的内在东西，所以才是"以国家为主体的分配关系。"（2）分清财政内容与财政形式的概念。内容是本质，形式是现象。财政分配社会产品或说剩余产品，不管怎么说，其形式都是资金或物品。财政形式很多，如预算拨款、税收、利润等等。但财政内容就更深了，它体现分配关系。（3）分清客观存在的财政关系与主观的财政政策、制度、措施、计划的概念。财政分配关系是基础，财政政策等是上层建筑。财政分配活动与财政分配关系不能自发形成，必须通过国家这个分配主体的反作用，由人们去认识客观财政规律，按规律去制定政策，从事活动，才能形成分配关系。（4）分清财政的内涵和外延的概念。不然就打乱战。诸如此类的，就不展开了。

第二，通过讨论发现，我们"国家分配论"者同"再生产决定论"者、"社会共同需要论"者、"剩余产品决定论"者之间有许多共同点，但还有差别。不是大同小异，分歧还不好解决。也不必急于解决，应继续探索，逐步加以解决。希望几次会议就能解决争论问题是不现实的。一个学说、论点，是长期实践的概括，又要回到实践中去经受检验。不是简单地拿几本书，抄几个论点论证一下，或对遥远的未来进行推测就行，主要应立足于实践，特别对于社会主义财政理论的研究更应这样。

尽管如此，我感到我们同"社会共同需要论"者、"剩余产品决定论"者、"再生产决定论"者有三个共同点：（1）承认财政是个经济基础范畴，都是彻底的基础论者。（2）分配的客体是共同的。"国家分配论"是说分配一部分社会产品或国民收入，主要是剩余产品。我并没否认剩余产品，而是认为没有 m 就没有财政。的确，财政分配不能超过 m。这几年我们共同反对"赤字无害论"，坚持了财政收支平衡的观点。（3）就"满足需要"而言，各派都谈财政是为了"满足共同需要"而进行分配的。但"再生产决定论"是说满足"再生产需要"；"社会共同需要论"和"剩余产品决定论"是说满足"社会共同需要"；"国家分配论"是说满足"实现国家职能的需要"，实际上也是满足共同需要，但比"共同需要"更明确，反映着不同所有制性质国家的共同需要。社会主义国家有管理经济、组织再生产的职能，讲"满足实现国家职能的需要"，实际上包括了"满足再生产需要"。（4）在方法论、认识论上也是共同的，我们都受了党的几十年教育，坚持马克思主义的指导，坚持马克思主义的认识论和方法论，坚持辩证唯物主义和历史唯物主义，讲究历史的逻辑的统一。因此，从根本的、最后意义上讲，经济基础是决定性的、第一性的，上层建筑是第二性的。但我们不是机械唯物论者，而是辩证唯物论者、历史唯物论者，还谈反作用。毛泽东同志说在一定条件下反过来起决定作用。这个"决定"与前面根本的、最后意义上的"决定"有区别，不能把强调上层建筑的反作用说成是"倒立"的，是"唯心论"等等。如果这样，我们就没有共同语言了。我讲的"反作用"不等于哲学意义上最根本的"决定"作用。如果这样讲不行，那么，人代会上作决定，通过决议，在会上通过1983年的预算，决定建设规模多大、建设速度多快等等，你也讲是"倒立"的，主观唯心主义吗？如果说"国家分配论"在客观上造成了不良影响，我承担一定"责任"。在座的诸派同志，原来很多是"国家分配论"者，或是支持者或是赞同者。现在都说"国家分配论"有许多缺陷，并从不同角度将问题提出来了。这是党的十一届三中全会以来的好现象，表明财政科学向前发展了。中青年敢于向传统精神挑战，向老头挑战，这值得鼓励。我们的学生、进修教师、研究生，有不同意见，讲得有道理，我们都同意。不能说你和老师的观点不一致，就给你不及格。如果这样，就堵塞了真理发展的道路。

但是，就按这样的态度来看问题，我们同"社会共同需要论"者、"剩余产品决定论"者和"再生产决定论"者之间，目前还有不同看法。根本问题是如何看待国家和财政的关系，这是争论的焦点。我们坚持财政与国家有"本质联系"的观点。在这一点上，我们同"社会共同需要论"者等同志，是没有共同点的。通过这次讨论，他们现在也承认财政与国家有"本质联系"了。这样看来有一些"共同语言"了，但还有分歧。这是第一个不同，主要是这个。第二个不同，是在财政、国家的起源与财政本质的关系上的看法不同。过去，我们传统的说法是，有了国家就有了财政。现在有的同志说，国家以前就有了财政，并作了"科学"论证，引用了一些远古史料，有中国的、外国的。还说"有国家才有财政"的说法是"唯心论"、"倒立哲学"等等，对此我们是不同意的。但大家交换意见是有益的。第三个不同，财政分配对象范围大小不一样。有的说只限于 m，我们说主要是 m，还有 c、v。不过这点分歧不大。第四个不同，财政是个经济范畴大家都同意，但财政是个历史范畴还是个永恒范畴有争议。有的同志研究财政起源与消亡问题，论证了半天，无非说财政是个永恒范畴，古来就有，现在还有，将来到共产主义社会，国家消亡了还有财政。我们则仍然认为，财政是个历史范畴。

财政学也有广义狭义之分。1962年我写文章，主张财政学是一门原理科学。以后我们在学校里讲授财政学，和政治经济学一样，主要讲规律。至于财政管理学，如国家预算、税收、基建财务与拨款等等，则主要讲业务。财政学就是研究财政规律的科学，是研究特定的分配关系及其发展规律的科学。当然也要联系上层建筑和生产力来研究，但只能是"联系"来研究。我不同意把生产力和上层建筑都包括到财政学的研究对象中去。财政学的研究对象就是财政分配关系，特定的分配关系。财政学的任务与财政对象有区别，财政的本质与财政对象是一致的，均指财政分配关系，而财政学的任务则阐明财政分配关系的规律。

总之，求同存异是我的第二点意见。

第三，财政与国家的关系，我们认为是具有"本质联系"的关系。

（1）如何理解"本质联系"？

马克思主义哲学告诉我们，事物是普遍联系的。任何事物与他事物的联系都是多方面的，是相对而言的；认识事物的过程又是由外表现象到内部本质的一个运动过程，也是揭示事物从现象到本质，从初级的本质到更深一层本质的过程。列宁说过："人的思想由现象到本质，由所谓初级的本质到二级的本质，这样不断地加深下去，以至于无穷。"[①] 可见，本质是分层次的，一事物区别于它事物的本质是较深一层本质的东西，即一事物区别于它事物的较深一层的本质联系，它只有一个。因此，要确定财政的本质就要分析较深一层的本质，这较深一层的本质联系只能是一个。认识财政的本质还要从纵向与横向进行对比分析。我们说，社会主义财政的本质既须从纵向同资本主义财政、剥削阶级财政的本质进行对比，又须从横向同社会主义的信贷分配、价格分配、工资分配等进行对比。你说财政与再生产有联系就是"本质联系"，因而认为财政的本质是由再生产决定的，那么各种分配都与再生产有联系。如信贷分配与再生产也有联系，你如何把财政与信贷的本质区别开来？财政与剩余产品有没有联系？当然有联系，但其他分配也同剩余产品有联系。如果说财政的本质由剩余产品决定，那么又如何把财政的本质同其他分配的本质区别开来？为了使财政与其他分配相区别，就得像剥笋一样进行分析，"剥"到"国家"

---

① 列宁：《哲学笔记》，人民出版社1974年版，第278页。

这个地方来，就得把财政与国家有较深层次的本质联系的质的规定性突出来了。通过这次讨论，大家对财政（包括社会主义财政）这个事物，与国家有无"本质联系"的问题，有了比较一致的认识，都同意有"本质联系"了。至于"本质联系"的含义是什么下面再说。财政当然与再生产有联系，与再生产四个环节都有联系。分配是再生产中一个环节，财政又是分配的特定环节。财政参与一部分社会产品或国民收入，主要是 m 的分配，与剩余产品当然也有联系。财政与价值有无联系？当然也有联系。"国家分配论"不仅讲价值形式分配，还讲实物形式分配。"价值分配论"则只讲价值，不讲实物。如果用这个观点去考察财政起源，就没必要去考证原始社会有无"财政"了。所以，财政与其他事物的联系（普遍联系）是很多的。但要把财政分配同信贷分配、价格分配、工资分配等区分开来，则非讲较深层次的本质联系不可了。因此我们讲财政是"以国家为主体的分配"，就是说财政同国家的"本质联系"。有的同志提出，一个"本质联系"不行，那么两个行不行？三个、四个行不行？如果一个事物有好几个"本质联系"，这个事物就不成其为能区别于它事物的特定事物了。只有共性，没有特性，你怎么区别？共性与个性是要加以区别的。比如说人是共性，男人、女人就各有特性加以区别。所以，任何事物都有普遍联系，但要从财政中找出一个"本质联系"来，就要把非较深层次本质联系的东西去掉。我的观点是，财政这个事物同国家、再生产、剩余产品、价值等都有密切联系，但只有同国家的联系才是"本质联系"。

（2）"本质联系"的含义是什么？

财政与国家本质联系的含义有四点：

①财政与国家同生同死，互为基础和前提。财政有产生的基础和前提，剩余产品是财政产生的物质基础，国家是财政产生的政治前提。国家和财政的产生谁先谁后？很难说，分不清。现在研究谁先谁后的问题，有理论依据是可以的。我说国家与财政是共存的，伴随着的，交错着的。不是"一旦"产生国家，财政马上突然产生，而是经过量变到质变的过程。有的同志说，在原始公社时期，财政已有萌芽，有量变过程。财政有"萌芽"，难道国家就没有"萌芽"？原始公社那个"社会组织"（进行所谓财政分配的组织）不就是国家的"萌芽"？国家"萌芽"对财政"萌芽"，仍然说明财政与国家有本质联系。

②国家为保证它存在和发展，为满足实现它的职能的需要，必须凭借政治权力参与一部分社会产品的分配。没有这种分配，国家就不能存在，这就要有财政，这就是"本质联系"。

③财政是阶级社会的产物，是人类社会发展到一定阶级的产物，有了国家就有财政。这个提法好像有"毛病"。有的同志说是"唯心论""倒立哲学"，其实是误解。因为上述说法没否定国家是生产力和生产关系发展的产物。我们的教科书或文章也是从原始社会讲起的。讲生产力发展，社会分工，说了有了剩余产品，阶级分化，出现了私有制，最后

有国家与财政。我们历来就是这样论证的。但讲得过分简单，很不够，可能没讲清楚。但也不能说我们只从"国家"讲起。我们同样讲生产力发展和阶级产生。阶级概念首先是经济概念，它包含剥削与被剥削的内容，体现剥削者与被剥削者的经济对立，然后才形成政治概念。

④国家性质决定财政性质。这指的国家是不同生产资料所有制基础上的国家，国家性质又是由生产资料所有制性质决定的。所以，财政的性质归根结底是由生产资料所有制性质决定的。

（3）如何理解"国家"，如何运用"国家权力"？

这里简单地讲几个问题：

①"国家"是什么概念？列宁说是一个阶级压迫另一个阶级的工具，这是政治概念。但国家有经济因素。马克思赋予资产阶级国家某些经济意义，是一定的某种程度上的经济意义。社会主义国家更有经济意义。它是全民所有制的代表，有组织经济建设的职能。

②"国家"是统治阶级经济利益的代表者，也是一定生产关系的承担者，这点过去没讲清楚，现在讲清楚。

③"以国家为主体"，指国家是从事财政分配的主体，具有强制性与无偿性。

④国家权力与政策的关系。我国经过32年的建设，有成功的经验和失败的教训。这成功或失败的关键在哪里？这就是看你是不是自觉地认识与运用了客观规律，而不在于运用、强调"国家权力"。过去大多数年头里，我们做到运用权力、执行政策与客观规律相一致，所以建设与生活都搞得很好。但也有相当时期搞得不好，甚至很不好。这里搞不好的因素中，有"左"的路线的干扰，不能因过去有过"唯意志论"、瞎指挥，就都归罪到"国家"身上。有的同志问我："你强调了权力，是不是权力越大，瞎指挥作用就越大？"我也不妨反问："如果你不把国家权力作应有肯定，是不是国家权力越少，瞎指挥就越少，就越符合客观规律了？"当前我们国家实行计划经济为主、市场调节为辅的方针，强调"全国一盘棋"，发挥国家在组织经济建设上的积极作用为实现"两个倍增"的战略目标而奋斗。任何否定、贬低国家权力的论点、说法都是不合适的。当然，作为代表国家的领导集团必须认真学习、自觉认识与运用规律，努力做到权力、政策与规律的一致。这样，我们的现代化建设就一定会取得伟大的胜利。

（原载《厦门大学学报（哲学社会科学版）》，1983年第4期）

学习借鉴西方财政的认识 *

社会主义市场经济具有市场经济的共性，社会主义市场经济条件下的财政也不例外，因而近年来我国财政学界借鉴西方财政理论与实践中有益的东西为我所用是非常必要的。早在七、八年前我曾注意到这个问题，并做了一些初步的工作，如1987年由我主要负责编译出版了美国著名财政学家穆斯格雷夫的西方财政学巨著《美国财政理论与实践》，同时还主编出版了《比较财政学》等著作，发表了一些论文。下面我就财政理论研究如何学习、借鉴西方谈些认识。

社会主义财政学作为一门社会科学，是马克思主义科学宝库的一个重要组成部分。关于这一点，我曾撰写出版《马克思恩格斯财政思想研究》等专著和发表《马克思与财政学》等文章作过系统论述。从我国社会主义财政理论的形成和发展情况来看，新中国成立初期我国财政学界通过继承新民主主义革命时期的财政思想和吸收苏联财政理论的科学成分，建立了我国社会主义财政理论体系，它充分体现了马克思主义理论同中国具体实际的结合。而我国社会主义财政理论的发展则也是一个运用马克思主义理论解决中国具体财政实践问题的过程。在西方，财政学是西方经济学的重要组成部分，它的历史比马克思主义财政理论要相对长一些。从亚当·斯密1776年出版《国富论》创立了完整的理论体系算起，西方财政学已有两百多年的历史了。但总的说来，无论是哪一种社会制度下的财政，从来都是国家所掌握的保障供给与调控经济、治国安邦的重要手段，只不过反映了不同的分配关系，因而我一向倡导"国家分配论"。

新中国成立以来特别是改革以来，我国社会主义财政在改革与建设过程中发挥了巨大的作用，财政理论对于改革与建设实践也起了重要的推动作用，其本身也得到了重大的发展。《中共中央关于建立社会主义市场经济体制若干问题的决定》吸收了我国财政学界的许多研究成果，这使我们受到很大的鼓舞。但应指出，我国过去的传统财政理论是同计划经济紧密联系在一起的，现在党的十四大已确立我国实行社会主义市场经济，因而财政理论自然也有一个更新、发展的问题。这些年来，我也注意到了这个问题，并进行了一些初步的研究，1989年出版了《财政学原理》专著，近年又发表了《深化财政改革，理顺分配关系》和《社会主义市场经济条件下的财政职能》等文章。

在更新、发展财政理论的过程中，我国出现了三种不同的态度和观点：（1）坚持传统

---

* 本文是作者应邀在中共中央党校函授学院备课会上所作报告的一部分。

的观点，不大注意吸收西方有用的东西，忽视随形势的发展而进行改革发展。（2）不顾中国国情，一味照搬西方的观点，完全否定传统的东西。（3）坚持马列，洋为中用，从国情出发，在继承中发展。我认为，第三种态度是比较切合实际的。

七八年来，我试着采取了上述第三种"更新、发展"态度，发表或出版的有关财政论著都是从此出发的。这些年来，我还反复说以下三句话：第一，对待马克思主义，先坚持，后发展，提倡"发展论"，既反对"僵化论"，又反对"过时论"。第二，对待西方的东西，注意学习、分析、批判、吸收，提倡"消化论"，既反对"排斥论"，又反对"照搬论"。第三，对待方法论，坚持辩证唯物主义与历史唯物主义，其灵魂就是实事求是，一分为二，进行从现象到本质的分析，而不是只作表象分析，防止一哄而起，一风吹，从一个极端到另一个极端。这三句话总括起来讲就是要坚持马列，洋为中用，从国情出发，在继承中发展财政理论。

那么，我们说坚持马列，洋为中用，其内容到底有哪些呢？我认为，要坚持马列，坚持科学的传统财政理论，就基础理论而言，主要是下列三个方面：

1.马克思主义国家学说和财政理论的国家观。国家和财政都是历史范畴，财政是以国家为主体的分配行为或活动。财政是实现国家职能、提供物质基础的经济手段。财政与国家有本质联系。

2.马克思主义再生产理论。《资本论》第2卷第一篇、第二篇讲的资本循环与资本周转，第三篇讲的社会总资本运动，即社会总资本再生产与流通，着重阐述资本再生产理论，主要说明根据再生产公式来表现的两大部类生产之间的产品及其价值实现的条件，即阐明了社会化大生产和以商品经济为特征的社会再生产的共同规律包括按比例分配社会劳动规律，这些都是研究财政理论的基础。

3.财政与经济关系论。财政属于分配环节，经济与财政的关系就是生产与分配的关系。

然而，如何洋为中用，学习西方的东西呢？我认为主要有下列三条：

1.财政是政府的经济行为。我理解，这实际上就是西方财政的国家观。政府是最主要的国家机器，政府经济行为即为国家的经济行为。说到底西方财政就是国家的分配活动，西方财政理论也是国家的分配活动理论，即"国家分配论"。

2.市场经济决定理论与缺陷理论。具体说来：（1）在市场经济条件下，市场对社会资源配置起基础性作用，市场这只"看不见的手"通过价值规律、竞争规律和供求规律发挥作用。（2）市场有缺陷，客观存在着市场失灵（或称市场失效）的情况。公共产品必须由财政来提供，国家必须干预经济，发挥"看得见的手"的作用，这两点便是公共产品论和宏观调控论的基础。

3.社会总供求平衡理论。国家干预经济应以实现社会总供给与社会总需求的平衡为目标。我理解，这同我国传统的综合平衡理论有联系。

上述三方面我们都必须借鉴，洋为中用。至于如何"中为体，洋为用"，还需要我们探索、研究。

还需要指出的是，西方财政学不研究、不揭示本质，或者说常常把非本质的东西当作本质来看待，这和西方财政是西方国家所掌握的分配手段，为资产阶级服务有关。而社会主义财政学则善于研究本质和揭示本质，这当然也与社会主义财政是社会主义国家所掌握的分配手段，为无产阶级和人民大众服务直接有关。我认为，中西财政的这一差别还是要注意的。指出这一点也并不妨碍我们借鉴西方财政中有益的东西，只不过还是应当坚持社会主义财政的本质论——就我个人而言还是坚持"国家分配论"，而不应当把西方财政中的表象分析结论拿来取代科学的传统社会主义财政的本质论。同时，中西财政的经济理论基础不同，因而直接把西方财政理论搬进社会主义市场经济条件下的财政理论是难以融合的。但指出这一点并不妨碍我们借鉴西方财政的分析方法、分析工具以及先进的管理手段。

（原载《财经论丛》（浙江财经学院学报）1994年第3期））

坚持、发展"国家分配论"

　　财政的本质是财政理论体系的基石。我一直倡导、坚持、发展"国家分配论"。近些年来，在计划经济体制向社会主义市场经济体制的转轨和借鉴西方财税理论的过程中，有些同志对"国家分配论"再次提出种种"质疑"，甚至"非难"。我国深化经济改革和经济建设的现实，迫切要求我们对财政本质问题进行再认识，做出科学的回答。我认为，"国家分配论"高度概括了各种社会形态国家财政的共性或"财政一般"的本质，也可涵盖特定社会形态国家的"财政特殊"。它关于任何社会形态的财政都是一种政府经济行为，都是国家为实现其职能而参与社会产品或国民收入分配的观点，体现了马克思主义的国家观；关于财政属于分配关系的观点，正确指出了财政与经济（社会再生产）的关系；关于财政分配目的是满足国家职能需要的观点，界定了财政活动的范围，既涵盖了"公共需要"，又符合社会主义公有制的客观要求。"国家分配论"能解释其他财政理论所不能解释的问题，为研究财政的范围、职能、作用和财政分配活动提供正确的理论依据。

一、"国家分配论"的产生、发展过程

　　"国家分配论"是在20世纪50年代末肯定和评议了"货币关系论"的基础上建立和发展起来的。50年代初期，在苏联占支配地位的观点认为，财政的本质是一种货币关系体系，这一观点对当时我国有较大影响。但随着实践的发展，人们发现这种观点仅停留在对财政资金运动表象的描述上，没有揭示财政的本质。我作为"国家分配论"的倡导者之一，同许廷星、许毅教授等一道研究了这一理论，于1962年发表了《略论财政本质》《试论财政学对象与范围》《为什么财政只能是经济基础的范畴》等论文，明确提出财政与国家有本质联系，财政的本质是"以国家为主体的分配关系"。此后，我在多年的教学、科研过程中，对这一理论进行了较全面的论证，并力图加以完善。我在20世纪70年代后期、80年代初期发表的《为"国家分配论"答疑》《论财政与国家的相互关系》等论文及主持编写的《社会主义财政学》教材等著作中，进一步阐述了财政的本质问题，提出了"国家分配论"关于本质的逻辑分析。我在《财政学原理》中，把社会主义财政本质全面表述为："社会主义财政是以建立在社会主义生产资料公有制基础上的社会主义国家为主体的，处于社会再生产过程中，为满足其实现职能的需要，主要利用价值形式强制地、无偿地参

与社会产品或国民收入分配所形成的'取之于民、用之于民'的分配关系"，简称"以社会主义国家为主体的分配关系"。我同许多同志所坚持的"国家分配论"的基本观点在与其他观点的争论中，为学术界绝大多数学者、专家和财政部门所接受，成为长期以来财政学界的主流派。

需要指出的是，"国家分配论"在长期的发展过程中，也受到两次"挑战"。第一次是在改革开放前，在当时批"国家意志论"的政治背景下，"国家分配论"遭到了"非难"。有些同志撰文指出国家与财政没有本质联系，"国家分配论"是"倒立哲学""唯意志论"。对这一挑战，1983年我在《为"国家分配论"答疑》一文中，做了回答，这里不赘述。第二次是在改革开放，尤其是党的十四大提出建立社会主义市场经济体制后，如何看待"国家分配论"再次成为财政经济学界讨论的热门课题之一。一些持"公共产品论""公共需要论"等论点的同志对"国家分配论"提出了种种质疑，甚至否定、"非难"。综其观点，我把它们归纳为"三论"，即"过时论"、"质疑论"和"罪过论"。持"过时论"的同志认为，"国家分配论"是计划经济下的产物，现在实行市场经济，它已经"过时"了，只有西方财政理论才适应市场经济的要求，才是先进的。持"质疑论"的同志认为，"国家分配论"在观点上有毛病，讲国家需要，忽视了公共产品、公共需要，导致公共产品提供不足；而西方财政讲社会公共需要，充分表明了社会的要求，具有经济合理性，认为这是西方财政处于良性循环的重要根源。持"罪过论"的同志认为，"国家分配论"是：（1）强调国家意志，带有任意性、主观性。由于国家的需要无穷大，这就导致财政缺乏客观定量，不自量力，扩大支出，进而产生赤字，在实践上是"有害"的。（2）理论上只讲国家，不讲公共需要，引起公共需要的"错位"与"缺位"。（3）经济效益差，财政陷于困境，"国家分配论"是理论根源。值得特别指出的是，在这场争论中，很多同志都坚持了"国家分配论"，认为"国家分配论"虽然根生于计划经济，但它的基本理论在市场经济条件下仍然适用，只是在运行机制、管理方法、管理制度等具体的财政现象方面需要更新、发展。

当前，财政经济学界出现"百花齐放、百家争鸣"的局面，无疑对发展和完善我国的财政基础理论，对指导我国的财政经济实践起着积极作用，这是首先应当肯定的。然而，对"国家分配论"的质疑、否定与"非难"，搅乱了对财政本质的认识，这对于确定财政的范畴、职能和财政学的体系等都是不利的。为此，我认为，在市场经济条件下，仍须坚持、发展"国家分配论"，以利财政学科的改革、建设和发展。

二、为什么要坚持、发展"国家分配论"

（一）当前形势下，坚持、发展"国家分配论"的必要性

1. 坚持、发展"国家分配论"是社会主义市场经济这一新形势的客观要求

（1）经济体制的转轨，只是使我国的经济运行模式和政府的经济职能发生变化，而没有改变我国的经济制度和生产方式，从而，它也只是改变了我国财政职能的实现方式、收支的内容和运行的特点，而没有改变财政是以国家为主体的分配关系这一经济实质。在市场经济条件下，企业成为独立的商品生产经营者，财政分配主体中的生产经营组织者身份正在消失；国有企业和非国有企业一道参与市场公平竞争，又要求财政分配主体的另两种身份，即政治权力行使者身份和生产资料所有者身份分离；对国有企业的利润分配制度实现"税利分流"，财政宏观调控也要由过去主要借助行政手段的直接调控转变为主要借助经济和法律手段的间接调控。但这些变化都只是财政职能实现方式和运用范围的变化，某些职能弱化了（如经营性国有资产的管理），某些职能加强了（如税收的分配、调节职能）。上述变化并没有从根本上改变或动摇财政与国家的本质联系。

（2）在看到市场经济体制要求财政职能作相应调整的同时，我们还应看到，社会主义市场经济是以公有制为主体的，公有制经济在经济活动中居举足轻重的地位，是整个国民经济发展的主导力量。因此，我国财政决不能从国有资产管理领域退出，变成单纯的"公共财政"。

（3）市场不是万能的，在市场机制失灵的领域，国家干预从来都是不可缺少的。西方现代市场经济的国家，一向重视国家的干预，重视财政的宏观调控，以弥补市场的缺陷。而我国要建立社会主义市场经济体制，在充分发挥市场机制的作用的同时，更不可忽视国家的干预和财政的调控。现阶段，我国市场经济刚刚建立，市场秩序尚不规范，市场发育程度较低，基础设施滞后，收入差距不断扩大，这些情况说明在经济转轨过程中国家的必要干预和主导作用只能加强而不能削弱；国家的干预离不开财政的宏观调控，特别是需要中央财力作保证。由于财政分配关系没有理顺，中央财力连年削弱，中央政府在解决市场转型中出现的问题时感到力不从心。当前中央提出要振兴国家财政，这就迫切需要强调以国家为主体的财政分配的权威。

2. 坚持、发展"国家分配论"是提高财政学教学质量和发展财政科学的需要

当前，学术界对财政本质问题的阐述出现了理论模糊、认识混乱的局面，有的采取回避态度，有的模棱两可，有的照搬西方，这既不利于提高财政学的教学质量，也不利于财政科学的发展。经济体制的转轨，迫使我们对传统财政理论进行再认识，继承过去刻苦研究所取得的有益成就，扬弃过时无用的部分，大胆推动财政经济理论的创新，并

借鉴西方财政理论研究的最新成果。只有如此，我国财政学建设才能走出"误区"。正是从这个角度出发，也必须坚持、发展"国家分配论"。

3. 坚持、发展"国家分配论"是适应改革开放与经济建设的需要

我们知道，没有正确的理论就不会有正确的实践。长期以来，经过老一辈财政学家和中青年学者的共同努力而形成的"国家分配论"，不仅回答了财政的本质问题，而且在此基础上形成了一整套比较完整、丰富的科学理论体系。我个人在这方面也做了一些努力，也算在"国家分配论"的发展过程中做出了一些"贡献"。诸如提出了"如何征税""税利分流""复式预算""流转税与所得税并重模式""财政、税务、国有资产管理'一体两翼'""分税制""财政平衡""财政与银行分工协作"等理论观点和政策主张。这些都是"国家分配论"的体现。我感到庆幸的是，它们多为财政、税务与国有资产管理等部门所采纳，在财政、税收、国有资产管理改革与建设实践中，发挥了一定的作用。

（二）对"公共需要论""公共产品论"等理论的评析

现阶段从西方引进我国并流行的财政基本理论如"市场失灵论"、"公共产品论"、"公共需要论"和"公共财政论"，都分别被作为西方财政学的流派，其中以"公共需要论"或"公共产品论"为代表。它们尽管名称各异，但其实质相同，反映着建立在资本主义私有制基础上，为满足资本主义国家实现其职能而提供"公共产品"，满足"公共需要"的西方财政的特殊本质。西方财政学从私有制和功利主义的哲学基础出发，以市场机制失灵决定政府干预作为财政学的逻辑起点，阐述了公共经济或财政存在的必要性，提出了以"公共产品"为核心，以满足"公共需要"为目的作为主要内容的财政理论。我认为，"市场失灵论""公共产品论""公共需要论""公共财政论"无非是从起因、客体、目的和模式等方面对以国家为主体的分配或西方理论所指的政府经济行为（政府则是最主要的国家机器）所作的不同描述。"市场失灵"决定财政分配存在——这是起因；财政分配的客体（对象）是政府提供的公共产品；财政分配的目的是满足社会公共需要；财政运行模式是以政治权力行使者身份出现的国家，以税收为主要筹资形式，在市场失灵范围内展开的政府收支活动——即公共财政。就它们的本质来说可归结为同一观点。因此，下面我们主要以"公共需要论"或"公共产品论"作为代表性的观点，进行"一分为二"的评析。

"公共需要论"与"公共产品论"在分析财政分配现象、形式，以及管理方法上有其较合理的一些方面，值得我们学习。

在肯定了"公共需要论"与"公共产品论"有科学合理的一面可为我所用的同时，我们也要清醒地认识到，由于"公共需要论"与"公共产品论"基于西方资本主义市场经济活动，根植于西方经济学基本理论，不仅其理论本身存在着许多不足和缺陷，而且许多方面也不符合我国经济实际情况。这也正是我们不能照搬其理论的根本原因。因此，我们必须指出其缺陷：

（1）"公共需要论"与"公共产品论"割断历史，不能反映"财政一般"。"公共需要论"依据市场不能提供公共产品，故认为是由于"市场失灵"才产生财政的。我们知道，市场经济只有两三百年的历史，但在资本主义市场经济之前，财政早已产生和存在，因而上述观点无疑难以对客观上已具有5000年历史的财政做出科学解释。

（2）"公共需要论"与"公共产品论"只见财政现象，忽视甚至抹杀了财政本质。科学的任务就是透过事物繁杂的表象深入探究该事物的本质规律，只有把握住本质，才算真正认识这一事物。"公共需要论"与"公共产品论"只看到了某一历史阶段超阶级的"公共需要""公共产品"等这些财政现象，而没有看到，甚至有意回避、抹杀隐藏在其背后的"以国家为主体的分配关系"这一本质。资本主义财政提供的"公共产品"是满足有利于资产阶级的"公共需要"；奴隶制财政和封建制财政是满足有利于王室成员的"公共需要"；而社会主义财政则是满足人民大众的"公共需要"，这显然具有不同的阶级性，从而"公共需要"也是不同的。"公共需要论"与"公共产品论"回避本质问题，见物不见人，在某种程度上掩盖了财政为资产阶级服务的实质，具有欺骗性。我国社会主义财政提供的社会产品或国民收入或国内生产总值（GDP）是为人民大众服务的，因而满足国家需要就是满足人民大众的需要，也就是社会公共需要，反映的是国家与人民利益一致的分配关系。因此，只有我们社会主义财政才能理直气壮地讲国家需要、公共需要、人民需要，敢于揭示财政的本质。

（3）"公共需要论"与"公共产品论"建立在私有制和"社会契约论"的国家观的基础上，它们不能代替、涵盖以社会主义公有制和再生产理论以及马克思主义国家学说为基础的社会主义财政；也不能涵盖满足国有资产保值、增值，壮大国有经济的"国家需要"。尽管西方国家也有"国有企业"，但其性质、规模及其在国民经济中的地位与我国的国有企业根本不同。西方"国有企业"的非营利性使其统一于西方公共财政的活动领域，而我国国有企业在国民经济中的主导性、生产营利性、与国家财政的密切相关性决定了我国财政运行模式除类似于西方的公共财政外，必须另有一块国有资产管理。"公共需要论"、"公共产品论"或"公共财政论"虽然也反映了"财政一般"的内容，但它更反映资本主义特殊，却不能反映社会主义财政特殊。这也正是不能照搬其理论的根源所在。

（4）"国家分配论"高度概括了几千年的财政史，其内容也同样涵盖了"公共需要论"、"公共产品论"、"公共财政论"以及"市场失灵论"的有益内容。财政看起来同"公共需要"、"公共产品"、"公共财政"以至"市场失灵"都有联系，但透过现象看本质，只有国家与财政之间存在的联系才是我们所要寻找的本质联系。纵观几千年的中外财政史，没有任何非财政分配是由国家进行的，也没有任何由国家进行的分配不是财政分配。所以"国家分配论"同样涵盖了"公共需要论"、"公共产品论"、"公共财政论"乃至"市场失灵论"。就"公共需要论"与"公共产品论"来讲，其提供"公共产品"，满足"公共需要"的主体仍是国家；其目的在于满足"公共需要"，实际上就是国家需要，因为在阶级社会里，社会公共事务是由国家来执行的，因而所谓社会公共需要自然就表现为国家的需要（亦即国家为满足实现其职能的需要）；其提供的"公共产品"，尽管同"社会产品"的概念不同西方"公共产品"除主要包括有形的社会产品外，还包括教育、国防等无形产品和精神产品，但主要由社会产品所构成；其参与分配的形式以及提供公共产品的形式仍是价值形式，表现为财政资金活动。看来，从构成财政的主体、客体、形式与目的四个要素来说，"公共需要论"与"公共产品论"等从本质上讲也是"国家分配论"，它们都是"国家分配论"的表现形式之一。

由上述可见，不能以表象的"公共需要论"或"公共产品论"等理论来否定、代替反映财政本质的"国家分配论"。

（三）对"过时论"、"质疑论"、"罪过论"的回答

对"公共需要论"或"公共产品论"等进行一分为二的评价之后，就可以对上述"三论"给予明确的回答，以澄清对"国家分配论"的误解。

首先，"国家分配论"并不"过时"。如前所述，"国家分配论"关于"财政的本质是以国家为主体的分配关系"这一科学论断是古今中外财政史的高度概括和总结，反映了"财政一般"，不存在"过时"与"落后"的问题。至于怎样看待中西财政"孰优孰劣"的问题，持"过时论"的同志应该分清究竟是"理论的落后"还是"管理的落后"。我国传统的财政理论产生于计划经济时期，其在运行机制、管理制度、管理方法的某些方面的确不适应市场经济的要求，这是客观事实。这也正是西方财政可为我所借鉴的重要之处。但产生于计划经济时期的"国家分配论"这一理论基石决不会动摇，它不仅反映古今中外几千年的"财政一般"的本质，而且能突出反映社会主义"财政特殊"，适合中国的国情。这是西方财政理论无法替代的。如果要照搬"公共财政论"、"公共需要论"、"公共产品论"代替"国家分配论"，那么其结果势必导致国家财政分配范围过分缩小，国家宏观调控经济功能的减弱和财政完全退出生产领域，从而削弱甚至动摇公有制。这同我国社会主义市场经济以公有制为主体，市场在国家宏观调控下对资源配置起基础作用的特征相悖。

其次，有人说"国家分配论"在理论上忽视"公共需要"。其实，国家的需要就包括公共需要，前者的范围大于后者。建立在公有制基础上的社会主义财政所讲的"国家需要"包括"公共需要"和"国有资产发展需要"。可见，"国家分配论"在观点上并无毛病。就"质疑论"者提出的中西财政比较中"财政困难"与"良性循环"状况而言，其原因是多方

面的，错综复杂的，但其中有一个管理落后的原因。应该承认，西方财政的确拥有量上的先进管理经验，这也是我们可学习借鉴之处。但不能否定"国家分配论"质的规定性。

最后，持"罪过论"的同志把目前的财政困境归罪于"国家分配论"，这是不客观的。我们说，财政与国家有本质联系，国家在财政分配中处于主体地位，这是客观存在的，也是必不可少的。这不是人们想不想要、喜欢或讨厌国家的问题，而是客观历史条件和经济发展所决定的，此其一。其二，强调财政分配中的国家主体、国家权力并不等于说财政分配就可以不顾客观规律，随心所欲。问题的关键在于运用权力、执行政策与客观规律是否一致。一致了，财政就丰足，国家就强大，人民就幸福；不一致了，则导致不同程度的相反结果。其三，财政陷入困境，原因是多方面的，有经济体制、经济运行、经济结构、分配格局和思想认识等多方面的原因，归结一句话，是由于我们还没有很好地认识与运用客观规律造成的，与"国家分配论"无关；还可以这么说，当前财政所以出现困难，倒是同淡化、误解了"国家分配论"有关。其四，我们要反问，"公共需要论""公共产品论"等就不产生财政赤字和财政困难吗？现代西方国家如美国等国家就不出现财政赤字和财政困难吗？可见，把财政出现困难完全推到"国家分配论"头上，甚至把"国家分配论"说成是财政困难的"理论根源"，这是不公正的。如果不是"蓄意攻击"，至少对这个问题缺乏深入研究。

通过上述分析，我认为，在社会主义市场经济条件下，仍要坚持、发展"国家分配论"。

三、如何坚持、发展"国家分配论"

任何一件事物、一种理论都涉及继承和发展的问题，不继承，就失去了根基；不发展，就会枯萎。"国家分配论"同样有一个发展和完善的过程。全盘否定和固守不变都不是科学的态度。应从我国国情出发，在继承中发展财政理论。那么，在社会主义市场经济条件下，坚持"国家分配论"的核心内容是什么呢？"国家分配论"在哪些方面又需要更新、发展呢？这是时代赋予全国财政经济学界的光荣任务。下面我只就个人的观点谈几点看法。

（一）坚持"国家分配论"的核心内容

1. 关于财政本质

要坚持马克思主义国家观、所有制与社会再生产理论，肯定财政与国家有本质联系，其本质定义为"以国家为主体的分配关系"财政的概念是财政现象与财政本质的统一。当我们讲财政的本质时，提出"以国家为主体的分配关系"以示它的质的规定性。要澄清财政（税收）同国家没有本质联系的看法。

2. 关于财政职能

众所周知，我把分配职能作为基本职能，并分解为筹集资金与供应资金两个方面；1979年，提出调节经济职能；建立社会主义市场经济体制后，我突出了配置职能。最后概括为财政有分配、配置、调节、监督四大职能。由于社会主义财政包括公共财政与国有资产管理两大构成部分，这四大职能在这两大构成中又各有特殊表现，这方面还可以深入研究。

3. 关于征税依据

近几年来有些新出版的税收论著、税收教材，照搬了西方的"公共产品论"，认为是市场失灵与公共产品的存在决定了税收的产生、存在与发展，公共产品是政府征税的本质原因，这是不符合历史与现实的。大家知道，税收是一个古老的经济范畴，而市场经济只不过两三百年的历史，仅从时间上看，也不可能是"市场失灵"决定了税收的存在。再看公共产品，它与税收之间也不存在本质联系。公共产品确是政府征税的必要条件之一，但不是充分条件。国家为实现其职能才需要通过税收取得一部分社会产品（或公共产品）来满足需要，使税收打上了国家权力的烙印。可见，税收与国家（政府）才有本质联系。另外，税收是对公共产品进行价值补偿的主要因素，但不是唯一因素。在不同的历史时期，国家提供公共产品的资金来源是不同的，古代社会有地产收入、富人自愿贡纳的收入、地租性质的收入等形式；现代社会还有公债收入等形式；况且，有些公共产品是由一些社会团体、慈善机构甚至企业和个人以各种形式的基金、捐款、义务劳动等提供的，都是非政府部门供应公共产品的体现，因而我们也无法得出公共产品与税收具有本质联系的结论。

4. 关于税利分流、复式预算与"一体两翼"的理论依据

我从20世纪60年代开始，随后又不断加以小结，提出了社会主义国家的"一个主体，五个两种"的理论，即"一个主体——国家是分配的主体；两种身份——国家既是政权行使者，又是全民所有制生产资料所有者；两种权力——国家行使政治权力和财产权力；两种职能——社会管理职能与经济职能（含国有资产管理职能）；两种形式——税收和国有资产收益（包括资产占用费、上缴利润、租金、股息、红利等形式）；两种财政分配关系——在分配中形成的第一层次税收征纳关系和第二层次利润分红关系"。这是我国在经济成果分配上实行税利分流的理论依据，是我国在预算管理上实行复式预算——公共预算与国有资产经营预算的理论依据，也是在财政管理机构上实行"一体两翼"观点的理论依据。

5. 关于税收模式

税收模式是指选择什么税种、税率和税收优惠等，以更好地运用税收杠杆和发挥税

收功能的税收体系。其中，税制模式处于核心地位。改革开放初期，有的同志提出实行以所得税为主的税收模式，有的则主张以流转税为主的税收模式。我曾在80年代提出我国应建立适合我国国情的流转税与所得税并重、多种税、多次征、多环节调节的复税制体系，并随着经济发展和体制改革的深化，对两个主体税种的职能作强化和弱化的调整。看来这是符合我国国情的，并重的税收模式还要实行一段相当长的时期。

6. 关于财政平衡

关于财政是否要保持平衡，是一个长期以来有争议的理论与实践问题。大家知道，我是坚持财政平衡的。我概括出财政收支矛盾与平衡转化规律。这就是说，财政收支矛盾是财政的主要矛盾，财政收支矛盾是绝对的，平衡是相对，绝对的财政收支矛盾可能转化为相对的平衡，我们的任务就是认识与运用财政收支矛盾与平衡转化规律，做好财政收支平衡工作。我主张动态、长期的平衡，注重整体平衡与部分平衡的关系，将地方和部门盈余更多地用来为整体平衡服务，一向反对"赤字无害论"和"通货膨胀有益论"。

（二）发展"国家分配论"的若干问题

1. 实现理财思想的新转变

当前，经济体制由计划经济体制向市场经济体制的转变——即生产关系的变革和经济增长方式由粗放型向集约型的转变——即生产力的发展，要求作为上层建筑的理财思想、理财方式实现新的转变，即跳出就财论财、就税论税的单纯治财、治税的窠臼。要牢固树立"经济—财政—经济"的理财思想，把财政分配关系纳入国民经济和整个改革的大环境中加以考察，把立足发展经济作为财政工作的出发点和归宿点，深化财政改革，"发展经济（市场经济），满足需要（公共需要和国有资产发展需要）"，从而发挥财政反作用于经济，维护公有制与人民政权的巨大作用，更好地为振兴财政、发展经济、富国兴邦服务。

2. 正确理解、运用"六项扣除原理"

马克思在《哥达纲领批判》一书中，批判了拉萨尔的"不折不扣的劳动所得"的观点，指出在社会主义社会，社会总产品在实行个人按劳分配以前，必须进行社会的必要扣除，而不能全部分配给社会的一切成员。这一扣除理论是社会主义财政分配的理论基础与客观依据。在我国实行市场经济体制后，不少论著提出要把分配顺序由"先扣除、后分配"改为"先分配、后征税"。我认为，这种观点是值得商榷的。首先，马克思的扣除原理是针对拉萨尔的"不折不扣的劳动所得"的观点提出的。着重研究的是扣除的总量以及首先从总量上进行扣除的必要性，而不是分配顺序问题。其所要阐明的意思是：社会产品不可能不加扣除地完全归劳动者占有，在劳动者个人分配之前，必须扣除用于补偿消费掉的生产资料部分、扩大再生产的追加部分以及公共消费部分。其次，不能把马克思关于社会产品扣除的基本理论与实务中的具体操作混为一谈。现实中的"社会扣除"是从生产到消费的各个环节，通过货币办法迂回进行的，社会再生产循环往复，很难说这种"社会扣除"是在劳动者取得工资收入之前还是之后。不能把会计实务与处理征纳关系的具体方式同扣除原理这一基本理论等同看待。实务操作是灵活多变的，不管以前在财务核算中把所得税作为利润分配还是现在作为费用计列；也不管税收征收方法采用纳税申报还是代扣代缴，都不改变也不违背扣除理论的基本原理，所以我们不能借口历史条件和某些具体做法的改变而否定"扣除原理"，更不能在没有正确理解马克思的"扣除原理"的前提下加以"发展"。我们今后应该研究"社会扣除"或税负（宏观税负与微观税负）的量度问题。

3. 构建新的财政运行模式

市场经济体制否定了我国传统的"大一统"的财政模式，否定了国家作为生产经营组织者的身份，也否定了生产资料所有者身份和政权行使者身份合一，要求政企分离、政资分开。与此相适应，在以国家为主体的统一的财政前提下，将我国财政分成公共财政与国有资产管理两部分分别研究，无疑是科学的；提出"双重结构管理"也是正确的。但必须明确的是，公共财政与国有资产管理这两方面内容仅是财政的两个组成部分，主体是一个，即"以国家为主体"；本质是相同的，都反映一定的财政分配关系，只是两者有着不同的活动范围，因而不应完全独立起来看待，以免割裂财政的整体性。在这一新的财政模式下，应科学界定两者的职能范围。公共财政的分配主体是以政权行使者身份出现的国家，主要以税收形式筹集资金，解决市场配置资源所不能解决的问题，满足公共需要。国有资产管理是财政代表国家仅以所有者的身份从价值形态上对国有资产和资源进行宏观管理和经营，并确保国有资产的保值增值，以壮大国有经济。它以国有资产收益为主要资金来源（包括资产占用费、上缴利润、租金、股息、红利等具体形式），在资金不足时还可以发行公债，用于国有企业的投资；同时，发挥国有资产管理机构的职能作用，建立与市场经济相适应的"国家统一所有，地方分级管理，企业自主经营"和"国有资产管理局—中介环节—国有企业"的分层管理经营体制；实行国有资产所有权与经营权相分离，以及国有资产的终极所有权与法人所有权相分离；建立现代企业制度。在此前提下，研究规范国家与国有企业之间的财政分配关系，注意防止国有资产流失，促进国有资产的保值、增值，从而巩固、壮大全民所有制。

4. 发展财政投融资理论

财政投融资是国家财政与中国人民银行对资金配置的一个结合点。它反映了以国家为主体，按照信用原则参与一部分社会产品分配而形成的特定分配关系。在现代市场经济过程中，财政投融资在世界各国得到广泛的利用和发展，成为国家经济活动中不可缺少的融资和调控手段。尽管目前我国财政投融资还不规范，但是以国债和各种类型的周转金为主要形式的财政投融资毕竟在全国范围内，从中央到地方各级财政逐步发展起来了。其对于筹集财政资金，缓解财政困难，引导资金流向，调节投资结构发挥了不可替代的作用，有利于提高财政资金的使用效益，增强政府的宏观调控能力。这是我国社会主义市场经济发展的客观必然性。

5. 从"四平"理论到社会总供求平衡理论的衔接与发展

"四平"理论产生于高度集中的计划经济体制，在当时产生了巨大的作用。现在，实行社会主义市场经济体制，随着西方经济学的概念、范畴、方法和理论的"引进"，有的同志全盘否定"四平"理论，主张用社会总供求平衡理论取代"四平"理论。这是不全面的，值得商榷。我认为，"四平"和社会总供求平衡，既有联系，又有区别。区别主要在于依据的经济体制、平衡的内容与范围的大小不同；共同之处在于它们都是商品经济的范畴，平衡的实质与目的是共同的。社会总供求平衡包括了"四平"；"四平"是社会总供求平衡的核心内容和主要手段。因此，在理论上，两种平衡理论可以衔接，从"四平"理论向社会总供求平衡理论发展，彼此相得益彰；在实践上，只要我们立足于"四平"，根据市场经济要求，做好财政平衡、信贷平衡、外汇平衡和商品物资平衡，社会总供给与总需求大体上也是平衡的。当然，这方面我们还要深入研究，特别是要重视研究财政平衡在社会总供求平衡中的地位与作用。

（原载于《财政研究》1997年第1期）

借鉴"公共财政论"发展"国家分配论"

近年来，我国财政理论界形成了一股引进、消化与吸收、借鉴西方"公共财政论"的热潮，这是一件好事，它对于我国建立适应社会主义市场经济的财政模式起到了积极的推进作用。但是，我们也应当清醒地认识到，一方面，由于财政模式的选择不能不受到现实的生产力发展水平、经济制度和经济体制等诸多因素的制约和决定，因此我国能否实行类似于西方国家的纯粹或单一的公共财政模式尚值得推敲；另一方面，西方"公共财政论"长期置身于市场经济环境之中，固然在一定程度上对市场经济中的财政运动规律做出了正确的把握，但它仅仅着眼于从财政运动现象与财政运作机制的层面分析与阐述问题，而缺乏对财政本质问题的深刻分析，因此这一理论是不可能替代我国传统财政理论的主流——"国家分配论"的。我个人认为，适应于理论与实践的需要，我们的现实抉择应当是：借鉴"公共财政论"，发展"国家分配论"！

一、"国家分配论"是在长期的理论论争中确立并巩固其在财政学界的主流学派地位的，在实践中经受住了各种考验

任何理论的形成，从来都不是一帆风顺的。在20世纪50年代末，作为批判、继承在当时占主导地位的财政理论——（来自苏联的）"货币关系论"的产物，我国老一辈财政理论工作者提出了"国家分配论"。在70年代末、80年代初批判"国家意志论"的政治背景下，"国家分配论"受到第一次挑战。而在新的历史时期，伴随着不断的思想解放所带来的人们视野和思路的拓宽，"社会共同需要论"、"剩余产品决定论"和"再生产决定论"等财政本质观纷纷涌现，对"国家分配论"形成了强有力的挑战。在答复、回应各种质疑与诘难的过程中，"国家分配论"自身也得到了进一步的发展与完善。多次理论论争的结果是，"国家分配论"不仅能够对财政本质问题进行全方位、广角度、深层次的分析，而且还对社会主义财政的范畴、职能、作用、属性等财政基本理论问题进行了科学的解释，并在此基础上，构建了一套完整的财政理论与政策体系，从而逐渐奠定了其在我国社会主义财政理论领域的不拔之基。

近年来，尤其是党的十四大提出建立社会主义市场经济体制后，如何看待"国家分配论"再次成为财政理论界关注的热点问题之一，一些持西方公共财政理论观点的同志对"国家分配论"又提出了种种质疑乃至否定和非难，"国家分配论"又一次面临着巨大的

挑战。那么，根植于计划经济土壤之上的"国家分配论"，在市场经济体制下是否已经过时，它与市场经济的逻辑是否相悖，应该如何看待它与西方"公共财政论"的关系，等等；这些理论问题亟待澄清。另一方面，从实践来看，适应于建立社会主义市场经济的需要，我国政府已经明确提出初步构建公共财政基本框架的设想；那么，"国家分配论"能否继续为经济、财政改革的深化提供理论指导呢？抑或，我国公共财政框架乃至整个财政框架的建构只能从西方"公共财政论"中寻求解决方略呢？

从根本上说，上述诸问题可以归纳为两个方面：其一，财政本质问题：市场经济条件下的财政要不要讲本质？公共财政要不要讲本质？其二，财政模式问题：单一的公共财政模式适合尚处于社会主义初级阶段的中国吗？下文的论述将着重围绕这两个问题展开。

二、进一步认识"国家分配论"的财政本质观

财政本质问题是关系到能否对"什么是财政"做出正确回答的一个基本理论问题，是任何财政理论所不能回避的。"国家分配论"认为，财政是以国家（或政府）为主体的分配行为。在国家与财政之间，存在着同生死、共存亡的密切联系。历史发展到今天，没有任何财政不是以国家为主体的分配活动，也没有任何以国家为主体的分配活动不是财政。财政与国家、再生产、剩余产品、价值等都有密切联系，但只有同国家的联系才是最深层次的联系，即本质联系。这是"国家分配论"关于财政一般本质问题的基本观点。在把握财政一般本质的基础上，"国家分配论"还对社会主义财政这一财政特殊的本质、职能、作用、原则和属性等基本理论问题进行了深入的分析与探讨。

"国家分配论"采用层层"剥笋式"的分析方法，正确地把握了各种社会形态下财政的一般本质，在一定程度上对"什么是财政"这一问题做出了科学的回答。不过，由于"国家分配论"毕竟形成于计划经济时期，随着我国经济体制的转轨和经济条件的变化，"国家分配论"者对于社会主义财政这一财政特殊的本质的认识必定要因之而发生变化。正因如此，我作为"国家分配论"的主要倡导者之一，始终密切关注我国社会主义经济建设与财政改革的进程，不断对这一进程中出现的新形势、新问题进行思考，根据实际情况对"国家分配论"某些观点进行修正和发展，从而丰富和完善了这一理论。

可能是受到西方财政经济理论研究影响的缘故吧，当前财政学界中有一种有意绕开财政本质问题谈财政的倾向。然而，市场经济下的社会主义财政可以不谈本质吗？公共财政可以不谈本质吗？我认为，这一倾向是不对的。因为：把握财政范畴说到底就是要探讨财政的本质，如果我们撇开了对财政本质问题的把握，那么关于财政的诸多理论问题也就无从展开论述，我们所要努力构建的社会主义财政理论体系的根基将会丧失，整个理论体系也将因此而坍塌。正所谓：皮之不存，毛将焉附？

三、"国家分配论"与"公共财政论"的关系

在市场经济的长期发展过程中,西方国家逐步建立了适应于市场经济体制的财政制度,并相应形成了一整套财政理论体系。一般说来,西方财政理论着重研究在确保市场发挥其配置资源的基础性作用的前提下,政府如何通过自身的经济活动,对市场体系存在着的种种不足与缺陷,即"市场失灵"(market failure)问题进行克服与校正,以促进社会经济的正常运转。从西方财政理论涉及的主要问题看,可以着重将其归结为五个方面,即关于财政起因的"市场失灵论"、关于财政对象的"公共产品论"、关于财政目的的"公共需要论"、关于财政模式的"公共财政论",以及关于财政决策的"公共选择论"。也就是说,西方学者是以市场经济为立足点,把市场失灵作为财政存在的根本理由,把提供(广义上的)公共产品作为财政活动的基本对象,把满足社会大众的公共需要作为财政活动的目的,把公共财政作为财政运行的模式(或类型),把公共选择作为财政决策的政治过程,从而构建起一套关于财政理论的基本分析框架的。而"公共产品论"与"公共财政论"则是西方财政理论的核心组成部分,它们分别从财政客体与财政模式的角度揭示了市场经济中财政活动的基本特点及其运作机制。当前,我国一般以"公共财政论"作为现代西方财政基本理论的总称。

应当说,由于"公共财政论"自其诞生之日起便置身于市场与资本的环境之中,并且随着西方市场经济实践和经济基础理论的发展而不断得以丰富与发展,因此在分析市场经济条件下的财政现象、财政模式以及财政管理方法等许多方面都不乏科学的成分。在我国经济体制向市场经济体制转轨以及力图初步建立公共财政基本框架的背景下,尤其需要吸收与借鉴西方"公共财政论"的精华,以指导我国的财政经济改革实践,对我国传统财政理论和相应的修正、补充与完善。但是,对于西方的东西,我一向主张,科学的态度应该是学习、分析、批判和吸收。"公共财政论"受其生存土壤的限制,事实上只针对资本主义市场经济这一特定社会形态下的财政活动,因而未能对已经有5000多年的财政史做出科学的解释,客观上割断了历史的联系,此其一。其二,"公共财政论"只从公共的角度对政府的收支活动进行分析,只涉及财政模式及其运行的一般机理,而没有涉及财政本质问题。因此,"公共财政论"的分析只触及财政活动的表层,是现象论、模式论,而非本质论。其三,"公共财政论"研究的核心问题是作为稀缺资源的公共产品的配置问题,即生产什么与生产多少,如何生产以及为谁生产公共产品的问题,它重在考察人与物的关系问题,却极少通过人与物的关系去考究其背后所隐藏着的人与人之间的利益分配关系,从而常常陷入了只见物而不见人的境地。

一般说来,财政本质论是"国家分配论"的基石,"国家分配论"正是沿着其财政本

质观进行逻辑展开，从而构建起自身的理论体系的。这样，着重作为本质论的"国家分配论"与着重作为现象论的"公共财政论"就分别居于不同的理论层面上，因此二者之间并不存在截然对立、水火不相容的关系，不存在谁能够和应该替代谁、排斥谁的关系，在本质的层面上，"国家分配论"可以涵盖"公共财政论"，因为"公共财政论"的本质也属于"国家分配论"；在现象的层面上，"国家分配论"的不足或滞后于现实的需要之处，则需要通过吸收与借鉴"公共财政论"来弥补。可见，"国家分配论"与"公共财政论"是本质论与现象论（模式论）的关系，是包含与充实的关系。

四、为公共财政叫好，但不应忽视国有资产（本）财政

我一向认为，我国财政内含"一体五重"的关系，即"一个主体（国家或政府）——两种身份（政权行使者、国有经济代表者）、两种权力（政权、财权）、两种职能（社会管理、经济管理）、两种形式（税收、国有资产收益）、两种分配关系（税收分配关系、利润分配关系）"。这种"一体五重"的关系形成了社会主义财政特有的"一体两翼"格局，即国家税务部门和国有资产管理部门成为财政这一机体的两个翅膀，缺一不可，这是由社会主义国家的双重身份决定的。在计划经济时期，"政企不分""政资不分""两权不分"，从而在国家这一主体之下的"五个两重"是合二为一的；与此相适应，财政是单一结构的，体现政权和公共性的所谓"吃饭财政"与体现财权和经营性的"建设财政"没有分别预算、分列运行、分开管理。这是时代的需要。如今，我国实行社会主义市场经济，经济运行机制要求政府实行"政企分开""政资分开""两权分开"，与此相对应，就要求实行税利分流，复式预算，打破"大一统""大包揽"的财政模式，构建公共财政和国有资产（本）财政相结合的"双重（元）结构财政"运行模式。我国实行公共财政是国家财政所固有的，但不能忽视国有资产（本）财政，把国家财政变成单纯的公共财政。

从公有制这一基本经济制度来说，国家资产（本）财政是公有制的物质基础，代表社会主义方向，这是必须肯定的。建立社会主义市场经济，要求调整财政供给范围，优化支出结构，解决财政"缺位"和"越位"问题。为此，财政要逐步从竞争性、经营性领域退出，加强公共设施、基础教育、医疗、社会保障、农业和环境保护等公共产品方面的投入。这是当前我国财政工作的重点。但财政退出经营性领域，要从中国国情出发，要经历一个过程，要把握一个度，绝不是撤得干干净净。如粮食、军工产品生产经营，你能退出吗？我认为，解决我国财政分配中"缺位"和"越位"现象，应当坚持"保三争四"的原则：一是保证国家机构，如国防、行政以及公、检、法等执行社会管理职能的需要；二是保证科学、文教、卫生、体育、社会保障等事业发展中必须由财政提供部分的需要；三是满足大型公共设施、基础设施、重点建设投入等非营利性或微利性投资的需

要；以上三项就是政府提供公共产品的"公共支出"；四是在前三个需要（公共支出）得到满足且国力允许的情况下，可适当安排对国有垄断性和竞争性、营利性企业的投入。"保三争四"的指导思想是：首先保证公共产品，满足公共需要，重点是公共财政，但不能忽视而必须兼顾国有资产（本）财政。从西方市场经济国家来看，它们都或多或少存在着国有企业，只是国有企业的性质不同，其规模相对小，主要分布在无利或微利的非经营性领域。因此，西方这部分财政支出也划入公共财政范围。我认为，我国是社会主义国家，公有制是主体，根据中国的国情，我国财政投资和国有资产的分布面应当比西方国家大一些，应保证垄断性投资需要，促进经营性国有资产的有效营运，使之保值、增值，不能完全退出竞争性、营利性企业的投入，这是以公有制为主体、多种所有制共同发展，共同推动社会主义市场经济快速、高效、健康发展所要求的。

五、中西公共财政的异同

以市场经济为基础和依托的公共财政有其一般性的内涵，即"公共财政一般"，这主要体现在：（1）预算的公共性。公共财政从出发点和归宿点来看，是应市场主体的公共需要而产生，为满足公共需要而存在。因而通过预算收支提供的公共产品必然也必须是由公众的偏好和意愿决定的，要受公众的制约和监督。政府作为社会公众的代理人不能侵犯公众的利益。（2）收入的公共性。指的是课征税收依据的是公共权力，税收普遍课及每个社会成员，"取之于民，用之于民"，这符合受益原则。（3）支出的公共性。财政的供给范围限制在公共性领域，如公共安全、社会秩序、公用事业、基础设施、科技教育、社会保障、经济稳定、环境保护等方面。市场有效竞争领域的资源配置，是经济主体的事，财政一般不插手。

由于社会制度、历史文化传统等的差异，不同的"市场—政府观"下的公共财政，又有特殊性的一面，即"公共财政特殊"。即使从西方国家来说，政府干预的广度与深度不尽一致，公共财政范围的大小不一。就中西比较而言，姑且不论财税制度和政府收支结构上的细微差异，就公共财政模式本身看，我国公共财政至少有这么两大特殊性：一是我国的公共财政不是单纯的公共财政，我国还要处理公共财政与国有资产（本）财政之间的关系。多一个国家资产（本）财政，这是我国财政的特色；我国的公共财政远非西方的那么简单。二是我国公共财政的职责不单是要弥补市场不足和保护市场，同时还要影响市场和培育市场。我国目前的市场经济还比较脆弱，要发育到西方比较成熟的市场经济水平，还有很长的一段路要走，这就加重了政府的责任，宏观调控的广度和力度相对要大些，要强些。不仅"市场不能干的，政府要干"，这是公共财政最基本的供应范围；就是"市场能干，但现在干不好或干得很慢的"，政府还要介入，产业结构调整就是一个突出的例子。可见，我国的公共财政的内涵和外延除了其一般性，还保留自身的特殊性。在公共产品供应范围上，不仅要加强物质性的公共产品供应，如公共基础设施、社会保障等；还要加强政策、制度、法令性的公共产品供应，以健全、完善、稳定市场经济。

六、借鉴"公共财政论"，发展"国家分配论"

我认为，"公共财政论"主要有如下思路、观点或方法是值得"国家分配论"学习和借鉴的。

首先，在市场经济条件下，资源配置应当以市场配置为基础，以政府（财政）配置方式为补充，使"看不见的手"与"看得见的手"相互配合，以实现社会经济的有效运行。在市场经济中，财政作为政府直接计划配置资源的手段，应当真正发挥市场在资源配置方面的基础性作用；财政活动则把弥补市场的缺陷作为出发点，其首要任务是为所有的市场主体提供一视同仁的公共服务，避免由于政府财政的不恰当干预给市场的有效运作和经济效率造成损害。这意味着，在我国社会主义市场经济条件下，应当把构建和完善公共财政作为财政改革的核心内容，并在此基础上，切实搞好国有资本财政。

其次，政府取得的用于提供公共产品和服务的财政收入，应贯彻总体有偿的原则，根据政府提供公共服务的实际支出来确定收入的规模，即实行公共财政上的"量出为入"。"公共财政论"把课征税收的原因归结为政府为社会公众提供公共产品的获得的价值补偿，主张根据公共产品的规模来确定税收的规模，同时试图在个人所享受的公共服务的数量与其应缴纳税额之间建立起等价交换关系。总体上说，由于一个人究竟获得了多少公共服务是很难衡量的，因此"公共财政论"的这一看法在现实中并不具备可操作性，但仍不乏其意义。那就是，在市场经济条件下，政府可以取得多少财政收入，应该充分考虑到自身为社会提供了什么样和多少的服务，从而可以从社会公众那里取得多少的补偿或收入，而不能仅仅考虑自己在取得收入方面到底有多大的能力。因为从理论上讲，政府作为政权的行使者，他通过强制手段取得收入的能力是可以非常巨大的，但这很容易造成对经济效率的损害。

再则，市场经济条件下的财政应当是法制化的财政。国家预算制度是一个国家的财政管理制度中最具决定意义的内容，国家预算的政治决定过程是西方财政理论关注的焦点。"公共财政论"认为，公共财政从出发点和归宿点来看，是应市场主体的公共需要而产生，为满足公共需要而存在的，因此通过预算收支提供的公共产品必然也必须是由公众的偏好和意愿决定的，要受公众的制约和监督，政府作为"代理人"不能侵犯公众的利益。这就决定了国家预算应当依据有关法律，通过一定政治程序进行，国家预算的绝大部分内容向社会公众公开，社会公众有权监督国家预算的实际执行情况，这些做法使得市场经济条件下的国家预算在很大程度上步入了法制化、程序化和公开化的轨道，从而使政府的财政活动呈现出很强的法制化特点。为了使我国的财政与社会主义市场经济体制相适应，无疑也应当采纳西方国家财政的做法，借鉴和吸收"公共选择论"的一些合理成分。

最后，在研究方法方面，"公共财政论"沿袭了西方经济理论的传统研究方法，即透过经济现象提出经济思想，再把经济思想具体化为系统的经济理论，之后通过建立适当的经济模型把经济理论作进一步深化，然后将经济理论用于指导经济政策与实践。这一过程可以简要地表示为：经济现象—经济思想—经济理论—经济模型—经济政策。"公共财政论"大量采用数理方法、计量方法，对财政理论与实践问题进行定性、定量分析，这是丰富和发展"国家分配论"时值得借鉴的地方。

（原载于《财政研究》2000年第1期；人大复印资料《财政与税务》2000年第5期全文刊载）

在整合中发展"国家分配论"

在当代社会里，财政是一国经济系统不可或缺的组成部分。对于正在发生急剧变革的中国经济来说，财政改革的道路和方向如何，将在很大程度上影响乃至决定经济改革的进程。因此，准确把握财政改革的道路及其行进的方向，有着重要的现实意义。而坚持科学的财政理论，树立正确的财政观，是准确把握财政改革道路及其方向的坚实保障。

那么，什么是，以及如何形成科学的财政理论和正确的财政观呢？我认为，科学的财政理论和正确的财政观应当是在坚持马克思主义基本原理的基础上，立足于当代中国实际，广泛吸收和借鉴世界各国先进的财政理论，并且加以适当整合和发展的结果。从这个意义上说，坚持"国家分配论"，借鉴"公共财政论"，中西结合，洋为中用，实现二者的优势互补，是我国在现实条件下形成科学财政理论和正确财政观的一条通道。

一、正确理解"国家分配论"与"公共财政论"的关系

适应于市场经济发展的要求，我国正在努力构建公共财政的基本框架。这一重大改革举措将对我国的经济、政治、社会等各方面产生深刻而持久的影响。公共财政作为国家财政的一种表现形式，以植根于市场经济土壤的公共财政为理论基础和依据。因此，当公共财政的构建在当前的中国渐成各方的共识之时，一个重要的理论问题随之浮出水面：如何看待我国传统的主流财政理论——"国家分配论"与源于西方国家的"公共财政论"之间的关系？

首先必须明确的是，"国家分配论"与"公共财政论"之间并非水火不容、相互排斥的关系，而是相辅相成、互为补充的关系。诚然，"国家分配论"与"公共财政论"产生、存在并成长于不同的经济体制环境中，同时，它们有着不同的经济学基础和国家观基础。但是，我们切不可因此而想当然地认为两种理论之间有着不可调和的对立关系。事实上，产生于我国计划经济时期、以马克思主义劳动价值论及其国家学说为基础的"国家分配论"，从一开始就以自己独特的分析视角，透过纷繁复杂的财政现象，把握财政的本质，提出了"财政是以国家（或政府）为主体的分配关系"的论断，从而科学地回答了"什么是财政"这一财政学的核心问题。此外，由于国家分配论关于财政及其本质问题的探讨采用了史论结合的分析方法，因而能够概括出横贯上下五千年人类历史的、不同社会形态下的财政活动的共性。而扎根于西方市场经济土壤、以边际效用价值论及社会契约

论为基础的公共财政论，直面资本主义市场经济运作的现实，运用逻辑分析的方法，循着"市场有效—市场失效—公共或政府的干预—财政介入"的思路，探讨政府及其财政活动的合理性及其运行机制，从而揭示出市场经济条件下财政活动的个性特征。

这样，公共财政论的分析只涉及市场经济条件下的财政模式及其运行过程，它所触及的是财政活动的表层，从总体上看，公共财政论是现象论、模式论。而国家分配论的分析涵盖不同社会形态下的财政模式及其运行机理，它对财政活动的探讨鞭辟入里，深达财政的本质。它所关注的不仅仅是财政活动中人与物的关系，更在于财政活动中人与人之间的关系。总体说来，国家分配论是本质论、机理论。因此，在本质的层面上，国家分配论可以涵盖公共财政论，因为市场经济条件下公共财政的本质也是以国家为主体的分配关系；而在现象及运行过程的层面上，国家分配论对市场经济条件下财政活动分析的不足或滞后之处，则需要通过吸收与借鉴公共财政论来弥补。可见，国家分配论与公共财政论是本质论与现象论的关系，是机理论与模式论的关系，是包含与充实的关系。

二、坚持国家分配论

尽管国家分配论产生并形成于计划经济时期，但在我国建设社会主义市场经济的过程中，这一理论仍有着重要的理论意义和现实意义。换句话说，即便是在资本与市场的环境中，国家分配论也绝不会过时，其顽强的理论生命力是不因经济体制的变革而变化的。之所以可以这么说，理由有两个：其一，从理论上说，国家分配论对财政的本质特征与财政性质问题的独特理解，能够弥补公共财政论的缺憾；其二，从实践上看，在以公有制为主体的社会主义市场经济条件下，基于国家分配论的逻辑而引申出的关于构建双重结构财政（或双元财政）模式的政策主张，对解决好我国国有企业在改革过程所面临的财政管理问题有重要的指导意义。

我们知道，公共财政论是对长期根植于西方资本和市场环境之上的财政活动及其运行过程的理论概括，而进行这样的理论概括无疑是正确的，对我国建立与社会主义市场经济体制相适应的财政模式有着十分积极的意义。但是，囿于长期形成的学术研究传统，公共财政论仅从财政活动的现实来把握财政范畴，并没有深入财政活动的本质，没有进一步揭示财政分配活动背后所隐藏着的人与人之间的关系。但是，不谈财政本质，不等于财政没有本质，不等于财政理论不能或不应该揭示财政的本质。事实上，鉴于任何事物都是现象与本质的统一，任何范畴都是对事物本质的概括和体现，因此，没有揭示财政本质的财政范畴是不科学的，没有回答财政本质的财政理论是不完整的，哪怕它能够正确反映特定财政活动的特征及其运行过程。

事实上，公共财政理论以无政府假说为出发点，论证市场经济处于失效状态时政府及其财政进行干预的必要性，这固然不失其理论意义，但却忽略了一个重要事实：提出政府及其财政为什么有必要存在，并没有揭示政府及其财政实际上是如何存在与运作，以及为什么会如此存在及运作的理由。而要揭示政府及其财政的实际运行情况，就不能不把关注的焦点放在财政活动所体现的错综复杂的分配关系之上，也不应对财政活动的属性之——利益集团性（或阶级性、阶层性）避而不谈。尤其是，我国的财政、经济改革之路是十分艰难而曲折的，政府及其财政一视同仁地服务于社会公众的公共性并不会自然而然地显现出来，其间交织着各种利益集团之间的摩擦、冲突和斗争，伴随着各种利益集团的分化、瓦解与重组，这就使我们不得不关注于国家财政的利益集团性，不得不关注于财政分配行为背后所隐藏着的分配关系或经济关系，而"国家分配论"则提供了理解这些问题的钥匙。

在经济体制转型过程中，我国政府在国有企业的总体经营绩效欠佳的情况下，毅然走上了国有企业重组之路，大规模收缩国有企业的分布战线，以强化对大中型国有企业的规范管理。这样，如何在新形势下建立起政府及其财政对于国有资产的科学管理模式，成为理论工作者和实践部门十分关注的一个话题。在财政学界，以叶振鹏、张馨等同志为代表的一批理论工作者基于"国家分配论"的逻辑思路，将社会主义国家的身份理解为政治权力的代表者和国有资本的代表者，提出了一个关于公共财政（体现政权行使者权力）与国有资本财政（体现财产所有者权力）共存于社会主义市场经济财政这个统一体之内的双重结构财政（或双元财政）模式，从理论上阐明了如何建立适应于社会主义市场经济建设的财政模式问题。

双重结构财政论认为，适应于市场经济体制建设，我国应实行公共财政；而适应于社会主义经济制度及其方向，我国还应在公共财政之外，另有一块体现国家作为资本所有者、体现公有制为主体的财政，即国有资本财政；因此，适应于社会主义市场经济的财政模式，应当是既相互区别又相互联系的公共财政和国有资本财政的有机统一体，即双重结构财政（或双元财政），而单纯用公共财政是不足以概括社会主义市场经济下的财政模式的。

三、借鉴"公共财政论"

当前，我国正在进行构建公共财政的努力，而这自然需要有相应的理论支持。西方国家的长期实践已经充分表明，公共财政论的理论观点与政策主张是能够指导公共财政实践的，因而值得我们借鉴。我认为，"公共财政论"的借鉴意义主要体现在以下两个方面：

（1）在经济运行过程中，应正确处理好政府（财政）与市场之间的关系。"公共财政论"对市场经济条件下政府及其财政存在的必要性的分析表明：在市场经济中，资源配置的方式应当以市场配置为基础，以政府（财政）配置方式为补充，使"看不见的手"与"看得见的手"相互配合，以实现社会经济的有效运行。在市场经济中，财政作为政府直接计划配置资源的手段，应当真正发挥市场在资源配置方面的基础性作用；财政活动则把弥补市场的缺陷作为出发点，其首要任务是为所有的市场主体提供一视同仁的公共服务，避免由于政府及其财政的不恰当干预给市场的有效运作和经济效率造成损害。这意味着，在社会主义市场经济下，我国在建立稳固、平衡、强大的国家财政时，应当把构建和完善公共财政作为财政改革的核心内容，并在此基础上，切实搞好国有资本财政。

（2）应当正确把握公共财政的基本特征。公共财政的基本特征可以概括为四个方面。①公共财政是弥补市场失效的财政。市场经济是以市场配置作为社会资源配置的基础性手段的经济形态，但市场并非万能，更不是唯一的，市场也会失效，也有做不到的地方。市场失效的表现形式主要有：公共产品与服务的供给不足、外部经济（如绿化、路灯等）或外部不经济（如环境污染）、市场垄断与自然垄断（如自来水、有线电话等）、市场缺失（如失业保险市场不存在等）、收入分配悬殊、宏观经济失衡等，这些场合或领域往往需要政府及其财政在一定程度的介入和干预。②公共财政必须为市场活动提供一视同仁的服务。平等互利的市场交易活动的进行，有赖于公平竞争的外部环境的建立。由于政府及其财政活动直接作用于市场主体，直接影响着他们的行为，因此，政府及其财政必须一视同仁地对待所有的市场主体；否则，对不同的市场主体采取区别对待的措施，就意味着政府直接支持或抑制了某些市场主体的决策，而这显然违背了市场经济的公平竞争规则。③公共财政具有非市场营利的性质。市场失效问题之所以存在，其根源之一就在于在市场失效领域无法确保市场主体获得应有的或正常的市场利润水平。因此，置身于市场失效领域内的政府及其公共财政，就不应直接进入市场去追逐盈利，而只能以公共利益为活动目标。④公共财政是法制化的财政。由于政府是政治权力的独一无二的直接行使者，这种政治权力上的垄断特征，使得通过议会和相应的法律程序来决定、约束、规范和监督政府的财政行为显得尤为必要，而此时的财政就鲜明地体现出是社会公众的财政，亦即，税收是依据税法征收的，没有议会的批准授权，有关税法是无法确立的；而没有获得议会批准的政府预算，政府是一分一毫也无权随意使用的。

四、在整合中发展

在整合中求得理论的发展，在发展中对理论加以整合，这是理论顺应时势需要、认识伴随实践深化的必然要求。尽管国家分配论是针对我国计划经济时期的财政经济实践而提出并创建的理论观点和体系，但在多年的发展过程中，尤其是在我国的经济改革进程中，这一理论并没有止步不前，而是始终坚持与时俱进、不断创新的态度，以财政本质论为核心，在广泛吸收、借鉴中西方国家各财政学流派的观点的基础上，提出了一系列对我国财经改革的顺利推进具有现实指导意义的理论观点与政策主张，主要包括：从财政本质论出发，逐步深入财政运行的实际运行过程中，提出财政四要素论、财政"收、支、平、管"四环节论等；从政府及其职能的研究出发，逐步深入财政与经济运行机制之间关系的现实过程中，提出了财政经济论、"一体五重"论或"一体两翼"论、财政四职能论等；从计划经济型财政出发，逐步深入市场经济型财政，提出了双重结构财政论、国有资产收入论、税利分流论、双主体税种结构论等；从侧重国家计划调控出发，逐步深入市场机制的基础性作用，提出了财政平衡论、分级管理论、财政政策与货币政策协调论等。

当前，我国的财政改革正面临建立稳固、平衡、强大的国家财政和构建公共财政基本框架的艰巨任务。在此背景下，国家分配论在吸收、借鉴公共财政论的基础上，还澄清了一个重要的理论认识问题：即如何理解公共财政与国家财政之间的关系？

要正确理解公共财政与国家财政之间的关系，首先需要从"公共财政"一词的内涵说起。我认为，古今中外，财政就是国家财政、政府财政，因其天然具有公共属性，所以也是公共财政，它们是同义的。但是，随着生产力水平、经济制度和经济体制的演进，不同的国家财政又会有不同的模式（类型）。现在大家所说的"公共财政"一词是从西方引进的，将它作为国家财政在市场经济条件下的一种模式，突出它是一种市场型财政，有着特殊的意义。

"公共财政"一词是英文 Public Finance 的直译。Finance 的意思就是我们通常所说的财务管理。财务管理既可以发生在私人部门，如家庭、企业、银行的资金管理；也可以发生在公共部门，主要是政府部门的资金管理。在 Finance 一词前加上限定词 Public，此时的 Finance 就超越了私人性，而具有特定的公共性。因此，从字面上理解，Public Finance 指的就是公共的或公共部门的财务管理。由于国家（或政府）是整个社会经济中最主要的公共部门，因此，用 Public Finance 来代表国家（或政府）的分配行为或收支活动，是容易为人们所接受的。所以，应当把 Public Finance 译为"财政"，因为财政就是指国家（或政府）的分配行为或收支活动。也正因为如此，假如把 Public Finance 直译为公共财政，有些学者认为是画蛇添足，多此一举。

不过，人们会问，如果 Public Finance 是专指国家（或政府）的财政活动的话，那么为什么不直截了当地在 Finance 的前面用 Government 加以限定，却偏偏要冠以 Public 一词呢？事实上，Public Finance 一词直到1892年才被英国的巴斯塔布尔（Bastable C.F）首次用来概括财政（学）这一范畴。而在 Public Finance 被广泛采用的前后，财政（学）被冠以 Government Finance 的不在少数，而且迄今仍然有之。这样，如果把 Public Finance 和 Government Finance 放在一起进行比较，那么将 Public Finance 译为公共财政

（学），用以特指市场型的财政，以突出市场经济条件下的国家（或政府）财政活动的公共性，不失为一个贴切的译法，是可以接受的。

上述分析表明，"公共财政"一词近几年来在我国的兴起，事实上是对社会主义市场经济条件下财政模式的走向进行理论概括的结果。在我国财政改革与财政理论发展的现实情况下，提出"公共财政"一词，将其作为国家财政在社会主义市场经济条件下的一种模式，以区别于计划经济条件下大包大揽的"大一统财政"，有助于标识我国财政职能转化的方向，有利于财政定位，因而是有着特殊的现实意义和理论意义的。

这样，当我们将"公共财政"一词作为与市场经济相适应的特定财政模式的理论概括与统称时，公共财政的内涵就有别于财政、国家财政或政府财政，它事实上已经演变为财政、国家财政或政府财政的子概念、属概念。特别是，在我国现时期，由于仍有大量的、代表社会主义发展方向的国有资产散布于竞争性、经营性领域，因此有必要建立起相应的国有资本财政，以加强对国有资本和国有企业财务的宏观管理和监督工作。由于以非营利性为特征的公共财政与以营利性为特征的国有资本财政之间既相互区别又相互联系，它们将共存于国家财政这个有机的统一体内，因此，公共财政还可以理解为国家财政的一个组成部分。

参考文献：

[1] 叶振鹏、张馨：《双元结构财政》，经济科学出版社1999年版。

[2] 张馨：《公共财政论纲》，经济科学出版社1999年版。

（原载于《厦门大学学报》2003年第1期）

邓子基资深教授著作、译著及教材

1.《苏联国家预算》（译著），中国财政经济出版社1954年出版

2.《区决算报表的分析》（译著），中国财政经济出版社1955年11月出版

3.《两种社会制度的国家公债》（专著），上海人民出版社1956年3月出版

4.《国家劳动后备系统是苏联工人阶级的主要补充来源》（译著），上海人民出版社1956年12月出版

5.《资本主义国家税收》（译著），财政出版社1959年8月出版

6.《资产阶级财政理论批判》（专著），（与吴兆莘合著）上海人民出版社1960年12月出版

7.《财政是经济基础还是上层建筑》（主编），中国财政经济出版社1964年4月出版

8.《资产阶级财政理论批判（修订本）》（专著），上海人民出版社1979年10月出版

9.《社会主义财政理论》（专著）（与叶振鹏合著），人民出版社1979年2月出版

10.《社会主义财政学》（全国统编教材）（总纂），中国财政经济出版社1980年3月出版

11.《财政与信贷》（全国统编教材）（主编），中国财政经济出版社1981年5月出版

12.《社会主义财政学（修订本）》（全国财政统编教材）（总纂），中国财政经济出版社1982年7月出版

13.《社会主义财政理论若干问题》（专著），中国财政经济出版社1984年8月出版

14.《财政与信贷》（全国统编教材）（主编），中央广播电视大学出版社1985年7月出版

15.《财政与信贷学习指导书》（主编），中央广播电视大学出版社1985年7月出版

16.《财政与信贷资料》（主编），中央广播电视大学出版社1985年7月出版

17.《〈资本论〉与部分经济理论》（专著）（与袁镇岳、葛家澍合著），吉林人民出版社1985年出版

18.《财政与信贷复习资料》（主编），上海《经济月刊》编辑部1986年4月出版

19.《财政与信贷（录音讲稿）》（教材），吉林电大通化印刷厂1986年5月出版

20.《财政与信贷（修订本）》（全国统编教材）（主编），中国财政经济出版社1986年9月出版

21.《财政收支矛盾与平衡转化问题》（专著）（与徐日清合著），厦门大学出版社1987年2月出版

22.《财政与信贷学习指导书（修订本）》（主编），中央广播电视大学出版社1987年3月出版

23.《财政与信贷参考资料》（主编），中央广播电视大学出版社1987年3月出版

24. 《财政与信用教程》（主编），厦门大学出版社1987年5月出版

25. 《财政理论与实务》（专著）（与邱震源、邱华炳合著），福建人民出版社1987年7月出版

26. 《美国财政理论与实践》（译著）（与邓力平合译），中国财政经济出版社1987年9月出版

27. 《社会主义财政学（第二次修订本）》（全国统编教材总纂），中国财政经济出版社1987年9月出版

28. 《社会主义利润》（专著）（与张馨合著），经济科学出版社1987年10月出版

29. 《经济大辞典——财政学》（主要撰稿人），上海辞书出版社1987年11月出版

30. 《比较财政学》（高等学校文科教材）（主编），中国财政经济出版社1987年11月出版

31. 《马克思恩格斯论财政》（专著）（与杨炳昆合著），厦门大学出版社1988年5月出版

32. 《〈资本论〉与社会主义财政理论》（专著）（与杨炳昆合著），厦门大学出版社1988年11月出版

33. 《国际税收导论》（专著）（与唐腾翔合著），经济科学出版社1989年12月出版

34. 《财政学原理》（专著），经济科学出版1989年12月出版（1997年修订本）

35. 《马克思恩格斯财政思想研究》（专著），中国财政出版社1990年1月出版

36. 《财政与信贷学习指导书（修订本）》（与张馨、朱志忠合编），中央广播电视大学出版社1990年4月出版

37 《财政金融政策与宏观调控：1989年中国国际学术会议文选》（主编），中国财政经济出版社1990年6月出版

38. 《公债经济学——公债历史、现状与理论分析》（专著）（与张馨、王开国合著），中国财政经济出版社1990年8月出版

39. 《美国加拿大税制改革比较研究》（专著）（与邓力平合著），中国财政经济出版社1991年7月出版

40. 《财政理论研究》（上、下册）（专著），山东人民出版社1992年4月出版

41. 《财政支出经济学》（专著）（与王开国、张馨合著），中国财政经济出版社1993年6月出版

42. 《财政与宏观调控》（专著）（与邱华炳、杨炳昆、陈浪南、欧阳昌琼合著），厦门大学出版社1993年出版

43. 《西欧国家税制改革比较研究》（专著）（与巫克飞合著），中国财政经济出版社1993年12月出版

44. 《经济特区财政若干问题研究》（与汪异明、王陆进、时建龙、李保民合著），鹭江出版社1993年12月出版

45. 《现代西方财政学》（主编），中国财政经济出版社1994年1月出版

46. 《税利分流研究》（与孙开、刘磊、林文高合著），厦门大学出版社1994年12月出版

47. 《振兴财政的思考》（与李保民、汪异明、靳东升、李智、张通合著），中国财政经济出版社1994年12月出版

48. 《财政理论与财政改革》（专著），山东人民出版社1995年4月出版

49. 《马克思分配理论与财政》（主编），厦门大学出版社1995年9月出版

50. 《涉外税收管理》（与杨斌、靳东升、王陆进、林宗武合著），经济科学出版社1996年1月出版

51. 《经济特区引进外资的税收优惠政策研究》（专著）（与时建龙、王陆进、王家春合著），鹭江出版社1996年1月出版

52. 《财政与信贷》（第二次修订本）（全国统编教材）（主编），中国财政经济出版社1996年11月版

53. 《马克思再生产理论与财政》（专著）（主编），厦门大学出版社1996年8月出版

54. 《财政学原理》（修订本）（专著），经济科学出版社1997年9月出版

55. 《庆祝邓子基从事教育科研五十周年文集》（上、下册），厦门大学出版社1997年版

56. 《邓子基教授从事教育科研五十周年画册》

57. 《财政理论专题研究》（专著），中国经济出版社1998年9月出版

58. 《税收支出管理》（专著）（邓子基等著），中国经济出版社1999年1月出版

59. 《财政学》（面向21世纪课程教材、高等学校经济学核心课程教材）（邓子基、邱华炳主编），高等教育出版社2000年7月第1版

60. 《税种结构研究》（专著），中国税务出版社2000年8月第1版

61. 《国家财政理论思考——借鉴"公共财政论""发展国家分配论"》（专著），中国财政经济出版社2000年11月第1版

62. 《财政学——面向21世纪课程材料、高等学校财政学专业课程教材》（主编），中国人民大学出版社2001年7月第1版

63. 《财政与金融》（第三次修订本）（主编），中国财政经济出版社2002年3月第1版

64. 《财政理论与财政实践（1997—2002）》（专著），中国财政经济出版社2002年12月

65. 《财政理论与实践》（译著）（马斯格雷夫著，与邓力平合译），中国财政经济出版社2003年6月出版

66. 《财政学》（21世纪普通高等学校财政学课程）（与林致远编著），清华大学出版社2005年出版

67. 《财政学》（21世纪普通高等学校财政学课程），高等教育出版社2005年7月第2版

68. 《财政与宏观调控研究》（主编），中国财政经济出版社2005年8月第1版

69.《财政政策与提高产业竞争力》（与林致远、王相林合著），中国财政经济出版社2006年2月第1版

70.《国有资本财政研究》（与陈少晖合著），中国财政经济出版社2006年4月第1版

71.《地方税系研究》（邓子基等著），经济科学出版社2007年5月第1版

72.《财政学》（第2版）（面向21世纪课程教材普通高等教育"十一五"国家级规划教材）（邓子基主编），高等教育出版社2008年10月出版

73.《财政学》（第二版）（通用经济系列教材）（邓子基主编，陈工副主编）中国人民大学出版社2010年6月出版

74.《邓子基财经文选》（第5卷），中国财经出版社2012年2月出版

75.《土地财政理论与实践》（邓子基、唐文倩著），经济科学出版社2012年2月出版

第二部分

使命如磐　勇担时代重任

邓子基：自称"老师"与"老兵"

记者　蔺玉红

邓子基，我国财政学界的大家，"国家分配论"代表人物，致力于建立发展适应社会主义市场经济的国家财政理论体系，与时俱进，理论之树常青；11岁失去父母，一生桃李芬芳；三尺讲台一站60年，85岁仍坚守教学第一线。他说："我不是大师，我是老师。我不是泰斗，我是'老兵'。"

邓子基——"80岁的年龄、60岁的身体、40岁的心态"

2007年6月23日，厦门国际会展中心国际会议厅，邓子基从教60周年庆祝大会暨学术研讨会在这里举行。

"财政学界的泰斗""一代大师"，致辞的领导、来宾和学生代表对邓子基在教学和科研上的成就这样评价道。85岁的邓子基坐在台下聚精会神地听着。

该邓子基致答谢辞了。"大家对我从教60周年和科研活动讲了许多过誉、过奖的话，我愧不敢当。你们说我是大师、是泰斗，我仔细考虑过了，我不是大师，我是老师。我不是泰斗，我是'老兵'。"邓子基讲得很真诚。

穷乡僻壤的孤儿

邓子基是一个苦孩子。

1923年6月，邓子基出生在福建沙县夏茂镇儒元村一个贫困家庭。11岁那年，邓子基的父母相继去世，从此，孤苦伶仃的他只能靠自己勤快的双手独自谋生了。

1934年的寒冬，衣衫褴褛的邓子基来到镇上，找到一家杂货店，向店主说明了自己的遭遇。店主听后，非常同情，决定收下他当学徒。干活时，邓子基从早到晚一刻也不闲着，把店面收拾得利利索索，吸引的回头客越来越多。生意好了，店主心里自然高兴，每个月除了包吃包住，还给邓子基两块大洋作为奖赏。

在这样艰苦的环境中，邓子基终于攒了十几块银圆。他决定告别小镇，到南平上初中。

邓子基格外珍惜这来之不易的学习机会。有一次，他生病了，"打摆子"打得厉害，身体很虚弱，连走路都走不稳，老师和同学们都劝他回宿舍休息。"不，我还能坚持。"

邓子基说。

上完课，邓子基又跟跟跄跄拖着病弱的身体，去打扫学校的卫生。他要把厕所冲洗得没有一点异味。因为，这些事做好了，也能为他领取奖学金多添一个筹码。

进初中后的第一次大考，邓子基取得了语文和数学等科目的第一名，他终于领到了学校颁发的奖学金。

就这样，邓子基靠勤工助学，靠奖学金，完成了初中、高中的学业。

1943年，邓子基参加全省高中会考，获得了保送国立政治大学的资格。与此同时，邓子基还考取了国立交通大学航空系。国立交通大学开学较早，邓子基先到那读了六个月，读的是飞机制造专业。

山城重庆的冬天快要来了。这时，邓子基发现自己所带的钱几乎用光了，身上只剩下一件用来御寒的棉衣，吃饭也快成问题，学校又催他赶快交学费了。

"我身上没钱，曾有几个华侨资助我。后来还是交不起学费，我就从交通大学退学了。政治大学开学比交大晚半年，于是我又跑到那儿去念，读经济系。"邓子基回忆说。

为什么要这样做呢？邓子基解释，一是政治大学包吃、包穿，还给些零用钱；二是毕业后包分配。

历史就这样阴差阳错地帮邓子基做出了选择。交通大学也许失去了一位未来航空领域的科学家，而政治大学却迎来了一位有智慧、有毅力的新生。邓子基正是从这里开始了他的学术探索，一步步成为著名的经济学家、我国社会主义财政学的奠基人和开拓者之一、中国财政学主流学派"国家分配论"的标志性人物之一。

成为王亚南的弟子

1947年7月，邓子基大学毕业后，被分配到江苏泰州县税务局工作，当了小公务员。此时，内战爆发，通货膨胀，民不聊生。年轻的邓子基以经济学者的眼光思考着祖国和自己的前途与命运。他辞掉已经干了3个月的公务员一职，怀着一腔热血回到福州，加入了共产党的外围组织"民主联合会"，投入民族"反饥饿，反内战，争自由"的斗争洪流中。

期间，邓子基也找过几份工作，但都觉得不太合适。新中国成立了，他在等待机会。

1950年春，厦门大学校长王亚南教授领衔成立了厦门大学经济研究所，并开始招考新中国首批经济学研究生。

当时厦门大学也和全中国一样，万木复苏、百废待兴，选择经济学作为突破的课题，有着划时代的深远意义。

王亚南是我国著名的经济学家，马克思《资本论》的最早中译者之一。王亚南不仅是校长，还身兼研究所所长、导师多重职务。

邓子基通过研究生招生考试，以福州考区第一的成绩，成为王亚南的首批弟子。

王亚南对邓子基说："你做过税务工作，就读财政学吧。""学财经是王亚南校长帮我定的，他对我做学问的方法、为人治学影响很大。"邓子基今天回忆起这些往事，心里仍感到温暖。

王亚南待徒如子，不仅督促、辅导邓子基的学业，还无微不至地关心他各个方面的成长。王亚南的言行让邓子基受益匪浅。邓子基说："王老师永远是我人生旅途上的坐标，他时刻提醒着我，只有对学生付出全部无私的爱，才有资格坚守教师的岗位。因此，在我60年的教育生涯中，我恪守了他留给我的10字宗旨：教书、育人，出人才、出成果。"

1952年，邓子基以优异的成绩毕业，成为新中国第一届研究生，王亚南把他留在自己身边工作。

国家分配论的倡导者

邓子基留校后，全身心投入了教学和科研活动。除了教学外，他还兼任校教务秘书，不久又兼任校教学改革委员会秘书，为三个正副教务长和校长服务，工作量之大，工作效率之高可见一斑。

1957年，西南财大一个叫许廷星的老教授写了一篇文章，提出"财政是分配关系"，邓子基从中得到启发。1962年，他写了《略论财政本质》的论文，在《厦门大学学报（哲学社会科学版）》第3期上发表，较早全面系统地论证和倡导了"国家分配论"，并且提出了"财政的本质是以国家为主体的分配关系"的著名观点，这一理论在财政学界产生了重大影响。

何谓"国家分配论"？简言之即财政的本质是国家参与国民收入分配和再分配的活动及所体现的分配关系。

邓子基的学生、国资委研究中心党委书记、副主任李保民博士对记者解释说，新中国成立后，要搞经济建设，钱怎么管？"国家分配论"很好地回答了这个问题：实行统一财政，由国家集中管理经济，也就是我们常说的集中财力办大事。

1962年，邓子基又在《中国经济问题》第4期上发表了《试论财政学对象与范围》，在第11期上发表了《财政只能是经济基础的范畴》等文章。

"邓子基的这些文章很好地运用了马克思恩格斯的立场观点来分析财政本质问题，论述全面而系统，从而确立了他在我国财政学界的'国家分配论'代表人物的地位。"厦门大学经济学院院长张馨说。

这些文章让学界知道厦门大学出了一位很有名的青年教师。此后，邓子基开始专攻国家财政学和税收理论的研究。

但是，"文革"中，邓子基的教学、科研活动被迫停止了。直到粉碎"四人帮"以后，1979年，这位"青年讲师"才成为一名"副教授"，这时，邓子基已经56岁了。

1980年，邓子基光荣地加入了中国共产党，成为拨乱反正后我国发展的第一批知识分子党员，当时，本报头版还专门报道了这件事。

1983年，邓子基以60岁的高龄，被评聘为"文革"后的首批教授、博导。

与时俱进的研究者

此时的中国，改革开放大潮汹涌澎湃，人们思想解放，经济领域的学术研究也异常活跃。

"国家分配论"开始遭到一些专家学者的质疑。针对出现的争论，中国社科院召集全国80多位专家，在厦门大学召开了一次全国财政基本理论座谈会，就财政的本质问题展开讨论。

邓子基是"国家分配论"的倡导者、坚持者，但他没有故步自封。在会上，邓子基认真倾听大家的批评，没有发表意见。1983年，他吸收了那次会上专家们的意见，结合自己的思考，在《厦门大学学报（哲学社会科学版）》第4期上发表了一篇文章《为"国家分配论"答疑》。

文章开头，邓子基这样写道：各学派论点给我很大启发，对修改《社会主义财政学》教科书，进一步研究财政理论都有很大好处。

"各种学说都有他的道理，吸收众长来充实'国家分配论'，我来答疑，这篇文章很重要，巩固了'国家分配论'的主流派地位。"邓子基回忆道。

"从我工作的第一天起，我就告诫自己'不当学阀'。"邓子基说，中国的财政学是开放式的，经济学的一切先进的或前沿的理论永远值得学习，只有这样，才能够解决改革开放过程中出现的新问题、新矛盾。

邓子基是这么说，也是这么做的，他的思想和理论随着社会的发展不断与时俱进。

进入20世纪90年代，随着我国明确在社会主义市场经济条件下构建公共财政是财政改革的基本目标与任务，"公共财政论"对"国家分配论"形成了强大的冲击。

"邓老把'国家分配论'和'公共财政论'非常巧妙地结合起来，并且主张以'国家分配论'来发展'公共财政论'，从两者交融当中去提炼他对中国财政改革未来发展的意见。"中国社科院财政与贸易经济研究所副所长高培勇教授说。后来，邓子基也逐步开始赞同"公共财政论"，并且相应形成了自己的一系列观点和看法。他提出"国家分配论"和"公共财政论"之间的关系，应当是"坚持＋借鉴＝整合＋发展"，从而形成了他的新"国家分配论"（即"国家财政论"）。

邓子基将"国家分配论"与"公共财政论"在理论层面进行的整合，取得了显著成绩。财政学界耳熟能详的"双重（元）结构财政""保三争四""一体五重""一体两翼"等概念都是这两个理论整合的成果。

"这些概念及其所代表的财政理论，能够有效地解释我国由计划经济向市场经济过渡而引发的实践问题，并且还能对改革的进一步深化提供支持和指明方向。"深圳职业技术学院教授杜放博士说。

高培勇说："我丝毫没有感觉到邓老的思想是守旧的。我常常能在研讨会以及和他的交谈当中发现很多新的亮点，在他的身上，我能看到一股与时俱进的干劲。他一直都紧密联系我国改革开放与现代化建设的实践，在不断探索中开拓创新。"

在张馨看来，邓子基与时俱进的精神，还表现在他勇于随着时代的变迁和认识的改变而修正自己的观点。这一点，典型地表现在邓子基对"双元财政论"的态度上。

20世纪90年代初，叶振鹏提出"双元财政论"观点时，邓子基曾一度认为该观点是不对的。到了1997年，邓子基开始认识到该观点是正确的，认为"双元财政论"既坚持了"国家分配论"关于财政与国家关系的基本观点，又指出了市场化改革所引起我国财政基本性质的转变。于是，他转而提倡该观点，并写出了若干文章，不仅倡导了该理论，而且还以自己的分析发展了该理论。

在税务领域，邓子基较早地提出"以人为本"的科学税收理念，从促进经济发展、满足政治需要、实现社会稳定三者的关系出发，阐述国家与税务部门、税务与社会和纳税人所应该建立的关系。邓子基还为内外资企业所得税并轨提出了不少建议。今年两会上，十届全国人大五次会议正式审议通过了企业所得税法草案，决定在国内统一内外资企业所得税，邓子基得知这一消息后非常高兴。

"十多年来，我一直在为建立、发展有中国特色的、适应社会主义市场经济需要的包括公共财政与国有资本财政在内的国家财政理论体系而努力。"邓子基说。

正是凭借着这样一种与时俱进、不断求索的精神，60年来，邓子基的生命持续焕发出绚丽的学术光辉。邓子基的这些理论主张在不同程度上促进了财政基础理论和应用理论研究，成为政府制定相关政策的理论依据之一，为中国经济的发展提供了强有力的理论支持。为此，邓子基也赢得了国家、省、市各级领导和学术界的广泛赞赏，人们发自内心地敬重这位财政学界的"老兵"。

时任上海市委书记习近平得知今年6月是邓子基从教60周年暨85华诞，专门给邓子基写来了贺信。信中说："您为我国社会主义改革、建设与财政科学的发展作出了积极的贡献。""在厦门工作期间，我经常向您请教。""您的远见卓识为厦门经济社会发展发挥了积极的作用。"

邓子基的学生、中国银行总行行长李礼辉说："邓子基老师从中国的实际出发，来发展财政学理论。他的理论对指导国有企业的股份制改革，指导国家对国有资产资本的管理和运用具有重要的指导意义。"

李保民的体会更具体。他说："邓子基老师的学术思想和政策建议，对推动国资委的成立起到了非常大的作用。"

福建省委原常委、原副省长王一士深有感触地说："邓子基主张'财政平衡'。当时，我们采纳了邓子基的意见，把他的思想在我负责的经济工作中来贯彻，很有效，二十多年来福建财政没有赤字。"

托起一个学科和100名博士的大师

邓子基作为我国著名的财政、经济学家，不仅在科研方面取得了卓越成就，而且在学科建设、教书育人方面也取得了令人瞩目的成果。

张馨认为，在学科建设上作出的显著贡献，是邓子基一生中最为重大的建树。

20世纪50年代前期，在当时的院系调整中，厦门大学财经学院的财政金融专业被取消了。在邓子基的大力呼吁与推动下，1972年秋，厦门大学开始复办财政金融专业（后升格为财政金融系）。邓子基还是经济学院主要创办人之一，并先后建立了财政学与货币银行学两个硕士点、博士点和财政学国家重点学科点。他还支持、帮助建立了厦门大学工商管理中心和经济学博士后科研流动站。这些使得厦门大学成为我国财政学与金融学的教学与科研的"重镇"，在国内的排名始终处于本学科的前列。

"邓子基作为财政金融专业（后改为财政学专业）的总学术带头人，始终在厦门大学财政学科的发展上起着最主要的作用，对于厦门大学金融学科前期的发展，也起着不可或缺的作用。"张馨说。

邓子基一直强调这样一个观点，教学必须与科研相结合，教学出人才必须建立在科研出成果的基础上，而培养人才首先要编写一套高水平的教材。

早在20世纪70年代末80年代初，针对当时财政学教学大发展而没有教材的状况，财政部组织编写了统编教材《社会主义财政学》，邓子基担任该书的总编纂小组组长。该书的出版，填补了我国没有自己的财政学教科书的空白，使用该书的学生数以万计，为我国财政学教学作出了开拓性的贡献。与此同时，他主编的《财政与信贷》等教材，对我国财经类学生学习财政金融方面的知识，起了重大作用。在这一时期，他还主编了中央广播电视大学的教材《财政与信贷》，并亲自担任主讲教师，授课对象达数十万人，对我国20世纪80年代的财政金融学和财政知识的传播起了巨大作用。

60年来，邓子基在厦门大学这块三尺讲台上，孜孜不倦地承担着各种教学任务，在人才培养上倾注了大量心血。随着我国研究生制度的实行，他又进一步承担了更为重要和艰巨的教学任务，成为我国高等学校中最早招收财政学硕士生和财政学博士生的为数不多的几名导师之一。1982年，他开始招收自己的第一届财政学硕士生，1984年，开始招收自己的第一届博士生。到今年，他已经招收了23届博士生，总数达到了100人，其中已经毕业了21届95人。

邓子基的学生洪金镶博士诙谐地说："就冲他培养的这100名博士生就可以申请吉尼斯世界纪录了。更不用说，他还培养了难以计数的硕士研究生、研究生班研究生、进修教师、本科生和电大学生。"

今年85岁的邓子基，仍坚守在教学第一线，每年仍然担任博士生课程的教学，指导多名博士生的毕业论文。

是严师更是慈父

邓子基一直以培养合格、高质量的高层次人才为目标，自然，他对学风教育格外重视，对学生要求之严、对学生关爱之深在厦门大学无人不知。邓子基的学生都不会忘记他在第一课提出的"二十四字"要求：人各有志、人贵有志，开拓刻苦，严谨求实，扬长避短，勇攀高峰。"邓教授的这些勉励让我们受用一生。"跟着邓子基学了10年的女博士张利霞告诉记者。

邓子基的学生、国家外汇管理局副局长方上浦说，邓子基老师"用真情传播智慧的火种，用挚爱筑垒起财政学科的理论构架，桃李芬芳，硕果满枝"。

如今，邓子基教过的这些学生遍布海内外，大多已经成才，成为国家建设的中坚力量。在他的学生中，从政的有副审计长、省委常委、副省长、银行总行行长、部长助理、大学校长、司局厅长、市委书记、市长等，从教的有博士生导师、知名学术带头人，从商的有董事长、总裁等。

对恩师，学生们满怀感激之情。李礼辉说："我参加工作几十年了，时时刻刻牢记着老师的教诲，时时刻刻以老师为榜样努力提高自己的道德水准。"

中华人民共和国审计署副审计长董大胜是邓子基招收的首批博士生之一。他清晰地记得，专业课就是在邓子基教授的家里上的。"中午时，师母会给我们煮一碗热气腾腾的面条，我们一边研究比较财政学，一边享用午餐。此情此景，历历在目，邓教授对我们的培育之恩，我们终生不忘。"

邓子基对学生的培养是终身的。他们不仅在学校学习期间得到了邓子基教授的悉心培养，而且在毕业走上工作岗位后，还一直得到他的指导和关爱。董大胜说，在工作中的每一个阶段，都能得到邓子基教授的指导。"在当今电子通信高度发达的时代，80多岁的他多次亲笔给我写信，这样好的导师，真是可遇不可求，遇上这样好的导师，是我们一生的福气。"

邓子基说:"人的感情是相互的,你爱护学生,学生就尊重你。"邓子基深刻地体会到,良好的师生关系能够极大地促进教学相长、学习与学术相长。

邓子基有一儿一女,逢年过节,一家人聚在一起时,其乐融融。但邓子基的儿女又不止这两个,因为他把学生们当成了自己的子女。现在,学生们在工作、生活、事业上有什么好消息都会告诉邓子基。他和夫人王若畏每接到学生们的一个好消息,都会高兴好久。邓子基说:"一家人的欢乐也就是几个人的欢乐,可师生大家庭的欢乐就多得多。学生超过我,我最高兴。"

邓子基经常把一生坎坷总结出来的为人之道、治学之道告诉学生。他说,人生有两把钥匙:治学的钥匙、为人的钥匙。我自己要先掌握好这两把钥匙,然后再把它们交给学生。

邓子基谦逊地说:"我总结出的东西,我还没有完全做到,但我会尽量做。"

著述等身、桃李满园、功成名就,该歇歇了。十年前,就有人跟邓子基说:"要保重身体,少工作、多休息、享几年清福。"

邓子基却说:"我要活到老,学到老。"

每天,邓子基清晨6点就醒来,作适当的运动。看到邓子基每天把工作安排得这么满,王若畏替他多了一份担心。在记者采访邓子基时,王若畏不时地用关心的眼神瞅着邓子基,仿佛在提醒他:"该休息了。"

80岁的时候,邓子基这样勉励自己:"我是80岁的年龄、60岁的身体、40岁的心态。"今年85岁了,邓子基说:"我是一个还能战斗的'老兵'。"

"我不服老。近70岁时我爬上了黄山,80岁出头,爬上了南京中山陵400多级台阶。"邓子基说。

邓子基总结自己85载丰富人生、60年从教生涯时,给出了这样的成功经验:真诚待人、认真做事、胸怀豁达、宁静致远、严于律己、宽以待人、与人为善、助人为乐。

人物小传

邓子基,1923年6月出生于福建省沙县,1952年毕业于厦门大学经济研究所资本论研究生班。中国共产党优秀党员,著名马克思主义经济学家、财政学家、教育家,我国社会主义财政理论的主要奠基者和开拓者之一,厦门大学人文社会科学资深教授、博士生导师,经济学院原副院长,财政科学研究所原所长。

(原载于《光明日报》2007年8月8日)

财政学界"老兵"

宣传片：

一位耄耋老人，

一个关系国计民生的学术领域，

看50年财政风云变幻．

100位博士，300多位硕士，

他的学生遍布财政金融各个行业，

影响当今财政学界，

厦门大学资深教授邓子基，做客大家。

主持人：对于一个普通百姓来说，当家理财并不是一件容易的事，而对于一个有十几亿人口的大国来说，这事就显得难上加难。我们今天采访的"大家"，就是著名的财政学家邓子基教授。尽管他一生都在研究那些高深莫测的理论，但是说到底也都还是当家理财的道理。我们今天就请邓子基教授来给我们算一算国家这笔大账。

解说：2007年6月23日，厦门大学的校园内比往常更加热闹，这一天有四百多人受厦大经济学院的邀请，从全国各地赶来参加一位老人从教60周年的庆祝大会。这位老人就是我国财政学界重量级人物、厦大财政系的资深教授邓子基。邓老今年已经85岁高龄，赶来庆祝的人当中有很多是他过去60年所教过的学生，而在厦大，在财政金融界，邓老的学生数量之多都是名列前茅的。

主持人：这么多年您有没有算过教了多少个学生？

邓子基：博士100个。

主持人：100个？

邓子基：今年又招两个，102个。本来有学生说，100就不要招了，我老了80多岁，要休养休养，年纪也够大了，不要招了。有的说别100，99就不要招了。我考虑99不好，皇帝是99，我不能自命为9，100也不好，100是终结了，到顶了。

主持人：于是要突破这个100？

邓子基：但是还要招，我今年不招生，有很多猜测。最好的猜测第一是退休。第二个猜测是病到医院，因为我经常开刀。第三个猜测是可能向马克思报到了，造成很多误会，再说学校也不同意我不招，也不能多招，每年两个，今年102，明年就104。学生数量上是这样，质量上也很好。

主持人： 您对您学生的质量满意吗？

邓子基： 满意，昨天那个学生代表讲话是我们（中华人民共和国审计署）的副审计长。

解说： 邓老的学生现在大多数活跃在财政金融界和财政学界，作为一名老师，邓子基的重要贡献就在于，培养了一大批为国家管钱或者研究如何管钱的人才。家越大，理财也越难，更何况我们还是一个有着13亿人口的大国。作为老一代财政学家，邓子基更亲历了新中国过去五十年并不平坦的理财道路。

这是邓子基29岁时的照片，时间是1952年，他刚刚从厦门大学经济研究所研究生毕业并留校任教。面对当时国家极度困难的财政状况，这位年轻的讲师忧心忡忡。国民党溃逃台湾之前，卷走了大量的黄金白银，导致新中国政府国库空虚，还要养活大量的军政人员。所谓巧妇难为无米之炊，国家财政如何才能走出困境？

邓子基： 刚刚解放的时候，国家还是比较困难，开支也很大，靠印钞票。

主持人： 那时候也是一开始靠印钞票？

邓子基： 那时候是收入少，开支大，这个国家机器运转，这个部队运转，还有恢复国民经济，它需要钱啊。那收入少，支出大，你赤字，发钞票，发出个通货膨胀，这个道理很简单。

解说： 最初国家收入少，只能靠印人民币维持财政支出，但是很快通货膨胀愈演愈烈，财政陷入严重困境。到了1953年，国家开始"一五"计划建设，这是一个物资匮乏的年代，国家对农业、工业、轻工业各行业实行统购统销，高强度集中管理财政收入与支出。当时在财政学界奉行的苏联理论，已经不适合中国的国情，一种强调国家为分配主体的学说"国家分配论"在学界逐渐升温。

主持人： 可不可以理解为，实际上国家分配论正是应运了一种需求，就是国家用一种什么样的办法，在一种什么样的指导思想之下，把这个社会的钱收到国家的手里，然后由国家集中起来办大事？

邓子基： 就是这个意思，有需要，有需求，理论就要研究按照需求去办。

解说： 1962年，厦门大学学报上刊登了一篇名为《略论财政本质》的论文，其中明确指出财政是以国家为主体的分配关系。学界为之震动，这篇论文的作者就是当时还是一名普通讲师的邓子基。

邓子基： 这个国家分配论的观点不是我提的，西南财大有一位教授叫许廷星，他1957年的时候发表文章，（认为）财政是一种分配关系，这个话题我在年轻的时候很喜欢，这位同志说了。我研究就提出来"财政是以国家为主体的分配关系"，明确提这个概念。这个我提的，发表时我是一个年轻的讲师，全国就来关注我这个观点。

解说：此后，邓子基又先后发表两篇文章，阐述自己国家分配论的思想。正是这些文章，确立了邓子基作为国家分配论早期主要倡导者的地位。20世纪60年代，国家分配论成为我国财政学界的主流学派。当时，国家财政管理就像一个事无巨细的大管家，大到每个企业生产什么、生产多少，小到每个工人的工资、每月生活用品的份额，都由国家来统一计划安排。经历过计划经济时代的人，都见过这些现在已经成为历史的票证，当时几乎买任何一件生活用品都得凭这样的票证定量购买，票证的权威甚至超过了人民币，人们把那段特殊的岁月称为票证年代，排队凭票购物成为中国大小城镇最常见的景观。

主持人：35岁或者40岁以上的中国人，非常熟悉的，过去我们的生活其实都是被政府安排好的。那时候每个月多少工资……

邓子基：计划好。

主持人：不变，全是计划好的。这一切在当时的情况下也都是跟政府牢牢地控制着全国财政有直接关系的。

邓子基：比如公务员工资多少、部队工资多少都安排好的，有计划的，当时计划经济是这样子。可不可以理解，这也是当时国家分配论一个很极致的发挥，就是具体到每一个人身上都是由国家来分配好的？

邓子基：国家当时对满足（消费）需要，没有现在这么强调，那时候（生产）水平比较低，所以大量的我们的财政（收入）拿进来以后，就搞投资了。

主持人：搞生产了。

嘉宾：积累和消费不平衡了，消费20年不变。生活不改善这个就不行了，这种处理不行了。

解说：那个时候，城市一名普通工人的工资是38元左右，很多人一拿就是十几年不变。而在农村，从1958年到1978年的20年中，中国农民收入人均增长不到两元七角钱。当时流行的三转一响，三转即自行车、手表、缝纫机，一响是收音机，这些人们普遍买不到也买不起。改革开放后，给企业和地方松绑、改善人民生活成为国家经济改革的主流，高度集中管理的财政显然已经不适合这股潮流，财政学界出现一片质疑国家分配论的声音，当时的厦大已经是国家分配论的主要阵地，1980年还由邓子基主持编写了《社会主义财政学》，这是改革开放后第一本统编的财政学教材。1980年，全国各地老中青三代财政学者共80多人齐聚厦大，他们是来参加"文革"后第一次财政理论研讨会的。在这次会议上，邓子基感觉到巨大的压力。

邓子基：他们说国家分配论是国家意志论，经济困难，造成灾害，理论根源就在这方面。就指责我，地点就在我们现在的那个招待所里，那个当时招待很好的房子，现在当然落后了。80几个人来跟我研究。

主持人：大家之所以提出来跟您商讨也好，商榷也好，是因为我们当时社会实践已经出现了国家统得太死，以至于整个经济失去活力这样的一种局面……

邓子基：统得太死了，这个情况我们是要解决，统得死不是国家分配论的问题，是我们的管理方法，没有按客观规律办事。

主持人：那个时候批评您的这种理论，批评国家分配论，主要的观点是什么呢？他们认为如果不是国家分配论，应该是一个什么样的方式？是什么论呢？

邓子基：当时与我不同的观点有好几个，再生产决定论、剩余产品决定论、资金运动论，就别提"国家"了，一提"国家""政府"，一看到"国家"就主观意志了，就怕这，把"国家"扒掉，是这个意思。我是坚持"国家"，正确的国家分配论。

解说：在讨论会上，各个派别的学者畅所欲言，讨论激烈，但邓子基却一言不发，整个过程中只是默默地听完了所有人的发言。

邓子基：我不讲话后来他们说你要讲话啊，当回东道主，我就写了一篇文章，为国家分配论答疑，当时国家分配论有什么缺点，我都回复。你们说的各种学说，我都吸收，好的都吸收，但是不能动摇我这个基本观点。所以我就答疑。

解说：邓子基在会议上的这个发言，说得不温不火。他博采众长，将各学说的优势也都融入国家分配论中，同时坚定地指出必须坚持国家分配论不动摇。

邓子基：我讲是以国家为主体，这个分配论是就（这个）本质来说的，这个本质论是古今中外凡是财政学（都）是一样的，这一点不能否定的。

主持人：只要是一个国家政权存在。

邓子基：从本质上说"国家财政"存在，财政与国家有本质的联系，有国家才有财政。具体的时候，政策是激进财政政策，还是稳健财政政策，是紧缩开支，还是大量投放，就要看情况，需要以客观规律为根据，（根据）实践需要，定出一个政策。符合客观的这个意志正确的这个政策就绝对是无往不胜的。这个文章定以后，我（们）的主流派地位就定了。一直到1998年公共财政论来了，又一次交火。

主持人：又是一次冲击和交火，又开始跟您商榷了。

解说：1994年，中国开始建设中国特色的社会主义市场经济，市场经济的发展要求国家更多地退出对生产领域以及国有企业的控制，诞生于计划经济时代的国家分配论又一次受到冲击。而这一次的冲击波，远比之前80年代初的那一次要大得多，已经步入古稀之年的邓子基作为国家分配论的元老级学者，此时感觉到空前的孤立。

解说：从20世纪90年代初开始，财政学界多了一个名为公共财政论的声音，这是一些学者从西方引进的概念。相对于中国的财政管理而言，西方奉行的公共财政职能较单纯，它们强调关注公共服务，例如医疗卫生、教育、社会保障，而将生产消费领域全部交给市场，这正是与中国经济改革的趋势相契合的。一时间公共财政论成为学界讨论的热点，国家分配论遭遇冷落。

邓子基：（公共财政论）开始进来的时候，公共财政论跟80年代批的一样，批的有很多文章。无非就说过时了，我过时了。以前都是对的，（现在）过时了。

主持人：这个理论过时了，邓老也过时了。

邓子基：我也过时了。那个时候1998年我也七十几岁，也过时了，何必弄呢？（国家分配论）为什么过时呢？因为你是计划经济理论，我现在是市场经济，当然过时了。逻辑这样推，我过时了。第二是怀疑论，你是不是能够指导实践，怀疑啊。

邓子基：你过去对了，是主流派的，现在你不是主流派的，你让给我的公共财政论了。第二个怀疑。第三个罪过论，是我归纳的。他们没说我罪过，你这个国家分配论，太强调国家，不讲市场是不是，就有罪了。80年代有人批我，现在还有人说，又拿出来了。我归了三类。

解说：应该说邓子基其实是中国最早引入公共财政论的学者，他早在1980年就翻译了《美国财政理论与实践》一书，这是最早介绍西方财政思想的著作，只不过这本著作中并没有强调公共财政论这个概念。那么，国家分配论是否正如他人批判的那样已经过时了？坚持了几十年的国家分配论，它的出路在哪里？1997年邓子基在《财政研究》杂志上发表了《坚持、发展"国家分配论"》的论文，他反对完全照搬西方公共财政论以代替国家分配论，而是应该互相取长补短。

邓子基：不能以公共财政来否定国家分配论，来贬低国家分配论。坚持国家分配论，我借鉴你公共财政论，坚持我本质的方向论，借鉴西方的运行机制论，两家整合优势互补。整合了当然就发展了。这个观点2001年我在无锡全国第十五次全国财政理论研讨会，要我做学术报告，底下鼓掌的很多。这个讲完之后财政部很多司长，很高兴来找我。他们都搞不清楚，混乱，问我怎么回事。

解说：邓子基的这个发言被财政部财政科学研究所整理后，还以"内参"的形式上报给中共中央办公厅等领导部门。

邓子基：所以我现在要提出来，我的财政体系就是建立社会主义的，与市场经济相适应的，包括公共财政与国有资本财政在内的，国家财政的体系，是我的努力目标。

李礼辉：对于大部分西方国家来说，确实，主要的财政理论应该是公共财政的理论。但是我想，现在中国和新加坡这样的国家，国家拥有大量的国有资产、国有资本。所以国家在哪个程度上用什么方式什么手段，来管理这些国有资产和国有资本，促进它们的保值和增值，为全体人民带来利益。我觉得这其实应该是财政学理论一个非常重要的方面。我想邓老师他能从中国的实际出发来发展财政学的理论。

高培勇：如果要把邓老和其他的学者作一个比较的话，我觉得就他们那个时代的学者而言，邓老一个鲜明特点就是他与时俱进，他能根据现实出现的问题，根据中国经济改革所提出的需要把自己传统的观点融入新的见解当中。

解说：在坚持与发展国家分配论的同时，邓子基对于公共财政论更加关注民生是极力倡导的。1998年，时任财政部长的项怀诚在全国财政会议上宣布，今后国家将致力于建立公共财政框架，也就是让国家的钱越来越多地花到公共服务上。

主持人：政府的财政支出如果说在五六十年代，包括六七十年代，改革开放之前主要的钱是用在？

邓子基：投资搞建设。

主持人：现在我们用于公共财政支出。

邓子基：这方面过去做得不够，金人庆部长提得好，让公共财政的阳光照遍大地，特别照遍农村，所以这方面的话，义务教育要保证，绝对属于公共产品的。像农业税取消，农村很困难，所以财政要保证，乡村的财政归县里管，县里（给村干部）发工资，保证了。现在贫困的学生，书本费都取消了，学费也没有了。现在财政花一两千亿（元）。

邓子基：现在政府财政收入投入的主体已经开始转移到这边了，这可能也是跟每个老百姓关系会更加密切的？

邓子基：阳光普照这个的确好，我双手拥护。

解说：1978年，用于基本建设的支出是支援农村、科教文卫和社会福利支出之和的两倍，占到全部支出的40%；而2005年基本建设支出只占到所有支出的12%，支援农村、科教文卫和社会福利支出已经增长到25%，这些增长的支出显然每一个中国人都是受益的，农业税的取消就是一个很好的例证。2006年1月，全国农业税被取消，这也意味着延续了2600年的皇粮国税从此销声匿迹，国家财政为全国9亿农民买了一笔数额不小的单。

解说：在邓子基从教60周年庆祝活动的前一天，由于很多学生都提前赶到了厦门，邓老的家中人来人往，一批接一批的学生都来到家中看望邓老。在我们拍摄的过程中，有两位先后到访的学生，一位来自国家国家税务总局，一位来自国务院国有资产监督管理委员会，简称国资委。而这两位学生现在从事的工作，也正代表了邓老关于国家财政工作研究的两个重要方面，也就是他一体两翼思想中的两翼。

李保民：那么就邓老师的财政思想来讲，一个很重要的方面，实际上对于我们中国财政改革、经济体制改革，带来重大影响的就是"一体两翼"的思想。所谓"一体两翼"，就是以财政为主体，税收是一个主要的方面，国资改革是另外一个重要方面。

解说：税收历来都是各国财政收入的主要来源，是财政命脉的主要支流，也向来是财政学研究的重要部分，这些著作都是邓子基各个时期的研究成果，其中1984年他提出的一项建议，深刻影响了当时乃至现在的国家税收结构。1984年之前，国企和个人缴纳的主要税收是流转税，就是说无论成本多少和是否盈利，每进行一笔产品交易都要缴纳流转税，当时学界有人提出要用西方使用的以所得税为主的税制结构代替流转税。

邓子基：流转税是不管穷人富人，买的货税含在里面，最典型的是个人盐税制度，穷人吃盐最多，没有菜吃，冬天蔬菜吃腌菜的很多，盐也多，纳税多。

主持人： 穷人反而交税多。

邓子基： 交税多，这不合理了。是不是？有一次在京西宾馆开会有的权威人士说，我们中国要向西方学习应该以所得税为主。理论上比较（倾向）以所得税为主，你有所得，收税按收入，没有所得不收税的。但中国的国情不能这样看，西方（以）所得税为主，（是因为）他的富人很多，中产阶级越来越多，农民少。你照搬进来，没有纳税的对象，是不是？所以我主张要（税制）改革，这两个并重。

主持人： 这个是在80年代的时候（提出的）？

邓子基： 这个是在1984年提出的，流转税可以降低，改革，不要涨，所得税提高，所得税，我们当时那时候800元（以上纳税），我们才拿100多元钱，老外才纳税老百姓不纳税的，老外进来纳税800元没几个人纳税的，是这样，所以所得税为主就是等于没有税源的，就是不对的。照搬西方的意思就是说西方先进国家是以所得税为主，我们现在也是先进国家也收所得税。我说错误。

主持人： 您是觉得中国当时的改革可以向西方学习，但是不能脱离当时的具体实际。

邓子基： 西方也要学习，是这样子，所得税好。但要慢慢改。当然你可以提意见。我第二个上台发言并重双主体，一直到现在，现在2007年还是这个制度。那么这个就保证了。

主持人： 在未来可能所得税的比例还会渐渐地变得越来越高？而流转税变得越来越低？

邓子基： 以后可能所得税再高一点，但是中国的国情也不可能像西方那样以所得税为主，不行还是并重。我看今后十年内还是这样。我说的这个话，国家税务总局是同意的。

解说： 此后，伴随着国家1994年分税制改革、税利分流等政策的出台，邓子基提供了许多有建设性的建议。而除了税收之外，国家财政收入还有一个来源，就是通过管理国有资产主要是管理国有企业产生收益，邓子基是国内最早研究国有资产管理的财政学者之一。20世纪90年代，伴随着市场经济的发展，有人提出财政单纯只管税收就行，国有资产管理应该放弃并交给市场，当时国务院下属的国有资产管理局一度被撤销，对于这种做法和观点，邓子基一直持否定态度。

邓子基： 国有资产几起几落，国资局一会儿下去，下去又上来，又下去。我是一直主张（国有资产管理机构）不能砍，我写文章，别人批判我，说邓子基教授不对的，一体两翼是不对的，只有一翼，那一个砍掉。我一直写文章，十六大吸收我的意见，我很高兴。

主持人： 恢复了国资委。

邓子基： 现在我们国有资产是十几万亿，一年利润八九千亿，收入不简单。如果（国有资产利润收入），打入（当年）财政，（财政总收入）就达四万八九千亿，现在（国有资产）单独再滚，滚得好，越滚税收越多，这是一个。国有资本、国有企业是社会主义公有制的物质基础，代表社会主义的方向，这个大问题我坚持。这个方向问题谁敢否定这个方向。

李保民：他又提出来一个非常重要的问题，就是要尽快建立国有资本经营预算制度。只有在整个国有经济调整的时候，有了国有资本经营预算的手段，整个资本结构才能得到合理的配置。哪些地方要尽快发挥国有经济的作用，发挥国有资本的功能；哪些地方不适合，国有资本要尽快地退出来。这个非常重要的手段，就是把国有资本经营预算制度建立起来。所以他这个"一体两翼"的思想，不仅提得早，而且符合中国的实际，更重要的是他比较超前。

解说：邓子基的家中显得有些拥挤，他的书房不大，堆满了各种书籍杂志，有趣的是，我们发现在邓老的书桌上摆放着大小不同的6个放大镜。

同期：字很小，最大的（放大镜）我用这个，这个是一个学生从新疆买回来给我的，这个最大的。一般是用这个，这个看很小的字都能看见。其次是用这个，按照这个需要分别去看。

解说：现在，邓子基每天都依靠这些不同倍数的放大镜完成阅读。今年，邓子基有五位博士生毕业，他还要担任其他八位博士生的答辩委员，这就意味着邓子基至少要看13人超过百万字的论文，已经85岁高龄的邓老在放大镜下一个字、一个字将这些论文全部看完。这些博士论文上修改的笔迹都是邓老看完后留下的，其中连一个标点符号的错误都没有放过。而夹在论文中的纸条，也都是邓老看完后的意见，每一本论文中都夹满了这样的纸条。

尤雪英：我拿了邓老交给我的论文以后，心里就非常感动。因为我知道他眼睛很不好，他在写纸条的时候，事实上也是要一手举着放大镜，一手要很吃力地在纸条上写作。那么这种纸条，我想除了我以外所有的邓老的每一个博士生，都会好好地珍藏。

解说：邓子基招收博士生开始于1984年，伴随着国家分配论主流地位的确立，当时他已经在学界享有盛名。当年招收的第一届博士生中，有一位在这次庆祝邓子基从教60周年的大会上，作为学生代表发言，他这次来厦门还带来了一件珍藏23年的物品，正是当年报考博士生之前，邓老亲笔写给他的一封信。

董大胜：当时在全国只有两个教授有资格招收财政学的博士生，那么邓教授就是其中的一位。我以前也没有见过邓教授，邓教授名气那么大，我又不知道我在大连那么远来厦门报考他（的博士），他是一种什么态度，会不会欢迎我报考。我尝试着给他写了一封信，但是我没想到，邓教授很快就回了一封亲笔信。他在信在中欢迎我报考他今年的博士生，还给我寄来一些招生简章、一些资料。当时我非常感动，名气那么大一个教授，还能给我亲笔写回信，所以这封信我一直珍藏到现在。

记者：后来这么多年邓老经常给您写这样的信？

董大胜：经常写，我在浦东工作的时候，邓老就给我写你在浦东应该怎么办。当我工作遇到什么困难的时候，邓老给我写应该怎么办。我非常感动的是什么，就是在今天的现代通信非常发达的情况下，电话抄起来就可以打，邓老师还是要亲笔写信给我。他已是八十多岁的人了，还写亲笔信给我，我非常感动。

解说：一届又一届的学生来到邓子基的门下，学成毕业后，他们中的大部分人又陆续离开了厦门大学。但是，无论走到哪里，他们与邓老师的联系都没有中断。

主持人：搞财政的，您的学生在政府、证券公司、银行、保险，各个领域都有，这个行业有句话，常在河边走怎能不湿鞋，您怎么看？

邓子基：我这一辈子就是这10个字：教书、育人，出人才、出成果。这10个字是我从教60年的中心理念，也是座右铭。那我们说，我现在比较高兴，我们搞经济学、财政学讲效益，教书、育人是投入，出人才是我的产出。

主持人：您觉得投入产出还是很好的？

邓子基：产出大于投入，我就高兴了。

主持人：您这一生是盈利的？

邓子基：利润很厚。

主持人：利润很厚。

邓子基："丰厚利润"，带引号的，他们每个人都感谢我。教书育人，我自己有两把钥匙，治学一把钥匙，做人一把钥匙。

主持人：您也给学生？

邓子基：那我教学生也就两把钥匙，书读再多，人做不好没用。我很注意，我现在还关心大家，他们都记得老师的教导。我们财政部党组成员、部长助理张通，还保持联系。我都注意到，他们及时给我讲目前存在的问题。我跟老中医一样，有什么问题及时提。

主持人：您是觉得您还像老中医一样？也要起到这样的作用？

邓子基：是啊，我是老中医啊，很多疑难杂症都来找我，（比如）工作上的问题、谈恋爱啊。

主持人：谈恋爱也来找您？

邓子基：是这样的。

主持人：谈恋爱为什么找您？

邓子基：谈得好好的，以后又为什么分掉了，有的讲出来也会掉眼泪。

解说：每次有学生到家中来拜访，邓子基都会到家门口亲自迎接，而每一位学生，无论是已经身居要职的高官还是在校学生，到了邓老师的家中，他都是一视同仁。

邓子基：我（的学生）60年来进进出出的，我爱学生如子女。我以前说过，我（子女）一男一女很好，家和万事兴。但是我的学生比我的子女多了几千倍，这个革命大家庭，师生这个大家庭里面，我非常高兴。我经常电话不断，100个学生跟我都有联系，所以这次一来，100个博士来了85个。

主持人：100个博士来了85个。

邓子基：85个。有的生病了，在福州一定要赶来，我说不要来了。有的出国了，有的因公事没来，我是很高兴，恰好我85岁来85个，也可以。

主持人：正好是天意。

邓子基：是不是？

解说：1996年，已经74岁高龄的邓子基因为胆囊炎必须开刀，当时，儿子和女儿都在加拿大，在他们赶回国之前，是在校的博士生承担起了照顾老师的任务。特别是一开始医生怀疑邓老是肝炎。

邓力文：都是我父亲的博士生，日夜在他身边照顾他，端屎端尿什么都给他做了，所以我回来之后，内心非常感动，很感激他们。我说做子女的都没有做到这个份上，他们做学生的都做到了。

解说：2000年，邓子基因为胆囊炎再次被推进手术室，学生们仍然在病床前照顾起居，而在79岁高龄先后经历两次手术，并没有影响邓老现在精神矍铄的身体状态。邓老家住6楼，他每天上下六楼，轻松自如，比很多年轻人速度还快，他说保证心态平和乐观，是重要的养生之道。

邓子基：我这个年纪开两次刀，中刀不是大刀，把这个胆割掉了。我这个还有，这个眼睛，看不见了，右边黄斑，以前是太忙了没注意，主要靠一个眼睛。所以我是无胆教授、独眼教授，这个眼睛我看不见，我很愉快，没事，85岁。

主持人：这是您这种心态好？

邓子基：心态好。

主持人：只有心态好才能长寿。

邓子基：很重要，心态第一。我一个老人家，家里人劝我休息不要做了，我75岁从教50周年的时候，有人劝我不要做了。我当时说我是一个年轻的老兵，我能干活，腰板很硬走路很快，（又）干了十年，现在2007年了，距离1997年，又过十年了。现在我就不能说我是年轻老兵，耄耋之年，85岁以上了，那耄耋之年怎么办呢？我说不能讲（年轻的老兵），给自己一个安慰，改一个口号，不是年轻的老兵，但是积极地想，我是还能战斗的老兵。

主持人：还能战斗的老兵。

解说：如今，这位财政学界的老兵仍然不辞辛劳地一站一上午，为学校毕业典礼上每一位即将步入社会的厦大学子，扶正学位帽上的流苏。在邓子基的家中，摆放着很多各种材质做成的弥勒佛和观音，他常常勉励自己说，要学弥勒佛大肚能容天下之事。而也许正是这种兼容并包、虚怀若谷的胸怀，才让邓老在任何境况中始终保持平和乐观的心态。

主持人：大概很少有人能像邓老一样，用投入和产出这样一个很简单的财政学的道理，来总结自己的一生。他笑称尽管自己早已经是无胆教授、独眼教授，但是盘点自己的人生，他依然是盈利的。

（中央电视台科教频道《大家》栏目2007年7月15日播出）

财税学界"老兵"邓子基

——庆祝厦门大学邓子基教授从教60周年

朱水涌、洪金镶

　　1934年的一个寒冬，闽北沙县夏茂镇的一间杂货店里，走进了一个衣衫褴褛的少年。少年11岁，父母先后去世，孤苦伶仃的他只能依靠自己勤快的手脚，为杂货店打杂来维持自己的生存。在如此困境里，这个少年，靠勤工助学，靠奖学金，完成了初中、高中的学业。谁都不会想到，这个在穷乡僻壤里靠打杂维生的少年，后来竟然成为中国著名的经济学家、我国社会主义财政学的奠基人和开拓者之一，一位中国财政学主流学派"国家分配论"的标志性人物。

　　他，就是厦门大学的邓子基教授。

　　如今，邓教授已85高龄，鹤发童颜，精神矍铄。谈起他青少年时期的艰难奋斗，依然是一股自强不息的气概。

　　【同期声　邓子基教授】学校会考，被保送到国立政治大学，另外我还考上了国立交通大学，（在国立交通大学）读了六个月，很冷啊，没钱啊，有几个华侨资助我给我一件毛衣，很穷。后来不行，交不起学费。政治大学迟开学，我就从（长江）北岸到南岸，到那（政治大学）去念，念经济系，为什么呢？一个是他吃饭包了，穿衣服也包了，还有零用钱几块钱，毕业后还有包分配，就去读了经济系。

　　历史就这样阴差阳错，交通大学也许因此失去了一位未来的航空科学家，而政治大学却迎来了一位后来的中国财政学泰斗。

　　大学毕业后，邓子基被分配在江苏泰州县税务局工作。这个时期，内战爆发，国民政府腐败不堪，国内通货膨胀，民不聊生。年轻的邓子基以经济学者的眼光思考着祖国和自己的前途和命运，他辞掉才任职几个月的公务员工作，怀着一腔热血回到故乡的省会城市——福州，加入了共产党的外围组织"民主联合会"，投入民族"反饥饿，反内战，争自由"的斗争洪流中。

　　1950年春天，新中国成立才半年，厦门大学校长王亚南教授领衔成立了厦门大学经济研究所，并开始招考新中国首批经济学研究生。王亚南是著名的经济学家，马克思《资本论》的最早中译者之一，他以研究《资本论》和"中国封建官僚经济"著称于世。

　　邓子基通过研究生招生考试，以福州考区第一的成绩，成为王先生的首批弟子。

【同期声　邓子基】他（王亚南）说，你做过税务工作，你就读财经学吧，学财经是他定的。他对我做学问的方法，为人治学，从事教育，对我的影响是很大的。在厦大，我总结的思想来源是王亚南的。我总结了十个字：教书、育人，出人才、出成果。从经济学角度来讲，教书、育人是投入，出人才、出成果是产出。

1952年，邓子基研究生毕业，王亚南校长把他留在自己身边工作。邓子基从此以厦门大学的三尺讲台作为自己人生的舞台，选择了财政经济学作为撬起理想信念和终生事业的支点。

研究生毕业前，邓子基发表了第一篇论文《苏联预算制度研究》，毕业后又发表了《略论财政本质》等系列学术文章，引起了经济学界的极大关注，并由此开始了长达半个多世纪的财政基础理论与运用的研究和倡导。

【同期声　邓子基】我是一个国家分配论者，国家分配论的倡导者、坚持者，还力图加以发展。1957年，西南财大一个老教授许廷星写了一篇文章《财政是分配关系》，我从中得到启发，我接着写了三篇文章，第一篇《略论财政本质》，第二篇《财政只能是经济基础的范畴》，第三篇《财政学的对象与范围》，在《厦门大学学报》和《中国经济问题》发表，这样系统论述（财政本质）是第一次，那比许老师有进步了，我当时多方面去讨论这个问题，得到大家的承认。

【采访：财政部财政科学研究所所长、研究员　贾康】邓老在老一辈学者里很活跃地参加了有中国特色财政理论研究的过程，是一个有影响力的人物。一直到现在他始终坚持基础理论的研究，同时把基础理论和现实的研究紧密结合在一起。

60年来，作为中国财政学主流学派的代表人物之一，邓子基教授结合中国特色社会主义现代化建设的实践与探索，在财政学这块领地皓首穷经，耕耘不息，出版了60多部专著、教材，发表了近400篇论文，提出了财政本质论、财政模式论、财政四要素、财政四职能等理论观点，在财政预算、税收、国有资产管理、公共财政与金融等事关经济发展大局的问题上，奉献了卓越的研究成果。邓子基教授因此被称为国家财政改革和建设的"坚强的智慧后盾"。

【福建省原常务副省长　王一士】我是搞经济的，也管财政，我把他的思想在我的经济工作中来贯彻，按他的办法来，我觉得都很有效。

20世纪80年代中期，思想解放、改革开放的大潮汹涌澎湃，经济领域的学术研究异常活跃，中国经济学家无不在为一个即将到来的经济体制大变革思考着。就在这个时候，"国家分配论"遭到了一些专家学者的质疑。针对出现的争论，中国社科院和财政部召集全国80多位专家，在厦门大学就财政的本质问题展开讨论。

【同期声　邓子基】倾听大家的批评，最后我没有发表意见，我发表了一篇文章《为国家分配论答疑》，我主张国家分配论，马克思主义我坚持，但是各种学说都有它的道理，吸收众长来充实国家分配论，我来答疑，这篇文章很重要，就扭转了第二次论战。

【同期声　中国社会科学院财政与贸易经济研究所副所长　高培勇】我丝毫没有感觉到邓老的思想是守旧的。在他的身上能看到一股与时俱进的劲头，常常能在研讨会以及和他的交谈当中发现很多新的亮点。比如说他一直主张的国家分配论，国家分配论和后来很多人所讲的公共财政论之间好像关系不大，但邓老可以把国家分配论和公共财政论非常巧妙地结合起来，并且主张以国家分配论来发展公共财政论，从两者交融当中去提炼他对未来中国财政改革发展的意见。

邓子基教授今年85岁，在人才培养和科学研究领地已经整整耕耘了60个春秋，而他最活跃的时期却发生在最近的30年间。他常说："改革开放给了我科学的春天，80年代以来是我生命的黄金时期。"

20世纪80年代初，中国的经济改革还是在计划经济的框架下进行，市场依然被认为是资本主义的专利，人们谈起市场经济照旧是躲躲闪闪，但邓子基教授却大胆地强调价值规律是商品经济第一规律的观点。建议福建省委把商品价格从计划放开由市场来决定。

【同期声　福建省原省委常委、副省长　王一士】他写了一个调查报告，有数据有理论还有建议。这个问题提出来后，我就拿给省委书记项南同志，项南同志看了后说："好啊！敢摸老虎屁股！"这个话一说呢，我就说，省委明确了，支持我们，咱就干！我们就从易到难，从小到大，从小商品价格起放，全放。在计划经济向市场经济转型过程中，它打开了一条通道。

正是这样一种与时俱进、上下求索的精神，使邓子基教授的生命持续焕发出学术的光辉，永远将目光投向世界，投向未来，为建设中国特色的社会主义财政经济理论攀登不息。他较早地提出"以人为本"的科学税收理念，从促进经济发展、满足政治需要、实现社会稳定三者的关系出发，阐述国家与税务部门、税务与社会和纳税人所应该建立的关系；他还为内外资企业所得税并轨鼓与呼，当全国人大通过内外资企业所得税的立法草案时，老人高兴得一夜睡不着觉。

【同期声　邓子基】要建立发展有中国特色的、适合国情的、适应市场经济需要的国家财政理论体系，快十年了，我就做这个工作。

60年来，邓子基教授对中国特色社会主义特色的财税理论建设作出了卓越的贡献，赢得了国家、省、市各级领导和学术界的赞赏，人们由衷地敬重这位中国财税学界的老兵。

【同期声　中国银行总行行长　李礼辉】邓老师从中国的实际出发，来发展财政学理论，刚才提到的他的国家分配论里面的关于国有资产、国有资本这样的一些理论，对于指导我们国有银行的股份制改革，指导国有企业的股份制改革，指导国家对国有资产、资本的管理和运用，是具有重要的指导意义的。

【同期声　国务院国有资产监督管理委员会研究中心副主任　李保民】我知道邓老

师在国资研究这方面是倡导者，从最早的国资局到国资局撤销以后，邓老师一直在呼吁，一直到党的十六大，决定成立国资监管系统，在这里面，邓老师的学术思想和他的政策建议起到了非常大的作用。

讲台是邓子基教授最熟悉、最喜爱的地方，他在这个百年大业的位置上整整站了60年。只要他站到三尺讲坛上，这位年过八旬的资深教授，还是一样的激情满怀，一样的精神焕发。

20世纪80年代，中国开始了伟大的历史变革，对外开放，特区建设，经济改革，无论哪一个领域哪一项重大变革，都急需现代化的财政经济人才。王亚南校长亲手培育起来的经济学科的传承和发展，历史性地落在邓子基这代学者的肩上。

1981年，邓子基教授招收了"文革"后的第一届经济学研究生；1984年，他的第一批研究生毕业，立即投身到轰轰烈烈的改革开放大潮中，成为中国经济改革的弄潮儿。1987年，以他为学科带头人的厦门大学财政金融学科获"财政学全国重点学科"称号，这是当时全国唯一的财政学重点学科。邓子基又迎来了一个教学生涯的春天，培养着中国财政学博士，造就着一批又一批中国经济建设的精英。

【国家税务总局税收科学研究所所长、研究员　刘佐】邓老师桃李满天下，他的很多学生在祖国经济战线的各个部门工作，在我们国家税务总局、财政部，包括我们研究所，都有很多邓老师的学生。

十年树木，百年树人，60年来，邓子基教授就这样生命不息，工作不止，在培养祖国精英人才的园地里辛勤耕耘，开拓创新。至今，他培养的博士正好是100余名，硕士研究生300多名。邓老这一批又一批的财政学弟子，无论是在党政领导岗位上，还是在经济建设的各个领域，或者是在人才培养、教学科研领地，大多已经成为中国特色的社会主义现代化建设的中坚力量。他们薪火相传，不负使命，用一束束弥漫着师生之情的鲜花和一份份改革开放的喜报，回馈自己尊敬的邓老师。

【中国银行总行行长　李礼辉】我参加工作也几十年了，也时时刻刻记着老师的教诲，时时刻刻以老师为榜样努力提高自己的道德水准，做一个好的银行家，为国家多做贡献。

【中华人民共和国审计署副审计长　董大胜】他对学生的关怀是终身的。不但在学校学习期间给了我很多知识上的教诲，而且在我走上工作岗位20年的时间，他都和我保持着非常密切的联系，对我人生发展的每一步都给予及时的帮助和指导。

走进邓子基教授的书斋，你能感受到一位财政学老教授的日常。何谓著作等身，何谓卓有建树，何谓教书育人，似乎都能在这流动着书香墨香的书房里找到答案。这里有教育部给予邓子基教授教学科研优秀成果的奖励，有各级人民政府为邓教授重大贡献所颁发的奖品，有国际相关组织和部门授予他的各种光荣称号。半个多世纪以来，邓子基教授在自己的人生道路上，用一生的精力和心血，书写了一位追求真理、不负使命的中国知识分子的生命篇章。

邓子基教授是幸福的，因为他有一个美满的家庭，有一位一生陪伴着自己奋斗不已的爱人，一群学有所成的儿孙，更有着那一代代自己辛勤培养起来的学生们。他的身上有着做不完的教学科研工作，他的生命里有着对真理永不停息的追求。

【同期声　邓子基】如果一个老人家不做事情就休养，我看不好，因为我还有事情做，政府给了我那么多荣誉，我现在是资深教授了，今年我又招了博士生，（要）活到老，学到老，（还）应该贡献到老。

这就是一位中国知识分子的情怀。坚守在他所一生钟爱的科研教育岗位上，矢志不渝，始终充满着激情和活力。

（东南电视台《东南新闻眼》2007年7月1日、2日播出；

厦门电视台专题节目2007年6月23日、24日播出）

（此电视专题片在庆祝邓子基教授从教60周年大会上播放）

中国财政学泰斗——邓子基

解说：他是公认的中国财政学奠基人和开拓者之一，被誉为"财政学泰斗"。他的一生，见证着中国财政学发展的历史。

      片头·邓老：所以我的观点是中为体、洋为用。

      邓老：我的理论，财政、税收、国有资产的理论，弥补了很多空白，

            建立了中国式社会主义财政学。

      珊珊（主持人）：观众朋友您好，欢迎您收看八闽之子。今年是新中国成立60周年，在60年的社会主义发展过程中涌现了许许多多为国家作出突出贡献的福建人。有一位经济学教授，他名叫邓子基，是我国财政学的奠基人和开拓者之一。如今，80多岁高龄的邓老还依然在教学和科研的岗位上奋斗不止。

      解说：这是厦门大学海滨东区的一座宿舍楼，上下这六层楼梯是厦门大学资深教授邓子基每天必做的一课。但陌生人却很难想到，眼前这个步伐健朗的老人，竟然已有八十多岁的高龄。

      邓老：住得高看得远，背山面海，我每天要走105层楼梯，上105层（楼梯）下105层（楼梯），一共310层楼梯。动脑多思，动口多讲，动手多写，动脚多走，四动，身体健康。

      解说：虽然已经年逾八旬，邓子基还在教学园地上辛勤耕耘，还担负着繁重的博士生指导的科研与教学工作。《财政与宏观调控研究》一书正是在邓子基的带领下，由博士生共同参与编写完成的。在邓子基的家里，书架的最下一层排列着密密麻麻的书，都是邓子基的著作。60年来，他出版了专著、译著和教材60多本，发表主要论文近400篇，著述千余万字。

      邓老：我始终是研究财政学。我对马克思主义比较有基础，对西方的东西（理论）我也了解。所以我的观点是，中为体、洋为用。中为体就是坚持马列主义，洋为用就是西方的东西，要学习、分析、批判、吸收。

      解说：1962年，邓子基先后发表了论财政本质的三篇文章，提出了财政的本质是以国家为主体的分配关系。这一理论在国内的经济学界引起了极大的争论。

      邓老：当时有的说，这个是比较抽象的本质问题，（财政本质）是价值的分配关系，就否定国家，跟国家没有关系。我主张跟国家有关系，所以要以国家为主体，还是不以国家为主体这个有争议。

解说：邓子基的财政本质说得到了大多数与会者的赞同，奠定了他的理论主张在我国财政本质说的主流派地位。经过长期的科学研究，邓子基提出了财政本质与模式论、财政四要素论、财政四职能论、财政税收国有资产管理"一体两翼、一体五重"等理论观点和政策主张，都为政府部门所采纳。在财政、税收、国有资产管理改革与建设中发挥了巨大的作用。

邓子基：我的理论，财政、税收、国有资产的理论，弥补了很多空白，建立了中国式社会主义财政学，中国式的财政学。

解说：邓子基1923年出生在福建省沙县，年幼时母亲和父亲先后去世，孤儿邓子基的童年没有享受到同龄人应有的欢乐，而是被迫从小就开始面对生存的艰难。在邓子基的记忆里，童年缺衣少饭，能吃到的最好的饭就是八宝饭。

邓老：八宝饭，什么叫八宝饭，不是我们现在的八宝饭，像同安的那种八宝饭，中国驰名商标，不是那种。饭里面是粗米，不干净，也有沙洗不干净，就是米很差，那人家就说是"八宝饭"，（意思）就是这种米很差。

解说：生活的艰辛却不能磨灭他的志气，小小的邓子基心中充满了对知识的渴望和对未来的憧憬。

邓老：（在）一个百货店当学徒，没有工资，混口饭吃。后来我蛮聪明的，一个月（开始赚）两块钱。在当时我读小学时人比较灵，小学读了两三年就毕业了，抗战的时候就考到了南平中学。当时沙县没有中学，南平初中（当时）还没有高中，抗战的时候1937年，那我就用这每月两块钱积累起来去南平读书。从此以后，就进入了求学的道路。

解说：颠沛流离的生活、艰难困苦的求学，使他付出比别的学生更多的汗水和努力。

邓老：打摆子、发烧照样去念书，一位班主任他说，这个孩子怎么不去看病，我说这课不听不行，作业不做不行。

解说：天道酬勤，人品及学习成绩优秀的邓子基终于靠自己的努力，完成了中学和大学的学习。1949年新中国成立前夕，已经是中学教师的青年邓子基一腔热血地参加地下革命活动，在战斗中迎来中华民族的独立与解放。

邓老：整个形势，年轻人向往光明，迎接解放，我接触过很多，读过《新民主主义论》，新中国成立前我就读过。《人民解放军公告》我知道，对比旧社会好多了。通货膨胀、贪污腐化，年轻人看了不习惯。光明，迎接光明。迎接解放就是迎接光明。因此有一批进步的年轻人，像我这样子的（组织起来），做些地下宣传，发发传单。

解说：新中国的成立，完全改变了邓子基的一生。这是厦门大学经济学院的大楼，当时经济学院的前身是经济研究所，汇集了一大批经济学精英。时任厦门大学校长的王亚南教授在国内经济学界的声望很高。王亚南教授是资本论的翻译者之一，我国的著名经济学家。1950年，厦门大学经济研究所开始招收资本论研究生。年轻的邓子基慕名而来，带着理想和抱负来到了王亚南教授的研究生班。

邓老：新中国成立之初，有两位著名的经济学家，一位是北京大学的马寅初，一位是南方厦门大学的王亚南，研究马列翻译《资本论》的，我很崇拜他。我又是学经济学的，新中国成立后他第一批招研究生，我就来报考他（研究生班），投奔他。

解说：在厦门大学经济研究所资本论研究生班，邓子基的眼界和学识得到了极大的提高。王亚南大师的风范和学识深深地震撼了年轻的邓子基。

邓老：他叫我名字，子基你啊，好好地学习，努力学习，要掌握马克思主义，西方的东西也要学习，马列主义也要掌握好，这是方向问题！所以他说一定要读好《资本论》。我说我《资本论》读得很熟，所以我这马列主义基础很深厚，这是他给我的（要求），这是一点。第二，要好好做人，学问做好了，要虚心、谨慎，要有创造力。做学问要努力，要讲方法、讲科学。

解说：正是在那时，邓子基定下了自己的理想，将来也要像王亚南老师一样教书育人，成为一名优秀的教育工作者。1952年7月，29岁的邓子基以优异的成绩毕业，成为新中国第一届研究生。之后，他留校任教，这一留校就是半个多世纪。

邓老：教师是红蜡烛。红蜡烛是什么意思呢？就是燃烧了自己，照亮了别人，做一辈子很好啊，我一个人培养了那么多学生。

解说：半个多世纪以来，邓子基培养出数万名的专业人才，其中硕士生300多名，博士及博士后100余名，这些学生在祖国的建设中发挥着重要作用。这里是厦门大学景色优美的芙蓉湖，湖面上水波荡漾，湖畔绿柳婆娑。"文革"时期，邓子基和100多位老师一起被隔离在芙蓉湖畔的一座平房里接受审查。回忆起这段非常的日子，邓子基却依然豁达。

邓老：压抑是压抑，可还是比较乐观的。家里还有子女，我又没什么问题，不怕有什么尾巴被揪出来。坦然，很坦然。

解说："文革"结束后，恢复办学了。邓子基和他的同事们奔走相告，他以加倍的热情投入了恢复办学工作，第一步就是办财经专业试点班。

邓老：计划确定了，老师重新聘，有的下放的人赶快回来，安排住房问题，一大堆事情。我说很难得现在恢复办学了，就这样办起来了。

解说：在邓子基和其他老师的努力下，厦门大学的经济学科教学力量越来越壮大。厦门大学的财政学和货币银行学两个硕士、博士点和全国重点财政学科点先后建立。1982年，厦门大学经济学院成立，开启了我国综合大学创办学院的先河。

珊珊（主持人）：邓子基教授有句话就是：教书、育人，出人才、出成果。半个多世纪以来，他一直是这样做的，他为培养中国财政学人才立下了不可磨灭的功勋，而他对中国财政学理论的贡献更是高山仰止。他的一生，见证着中国财政学发展的历史。好，感谢您收看今天的八闽之子，再见。

（福建新闻频道《八闽之子》2007年7月8日播出）

邓子基：托起100个博士，让世界惊诧

—— 记我国著名经济学家邓子基资深教授

特约记者　陈立荣

引　子

阿基米德说：给我一个支点，我将撬起地球。这是举世皆知的定律，但是这个支点的坐标只能落在苍茫宇宙之中的某一点之上。

每个人都有属于自己人生的支点。

邓子基说：属于我的支点，就是我已经站了60年讲台的位置。

那个下午，我用脚步在丈量着距离。前面的大海跳跃着蓝色的波涛，近处的小树林都包裹在金灿灿的黄色调光影的纠缠交错之中。

蓝色是年轻的代表，而金黄色则是成熟的象征。

一位"年轻的"老者就住在这条通往海边小径尽头的楼房上．他的晚年就一直住在脱尽喧嚣的厦大校园深处。

这个"年轻的"老者就是邓子基，每天他都由这条小路走向他坚守的位置。

那个下午，我就一直用脚步丈量距离。是的，我不仅用脚步去丈量距离，也试图用脚步去跨越时空隧道，去寻访一个中国知识分子的人生轨迹，去探测一个让世界惊诧的老人的人生支点。

走出大山深处

1. 婴儿的啼哭

1923年6月，从福建沙县夏茂镇儒元村的一个家庭里传出一阵阵婴儿的啼哭，声音虽然弱小，但穿透力巨大，婴儿的哭声穿过窗棂，盘旋在被山雾层层笼罩的小山村里。

这个婴孩就是日后成长为中国著名经济学家的邓子基。

11岁那年，小子基的父母亲相继去世，他成了孤儿。他独身一人来到镇上谋生，找到一家杂货店，店主了解来意后，决定收下小子基当学徒。

小子基从小练就手脚勤快的本领，从早到晚一刻不闲，把店面收拾得亮堂亮堂的，

顾客进门都觉得眼睛发亮。生意好了，店主心头高兴，每个月除了包吃住，还给了两块银圆作为奖赏。

2. 考了第一名

1937年秋天，南平。

距邓子基离乡当学徒才半年，他终于攒了十几块的银圆。他给自己的人生做了第一步的规划，决定告别小镇，到南平上初中。

"银圆有可能被花光，退路是没有了，我只能靠考取第一名的成绩来赢得奖励。"邓子基在70年之后这样说，"从那一刻起，我的命运就注定我必须拿下人生之路的各式各样的第一名。"

读书对于邓子基来说既是生存的手段，又是自我意识成长的必然需求。因为，邓子基太渴望读书，太渴望改变自己被命定的苦难。

有一次，邓子基生病了，打"摆子"打得很厉害，但是，正逢期末大考，不敢来得半点大意。尽管身子虚弱，走路摇摇晃晃，老师和同学们都劝他回宿舍休息，"不，啊——不，我的身体还行，还能坚持得住……"

上完课，邓子基又踉踉跄跄拖着身子，去打扫学校的卫生，要把厕所冲洗得没有一点异味才行。因为，做好这些事也是决定他是否能领取奖励金的条件之一。

进初中后的第一次大考，邓子基果然摘取了语文和数学等科目的第一名，更重要的是——他终于获得学校颁发的奖学金。

没有人比他更知道，这笔奖学金的重要性。因为它意味着——一位吃尽生活苦头的学子，能否在求知的道路上继续跋涉前行。

以后，邓子基所参加的考试都取得了第一名的好成绩。

3. 放弃了造飞机的梦想

1943年，抗日战争已经进入第6个年头。这年夏天邓子基参加全省高中会考，又以优异的成绩获得保送国立政治大学的资格，同时也被国立交通大学航空系录取，读的是飞机制造专业。国立政治大学有全国最好的经济学专业、外交专业和法律专业，这些专业都属于文科，国立交通大学则是理工科尖子生理想的摇篮，能上这两个在全国排位都靠前的文理专业，在全国范围内也属凤毛麟角。交通大学比政治大学早半年开学，邓子基在航空系读了半年，发现自己所带的盘缠几乎用光，身旁只剩下一件用来御寒的棉衣，吃饭也快成问题，何况学校也在催他赶快交学费。眼看山城的冬天转眼就要到了，容不得邓子基再想其他办法，只好作出了放弃制造飞机的梦想、尽快到南岸政治大学报到的决定。因为政治大学实行的是包学费、包伙食费、包分配的"三包政策"，陷入绝望之中的邓子基重新振作起了精神。

历史往往就是这样阴差阳错。交通大学错过了一位学生，也许错过的是一位制造飞机的专家，而政治大学却迎来了一位经济系的新生，而有谁能想到，新中国财政"国家分配论"主流学派的主要代表人物即将在这里迈出学术探索的步伐。

4. 辞掉税务员工作

1945年，中国经过八年艰苦卓绝的抗战终于迎来日本的投降。抗战胜利后，邓子基也随中央政治大学迁回了南京。时光一转眼到了毕业的时刻。

分配之前的暑假，邓子基回到了福州。王若畏已出落得亭亭玉立，长成了善解人意的大姑娘。她正在福州上高中，得知邓子基将回南平度假，狂喜之中藏着几分娇羞。恩师王守椿看出了侄女的心意，便提出要把她正式介绍给邓子基，以了却他自己多年的心愿。

本来幻想经济系毕业能好好发挥自己的才能为多难的中华民族做点事，但是，现实很快击灭了他的幻想。尽管邓子基各科成绩都非常优秀，名单分到了财政部，但是没有显赫的身世和社会背景，又被一级级往下分，直至被分到了苏北的泰州，成了一名小税务员。

邓子基不甘终身的理想沦落在小县城，他打听到当时正在招考高等财务人员，经过三个月精心的准备，他赴南京去参加这场特殊的考试。果然，他又以高分挂榜，在等待分配的日子里，国共却又爆发了内战。这几年邓子基目睹了国内的民不聊生，又目睹了国民政府的贪污腐败，不免觉得前途黯淡。在这段身居异乡的日子里，他自觉不自觉地以经济学家的眼光，反反复复思考着中国的前途……

邓子基终于向泰州县税务局提出了辞职，结束了人生第一次任职三个月的公务员生涯。

选择实现终生理想的支点

1. 等待机会

邓子基回到福州后，很快在省城福州谋得了一份差事。这时，他看不惯国民党政府的集权统治，也看不惯官场的黑暗、尔虞我诈，更不满政府高速的通货膨胀，不管百姓死活。一幕幕现实使他警醒，他感觉自己在民族前途抉择的关头，再不能有任何的犹豫与观望。

邓子基跃身投入了"反饥饿，反内战，争自由"的民族斗争的伟大洪流。他加入了共产党的外围组织——"民主联合会"（系"民革"的前身），参加了组织的集会、讲演和各种形式讨论会。

由于邓子基频繁参加"民联"组织的活动，索性又一次把工作辞掉，他也觉得自己不适合端那种饭碗。再次失业，邓子基反倒觉得心里很踏实，他专心致志地等待机会。

2. 考取研究生

1950年4月，距新中国成立仅半年的时间，地处东南沿海的厦门大学传来令人振奋的消息，由厦门大学校长王亚南领衔的厦门大学经济研究所招收研究生。这次招生具有划时代的历史意义，首先它是新中国成立以来首次招收研究生，而且研究生的导师是具有崇高威望的王亚南教授，他以翻译马克思经典巨著《资本论》著称于世。

邓子基得知消息后，觉得自己的机会降临了，他不仅要冲击新中国第一的目标，而且更想摘取第一当中之第一的桂冠，因为他天生就是争当第一的人。

果然，邓子基取得了福州考区第一名的成绩。

当时厦门大学也和全中国一样，刚从旧中国的废墟带着满目疮痍站起来，百废待举，选择经济作为突破的课题，其中自然蕴藏划时代的深远意义。

当时，王亚南校长身兼研究所所长、导师多重职务，但是，他对待学生犹如对待自己的亲人，不仅督促、辅导学生的学业，还无微不至地关怀学生各方面的成长。

半个多世纪之后，邓子基回忆起这段难忘的历史，他深情地说，"王老师永远是我人生旅途上的坐标，他时刻提醒着我，作为教师，只有对学生付出全部无私的爱，才有资格坚守教师的岗位。因此，这60年的教育生涯让我恪守10字宗旨：教书、育人、出人才、出成果"。

两年的研究生时光一眨眼就过去了，当初同批考进去的8个研究生，有的被淘汰了，而目前尚健在的 5 名研究生之中，只有邓老以83岁的高龄还在带博士生。

1952年，邓子基研究生毕业，王亚南校长把他留在厦大。这年的暑假，王若畏从福州大学地理系毕业，她已经成长为一名光荣的共青团员，被分配到北京中央教育部工作。趁暑假，邓子基来到福州同王若畏结婚，新婚蜜月还没度完，王若畏就急着上北京报到。

蜜月虽然短暂，但对未来的憧憬是共同的，他们都选择了厦门大学作为实现终生理想的支点，而这个支点一直延续到了现在。

3. 长达25年的"青年讲师"

邓子基留校以后，全身心地投入了教学活动中。他兼任校教务秘书，不久又兼任校教学改革委员会秘书，那时他为三个正副教务长和校长服务，可以想象当年工作量之大，而其工作效率之高也让人难以比拟。当邓子基回忆起当年的一切时，"我没有当官的欲望，要不然，这几十年我不会一直留在厦门大学的"。邓子基表情淡然，然而，邓子基的教授之路却走得异常艰苦和漫长。

20世纪50年代，邓子基研究生毕业后不久就发表了第一篇论文《苏联预算制度研究》，此后，他就专攻国家财政学和税收理论，发表了60部专著、译著、教材（含合作）和几百篇的学术论文，这些建构了我国财政学界"国家分配论"作为国家主流学派的不可动摇的地位。

发表了第一篇学术论文和《略论财政本质》等著名论文之后，学界中人都知道厦门大学出了一位很有名的青年教师。等到"很有名的青年教师"，又变成了"很出名的青年讲师"，而后停留在"很出名的青年讲师"位置上却长达25年的时间。粉碎"四人帮"以后，在拨乱反正的1979年，"青年讲师"才评上"副教授"，这一年，邓子基已经53岁了。

1979年对邓子基来说是一个幸运的年份，因为邓子基当年参加"民联"，属于党的外围组织，因而认定他新中国成立前就参加了党组织的活动，具备了"离休干部"的资格。1980年，邓子基光荣地加入了中国共产党，成为拨乱反正以后我国发展的第一批知识分子党员，跃上了《光明日报》的头版新闻，于是，邓子基的人生之旅又添上一桩"第一"的美谈。

梯队之光

1. 理论的力量

1983年，邓子基又以60岁的高龄，没有悬念也没有"破格"之类的说法，被评聘为"文革"后的首批教授、博导资格。60岁是我国一般干部和职工的法定退休年龄，但对邓子基来说却是梯队建设的黄金时期。没有时间可以再挥霍和等待了，因为国家急需高级经济管理人才。

1984年，邓子基着手招收第一批研究生，从应考的本科毕业生中挑选了3名弟子，其中有一位学生何立峰，曾担任中共福建省委常委兼厦门市委书记。每当有重要客人想当面向这位书记讨教财政、资金运营"高招"时，何立峰都不无自豪地说，"谁叫我是著名经济学家邓老的学生啊，需善于运筹、做好平衡，四两拨千斤呗"。

其实，他们的脑海里都铭刻着邓子基上研究生第一堂课的一段话："对待马克思主义必须先坚持，后发展，要重在发展论。既反对僵化论，又要反对过时论。对待西方东西，先要学习、分析、借鉴和吸收，重在消化论，既反对排斥论，又反对照搬论。对待方法论，首要坚持辩证论和历史唯物论，即坚持解放思想，实事求是，一分为二，对立统一。要从中国国情出发，从现象看到本质，勇于开拓创新，在继承中发展。"在以后历届研究生和博士生的第一堂课上，邓子基都要重复这一立论，因为这是他毕生从事学术探索的心血和结晶，也是他从事梯队建设的灵魂和重要思想保障。

其实，邓子基比谁都清楚有人在质疑居于国家主流地位的"国家分配论"的学术体系。他认为"海纳百川，有容乃大"，本着虚心求教、实事求是的态度，坚持真理，修正缺点，做到取长补短，发展、提高、完善自己的理论体系。正是由于邓子基严谨的治学精神和科学方法，最早为厦门大学先后建立了财政学与货币银行学两个硕士点、博士点和全国重点财政学科点，立下了不可磨灭的功勋。而他对中国财政学理论的卓越贡献，更是让人高山仰止。

他是中国财政学的奠基人和开拓者之一，被誉为"财政学泰斗""一代宗师"。他的国家分配论长期居于主流派地位。他的许多理论与政策主张多被中央、省、市政府采用，指导相关政策的制定与实施。同时为我国当前建立稳固、平衡、强大的国家财政和构建公共财政的基本框架提供了强有力的理论支持。

半个多世纪来，他把所有的精力和心血倾注于科研和教育事业上，虽年逾八旬仍奋斗不止，他曾到美国、法国、英国、加拿大、日本、肯尼亚、新加坡等十多个国家讲学或出席各种会议，他的努力直接推动了中西财政理论的接轨。他的成就在国内外享有很高的声誉，出版60多本专著、译著和教材（含合作），发表论文近400篇，著述千余万字，培养数万专业人才，带出300名硕士、100余名博士。他的名字被收入国内外50多部传记、辞典中。荣获国务院"政府特殊津贴"、"国际荣誉勋章"（英国）、"终身杰出成就金人奖"（美国）和国家、省部级教学、科研成果荣誉奖等40多个奖项。英国剑桥国际传记中心授予他"世界500名人"称号、美国国际传记协会授予"国际500名有重大影响人物"称号，他的名字被列入《世界500名人传》（英）、《国际500名有重大影响人物传》（美）、《中外经济学名人传》、《世界名人传》、《中国当代社会科学家词典》、《一代名家》、《东方之子》等50多种词典、传记之中。

1984年，邓子基的第一批弟子经过三年的修炼，终于要接受社会的检验。当时，任厦门特区办主任的王一士来到邓老的家中，要求邓老推荐一名学生支援特区建设，邓老毫不犹豫地推荐了何立峰，因为，他相信自己学生的素质和能力。后来的事实也证明了不仅是一个何立峰，而是几十个何立峰在我国经济建设的重要岗位上发挥了顶梁柱的作用。邓老培养的学生中除了不少担任省部级的领导职务外，有许多当了教授、博导、财政专家、大学校长院长，还有好多在金融、保险、证券大公司里担任重要职务。

2. 昏倒在讲台上

2004年2月17日，邓子基照例在清晨5点钟就醒了过来。和往常一样，他没有先急着起床，而是静静地躺在床上，用手指按摩、叩击身体的部位和关节，这是邓老自己创编的一套按摩保健操，他坚持用这套保健操保养自己的身体，他心里知道，没有一个健康的身体，几乎不可能完成梯队建设的任务，新中国王亚南第一代梯队的薪传，历史性地落在自己的肩上。邓子基和往常一样，做了近一个钟头的保健操，觉得自己身体内涌动着一股暖流，他才翻身起床。也许，这些日子感觉有些疲劳，他照例在7点1刻走出家门。夫人王若畏看他脸上露出些许的倦容，只叮咛他路上要多加小心。因为夫人知道，劝他在家休息根本不起任何作用。

邓子基沿着静谧的海滨，走向教室。学生照例给邓老在讲台上放了一把椅子，可以理解，80高龄的邓老一口气给博士生上两三个钟头的课，需要付出多少体力！在中国，甚至在世界，像邓老这样的不说绝无仅有，恐怕也是为数不多的几个。

邓子基站在讲台上，这是他最熟悉、最喜欢的地方，哪怕拿世上最珍贵的东西和他交换，邓老也绝不会答应的。因为，这个位置，他已经站了整整六十个年头。党和国家、人民给了他极大的荣誉，过去的岁月里，他曾受到毛泽东、邓小平、江泽民等三代领导人的亲切会见，这种幸福感始终在激励着他。

没有任何征兆，那一天是他一生之中无数正常工作日中的一个，然而，他却昏倒在讲台上……

120救护车风驰电掣朝174医院疾驶。经医生的检查，邓子基的身体没有发生重大的毛病，只是，因为过于劳累血糖太低，身体虚弱而发生昏倒病征。

听说自己身体没有发生大状况，邓子基苍白的脸色也逐渐恢复正常。他开口的第一句话就是："我要回去上课！"但是，医生、院长都不允许，学校的领导也极力安慰他，劝他好好在医院里休整一段时间，教学的事情暂搁一旁。

在邓老昏倒讲台的现场，系主任也在第一时间打电话通知他的儿子邓力平，邓力平是厦门大学原副校长、教授、博导，第九、十届全国人大代表，现调任厦门国家会计学院院长，父子两人同是著名的经济学家又是教育家，也堪称"邓氏第一"了。邓力平一接到电话，急速赶往医院看望父亲，力劝父亲在医院安心静养，从他小时候起，还从没有看到过父亲停歇下来，父亲的身边总有做不完的事。

就在邓子基不安心住院的时候，他的夫人发生了骨折，也被送进了174医院。医院院长赶来探望，"也好，我给您二位开个大房间吧，您二位也合该在我这里好好过一段刻骨铭心的时光哩"。

住院一个月，房间里始终有学生送来的鲜花，空气中弥漫着淡淡的花香，温馨的气息似乎让他们重温了60多年前那个没有度完的蜜月。

3. 老兵的位置

邓子基的家庭生活是幸福美满的，他没有更多的奢求。去年17岁的孙子邓小达考取了南京大学生命科学学院，邓力平和赵蓓夫妇俩回国后，因忙于事业，仍把他们出国留学工作期间留给爷爷奶奶培育的大孙子交给爷爷奶奶。邓子基夫妇细心照料孙子，家中仅有三个房间，却腾出了一个房间专门给孙子住，以保证他的学习环境不受干扰。如今，孙子回厦门说什么也要和爷爷奶奶住在一起，住在他从小就占有的房间里面，觉得心情特别宁静。邓子基还有一个女儿邓力文，和女婿房宝厦在加拿大和国内创业，他风趣地说，一个搞精神建设，一个搞经济建设，和国家一样需要两个文明一起抓，这样的人生还能奢求什么呢？

邓子基没有一般大学者的大脾气，他的性格脾气是随和的。他说他的家庭之所以很幸福、很美满，正是实践了中国人最基本的家庭伦理道德规范：家和万事兴。邓子基善于总结自己的生活经验，他有一套"三四五六"的格言——

"三乐"：知足常乐、助人为乐、自得其乐。

"四动"：动脑多思、动口多讲、动手多写、动腿多走。

"五老"：一有老体、二有老伴、三有老本、四有老友、五有老窝。

"六条"：心态平衡、生活规律、劳逸结合、适当运动、合理饮食、必要治疗。

邓子基的一生基本可以说，是一个中国平民知识分子追求真理、追求成功的缩影。因而，邓老活得豁达、活得自由，活出了境界也，活出了真谛。他始终作为一个战士，坚守在所应该坚守的位置上，他为自己感到幸福。

尾　声

那个秋日的下午，我一直在厦门大学海滨东区通向大海的小路上徜徉。

我想寻访培养出100个博士，让世界惊诧的更多精彩片段。

但是，邓老说，"我是一个差点被旧中国遗弃的孤儿，我活到现在，并能尽我的力量为我的祖国服务，我感到幸福和快乐"。

呵，我猛然记起了20世纪50年代流行的一句话："有什么比工作着更美丽、更快乐？"

是的，假如把邓老的人生比作一部交响乐，其中虽有伤感的段落，但更多的是充满震撼人心的美丽和快乐的主基调，它必然是关于战士永恒主题的写照。

那个下午，我的心中就回荡着这种主旋律，在思考：那个让世界惊诧的邓子基的支点到底在哪里？

其实，连接学校与大海的这条小路可以作证，半个多世纪以来的每个金色的早晨和黄昏，邓子基走过的每一步，不正是让世界惊诧的支点吗？

黄昏，一对披着灿烂霞光的背影出现在我的视线里，他们照例会在没有风雨的时刻，缓缓地走向海边，享受一段幸福而安详的时光。

人物名片

邓子基，男，1923年6月出生于福建省沙县，1952年毕业于厦门大学经济研究所资本论研究生班，毕业留校后一直在厦门大学财金系、财政系从事教学和科研工作。1980年6月加入中国共产党，中国共产党优秀党员，著名马克思主义经济学家、财政学家、教育家，我国社会主义财政理论的主要奠基者和开拓者之一，厦门大学人文社会科学资深教授、博士生导师，经济学院原副院长，财政科学研究所原所长。

（原载于《中国教育报》2007年7月9日）

心灵的守望

——访厦门大学文科资深教授邓子基

记者　孟秀敏　何建红

从孤苦无依的山沟里的孩子成长为著名的经济学家、财政学家，年近九十却依然站在站了六十多年的财经讲台上，培养出百余位博士和数以千计的财经人才，擎起祖国建设的大梁——邓子基，一棵深深植根于财经教育沃土的参天大树，为大地洒下多少绿荫！

凤凰花开的季节，记者走进邓老那间面朝大海、生机盎然的客厅，走近这位鹤发童颜、慈祥而睿智的老人，在他娓娓的述说中，感受漫漫岁月里他的奋斗与追求，他的奉献与坚守。

人生有限事业无限

2009年3月，87岁的邓子基获得"感动福建2008年度十大人物"提名奖，感动焦点是：作为教育战线上的一名老兵，退休之际，再度披挂上阵，近30年来为国家先后培育出一百多位财政学博士。

"教书、育人，出人才、出成果"，这是邓子基60年来矢志不渝的信念。

一杯清茶，一份提纲，80多岁高龄的老人在讲台上一讲就是三个钟头，这幅感人的画面珍藏在许许多多学生的心里。

在厦大，邓老对教书育人的倾心投入有口皆碑。学生刘小腊记得，攻读博士学位的第一年，正碰上老师胆结石的老毛病经常发作，为了不影响他们的学业，老师常常把课堂搬到自己的病床前。

2004年的一天，像往常一样站在讲台上为学生授课的邓老突然昏倒，及至在医院里苏醒过来，邓老惦记的，还是没来得及给学生们讲完的课程。

邓老眼睛一直不太好，2006年做了白内障手术，读书写东西，桌子上要放着四个不同倍数的放大镜。即便如此，他还是认认真真指导、修改了那年毕业的五位博士生的论文。学生尤雪英的论文220页、16万字，邓老看了十几天，每一页都看得非常仔细，什么地方需要修改，他就在这一页夹上一张纸条，逐条列出修改意见，甚至文中个别地方出现的错别字和用错的标点他都会一一纠正过来。

邓老对学生要求很严，做他的学生要符合五个基本条件：道德品质好，思维敏捷、悟性高，理论基础扎实，有创新精神，体格好。

在学生汪异明眼里，邓老无疑是位严师。20世纪80年代末，"读书无用论"一度在大学校园里盛行，学生外出打工、经商成为时尚，功课只是应付。邓老坚决反对这种短视的做法，他告诫学生，做学问不能浮躁，要耐得住寂寞，把基础打扎实对一生都很重要。汪异明说："博士三年是我有生以来最苦的三年，但也是收获最大的三年。"

学生张利霞对此也深有同感："当邓老的学生上课是一种享受，下课的日子就不好过了。上完这次课，总要领回下次课前都完不成的任务，他的一批批弟子就是这样被压出来挤出来的。"

学生陈南华也回忆道：一次，他就某个经济问题措辞尖锐地写了一篇文章，邓老认认真真做了修改后，语重心长地对他说，文章可用，我推荐发表，但写文章的态度一定要端正，要客观评价经济问题，做学问就是做学问，不能掺杂个人好恶。

严师慈父，邓老集于一身，爱生如子女，几十年如一日。

董大胜是邓老27年前培养的博士生，至今仍珍藏着邓老那时写给他的亲笔信。"那是1984年，我想报考邓教授的博士生，于是冒昧地给邓教授写了一封信，没想到邓教授亲自给我写了回信，还请学校招生办的同志给我寄来报考材料。"回忆读博士的三年时光，董大胜动情地说："我还记得我们的专业课就是在凌峰楼邓教授家里上的，时值中午，师母就会给我们煮上一碗热气腾腾的面条，我们一边研究比较财政学，一边享用午餐，此情此景距今愈久印象愈深。"

在邓老那里，学生们不仅得到他学业上的指导，还常常得到他父亲般的关爱。毕业分配，找工作，找住房，甚至恋爱、结婚、生子……他都放在心上。

学生欧阳昌琼当年留校时，教工宿舍紧张，结婚没有住房，是邓老为他争取到一间12平方米的房子。双方父母都在千里之外，又是邓老和邓老的师母王亚南夫人，为他们操办了简朴而热闹的婚礼。邓老举杯为新人祝福的情景至今仍令欧阳昌琼感到格外温暖。

邓老的另一位学生曾患病住院，因为母亲也在病中，便没有告诉家人。然而当她做完手术被护士推出手术室时，看到的却是闻讯赶来已在手术室门外守候了两个小时的邓老……

这样的故事，每一个学生都可以讲出很多。

到目前为止，邓老已经培养了106个博士、300多个硕士、数以千计的本科生，其中不少成为国家的栋梁之材，包括审计署副审计长董大胜、天津市委副书记兼滨海新区书记何立峰、湖北省副省长张通在内的副省部级以上干部就有15个，还有一大批如张馨、杨斌一样的著名学者。"这是我的联络图。"邓老欣慰地摊开两本博士的电话簿，"有了变动他们就打电话告诉我，过年过节、结婚生孩子、有困难有进步，都会跟我聊一聊。"

搞了一辈子财政学，老人给记者算了笔"经济账"："这60年来，教书、育人是我的投入，出人才、出成果是我的产出，产出大于投入，这就是我的收获。青出于蓝而胜于蓝，学生超过我，是我最高兴的。"

王亚南是人生坐标

邓子基常说："我一生最为尊重和衷心感谢两位王老师。一位是支持我走上求学之路的王守椿老师，他是我在南平初中和福州高中的老师，他还把他的侄女王若畏介绍给了我。另一位是王亚南老师，他是我在厦门大学的老师，是他把我引上学术之路。"已是耄耋之年的邓子基，说起自己的老师，仍是一片拳拳的感恩之心。

对于自己一生的成就，邓子基将其归功于老师王亚南的教诲："没有王亚南，就没有我的今天。王亚南老师是我的人生坐标。"

1950年6月，王亚南被任命为厦门大学校长。邓老告诉记者，当时由中央政府任命的大学校长只有两人，一个是北京大学校长马寅初，一个就是王亚南。王亚南是我国著名的经济学家、《资本论》中文版翻译者之一，在国内经济学界声望很高。这一年，由他兼任所长的厦门大学经济研究所在全国率先招收研究生，年轻的邓子基慕名而来，并以福州考区第一名的成绩成为新中国的第一届研究生。

师从王亚南的两年，是邓子基夯实基础、塑造人生的关键阶段。王亚南对学生要求十分严格，邓子基那届八名研究生，最后毕业的只有四人。

在王亚南的直接指导下，邓子基用两年时间潜心攻读《资本论》，这使他一生受益无穷。作为我国社会主义财政学的奠基人和开拓者之一，邓子基始终倡导、坚持、发展"国家分配论"，饮水思源，他坦言，"国家分配论"的根源就是《资本论》，老师就是王亚南，是《资本论》给了他一个理论基础、一个根本方法。老人抽丝剥茧一般层层分析道："《资本论》研究的对象是社会经济关系，也就是生产关系的总和；财政学研究的对象是经济关系中的分配关系。《资本论》里说，税收是国家的经济基础，是财政的主要来源。而财政就是分配，是以国家为主体的分配。所以，财政的研究对象是国家分配，财政的本质就是以国家为主体的分配关系。财政的对象与本质这两个概念就是这样出来的。"

在夯实基础的同时，王亚南要求邓子基明确自己的专业方向。他对邓子基说："子基啊，你好像以前做过税务工作，你就搞财政学吧。"打那以后，邓子基沿着老师帮他确立的这条学术之路，心无旁骛地一直走到今天。

为了让邓子基更快成长，王亚南还安排邓子基为本科生兼课，鼓励敦促他学习、思考、写文章。邓子基的《苏联预算制度研究》就是在此期间完成的，并于1952年发表在当时全国最早的学报《厦门大学学报》上。这是邓子基一生400多篇论文的第一篇,也是他众多科研成果中的第一项。

1952年7月,29岁的邓子基以优异成绩毕业。王亚南对邓子基亲切地说:"你留在我身边工作吧。"从此,邓子基在厦门大学的讲台上一站就是60年。

出于让邓子基经受锻炼的考虑,王亚南要求邓子基"双肩挑":既搞教学科研,又承担行政管理工作。为此,邓子基先后担任了教务处秘书、全校教学改革委员会秘书等职务。此后,还担任了教务处副处长、经济学院副院长、顾问等职务。虽然那时曾一个人同时担任三位正副教务处长的秘书,但邓子基思路清楚,出手也快,一时便有了"邓快手"之称。

在教学岗位上,邓子基不但讲授税收论、预算论、财政学,还教专业俄语。他1952年7月一毕业就是讲师,后因教育部规定刚毕业的研究生要从助教开始,他又退回去当助教;第二年才重新回到讲师的职位。

在科研和教学上,王亚南对邓子基的影响很大。王亚南说:"当好老师,也要搞好科研,不要当教书匠。教师不仅是知识的传播者,更是创造者。"他还说:"教书育人,因人而异;教书,也教人。只有对学生付出全部的爱,才有资格坚守在教师的岗位上。"

正是在王亚南的教育和影响下,邓子基干一行,爱一行,敬一行。在厦大六十多年的教学生涯中,他有很多机会到政府主要部门任职,但他都谢绝了。"我没有跳槽,没有这山望着那山高,我觉得在厦大很好",他笑称,"当官只能干到60岁,我当老师,多干了29年,而且我还会继续干下去"。

"讲台是我最熟悉、最喜欢的地方,拿世上最珍贵的东西跟我交换,我也绝不会换的。"这是邓老的真情告白。

曲折坎坷的求学路

对于今天所拥有的一切,邓子基分外珍惜,因为他忘不了早年求学时的万般艰辛。

1923年,邓子基出生在福建省沙县夏茂镇的一个贫困家庭。不到11岁,父母不幸先后辞世,留下他一人无依无靠。没有饭吃,处处遭人白眼,父母含辛茹苦供他读了三年的小学也无法再坚持下去。为了生存,他上山砍柴、卖糕饼、卖油条,至今左手还有当年砍柴留下的疤痕。后来,他到镇上一家杂货铺当了学徒,记账,看店铺,打扫卫生,从早忙到晚。老板看他勤快伶俐,又写得一手好字,除了管饭,还答应每月给他两块大洋。

六个月后,攒着辛苦攒下的12块大洋,邓子基从未泯灭的那份读书的渴望,又在心里萌动起来。邓子基认定,要想让人看得起,要想有前途,只有读书。当时,沙县没有初中,邓子基于是离开家乡来到南平，以优异成绩考入南平初中。

这时已是抗战爆发的1937年。邓子基带着沙县政府开具的一份清寒家庭证明书，到南平初中学习。学校规定：只要在学校考取前三名就可以拿到奖学金。为了这个目标，邓子基加倍努力。打摆子、发高烧，他照样坚持上课。凭着这么一股劲头，班上60个人，头一次小考，邓子基就取得了第一名的成绩，领到了学校发给的清寒奖学金6块大洋。

初到南平，邓子基除了身上穿的衣服，一无所有，热天没有蚊帐、冷天没有被子。天凉了，他和一个沙县同乡同学合用一床被子。领到奖学金，邓子基才有了一床自己的被子。拿到清寒奖学金，邓子基必须勤工俭学，为学校做清洁卫生服务，如倒痰盂、扫地、扫厕所，干的都是脏活累活。

1937年9月，日军轰炸南平。南平初中部分校舍被炸毁，邓子基死里逃生。南平初中被迫搬到顺昌县峡阳镇近郊，老师学生都住在庙里，庙旁就是庄稼地，晚上睡觉经常有蛇爬进爬出；吃的是米质特别差的"八宝饭"。就在这样艰难的条件下，邓子基完成了初中的学业，并在会考中以优异成绩考进福建省最好的高级中学福州高中。

这时，正是抗日战争最艰苦的时期。福州沦陷，福州高中已迁至沙县。邓子基还是靠着奖学金和勤工俭学，读完了三年高中。参加福建省高中会考，他因成绩优异被省教育厅保送到当时迁至重庆的国立政治大学经济系，同时他又考上了当时同样迁至重庆的国立交通大学航空系。带着老师与亲戚资助的路费，邓子基只身从沙县赶赴重庆。

经过一个月的辛苦奔波，邓子基才赶到当时位于重庆北岸九龙坡的国立交通大学报到，但两个月后，已是身无分文。天气一天比一天冷，连件厚一点的衣服也没有。邓子基觉得在国立交通大学很难再坚持下去，正好国立政治大学开学晚些，又管吃穿，还包分配工作，于是他决定放弃航空梦想，转而去读当时在重庆南岸小温泉的国立政治大学经济系。在重庆的那几年，条件非常艰苦，日本人的飞机常来轰炸，"八宝饭"更成了家常便饭。重庆雾大，邓子基又开始打摆子，骨瘦如柴。但他依然拼了命地读书，在那个170多人的大班里仍然名列前茅。他在国立政治大学经济系主要读西方经济学，古典学派也读，德国的历史学派也读，澳大利亚的边际效用学派也读，《资本论》也读。这为他后来从事经济研究和教学打下了坚实的基础。

1945年9月，日本投降，学校由重庆迁回南京。邓子基和同学们一路辗转，甚至冒险扒上火车。"飞机轰炸我没死掉，冒险扒车也没死掉，我这个人命硬啊。"回首坎坷的求学之路，邓老十分感慨！

1947年，邓子基大学毕业。1950年9月，经历了漫漫长夜中的奋斗与期待，27岁的邓子基终于沐浴着新中国灿烂的阳光，走进了厦门大学经济研究所，迎来了生命的新开始。

一蓑烟雨任平生

经历了人世间近90年的风雨沧桑，邓子基始终保持着一个智者的平和心态，不骄不馁，乐观豁达。

几乎所有见过邓老的人都有同感：未见之前，总会有种高山仰止的敬畏，及至见面，才会发现这是一个如此亲切、平易的老人。

采访邓老，有两件事让记者十分感动：一件是采访结束，快九十岁的老人，坚持把我们送到电梯；另一件是，接受过无数媒体采访的邓老为了这次采访，提前准备了一份长达十几页纸的访谈提纲，在那上面老人用红蓝两种笔迹密密麻麻写满了字。

认真做事，诚恳待人，这是邓老一生的写照。

学生陈红伟回忆说，1997年他陪邓老去镇江开会，其间扬州税务学院临时邀请邓老开堂讲座。事情突然，邓老又刚做了胆囊手术，学生建议邓老就拿手头上几篇新作中的一篇讲讲算了。但那天夜里，邓老却叫学生到餐厅要了一碗稀粥，然后伏案疾书，一口气写了两个多小时。粥凉了，餐厅也早关门了。他却平静地告诉学生，对待人家的邀请，一定不能应付。

邓老一生拥有无数荣誉，但他从不摆谱，也没有架子。人家称他为大师、泰斗，他却说："我不是大师，是老师，我不是泰斗，是老兵。"

他所倡导、坚持、发展的"国家分配论"，在其发展中经历过几次质疑甚至挑战，他以海纳百川的精神认真倾听，坦然面对，并以与时俱进的态度，不断发展和丰富这一理论，使"国家分配论"的主流地位进一步得到巩固、发展。

在邓老的客厅里，摆放着一尊弥勒佛、一尊观世音，那是学生送给老师的礼物。学生说邓老就是这样：笑口常开，大肚能容；慈悲为怀，与人为善。邓老喜欢弥勒佛，他曾风趣地说弥勒佛是自己学习的榜样。老人的乐观和幽默俯拾即是："我开过两次刀，75岁那年把胆拿掉了，所以我现在是'无胆教授'；五年前眼睛不行又开刀，至今右眼看不见，所以我是'独眼教授'。"邓老的学生廖靓对记者说，邓老的心态特别好，每年中秋节他都为大家组织富于闽南特色的"博饼"活动，很多学生都高兴参加。

邓老是个不服老的人。快70岁时，他爬上黄山；80出头，他又爬上南京中山陵400多级的台阶。所以，75岁时，他说自己还是一个"年轻的老人"；80岁时，他说自己是"80岁的年龄、60岁的身体、40岁的心态"；85岁时，他说自己是个"还能战斗的老兵"。这次见到记者，老人语声朗朗，充满自信："我快90岁了，但感觉很好，脑子也好使，今年还发表了好几篇文章。到马克思那里报到以前，我还可以工作。"

邓老有着一套自己的保健之道，谓之"三乐、四动、五老、六条"：

三乐即知足常乐、助人为乐、自得其乐；

四动即动脑多思、动口多讲、动手多写、动脚多走；

五老即有老体、老伴、老友、老本、老窝；

六条是心态平和、生活规律、劳逸结合、适当运动、合理饮食、必要治疗。

廖靓说，邓老生活非常规律，每天清晨6点醒来，都会作一些适当的运动，包括一套自创的手部运动操。傍晚时分，人们也常会看到他和老伴漫步海边。

邓老有一个幸福美满的家庭。夫人王若畏同他结婚59年来，风雨同舟，相濡以沫，互敬互爱，共同打拼。儿子邓力平在加拿大获经济学博士学位并任终身教授，后来回到国内。在儿子的选择上，邓老只说了三句话："你的事业在中国，父母在中国，感情在中国。外面钱再多，毕竟是为别的国家服务。"邓力平回国后，成为当时厦大最年轻的教授、博士生导师、厦门大学副校长，现为福建省政协副主席，厦门国家会计学院院长，第九、十、十一届全国人大代表，中国财政学会副会长，中国税务学会副会长。女儿邓力文在厦门大学获经济学硕士学位后曾留校任教，目前同其丈夫房宝厦在加拿大和国内创业。邓老对孩子们的影响显而易见。

当然，在邓老的内心世界里，一家人的快乐只是他生活的一小部分，在他那海一样的胸襟里，更装着他数以千计的学生和他钟情一生的教育事业。

于是，为了鼓励优秀的青年学生，扶持家庭困难的学生，邓老发起创办了面向厦门大学财政系的"邓子基奖教奖学金"和面向全省的"福建省邓子基教育基金会"，把更为博大的爱心献给社会。

细细体味邓老的一生，体味他的治学、为人乃至保健之道，"境界"二字跃然而出。这境界，远离世俗远离喧嚣，是自强不息，是乐观自信，是淡泊宁静，是荣辱不惊，是老人对心灵的一份守望。

（原载于《中国财经报》2011年11月23日）

带出上百个博士的"老兵"

记者　陈挺

感动聚点：教育老兵

人们尊称他为泰斗，他却自诩为"老兵"——一名教育界的"老兵"。

就是这么一名"老兵"，默默耕耘教坛六十余载，成为中国特色社会主义财政学的奠基人和开拓者之一，成为我国财政学界主流学派"国家分配论"的代表性人物。

就是这么一名不服老的"老兵"，60岁退休之际，再度披挂上阵，为国家培育出一百多位财政学博士。而支撑他至今战斗在教学一线的，只有短短十个字的信念："教书、育人，出人才、出成果"。为了这个简单又执着不渝的信念，他始终在路上。

他，就是厦门大学经济学院主要创办人邓子基教授。2008年，邓子基因为福建省邓子基教育基金会，因为众多受助贫困学子的推荐，因为学生的推崇，走进了"感动福建年度人物评选"活动中。

感动经典：人生有限，事业无限，我想再干五年十年，培养更多的青年

分镜头一

我不过是个老兵，比别人多干了26年而已

采访邓老的记者无数，报道邓老事迹的文章连篇累牍，但邓老最爱和人争论的始终只有一个问题"我不是什么泰斗，不是什么大师，我只是一个老师，一个教育科研战线上的老兵"。

12月19日，他在家中接受本报记者采访时，又淡淡地说道，按照经济学的投入产出比来讲，我从教六十几年来，做了一些教书育人的事，得到了一些赞誉和表扬，这已经够了，不要叫我什么大师、什么泰斗，我不过是个老兵，法定退休年龄是60岁，我只是多干了26年而已。

而这个老兵，也是社会主义财政学的奠基人和开拓者之一、我国财政学界主流学派"国家分配论"的代表性人物。他公开出版了60多本著作，发表重要论文四百多篇，累计2700多万字，所组织编写的《社会主义财政学》填补了我国早期没有财政教科书的空白。

分镜头二

我有两把钥匙，一把是治学，一把是为人

邓子基的学生，分布海内外。回顾60多年的教学生涯，邓老说，他的观点是教书首先育人，育人先育己，培养学生，除了让他们拥有丰富的理论知识，更要使他们具备高尚的情操。

为此，他给自己和学生都准备了两把钥匙，一把是治学，一把是为人。他自己先把握好这两把钥匙，然后再教给学生。

做科研，他用第一把钥匙，支撑起了一个学科。1972年，厦门大学复办财政金融专业，邓子基是经济学院的主要创办人，随后，他又先后建立了财政学与货币银行学等硕士博士点，以及财政学国家重点学科，厦大由此成为我国财政学金融学的教学科研重镇。

用另一把为人的钥匙，邓子基培育出了一百多个博士生，他戏称，除了儿子女儿，他还有几千个子女，从他们求学找工作到谈恋爱婚嫁，他样样关心。

分镜头三

我最感动的，莫过于多年后看到学生们的成就

审计署副审计长董大胜是邓子基招收的首批博士生之一，他在接受媒体采访时多次深情地回忆起了恩师，"那时就在老师的家中授课，每到中午师母端来热乎的面条，一边研究财政学，一边享用午餐，是终生难忘的时光"。

回望86载人生，邓子基说，他最感动的，莫过于多年后看到学生们的成就。每到一地，邓老就会和当年的学生们在一起，听着他们汇报最新的工作生活状况，邓老就很欣慰。

目前，由邓老发起成立的就包括福建省邓子基教育基金会等两个基金会组织，每年奖励福建省品学兼优的学生和高考状元。委托关工委的，一年有100万元，资助初中、高中生，作为生活补贴。

面对记者，邓老再次豪情勃发，他说，人生有限但事业无限，他想再干五年十年，再成立一个新的基金会，培养更多的青年才俊。

（原载于《海峡都市报》2009年2月23日）

（2009年3月，邓子基获得"感动福建2008年度十大人物"提名奖）

学贯中西　独树一帜

——记我国著名经济学家邓子基资深教授

袁星侯

要成为一名优秀的教育工作者，不仅需要广博的理论知识，还要有高尚的道德情操，即要有好的师德。首先，应该做到爱岗敬业，以科教兴国为己任，把教育作为一项崇高的事业来追求；其次，要有好的师风、坚定的信念与品质，做到言教身教相结合，教书先育人，育人先正己，潜移默化地影响学生；最后，要关爱学生，把学生当子女，全面关心他们的学习、成长与进步。

在厦门大学有这样一位"年轻"的老人，他已在经济学、财政学的教学与科研的园地里辛勤耕耘了59年，硕果满枝，桃李芬芳，年逾八旬却依然以不输于年轻人的刻苦精神和学术斗志孜孜以求。他，就是我国著名的经济学家、财政学家、教育家、中国财政学主流学派"国家分配论"标志性人物之一的邓子基资深教授。

1923年6月，邓子基出生于福建省沙县，幼年双亲先后去世，生活非常艰难。1937年7月考入福建省南平初中，三年后又以优异的成绩考入福建省立福州高中。天道酬勤，1943年邓子基依靠自己的勤奋和努力，被保送到当时在重庆的国立政治大学经济系读书。1947年7月毕业，毕业前先到福建罗源中学教书；1947年毕业后，被分配到江苏泰州县税务局工作。1949年在福州参加"民革"地下组织，任福州民革宣传干事兼福州福商中学教师，积极从事爱国革命活动。

1950年7月，他考入厦门大学经济研究所资本论研究生班，师从我国著名经济学家、教育家、《资本论》翻译者之一、厦门大学原校长王亚南教授。1952年7月，他以优异的成绩毕业，成为新中国第一届研究生。在读研期间，邓子基兼任助教。此后的半个多世纪里，他一直在厦门大学从事经济学、财政学方向的教学与科研工作。他是厦门大学复办财金专业（后升格为财政金融系）的创立负责人，是经济学院主要创办人之一，并且先后建立了财政学与货币银行学两个硕士点、博士点和全国重点财政学科点，支持、帮助建立了厦门大学工商管理中心和经济学博士后科研流动站。1980年6月，邓子基教授光荣加入中国共产党。他先后被评为副教授、教授、博士生导师、资深教授（院士待遇）；曾任厦门大学学位委员、学术委员、教务处副处长、经济系副主任、经济研究所副所长、经济学院副院长、顾问，福建省政协常委兼科技经济委员会副主任、国务院经济学科初审组成员、国家教委经济学科评审组成员、福建省高校职称评委会委员、文科评委会主任兼经济学科评审组组长等职务；曾先后兼任厦门市人民政府经济顾问，厦门市政协顾问，中国国际税收研究会副会长、顾问，中国资产管理学会副会长、顾问，中国资产评估协会高级顾问，中国财政学会常务理事、顾问，中国税务学会常务理事、荣誉理事，英国剑桥国际传记中心副总裁和美国传记研究会副总裁等职务；担任着福建省财会管理干部学院、集美大学财经学院名誉院长，山东大学、河北大学、江西财经大学、安徽财经大学、浙江财经学院、新疆财经学院等院校兼职教授；现任厦门大学经济学院资深教授、访问学者导师、博士生导师、博士后联系导师、国家级重点财政学科总学术带头人、厦门大学财政科学研究所名誉所长。

光阴荏苒，半个多世纪的时光，催白了邓教授的乌发，但他仍以老骥伏枥、志在千里之心，向更高的目标攀登。

硕果累累看邓老

邓教授是新中国财政学的奠基人和开拓者之一，被誉为"财政学泰斗""一代大师"。从教59年来，他坚持马列主义，立足国情，教书育人，甘为人梯，辛勤耕耘，矢志不渝，借鉴西方，不断创新，学科领先，独树一帜。

教书育人，桃李芬芳

邓教授对教书育人的感受良深。他认为：要成为一名优秀的教育工作者，不仅需要广博的理论知识，还要有高尚的道德情操，即要有好的师德。首先，应该做到爱岗敬业，以科教兴国为己任，把教育作为一项崇高的事业来追求；其次，要有好的师风、坚定的信念与品质，做到言教身教相结合，教书先育人，育人先正己，潜移默化地影响学生；最后，要关爱学生，把学生当子女，全面关心他们的学习、成长与进步。

邓教授如是说，也如是做。从教59年来，他为培养财政科学人才倾注了大量心血。在厦门大学担任本科的财政学、税收学、国有资产管理和硕士博士的财政理论与政策研究、资本论与当代中国经济研究、财政与宏观调控研究等课程的教学工作，每学年讲授2~3门课并指导硕士、博士毕业论文，任务繁重却从未间断。现虽年逾八旬，仍坚守在教学第一线。在他辛勤劳作的教学园地里，早已是花繁叶茂、硕果累枝。邓教授至今已招收了博士生23届100人，毕业20届88人，均取得了博士学位。还培养了一大批硕士研究生、研究生班研究生、进修教师，以及大批本科、中央电大学生。

邓教授渊博的学识和严谨的治学态度，深深地影响着他的每一位学生。他培养的学生知识面广、理论功底扎实、治学态度端正，许多已成为我国财经领域中的教学、科研和业务部门的骨干。在他的学生中，从政的有副省长、副审计长、银行总行行长、大学校长、司局厅长、市委书记、市长等，从教的有教授、博士生导师、知名学术带头人，从商的有董事长、总裁，等等。对邓老的教诲和倾心培养，学生们都满怀感激之情，他的学生们说：在邓教授那里，我们不仅得到他学业上的指导，还经常得到他父辈般的关爱，毕业分配找工作、找住房甚至谈对象、结婚生子他都放在心上。

1997年，为庆祝邓老从教50周年而设立的"邓子基奖教奖学基金"，旨在奖励财政系表现突出的教师和学生，至今已是第十届，已有60位教师、20位博士生、20位硕士研究生、60位本科生受到该基金的资助。

开拓创新，注重育才

邓教授非常注重人才培养，在全国最早或较早试办、创办各类进修班和研究生班，并招收进修老师。1981—1982年，东北财经学院、吉林财贸学院等单位招收的财政专业进修教师，在邓老的言传身教影响下，有的获得了博士学位，有的担任了院长、系主任。

受财政部委托，邓教授最早为财政部创办全国财政学教师研究班。1982年，财政部人事教育司主办"全国财政学教师研究班"，招收全国部分高中等财经学校讲师、副教授、教务处长、校长60多人。邓教授为他们讲授社会主义财政理论，培养了财政学的教学和科研骨干。

受国家教委委托，邓教授举办第一个财政金融专业大学教师助教班。1984—1986年，厦门大学从全国招收40多位助教，系统学习财政学等课程，颁发助教班学业证书。有的学生后来成为博士、教授和有关领导。该班为全国开办助教班提供了经验。

受国家教委委托，邓教授举办第一个财政金融研究生班。1984—1986年，厦门大学公开招考了17位研究生。这些学生后来多数成为博士、教授和各级领导。该班为全国开办研究生班创造了经验。

受国家教委和世界银行委托，邓教授举办了四期"国际税收与国际会计师次进修班"。1984—1989年，厦门大学为全国高校与国家税务总局培养国家税收与国际会计的骨干，其中大部分学员现已成为硕士、博士、副教授、教授和处级以上干部。邓老是进修班领导小组组长并承担教学任务。

1992—1995年，邓教授培养了我国第一位应用型异地代培的财政学博士，为全国公开招考异地代培应用型博士生积累了经验。

1992—1994年，邓教授招收了第一批财政学专业应用型异地代培硕士生，这些学生中有的任国家教委司长，有的任我国驻外使馆一等秘书。

以上各种层次的班级，虽然有许多老师和领导的共同努力，但邓教授在当中起到了主导和带头人的重要作用。

学科领先，填补空白

邓教授十分重视财政学科与师资队伍建设，重视出人才与出成果之间的辩证关系。他认为，高等院校的教学必须同科研相结合，教学上的出人才必须建立在科研出成果的基础上，培养人才首先要编写一套高水平的教材。他于1972年复办了财金专业，1984年建立了当时全国唯一的国家级财政重点学科。长期以来，厦门大学财政学专业和全国重点财政学科被评为全国第一（A++）。

作为全国重点财政学科总学术带头人，邓老十分重视学科建设。早在1962年他就提出"财政学首先应该是一门以研究财政规律（包括原理原则）为主要内容的原理科学"，"应注意财政学与从其分化发展出去的专门学科如国家预算、企业财务、财政史等学科的联系和分工关系"。59年来，尤其是改革开放以来，邓老在财政学科建设方面做了大量的工作，先后主编出版了《社会主义财政学》《财政与信贷》《财政与金融》《财政学原理》《比较财政学》《现代西方财政学》《财政金融政策与宏观调控》等许多著作。

近几年来，邓教授与时俱进，还先后主编出版《财政学》（一版、二版由高等教育出版社出版）、《财政学》（中国人民大学出版社出版）等国家级教材。

邓教授为中国财政学教材体系所作出的贡献，将被永远载入中国财政学的史册。1993年，因其突出贡献，福建省人民政府授予他"福建省优秀教学一等奖"，国家教委授予他"全国第二届普通高等学校优秀教学成果二等奖"。2005年，福建省人民政府授予他（为首）"福建省优秀教学成果一等奖"，教育部授予他"全国第四届普通高等学校优秀教学成果二等奖"。

潜心研究，独树一帜

邓教授学识渊博，勤奋开拓，锐意创新，自成体系，治学严谨，著论丰硕，贡献突出，蜚声中外。

1952年，邓老从厦门大学资本论研究生班毕业后，就应用马克思主义的观点和方法，研究财政的本质、职能等一系列问题。1962年，他在《厦门大学学报》等刊物上发表《略论财政本质》等文章，较早全面系统论证和倡导"国家分配论"。岁月流逝，时光如梭，59年的风风雨雨之中，他始终不渝地倡导并系统地论证"国家分配论"，为确立"国家分配论"的主流学派地位作出了突出的贡献，并成为这一主流学派的标志性人物之一和中国财经学界巨擘。

据统计，从教59年来，邓老已公开出版专著、译著、教材（含合作）69本，发表重要论文390多篇，累计2000多万字。

特别是在财政、税收和国有资产管理等研究领域填补了不少空白，主要著作有：《财政学原理》、《财政学》、《财政理论研究》（上下册）、《财政理论与财政改革》、《财政理论与财政实践》、《社会主义财政理论》、《社会主义财政学》、《社会主义财政理论若干问题》、《财政与信贷》、《马克思恩格斯财政思想研究》、《比较财政学》、《财政收支矛盾与平衡转化问题》、《资本论与社会主义财政理论》、《美国财政理论与实践》、《美国加拿大税制改革比较研究》、《财政金融政策与宏观调控》、《财政与宏观调控》、《公债经济学》、《国际税收导论》、《财政支出经济学》、《西欧国家税制改革比较研究》、《经济特区财政若干问题研究》、《现代西方财政学》、《税利分流研究》、《涉外税收管理》、《经济特区引进外资的税收优惠政策》，等等。

邓老的理论建树卓著，在坚持基本理论研究的同时，理论联系实际，注重调查研究，承担过多项国家级、省部级等重点科研项目，对财经改革建言，受到理论界的高度重视，得到各级政府及国家有关部委的充分肯定，其建议多为中央和地方政府采纳，成为制定政策的重要依据之一。

由于业绩显著、贡献突出，邓老曾作为第一获奖者获部级以上奖励30多项：1987年国家级优秀教材一等奖，1987年获福建省人民政府"六五"规划优秀专著一等奖，1987年获福建省人民政府优秀论文一等奖，1988年获财政部优秀教材一等奖，1988年获福建省人民政府10年来社会科学优秀成果一等奖（3项），1988年获中国财政学会10年来财政理论研究优秀成果一等奖，1990年获国家税务总局、中国税务学会10年来税收理论研究优秀成果荣誉奖，1990年获国家税务总局、中国税务学会10年来税收理论研究优秀成果一等奖，1992年获"光明杯"全国优秀哲学社会科学成果三等奖，1993年获国家教委优秀教材二等奖，1995年获国家教委首届人文社会科学优秀著作二等奖，1995年获中国财政学会第二届全国优秀成果一等奖，1995年获福建省人民政府"八五"优秀成果一等奖，1995年获国家教委优秀教材一等奖，1995年获第九届中国图书奖，1995年获国家教委出版系统优秀著作一等奖，1995年获华东地区出版社优秀专著一等奖，1998年获教育部全国优秀教学成果二等奖，1998年获福建省人民政府优秀成果一等奖，1998年获第二届人文社会科学优秀著作二等奖，1998年获中国国际税收研究会优秀成果特别奖，1999年获国家税务总局、中国税务学会全国第三次学术研究优秀成果一等奖，1999年获福建省国际税收研究会荣誉奖，2002、2005年获福建省人民政府优秀成果一等奖，2005年获中国财政学会优秀成果荣誉奖，等等。

他还获得1986年"厦门市劳动模范称号"，1987年中央电视大学优秀主讲教师，1990年厦门市先进工作者，1986年和1991年福建省"五一劳动奖章"，1990年福建省有突出贡献专家，1990年国务院有突出贡献"政府特殊津贴"。

邓老先后到多个国家访问讲学，参与或主持国际学术会议，在国内外享有崇高声誉。1991年英国剑桥国际传记中心授予他"世界500名人勋章"和"国际荣誉勋章"，1991年美国传记研究会授予他"国际500名有重大影响人物勋章", 1992年美国传记研究会授予他"终身杰出成就勋章", 1995年美国传记研究会授予他"终身杰出成就金人奖", 等等。

他的名字被列入《世界500名人传》(英)、《国际500名有重大影响人物传》(美)、《中外经济学名人传记》、《世界名人传》、《中国当代社会科学家传》, 以及《伟大的中国》《继往开来》《强国丰碑》《伟大的复兴》《中国科技之光》《民族之光》《中华脊梁》《诺贝尔奖百年百人》《一代名家》等50多种辞典、传记或画册之中。

观点里面读邓老

二十四字, 强调学风

邓教授作为著名的财政、经济学家, 一贯坚持教学与科研相结合, 不仅在科研方面取得了卓越成就, 在教书育人方面也取得了引人注目的成果。他一向以培养合规格、高质量的高层次人才为目标, 重视学风教育, 以身作则, 严格要求。做过邓老学生的人都不会忘记他在第一课提出的"二十四字"要求:"人各有志, 人贵有志, 开拓刻苦, 严谨求实, 扬长避短, 勇攀高峰"。邓老这"二十四字"真经, 勉励学生珍惜宝贵时间, 刻苦自励, 开拓进取, 成长为现代化建设中堪当重任的跨世纪人才, 让学生们受用一生。

三句真言, 四个结合

在治学科研和指导研究生过程中, 邓老反复强调三句话:

对待马克思主义:先坚持, 后发展, 重在"发展论", 既反对"僵化论", 又反对"过时论";

对待西方论述:主张学习、分析、批判、吸收, 重在"消化论", 既反对"排斥论", 又反对"照搬论";

对待方法论:坚持辩证唯物主义和历史唯物主义, 解放思想, 实事求是, 一分为二, 对立统一, 从中国国情出发, 从现象到本质, 与时俱进、不断创新, 在继承中发展。

他提倡古为今用、洋为中用、知行合一, 言传身教, 潜移默化, 所培养的博士和硕士以及其他层次的学生深受社会各界的好评。

如今, 邓老虽白发苍苍, 仍坚持站在教学科研第一线, 为包括本科生、研究生课程进修班、进修教师、硕士研究生和博士研究生在内的各种层次的班级和学生上课。邓老不管为哪个层次的班级和学生上课, 都认真备课, 孜孜不倦, 一丝不苟, 不断更新教学内容, 注重阐述本学科国内外的最新发展动态和主要学术论点, 将实践与理论熔于一炉, 深入浅出, 比较辨析, 深受听课师生的赞扬和爱戴。他在多年的教学中创立了"四个结合"的教学法:

（1）打基础与攀高峰相结合。

（2）理论与实际相结合。

（3）教学与科研相结合。

（4）师生结合，既把博士生当作学生，又把他们当作学术梯队成员，优势互补，教学相长，使博士生边学习边研究，学术上迅速成长。

一个主体，五个两重

"国家分配论"之所以长期受到重视，除了其自身符合客观实际、立论正确外，还在于它能与时俱进，吸纳百家之长，特别是在市场经济下借鉴、吸收"公共财政论"之精华，以取长补短、丰富发展。邓老最具特色的一个理论贡献，是提出了"一个主体，五个两重"（下称"一体五重"）理论。这一理论是打开社会主义国家财政理论之门的钥匙。他认为，社会主义国家财政的本质内含着"一个主体，五个两重"的关系，即一个主体（国家或政府）、两种身份（政权行使者、国有资产（资本）所有者）、两种权力（政治权力、财产权力）、两种职能（社会管理、经济（含国有资产）管理）、两种分配形式（税收、国有资产（资本）收益）、两种分配关系（税收征纳、利润上缴）。这种"一体五重"的关系形成了社会主义国家财政特有的公共财政和国有资产（资本）财政的"双重（双元）结构模式"；对应于财政管理部门来说，则形成国家财政部门和国家税务部门与国有资产管理部门的"一体两翼"格局（其中，财政是"母体"，税务与国资是与母体不可分割的"两翼"）。在"一体五重"的关系中，社会主义公有制为主体与各种经济成分并存的基本经济制度，是"一体两翼"的经济基础；而社会主义国家的两种身份与两种职能，则是"一体两翼"的理论基础。

邓老的理论体系宏博精深，其代表性的观点择其要者还有：注重"财政本质"研究，系统论证了"财政本质是以国家为主体的分配关系"的著名命题；提出在社会主义市场经济条件下国家财政与公共财政的明确概念，阐述"国家分配论"与"公共财政论"之间的关系，从而提出"坚持＋借鉴＝整合＋发展"的新的"国家分配论"（即"国家财政论"）；提出财政具有资源配置、收入分配、调节经济和管理监督的四大职能；提出并论证"财政收支矛盾与平衡转化规律"；提出并论证积极动态的财政平衡观；提出并论证征税依据的政治条件与经济条件以及权力、利益、义务辩证统一的"权益说"；提出并论证流转税与所得税双主体（并重）的复税制模式；提出并论证"效率优先，注重公平"的公平效率统一观，等等。最近，邓老比较分析了新一轮税制改革的条件和时机选择的不同观点，赞同"渐改论"，反对"速改论"，提出了新一轮税制改革的三大原则，即：立足国情，渐进接轨；效率优先，注重公平；适度集权，适度分权。他还提出了体制和谐、政策和谐、运行和谐的"和谐财政"政策观。

邓老的这些理论主张在不同程度上促进了财政基础理论和应用理论的研究，成为政府制定相关政策的理论依据之一，为新中国经济的发展提供了理论支持，为社会主义现代化经济建设作出了贡献。

时任财政部部长、全国人大常委会副委员长的王丙乾同志于1992年题词赠邓老——"加强理论研究，总结实践经验。坚持改革开放，服务四化建设"；他于1997年又誉勉邓教授"严谨治学，再攀高峰"。时任财政部部长的项怀诚同志在邓教授从教55周年时，书赠两条横幅："辛勤耕耘五十五年，花开桃李五湖四海"和"繁荣财政科学，指导工作实践"。

在专访中，邓老动情地说："我是一名从事财政教学科研工作的老兵，'国家分配论'者。如今我已年过八旬，而事业心、责任感以及对真理的迫切追求令我不敢懈怠，仍然坚持积极参与财政理论研究与教学实践活动，希望能够继续为我国的社会主义经济建设做出贡献，以感谢党和政府对我的培养之恩。"言语之中深深蕴含着邓老倾情祖国经济腾飞的拳拳之心。

（原载于《决策与信息》（《财经观察》）2006年6月）

（作者袁星侯系厦门大学经济学博士、财政部财科所博士后、广州市财政局预算处副处长）

邓子基：我不是泰斗，我是"老兵"

记者　海鹰

人物名片

邓子基，1923年6月生，福建沙县人。我国著名经济学家、财政学家和教育家。现任厦门大学经济学院教授、博士生导师、全国重点财政学科点主要学术带头人、厦门大学财政科学研究所名誉所长、中国财政学会顾问和中国国际税收研究会顾问等，是中国财政学的奠基人和开拓者之一，被誉为"财政学泰斗""一代大师"。他治学严谨，积极倡导、坚持发展"国家分配论"，成为中国财政学界主流学派主要代表人物之一。从教60年来，他为国家培养了大批财政科学人才。

在2007年6月23日上午举行的邓子基教授从教60周年庆祝大会上，进行致辞的领导、来宾和学生代表对邓子基教授在教学和科研上的成就给予了极高的评价。面对各界的赞扬之声，邓子基教授在致答谢词时，真诚地说："各位领导、嘉宾、专家、校友在讲话中，对我从教60周年和科研活动讲了许多过誉、过奖的话，我感到愧不敢当。你们说我是大师、是泰斗，我仔细考虑过了，我不是大师，我是老师；我不是泰斗，我是'老兵'。""我今天有一点成就，在思想上有一点进步，在工作上有一点成果，首先要感谢我的恩师、著名经济学家、厦门大学校长王亚南教授。"

邓老的答谢词如此谦逊，因为他就是这样一位虚怀若谷、胸怀坦诚的人。"不希望高调"的邓老对记者的采访总是婉言拒绝，在邓老弟子的帮忙下，记者的采访才得以实现。在采访中，邓老告诉记者："为我庆祝从教60周年是我在北京的博士生发起的，这是学生们很美好的心意。可是我说，庆祝活动的着力点和重点要放在学术研讨上，从教60周年可以提，但是要'平调'，就是说不要高调。""我的家乡人也很积极热心，说要搞登报祝贺，还要成立福建省邓子基教育基金会，我说，要求真务实，登报祝贺这么高调的事就别搞了，成立教育基金会很好，我支持。"

在采访中，邓老曾风趣地说弥勒佛是自己学习的榜样："他的心态好啊，笑口常开，大肚能容。"在答谢词中，他说："只要一息尚存，我当仍以'老骥伏枥，志在千里'和'自强不息，止于至善'的校训精神，勤奋工作，贡献余热。"虽然表达方式很不相同，但都让记者强烈地感受到在邓老身上老当益壮的那份从容。

对 话

教书育人，把"两把钥匙"交给学生

记者：您教书育人60年，有怎样的感受？

邓子基：教书育人是崇高的事业。我说自己是从事财政教育科研的一个"老兵"，老骥伏枥，不用挥鞭自奋蹄。"教书、育人，出人才、出成果"是我从教60年的信念，讲台是我最熟悉、最喜欢的地方，拿世上最珍贵的东西跟我交换，我也绝不会换的。

记者：您从教60年来培养了数以万计的本科生，300多名硕士生，逾百名博士生，您怎样评价自己的教学成果？

邓子基：用财政学的眼光来看，教书、育人是投入，出人才、出成果是产出，产出要大于投入才有意义。看看我60年的从教生涯，我很欣慰，产出大于投入。数量上，我教过的学生很多，仅博士生就超过100名；质量上，我的学生无论从政、从学、从商，都是重要的骨干，都是国家的栋梁。

记者：您教过的学生都说您把他们当自己的孩子。

邓子基：师者，传道、授业、解惑。我对老师这个职业的理解还要再加上一点：教育工作者一定要有爱心。从我教书的第一天起，我就告诫自己："不当学阀！"人的感情都是相互的，你爱护学生，学生就一定尊重你，师爱生，生爱师，60年来，我深刻地体会到，良好的师生关系能够极大地促进教学相长、学术相长。再说，哪个父母不爱自己的孩子，我自己有一儿一女，虽然我的学生比子女多几千倍，可我都拿他们当自己的子女。你看，一家人欢乐也就是几个人的欢乐，可师生大家庭的欢乐就多得多了。你知道吗？我的学生在工作、事业乃至生活上有什么好消息都会告诉我，他们的好消息带给我和他们的师母很多的喜悦，他们事业发展、学术有成就，我特别为他们感到高兴。都说，青出于蓝而胜于蓝。学生超过我，我最高兴！

记者：您特别喜欢总结，认识您的人都说，您总结的东西很有指导意义。

邓子基：治学之道、为人之道、保健之道，我的确总结了不少，这些都是经过我一生坎坎坷坷、酸甜苦辣总结出来的。我强调，教书一定要先教人，所以，我总是会把自己总结出来的治学之道、为人之道教给学生。比如，我总结，人生有两把钥匙：治学的钥匙和为人的钥匙，我自己要先掌握好这两把钥匙，然后再把这两把钥匙交给学生。只是我自己总结的东西，我还没有完全做到，但我会尽量做，这方面，我给自己打70分吧。

记者：听说，因为您德高望重、又特别善于总结，还热心，所以常被邀请作为婚礼的主婚人。

邓子基：我当主婚人总要说几句话"要互相热爱，互相尊重，互相理解，互相体谅，互相支持，互相包容，共同发展"，这也是我与夫人相伴55年得出的生活经验。

记者：虽然您已经85岁了，可看起来充满活力，您是怎样做到的？

邓子基：10年前，我75岁，领导和同志们曾为我举行从教50周年暨学术研讨会。当时就有人劝我说："邓老，您已75岁了，年纪大了，已功成名就，要保重身体，少工作，多休息，享几年清福。"我就说："我还是一个'年轻的老人'。"在我步入耄耋之年的时候，我自勉自励：我是80岁的年龄、60岁的身体、40岁的心态；现在我从教60周年，我说自己是"能战斗的老兵"；如果活到90岁，我就说自己是50岁的心态。我这个人不服老，70多岁，爬上了黄山；80出头，爬上了南京中山陵400多级台阶。我得出的经验是：做人心地要好、心态要好，再加上生活规律、适当运动，就一定会显得年轻。

记者：如果让您总结自己这85载岁月、60年从教生涯，您会怎样总结？

邓子基：真诚待人，认真做事，胸怀豁达，宁静致远，严于律己，宽以待人，与人为善，助人为乐。

印　象

学生眼中的邓老：有这样好的导师，是我们的福气！

在厦门大学有这样一位"能战斗的老兵"，他已在经济学、财政学的教学与科研园地里辛勤耕耘了60载春秋，硕果累累、桃李芬芳，耄耋之年却依然以不输于年轻人的刻苦精神和学术斗志孜孜以求。他，就是我国著名经济学家、财政学家和教育家邓子基教授。

从教60年，邓老总说："要成为一名优秀的教育工作者，不仅需要广博的理论知识，还要有高尚的道德情操，即要有好的师德。首先，应该做到爱岗敬业，以科教兴国为己任，把教育作为一项崇高的事业来追求；其次，要有好的师风、坚定的信念与品质，做到言教身教相结合，教书先育人，育人先正己，潜移默化地影响学生；最后，要关爱学生，把学生当子女，全面关心他们的学习、成长与进步。"邓老如是说，也如是做。

六十年从未离开讲台

说起邓老，他的学生们说："每个学生的脑海里都会印着一张关于邓老的最美丽的画面，而且每个画面都不同。"在博士生马恩涛的脑海中，那张画面定格在邓老给他们上的第一堂课："这是我博士生入学的第一堂课，一杯水，邓老一讲三个钟头，除了我们这几个刚入学的博士生，很多外专业的学生也慕名来听讲，我们听得都忘记下课了。"记者了解到，一年级财税专业博士生入学，邓老都会在财政系的会议室开讲一堂大课。无论是老师还是学生们都敬佩得不得了，仅从体力上来说，80多岁高龄的老人一口气讲3个小时，这在中国乃至世界恐怕都没有几个教授能够做到！

厦大经济学院的老师告诉记者，邓老热爱讲台就像热爱生命，从教60年来，他从未离开过心爱的讲台。2004年2月的一天，像往常一样站在讲台上为学生们授课的邓老突然昏倒，在医院，苏醒过来的邓老开口说的第一句话就是："我要回去上课！"康复出院后，邓老重返讲台。

二百多页的博士论文每页都看

尤雪英是邓老培养的一名在职博士生，已顺利完成博士论文的她对记者说："邓老严谨治学的态度让我们特别感动！你知道吗？他眼睛不好，可我的论文220页、16万字，邓老每页都认真看，还挑出里面的错别字。"

尤雪英告诉记者，去年，邓老曾经动过白内障手术，眼睛一直不太好，无论读写都要借助放大镜，可就是这样，邓老依然十分认真地为今年即将毕业的5位博士生指导、修改论文。"有些导师指导博士生的论文是看框架的，可邓老为我们指导、修改论文是每页都看的，哪里需要修改，他就在这页夹上一张纸条，逐条列出修改意见和要求。我的论文200多页，邓老夹了好多纸条；有了这些纸条，邓老还是不放心，他又会跟我们口述一遍，哪里要改，要怎样改。"尤雪英说："我的论文送去给邓老看之前，自己也看了好几遍，可除了观点和理论上的问题，邓老还是帮我挑出了好些错别字。我的论文邓老看了十几天，每当看到他桌上的四个不同倍数的放大镜，我都特别感动！"

一碗热腾腾的面条终生难忘

邓老执教60年来"爱生如子"。他的学生们都说，"在没有见到邓老之前，我们对他充满了高山仰止的敬畏之情，可一见到邓老，就立刻觉得他是这么慈祥、和蔼可亲。"

审计署副审计长董大胜是邓老20年前培养的博士生，在昨天的庆祝大会上，在嘉宾席上讲话的他几次向恩师鞠躬。至今，他仍珍藏着邓老23年前写给他的亲笔信，"那是1984年，我想报考邓教授的博士生，于是就冒昧地给邓教授写了一封信，询问是否可以报考他的博士生，没想到，邓教授亲自给我写了回信，还请学校招生办的同志给我寄来了报考材料。"回忆起自己读博士的三年时光，他动情地说："我还记得我们的专业课就是在凌峰楼邓教授的家里上的，时值中午，师母就会给我们煮上一碗热气腾腾的面条，我们一边研究比较财政学，一边享用午餐，此情此景历历在目，距今愈久印象愈深。"

董大胜说："邓教授对我们的培育之恩，终生难忘，他对学生的培养是终生的，我工作的每个阶段都得到了他的指导，我们为能成为邓教授的学生而感到自豪！这样好的导师，真是可遇而不可求，能跟随邓教授攻读博士，是我们的福气啊！"

（《厦门日报》2022年2月20日报道）

邓子基教授从教60周年庆祝大会隆重举行

采编　洪金镳　吴波

6月23日，我国著名经济学家、财政学家、厦门大学资深教授邓子基从教60周年庆祝大会暨学术研讨会在厦门国际会展中心隆重举行。

审计署副审计长董大胜，福建省委常委、厦门市委书记何立峰，福建省人大常委会副主任朱亚衍，财政部党组成员、部长助理张通，厦门大学党委书记朱之文，厦门大学校长朱崇实，和国内高校、研究机构知名专家、学者，厦门大学师生代表，共400多人参加了庆祝大会。在庆祝大会上，宣读了省委常委，省教育工委书记陈桦和副省长汪毅夫发来的贺信，与会代表先后发言，对邓子基教授治学育人、师德师风等作了全面回顾。

邓子基教授1923年6月出生于福建省沙县，幼年双亲先后去世，在艰苦的生活条件下，他刻苦求学。1947年7月邓子基在国立政治大学经济系毕业后到江苏泰州县税务局工作。1950年7月，他考入厦门大学经济研究所资本论研究生班，师从我国著名经济学家、厦门大学前校长王亚南教授。研究生毕业后，邓子基留校任教至今。60年来，他潜心研究，著述达两千多万字。他是我国社会主义财政学的奠基人和开拓者之一，财政学主流学派"国家分配论"的主要代表人物之一。在过去的60个春秋，邓子基教授以深厚的理论功底为完善和发展"国家分配论"作出了突出的贡献，为财政理论的发展和推动财政实践作出了不懈的努力。他的许多学术观点和政策建议，得到了各级政府及国家有关部委的充分肯定，有些被采纳并付诸实践，在现实中取得良好的效果。同时，邓教授为国家培养了大量的财税、经济专门人才。目前，他培养的博士生和博士后已逾百人，硕士生300多人。在庆祝大会上，邓子基教授还为获得邓子基奖教奖学基金的获得者颁奖，在庆祝大会前夕，成立了我省首个由学者发起的教育基金会——福建省邓子基教育基金。6月23日下午，学术论坛在国际会展中心举行，8名全国知名的财税专家在学术论坛上作报告。

邓子基教授从教60周年庆祝大会和相关活动新闻报道情况

一、电视报道

1. 福建电视台《福建新闻联播》：《厦门：庆祝邓子基教授从教60周年》，2007年6月23日19：35播出。

2. 东南电视台《福建卫视新闻》：《厦门：庆祝邓子基教授从教60周年》，2007年6月

23日18：30播出。

3. 厦门电视台《厦视新闻》《厦视直播室》：《庆祝邓子基教授从教60周年》，2007年6月23日播出。

二、报纸报道

1. 人民日报《海外版》：《邓子基培养博士逾百人——厦门大学庆祝其从教60周年》，2007年6月27日第二版。

2. 福建日报：《邓子基教授从教60周年》，2007年6月25日第1版。

3. 厦门日报：《辛勤耕耘一甲子 桃李芬芳满天下》，2007年6月24日第1版。

4. 厦门商报：《邓子基教育基金会成立》，2007年6月22日第5版。

5. 厦门晚报：《邓子基教育基金会昨成立》，2007年6月22日第2版。

6. 海峡导报：《著名教授发起成立教育基金会》，2007年6月23日第13版。

7. 厦门大学报：《邓子基从教60周年暨学术研讨会隆重举行》，2007年6月25日第1版。

三、网络报道

1. 人民网《时政》：《厦大举行邓子基从教60周年庆祝大会》，2007年6月23日，http://politics.people.com.cn/GB/14562/5904006.html。

2. 新华网《地方联播》：《厦门大学隆重庆祝邓子基教授从教60周年》，2007年6月24日，http://www.xinhuanet.com/chinanews/2007-06/24/content_10386128.htm。

3. 网易新闻中心：《厦门大学隆重庆祝邓子基教授从教60周年》，2007年6月24日，http://fj.news.163.com/07/0624/10/3HOBRG400044006R.html。

4. 新浪网《新闻中心》：《著名教授发起成立教育基金会》，2007年6月23日，http://news.sina.com.cn/c/edu/2007-06-23/095112077486s.shtml。

（福建电视台《福建新闻联播》、东南卫视《福建卫视新闻》2007年6月23日报道）

邓子基从教60周年暨学术研讨会隆重举行

6月23日上午，我国著名经济学家、财政学家、我校经济学院资深教授邓子基从教60周年暨学术研讨会在厦门会展中心国际会议厅隆重举行。

审计署副审计长董大胜，中共福建省委常委、厦门市委书记何立峰，福建省人大常委会副主任朱亚衍，市政协主席、教育工委书记陈修茂，市委原书记、人大常委会原主任洪永世，财政部党组成员、部长助理张通，教育部高教司副司长杨志坚，国家外汇管理局副局长方上浦，兴业银行行长李仁杰，我校党委书记朱之文、校长朱崇实、校党委原书记王豪杰、原校长林祖赓，其他省、市领导、来宾，国内知名兄弟高校的专家、学者，我校其他校领导、各有关部处领导，向邓子基奖教奖学基金捐资的企业家代表和我校经济学院师生代表等出席了大会。经济学院党委书记张兴国主持大会。

时任中共上海市委书记习近平，教育部党组书记、部长周济，财政部部长金人庆，全国政协常委、财政部原部长刘仲藜，全国社保基金会理事长、财政部原部长项怀诚，国家税务总局局长谢旭人等100多个单位和个人向大会发来了题词、贺信和贺电，50多个单位和个人赠送了花篮。

经济学院院长张馨在讲话中代表学院向邓子基教授表示祝贺，他简要介绍了邓子基教授为创建我校财政金融系、经济学院所做的努力以及在经济学院学科建设、人才培养等方面所做的贡献。

朱崇实在致辞中代表学校向邓子基教授表示了最热烈和最诚挚的祝贺。他高度评价了邓子基教授在教学、科研中所取得的成绩和做出的贡献。他说，我们要借今天的庆祝活动，认真向邓老学习，学习他一生对科学孜孜不倦的追求，学习他始终站在教学科研第一线，学习他始终把教书育人放在第一位，全方位关心学生的成长。

朱校长说，作为我国财政学科的主要学术带头人，邓子基教授有自己的理论主线，但是他不拘泥于此，勇于创新，敢于探索。在厦门大学，能够把课讲得深入浅出，让学生沉浸其中忘了下课的教授屈指可数，邓子基教授就是其中一位，他不仅在学习上关心、爱护自己的学生，还在生活等多方面指导、帮助学生的成长，用"爱生如子"来形容恰如其分。

在致辞的最后，朱校长由衷地祝愿邓子基教授健康长寿，"再活85年、再工作60年"。

受福建省委常委、教育工委书记陈桦的委托，陈修茂宣读了陈桦的贺信，并代表何立峰在致辞中说，我们要学习邓子基教授解放思想、实事求是、开拓创新、奋发拼搏、胸怀豁达、诲人不倦的精神，相信厦大能在邓老的精神影响下，为厦门市"海西"建设和新一轮跨越式发展作出更大的贡献。

来宾代表杨志坚、财政部科研所副所长白景明、武汉大学副校长吴俊培、三明市委书记叶继革、学生代表董大胜分别上台致辞，向邓子基教授表示祝贺和感谢。师生代表向邓子基教授及夫人王若畏献花。

邓子基教授在答谢辞中向光临大会的各方领导、来宾、朋友，向筹备此次活动的单位和个人表示了衷心感谢。他表示，各位领导和专家对自己的评价，实属过誉、过奖，这些评价和褒奖让自己十分感动，也十分惭愧，对自己是鼓励、是鞭策。

邓子基教授简要回忆了自己师从王亚南教授和从教的人生经历。他深情地说，我不是大师，我是一名老师；我不是泰斗，我是一个老兵，一个能战斗的老兵。我在旧社会生活了26年，在新社会已经生活了59年，我能成为一名光荣的共产党员，成为一名老教育工作者，为社会尽自己一份力量，要真心感谢党的培养和政府的培育。虽然我精力有限，但"老骥伏枥，志在千里"，只要我一息尚存，我就要认真秉承厦门大学"自强不息、止于至善"的校训，勤奋工作，为学校、为社会贡献自己的余热。

我校财政系主任陈工教授介绍了邓子基奖教奖学基金设立、颁奖及补充情况，并宣布2007年邓子基奖教奖学金获得者名单，邓子基教授亲自为获奖者颁奖。

在下午的两场学术研讨会上，中国社会科学院财贸所副所长高培勇教授，东北财经大学副校长马国强教授，中南财经政法大学副校长杨灿明教授，中央财经大学财政学院院长马海涛教授，国务院国资委研究中心党委书记、副主任李保民博士，国家税务总局税收科研所副所长靳东升研究员，湖北经济学院院长许建国教授，闽江学院院长、我校经济学院杨斌教授分别做了学术报告，我校经济学院院长张馨主持了研讨会。

邓子基教授是我国社会主义财政学的奠基人和开拓者之一、我校财政科学研究所名誉所长、全国重点财政学科学术带头人，财政学主流学派"国家分配论"的主要代表人物之一，其理论自成体系、独树一帜，填补了国内财政学科的若干"空白"。许多学术观点和政策建议为国家、省、市以及财税部门采纳并付诸实践，取得了良好的社会效果。

在60年的教育生涯中，邓子基教授潜心研究、著书立说，积极践行自己"教书、育人，出人才、出成果"的教育理念，至今已发表、出版各类论文、期刊、书籍达2000余万字，招收了23届博士研究生，达100余人，现已毕业了21届。此外，他所培养和任课的其他各类各层次的学生，更是难以计数。这些学生遍布海内外，成为各行各业的骨干和中坚。

（原载于《厦门大学报》2007年6月25日）

厦大集会庆祝中国著名经济学家邓子基从教65周年

记者　杨伏山

适逢中国特色社会主义财政学奠基人和开拓者之一，著名经济学家、财政学家、教育家，中国重点财政学科点总学术带头人，厦门大学教授邓子基从教65周年暨90华诞，厦门大学23日为其举办隆重庆祝大会。

中共中央政治局委员、天津市委书记张高丽，财政部部长、党组书记谢旭人，国家税务总局党组书记、局长肖捷，中共河南省委书记卢展工等领导和全国100多个单位为邓老题词或发来贺电、贺信。

福建省领导孙春兰等和厦门市领导也向邓老发来贺信或赠送花篮、贺匾。

审计署党组副书记、副审计长董大胜，中共天津市委副书记、滨海新区区委书记、管委会主任何立峰，厦门市委书记于伟国，厦门市原市委书记、市长邹尔均，厦门大学党委书记杨振斌，厦门大学校长朱崇实等领导以及中国内地部分高校领导、知名专家学者，厦大师生代表等出席了庆祝大会。

朱崇实校长在致辞中围绕着邓子基教授"教书、育人，出人才、出成果"的人生格言，回顾了邓子基教授在教学科研、人才培养、学科建设等方面取得的巨大成绩，盛赞邓老为"如玉君子，吾辈楷模"。

他说，邓子基教授所具备的高度负责的责任心、为国为民的使命感、爱生如子的高尚品德、上下求索的科学精神和谦谦君子的风范，必将成为全体厦大人宝贵的精神财富，为大家日后的工作、学习指引航程。

邓子基1923年6月出生在福建沙县的一个贫困家庭，11岁前父母相继去世。充满艰辛的孤儿生活铸就了他依靠自己双手求得生存的意志。靠勤工助学，靠奖学金，他完成了初中、高中学业。

1943年，邓子基参加全省高中会考，获得资格被保送到国立政治大学就读。

1950年春，中国著名经济学家、马克思《资本论》最早中译者之一、时任厦门大学校长王亚南，领衔成立厦大经济研究所，招考新中国首批经济学研究生。邓子基以福州考区第一的成绩，成为王亚南的首批弟子。1952年，邓子基以优异成绩毕业，成为新中国第一届研究生，并留校工作。

经过10年潜心研究，邓子基1962年在《厦门大学学报》和《中国经济问题》上连续发表3篇论文——《略论财政本质》《试论财政学对象与范围》《财政只能是经济基础范畴》，在国内首次完整地提出"国家分配论"的财政学理论主张，引起学界震动。此后，邓子基逐渐成为中国财政学界主流学派"国家分配论"的标杆性人物之一。

邓子基从教65年来，先后出版了专著、译著和教材75本、发表主要论文400多篇。

作为中国高等学校中最早招收财政学硕士生和财政学博士生的为数不多的几名导师之一，邓子基从1982年开始招收第一届财政学硕士生，从1984年开始招收第一届博士生，截至今年，邓老已为国家培养了107名财政学博士、300多名硕士。

厦大经济学院领导、厦门市领导、福建省人大常委会领导和来宾代表、邓老学生代表等纷纷上台发言，感谢邓老为厦大财政金融系与经济学院建设、为国家财税发展所付出的巨大贡献。厦大师生代表向邓子基伉俪献花表达祝贺和敬意。

会上，还举行了福建省邓子基教育基金会接受捐赠仪式，邓老亲自为2012年厦门大学经济学院财政系邓子基奖教奖学金获奖者颁奖。

邓子基教授从教65周年新闻报道情况

1. 台海网《时政要闻》：《65载桃李满天下 厦大庆祝邓子基教授从教65周年》，2012年6月24日，http://www.taihainet.com/news/xmnews/szjj/2012-06-24/867935.html。

2. 人民网、《中国日报》：《65载桃李满天下 厦大庆祝邓子基教授从教65周年》，2012年6月24日。

3. 福建省广播影视集团网：《厦门大学庆祝邓子基教授从教65周年》，2012年6月24日。

4. 中国新闻网《教育新闻》：《厦大集会庆祝中国著名经济学家邓子基从教65周年》，2012年6月23日，http://www.chinanews.com.cn/edu/2012/06-23/3981679.shtml。

5. 凤凰网：《厦大集会庆祝中国著名经济学家邓子基从教65周年》。

6. 新华网：《厦门大学举办大会庆祝邓子基教授从教65周年》，2012年6月23日。

7. 《中国教育报》：《厦门大学庆祝资深教授邓子基从教65周年》，2012年6月25日第2版。

（中国新闻网2012年6月23日报道）

65周年画册　序

——热烈庆祝邓子基资深教授从事教学科研65周年暨90华诞

唐文倩

在厦门大学有这样一位"年轻"的老人，他已在经济学、财政学的教学与科研的园地里辛勤耕耘了65年，硕果满枝，桃李芬芳，年已九旬却依然以不输于年轻人的刻苦精神和学术斗志，孜孜以求。他，就是我国著名的经济学家、财政学家、教育家、中国财政学主流学派"国家分配论"代表性人物之一——邓子基资深教授。邓子基教授是新中国财政理论的奠基人和开拓者之一，被誉为"财政学泰斗""一代大师"。从教从研65年来，他坚持马列、借鉴西方、立足国情、不断创新，学科领先、独树一帜，教书育人、甘为人梯，辛勤耕耘、矢志不渝。

65年来，邓子基教授坚持"教书、育人，出人才、出成果"。在学术研究上，潜心求索，锐意创新，融合前人和当代中西财政学说而自成一家之言，在中国特色社会主义财政、税收和国有资产管理等研究领域，填补诸多空白，论著丰硕，自成体系。在学科建设上，他托起了厦大财政金融学科，为厦门大学成为我国财政学和金融学的教学科研重镇倾心竭力。在教书育人上，他教泽绵长，桃李芬芳，为国家培养了数以千计政界、学界和商界的重要骨干与栋梁之材。

莫道桑榆晚，为霞尚满天，伏枥不言老，耕耘若后生。如今的邓子基教授虽然已是90高龄，但他对事业的执着追求、探索精神和追求卓越的使命感却一如往昔，在中国特色社会主义财政学发展的征途上，他默默、毫无保留地奉献自己的全部心血与智慧。

一

倡导、坚持与发展"国家分配论"，构建并发展新中国财政学理论体系，是邓子基教授治学为师的重大贡献。

邓子基教授是中国财政学的奠基人之一。早在1962年，邓子基教授在《厦门大学学报》等刊物发表了《略论财政本质》等学术论文，深入论证和发展"国家分配论"，提出了"财政本质是以国家为主体的分配关系"的著名观点，在财政学界产生了重大影响。"国家分配论"把分配置于马克思再生产原理四个环节的中介地位，把财政置于生产力与生产关系、上层建筑与经济基础的矛盾运动中，突破了过去那种收、支、平、管的旧体系，形成了一个财政与经济交织、分配关系与生产力相互制约、上层建筑与经济基础相互作用的新的财政学理论体系。邓子基教授很好地运用了马克思恩格斯的立场观点来分析财政本质问题，有着全面性和系统性的特点，成为我国财政学界"国家分配论"的代表人物。此后半个多世纪来，他始终倡导、坚持与发展"国家分配论"，为确立该理论的主流学派地位做出了重大贡献。

邓子基教授对税收基础理论的研究，与财政基础理论一脉相承。邓子基教授强调国家征税所依据的只能是国家的政治权力。他通过对国家征税的权力、利益、义务的辩证分析，提出了"权益说"，既坚持了税收的最深层的征税理论依据，又吸收了"义务说"、"利益说"和"交换说"的有益内容。此外，邓子基教授还对社会主义国家税收的本质、税收的必要性、税收职能、税收原则、税收模式、利改税与税利分流等基础问题进行长期的深入研究。

随着市场化改革目标的明确和财政体制改革的深入，我国经济社会发生了深刻的变化，探索如何建立适应中国特色社会主义市场经济下的经济学和财政学成为学界要解决的重大课题。90年代后期，如何看待"国家分配论"再次成为财政经济学界的热点问题。邓子基教授在坚持"国家分配论"关于财政与国家基本关系的同时，与时俱进地借鉴和吸收了"双元（重）财政论"和"公共财政论"的正确观点。他强调，建立在公有制基础上的社会主义财政所讲的"国家需要"包括"公共需要"和"国有资产发展需要"。国家在财政分配中处于主体地位，这是客观存在的，也是必不可少的。他提出了"国家分配论"与"公共财政论"之间的关系，应当是"坚持＋借鉴＝整合＋发展"，从而形成了他的新"国家分配论"（即"国家财政论"），这为我们在社会主义市场经济条件下如何树立正确的财政观，以及如何认识中国实际、吸收和学习西方的财税理论指明了正确的思路。

近些年来，邓子基教授又根据改革开放中的财政经济新实践，提出了"一体五重"的社会主义财政本质理论和"一体两翼"的财政管理格局，从而从社会主义市场经济角度对财政本质理论作了全面的深化和发展。

二

与时俱进、开拓创新，是邓子基教授治学为师的显著特点。邓子基教授所构建的财政学科理论与我们正在进行的中国特色社会主义现代化建设，与波澜壮阔的改革开放的伟大实践紧密相连，有着很强的理论性、现实性、指导性和可操作性。

邓子基教授一直强调这样一个观点：教学必须与科研相结合，教学出人才必须建立在科研出成果的基础上，而培养人才首先要编写出高水平的教材。早在20世纪70年代末80年代初，针对当时财政学教学大发展而没有适宜教材的状况，财政部组织编写了统编教材《社会主义财政学》，邓子基担任该书的总编纂小组组长。该书的出版，填补了我国没有自己的财政学教科书的空白，使用该书的学生数以万计，为我国财政学教学做出了开拓性的贡献。1984年邓子基教授所撰写的《社会主义财政理论若干问题》，以及1989年出版的《财政学原理》等教材和专著中，对社会主义财政理论的主要问题作了系统阐述。在这一时期，他还主编了中央广播电视大学的教材《财政与信贷》，并亲自担任主讲教师，授课对象达数十万人，对我国20世纪80年代的财政金融学和财政知识的传播起了巨大作用。

在"科学的春天"里，邓子基教授逐步实现了60年代初他所提出的建立财政学这门原理科学的设想，对于完善财政学科结构体系具有重要指导意义。邓子基教授于1987年主编出版了《比较财政学》（与巫克飞、董大胜、葛南翔合著）；此后他又于1989年和1993年分别出版了《美国加拿大税制改革比较研究》（与邓力平合著）、《西欧国家税制改革比较研究》（与巫克飞合著），为比较税收学的建设做出了重要贡献。与唐腾翔合作从1986年起陆续发表的国际税收系列论文（《财政理论研究》下册）和1988年出版的《国际税收导论》则是我国较早的国际税收研究论著，为国际税收学的建设奠定重要基础。1990年出版《公债经济学》（与张馨、王开国合著）是国内较早的全面而系统地研究公债问题的学术专著，为公债经济学的建设做出重大贡献。1993年邓子基教授又推出了《财政支出经济学》（与王开国、张馨合著），填补了该领域的诸多空白。邓子基教授于1990年和1993年分别主编出版的《财政金融政策与宏观调控》及《财政与宏观调控》两书，对于我国适应发展市场经济的要求、建立财政政策学，无疑起到非常积极的推动作用。

近些年来，邓子基教授与时俱进，先后主编出版了《财政学》（2000，与邱华炳合作，高等教育出版社；2001，中国人民大学出版社；2005，与林致远合作，清华大学出版社；2005，高等教育出版社）。作为全国重点财政学科点主要学术带头人，邓子基教授为我国建立健全财政学科体系做出了重要贡献。

三

为财政学科建设所做出的杰出贡献，是邓子基教授对厦门大学的卓著功勋。

20世纪50年代前期，在当时的院系调整中，厦门大学财经学院的财政金融专业被取消了。1972年秋，邓子基教授担任了复办厦门大学财金专业的负责人，在他的积极倡议和努力下，又将原经济系的一个财金专业升格为财政金融系。此后他一直作为财政金融专业（以后是财政学专业）的总学术带头人，始终在厦门大学财政学科的发展上起着最主要的作用。邓子基教授对于厦门大学金融学科前期的发展，也起着不可或缺的作用。20世纪70年代后期，改革开放将我国推向了全面发展的快车道，顺应着整个大学教育事业快速发展的要求，同时也是在邓子基教授的积极倡议和努力下，厦门大学经济系升格为厦门大学经济学院，其中财政金融专业升格为财政金融系。进入21世纪以来，厦门大学财政金融系已经拥有教师近70人，本科生近1000人，硕士生近200人，博士生120余人。相对于70年代前期的一个专业十几位教师、100余位学生，短短的30年间规模有了极大的发展。然而，学科建设的成功不仅表现在学生规模的大幅度增长上，更主要的还表现在学科建设的成就上。从20世纪80年代初起，厦门大学的财政学和金融学先后都拥有了博士点和硕士点，先后都获得了"国家级重点学科"的称号，都招收了博士后，在国内的排名始终处于本学科的前列。这些成就，使得厦门大学成为我国财政学和金融学教学与科研的"重镇"。此后由于学科发展的需要，财政金融学拆分为财政系和金融系，为各自的发展提供了更大的空间。到目前为止，财政系已拥有30多位教师，其中教授12人（其中10人为博士生导师），500余名本科生，200余名硕士生和50余名博士生的规模。

此外，邓子基教授还坚持多种形式、多渠道、多层次办学，为国家培养各种类型的人才。如：

1982年，受财政部委托，最早创办"全国财政学教师研究班"，招收全国部分高中等财经学校讲师、副教授、教务处长、校长60多人。邓子基教授为他们讲授"社会主义财政理论"，培养财政学教学科研骨干。

1984—1986年，受国家教委委托，举办第一个财政金融专业大学教师助教班，从全国招收40多位助教，系统学习财政学等课程，该班为全国开办助教班提供了经验。

1984—1986年，受国家教委委托，举办第一个财政金融研究生班，公开招考了17位研究生，该班为全国开办研究生班提供了经验。

1984—1989，受国家教委和世界银行委托，举办了四期"国际税收与国际会计师资进修班"，为全国高校与国家税务总局培养了国家税收与国家会计的骨干。邓子基教授是进修班领导小组组长并承担教学任务。

1992—1995年，培养了我国第一位应用型异地代培的财政学博士，为全国公开招考异地代培应用型博士生提供了经验。

1992—1994年，招收了第一批财政学专业应用型异地代培硕士生。

以上各层次的学员，大部分成为教学科研骨干和各级部门的领导。

为了财金系的壮大发展，从科研项目的申请到系列教材的编辑出版，从新学科的创立到师资队伍的培养，邓子基教授倾注了大量的心血，付出了艰辛的劳动。经过邓子基教授多年的辛勤培育，财金系形成一支梯队完备、力量雄厚的师资队伍。正是凭着这些优势，1987年厦门大学财政学专业（与金融学联合申请）被国家教委评为全国唯一的国家级重点学科，2002年财政学再次被评为国家级重点学科。在他的领导下，原财政理论与政策研究室升格为厦门大学财政科学研究所，这对国家重点财政学科点的建设起到了积极的作用。

而所有这些成就的取得，邓子基教授所起的作用和贡献是第一位的。无论是学科建设、师资队伍建设、专业设置、教材建设、教学质量的提高，还是院系的建设与发展等，无不倾注了邓子基教授的大量心血。邓子基教授在学科建设方面提出的思路、建议、观点和想法一直在厦门大学财政学科的建设和发展中起着重大的指导作用，并且潜移默化地渗透到财政学科年轻教师的教学科研工作中，为厦门大学财政学科的长盛不衰奠定了坚实的基础。

<h1 style="text-align:center">四</h1>

润物细无声，桃李亦有情。在长达65年的教育生涯中，邓子基教授在厦门大学的三尺讲台上，孜孜不倦地承担着财政学科的教学任务，在人才培养上倾注了大量心血。随着我国研究生制度的确立，他又进一步承担了更为重要和艰巨的教学科研任务，成为我国高等学校中最早招收财政学硕士生和财政学博士生的为数不多的几名导师之一。1982年，他开始招收自己的第一届财政学硕士生；1984年，他开始招收自己的第一届博士生。到今年，他已经招收了26届博士生（含博士后），总数达到了107人。如今，虽年已九旬，他仍坚守在教学第一线，每年仍然担任博士生课程的教学，指导多名博士生的毕业论文。此外，他所培养和任课的硕士研究生、研究生班研究生、进修教师、本科生、中央电大的学生等各层次各类型的学生，则是难以计数的。

邓子基教授培养的学生都不负众望，他们都能努力工作、回报社会，成为各行各业的骨干和中坚。他们有的从政，担任副省部级、厅局级的重要干部；有的从教，成为大学校长、院长、教授、博士生导师、知名学科带头人；有的从商，担任银行行长、董事长、总裁、总经理等。如：审计署党组副书记、副审计长董大胜；现任中共中央候补委员、天津市委副书记、滨海新区区委书记、管委会主任何立峰；中国银行总行行长李礼辉，副行长王永利；福建省副省长陈荣凯，湖北省副省长张通，广东省副省长刘昆，福建省人大常委会副主任马璐生；复旦大学党委书记朱之文，厦门大学现任校长、教授、博士生导师朱崇实；金融学家、厦门大学经济学院原院长、教授、博士生导师张亦春；财政学家、厦门大学经济学院原院长、教授、博导张馨；财税专家、厦门大学教授、博导、闽江学者、闽江学院院长杨斌；海通证券公司党组书记、董事长王开国；中国人寿保险股份有限公司总公司监事长夏智华；香港中国光大控股公司执行董事、行政总裁周立群；福建省厦门市副市长黄强，泉州市副市长周真平，湖北省咸宁市副市长黄剑雄，山西省长治市副市长潘贤掌；还有许多优秀人士，限于篇幅就不一一而足。

由于邓子基资深教授业绩显著、贡献突出，曾荣获国际、国家和省部级奖励和称号达50多项，如"国务院政府特殊津贴"、"福建省突出贡献专家"、"福建省五一劳动奖章"（两次）、"厦门市劳动模范"（两次）、"国家级优秀教材一等奖"、"国家级优秀教学成果二等奖"（两次）、"全国哲学人文社会科学优秀著作奖"、"教育部全国高校人文社会科学优秀著作三等奖"、"教育部优秀教材二等奖"、"福建省人民政府优秀著作奖"（五次）等。国际有关组织也予以高度评价。1991年，英国剑桥国际传记中心授予他"世界500名人勋章"、"国际荣誉勋章"和"国际传记中心副总裁勋章"；1991年，美国传记协会授予他"国际500名有重大影响人物勋章"和"终身杰出成就金人奖"，等等。在这些荣誉面前，邓子基教授从未懈怠，自称是"一名从事财政教学科研工作的老兵"，以九旬高龄仍战斗在教学科研第一线。

邓子基教授在回顾自己的丰富人生和从教生涯时，曾给出了这样的成功经验：诚恳待人、认真做事、胸怀豁达、宁静致远、严于律己、宽以待人、与人为善、助人为乐。谨以此32字箴言为结语，与广大财经学子共勉。

六旬杏坛躬耕路　赢得桃李竞芳菲

唐文倩

适逢中国特色社会主义财政学奠基人和开拓者之一，著名经济学家、财政学家、教育家，中国重点财政学科点总学术带头人，厦门大学教授邓子基从教65周年暨90华诞，厦门大学23日为其举办隆重庆祝大会。

"海纳百川，有容乃大；壁立千仞，无欲则刚。"这看似简单的只言片语，践行起来却非易事。不是阅尽沧桑、胸怀博大又德高望重之人，是体会不了、更达不到林则徐笔下的这种境界的。此刻，一位老者的身影映入我们的心间——一位"年轻的"老者，他住在远离喧嚣的厦大校园，面朝大海，山林环抱。仿佛是巧合一般，海与山的相辅相成之间，这位老者便正如那十六字对联所描述的那样，有容乃大、无欲则刚。

他，就是著名的经济学家、财政学家、教育家，厦门大学资深教授邓子基。

梅花苦寒香，求学旅沧桑

1923年6月26日，邓子基出生在福建省沙县夏茂镇儒元村一个贫困的家庭。十一岁前后，他的父母先后亡故，他成了孤儿。为了生存，年少的邓子基砍过柴，卖过油条，又到镇上的杂货店里当学徒谋生。半年之后，他拿着积攒的十来块银圆，离开了小镇，迈出了改变他人生方向的第一步——考取南平初中。

"银圆有可能被花光，退路是没有了，我只能靠考取第一名的成绩来赢得奖励"，邓子基教授曾这样回忆当年，"从那一刻起，我的命运就注定我必须拿下人生之路的各式各样的第一名"。

强烈的求知欲和用知识改变贫苦命运的信念，支撑着他克服种种艰辛，闯过重重困难。他的聪颖天资和勤奋好学为他赢得了优异的成绩；此外，他勤工俭学，并赢取了学校的"清寒奖学金"。靠着自己一步一个脚印，邓子基不仅完成了初中的学业，还以骄人的成绩考取了福建省福州高级中学，于1943年毕业。

因为会考成绩优异，邓子基被保送到国立政治大学。同时，他还通过全省高中会考，以优异成绩被国立交通大学航空系录取。邓子基在早开学的国立交通大学学习了几个月，因费用不足，学业无以为继。为了继续读书，他放弃了学习飞机制造，转到免学费、包吃住、包分配的国立政治大学攻读经济学专业。历史在冥冥之中为邓子基做出了选择，这又是一个改变他人生方向的转身，从此以后，这个名字与经济紧紧相连在一起，注定了日后他将在这一领域大放异彩。

1947年7月，邓子基以优异的成绩从国立政治大学毕业。毕业后，他曾在江苏泰州县当了几个月的小税务员，又先后在福建罗源中学、福州厚美中学和福商中学教书。当时正是内战爆发风雨飘摇之际，在一些进步人士的影响下，青年邓子基投入了"反饥饿、反内战、争自由"的斗争洪流中，并于1949年6月参加了中国共产党的外围组织"民主联合会"，积极参加集会、讲演和各种形式的讨论会。

1950年春天，时任厦门大学校长的王亚南教授成立了厦门大学经济研究所，开始招考研究生。邓子基参加了这次招考，终以福州考区第一名的成绩，成了王亚南教授的第一批研究生。

这是邓子基人生中的又一次转折。他没有选择安心地做一个庸庸碌碌的小公务员，而是铭记着用知识改变命运，不忘攀登知识的更高峰。年轻的邓子基在王亚南教授的悉心指导下，经济学功底日渐深厚，为日后在财政学领域的研究打下了坚实的基础。

师从王亚南的两年，是邓子基夯实基础、塑造人生的关键阶段。王亚南对学生要求十分严格。邓子基用两年时间潜心攻读《资本论》，这使他一生都受益无穷。在夯实基础的同时，王亚南要求邓子基明确自己的专业方向。他对邓子基说："你好像以前做过税务工作，你就搞财政学吧。"打那以后，邓子基沿着老师帮他确立的这条学术之路，矢志不渝地一直走到今天。

为了让邓子基更快成长，王亚南还安排邓子基为本科生兼课，鼓励敦促他学习、思考、写文章。邓子基的《苏联预算制度研究》就是在这一期间完成的，并于1952年发表在当时全国最早的学报《厦门大学学报》上。这是邓子基一生400多篇论文的第一篇，也是他众多科研成果中的第一项。

1952年7月，邓子基顺利毕业，成为新中国培养的第一代研究生。

王亚南不仅督促、辅导邓子基的学业，还无微不至关怀他各个方面的成长。在王亚南的言传身教下，邓子基受益匪浅。他说："王亚南校长是我人生旅途上的坐标，他时刻提醒着我，只有对学生付出全部无私的爱，才有资格坚守教师的岗位。因此，在我60多年的教育生涯中，始终恪守着亚南师留给我的'教书、育人，出人才、出成果'的从教理念。"正因为如此，邓子基一直以培养高质量、高层次人才为目标。他对学风教育格外重视，对学生要求之严、对学生关爱之深在厦门大学无人不知。

三尺杏坛间，六秩磨一剑

王亚南校长出于爱才之心，让邓子基留校工作，这一留就是60多年，而邓子基也从没有想过离开。他说："我不想离开，我从小就立志当老师。有没有机会离开呢？有啊，有的地方叫我出来搞财经工作，有的地方要我去当这个长那个长的，他们联系了我，我都不去，我觉得当老师很好，这是我从小的志向。"

邓子基教授全身心投入了教学和科研工作。60多年来，他争分夺秒、不分昼夜地辛勤工作着，将自己的毕生心血倾注于祖国的教育和科研事业。

邓子基教授始终坚持这样的治学态度、观点与方法：对待马克思主义，先坚持，后发展，重在"发展论"，反对"僵化论"，更反对"过时论"；对待西方的东西，主张学习、分析、批判、吸收，重在"消化论"，反对"排斥论"，更反对"照搬论"；在方法论上，坚持辩证唯物主义和历史唯物主义，实事求是，一分为二。他认为做学术研究必须"辩证思维，积极稳妥"——学术要争鸣，也要坚持真理；科研要创新，也需要稳妥。60多年来，邓子基教授始终践行着这样的观点与方法，其中最突出的表现，莫过于全面、系统、完整地提出并论证"国家分配论"。

1957年，西南财经学院许延星教授写了一篇关于财政学对象的文章，提出"财政是分配关系"，年轻的邓子基从中得到启发，结合当时国内的经济政治实况对此论点进行深入研究。1962年，邓子基写出《略论财政本质》论文，在《厦门大学学报（哲学社会科学版）》1962年第3期发表，全面系统地论证和倡导了"国家分配论"，并提出"财政的本质是以国家为主体的分配关系"这一著名观点，从而在财政学界产生了重大影响。同年，他在《中国经济问题》第4期上发表了《试论财政学对象与范围》，之后又在第11期上发表了《财政只能是经济基础的范畴》。通过这一系列文章的发表与阐述，邓子基在长期的理论争论中，运用马克思主义的立场观点全面系统地分析论述财政本质问题，从而确立了他"国家分配论"代表人物的地位。

所谓"国家分配论"，即指财政的本质是以国家为主体，参与国民收入分配和再分配的活动中所体现的分配关系。这一理论在我国财政界主流地位的确立，其功不可估量。

然而，"国家分配论"主流地位的确立及发展并非一帆风顺，其中有多次大的争论。"国家分配论"内容也并非一成不变，邓子基教授不断结合新的时代发展需要，以科学的态度深入研究发展"国家分配论"，使之能与时俱进，服务于社会主义建设。而在这之中，如邓子基教授所说，曾经有三次"交锋"。

"我提出的观点，有人不同意，争论的焦点就在于要不要以国家为主体。"

1964年，全国第一次财政理论研讨会在大连召开，邓子基担任华东组组长。"国家分配论"成为会议研讨、争论的主题，结果，多数人认同支持这一理论，由此，奠定了该理论在中国财政学界及国家财政管理中的主流地位。

20世纪70年代末，中国开始实行改革开放，随着国情国策的转变，国家需要给企业和地方松绑、改善人民生活物质条件，高度集中的财政体制显然已经不适应现实发展的需要。"国家分配论"遭到空前的炮轰，第二回合的交锋出现了。

1980年8月，全国各地老中青三代财政学者80余人齐聚厦门大学，参加中国"文革"之后的首次全国财政理论研讨会。在厦门大学招待所的会议室里，中国社会科学院和有关大学的一些专家学者激烈质疑"国家分配论"。

"他们说国家分配论就是国家意志论，经济困难，造成灾害，理论根源就在这方面。他们指责我，要我把'国家'两字扒掉。"邓子基教授回忆道。

面对学术上的质疑与责难，邓子基教授顶住压力，用实事求是的科研态度研究判断。他用蔡元培先生"兼容并蓄"的态度与主张，"吸收别人积极的、先进的东西，用来发展自己，巩固自己，壮大自己"，邓子基教授说，"真金不怕火炼，真理越辩越明，对不同观点的研究分析和对错误观点的批判，可以丰富和完善我的理论"。

就在1980年8月的这次讨论会上，邓子基教授叫他的3名研究生对提出不同观点的部分专家学者进行录音专访，随之发表了《为"国家分配论"答疑》的文章，对不同的提法、观点进行细致深入的系统研究，阐述、发展了自己的观点。

他在《为"国家分配论"答疑》中指出："财政与国家有本质的联系，有国家就有财政。但在具体的时段，政策是积极财政政策，还是稳健财政政策，还是紧缩开支，还是大量的投放，就要看现实的需要，制定的制度和政策要以客观规律为根据。这样的政策，就是无往而不胜的。"拨开疑云见晴天，这轮思想、观点的大激荡，不但推动了"国家分配论"的发展，还巩固了其主流地位。

一直到1998年，第三次"交锋"发生了。20世纪90年代，中国开始步入市场经济，经济发展的趋势要求国家和政府更大程度减少对生产领域和国有企业的控制。财政学界从西方引进的"公共财政论"，强调政府应关注公共服务，主张将生产消费领域全部交给市场。这一论点刚好与中国经济改革的趋势相契合，得到学术界的热烈讨论和追捧。

"公共财政论刚引进的时候，很多人和我论战。针对我提三点质疑：第一是'过时论'，说你讲的是计划经济的理论，我们现在是市场经济，当然你就'过时'了；第二是'怀疑论'，怀疑你的理论还能不能指导实践，管不管用？第三是'罪过论'，这点是我自己加的，他们没说我'罪过'，但认为你这个国家分配论，太强调国家，不讲市场，不是'有罪'了吧？"邓子基教授如此归纳当时质疑的声音。

1997年，邓子基教授在《财政研究》杂志上发表了《坚持、发展"国家分配论"》的论文，反对完全照搬西方"公共财政论"替代和否定"国家分配论"，主张从中国的国情出发认清"国家分配论"和"公共财政论"，这两者之间的关系，他提出"坚持＋借鉴＝整合＋发展"的财政模式。

2001年，在江苏省无锡市召开全国第15次财政理论研讨会上，邓子基教授在大会上做学术报告中提出了上述这一新观点，获得热烈掌声。会后，以"内参"形式专报中央办公厅、国务院办公厅，供中共中央、国务院最高决策参考。

"几十年来，我对我的理论观点，总在发展中巩固，巩固中发展。现在，我研究的财政体系，就是建立社会主义的与市场经济相适应的，包括公共财政与国有资本财政在内的国家财政体系，这是我的努力目标。"邓子基教授如此总结自己的研究。

诚如此言，"国家分配论"犹如邓子基教授亲手打造的一把宝剑，60年来，他不断地积极论证、诠释、完善着这个理论，兼容并蓄，给它注入了新鲜的血液。几经磨砺，几经淬炼，"国家分配论"始终焕发着生命力。

双肩担日月，弦歌仍不辍

邓子基教授除了教学外，还承担着教育行政工作。早期他兼任厦门大学教务处秘书，不久又兼任校教学改革委员会秘书，协助校长和3个正副教务长工作。之后，在教育科研之外，他还先后兼任学务科科长、教务处副处长、经济系副主任、经济研究所副所长、经济学院副院长、顾问、财政科学研究所名誉所长等行政工作；除此之外，他还在国内外担任着一些重要学术与社会职务。工作量之大，非常人可以想象，他却处理得有条不紊，手头的工作始终处于高效运转之中。

邓子基教授现在是厦门大学经济学院资深教授、博士生导师、博士后联系导师、国家重点财政学科总学术带头人、厦门大学财政科学研究所名誉所长。他曾兼任福建省政协常委兼经济科技委员会副主任、国务院经济学科初审组成员、国家教委经济学科评审组成员等职务。现兼任的职务有：中国财政学会荣誉理事（原顾问）、中国税务学会荣誉理事（原常务理事）、中国国际税收研究会顾问、中国资产管理学会顾问、中国资产评估学会高级顾问、英国剑桥国际传记中心副总裁、美国国际传记协会副总裁等。

在潜心科学理论研究的同时，邓子基教授还致力于厦门大学财政学科的建设与发展。1972年，他担任了厦门大学复办的财金专业的负责人。在他积极倡议和努力下，作为经济系之下的财金专业升格为财政金融系。1982年，作为主要负责人之一，他为创建厦门大学经济学院做了大量工作，并支持、协助建立厦门大学MBA中心和经济学院博士后流动站。

作为厦门大学原财金系学术总带头人，为了财金系的发展壮大，邓子基教授付出了极大的心血。从科研项目的申请到系列教材的编辑出版，从新学科的创立到教师队伍的培养，邓教授事无巨细，任劳任怨。经过他多年培育，财金系形成了以邓子基教授为总学术带头人，张亦春教授、邱华炳教授为主要骨干，以10多个教授、博士生导师、30多位副教授、讲师和助教为基础的结构优化的教师梯队，编辑出版了60余本教材，形成了一个完整系列。正是因为师资力量雄厚、科研成果丰富、教材系列齐全，培养的学生素质高，1987年，厦门大学财政学专业（财政学与货币银行专业联合申请）被国家评为全国唯一的国家级重点学科点。

2002年，为适应现实需要，财金系分为财政系、金融系。经过重新调整后的两个系各自得到发展，均建立起雄厚的师资力量、健全的学术与教学梯队，为国家培养了诸多适应需求的复合型人才。2002年，财政专业和金融专业分别被评为国家级重点学科。作为总学术带头人，邓子基教授带领厦门大学财政系始终保持着强劲的发展势头，连续多次在全国大学学科排名中处于全国领先位置。

邓子基教授坚持多种形式、多渠道、多层次办学，为国家培养各种类型的人才。除了本科、硕士、博士等通常的培养方式外，他还主持创办了教师进修班、教师研究班、助教班、研究生班、国际税收与国际会计师资进修班等等，为青年教师和学生创造成才条件，满足国家建设各类人才培养需求。通过多年的教学实践与探索，邓子基教授总结出五种研究生授课法，即"打基础与攀高峰结合、理论与实践结合、教学与科研结合、自学与指导结合、大中小结合"，教学效果非常好，深受学生欢迎，并得到原国家教委的肯定和奖励。

邓子基教授还注重西方财政理论的引进、借鉴与研究，曾先后主编、翻译、撰写（含合作）了《现代西方财政学》《美国财政理论与实践》《美国加拿大税制改革比较研究》、《西欧国家税制改革比较研究》《比较财政学》《国际税收导论》等有关西方财政理论的著作，填补了国内财政学科若干"空白"，为国内学习、借鉴西方财政理论，促进我国财政理论的发展奠定了基石。他曾应邀到法国、加拿大、英国、肯尼亚、美国、日本、新加坡等地访问、讲学，推动了国际间的学术交流，扩大了中国财政理论思想在国际上的影响。邓子基教授强调学术研究要引进来、走出去，相互促进，相互提高。他经常参加各种学术研讨会，活跃学术氛围，增进了思想交流。他还经常受邀到福建省人民政府、厦门市人民政府给省、市领导讲课，为政府决策出谋划策和提供理论依据。

几十年的笔耕不辍，邓子基教授出版了75本著作，400多篇论文，共计2000多万字（含合作）。在2007年庆祝邓老从教60周年的学术研讨会后，邓老曾说，"现在我已85岁了，与时俱老，已是耄耋之年，我不能再说自己是'一个年轻的老人'，我现在想说，我是'一个还能战斗的老兵'，还希望以'85岁年龄，65岁身体，45岁心态'继续自勉自励，继续工作，贡献余热"。邓子基教授已经为国家培养了107位博士（含4名博士后），他培养的博士数量之多，在全世界的教授中也是少有的。然而，他并不停歇，时至今天仍在财政学教学科研战线上辛勤耕耘，为的是多为国家培养人才。他在学术领域的研究与探索从不止步，他说要"活到老，学到老，做到老"。

"老当益壮，宁移白首之心"，邓子基教授的言行正是这句话的最好注脚，令晚辈后人肃然起敬。

桃李花千树，星斗焕百祥

国家外汇管理局副局长方上浦是邓子基教授的学生，他曾这样形容眼里的邓老师："用真情传播智慧的火种，用挚爱筑垒起财政学科的理论构架。桃李芬芳，硕果满枝。"

诚如此言，邓子基教授犹如最辛勤的园丁，用满腔深情来灌溉每一株幼苗，将为学的知识与做人的道理——传授，春泥护花，润物无声。

邓子基教授视学生如子女，对他们言传身教、悉心指导，师生关系十分融洽。即使学生毕业多年后，他依然如慈父般关心着学生的学习、生活、事业和家庭。他经常把一生坎坷总结出来的为人之道、治学之道告诉学生。他常说："人生要有两把钥匙：治学的钥匙、做人的钥匙。我自己要先掌握好这两把钥匙，然后再把他们交给学生。"

邓子基教授对学生的培养是终身的。他的弟子，不仅在学校学习期间得老师的细心栽培，毕业走上工作岗位后，还一直得到他无私的指导和关爱。

对于那些勤奋学习的上进青年，邓子基教授总是给予热情的鼓励和帮助，对他们的来信亲自回信，对他们的来访热情接待。很多治学青年就是在他的直接支持、积极的鼓励和热情的帮助下，完成学业的。

"人的感情是相互的，你爱护学生，学生就尊重你。"邓子基教授谈到师生之道，曾这样总结。

在长达65年的教育生涯中，邓子基教授始终以他深厚的学术功底、高尚的人格魅力，熏陶着他的弟子们。经过他言传身教的学生不仅学识渊博，理论功底扎实，而且品行端正、作风严谨。几十年辛勤耕耘，终于获得桃李满园，硕果累累，邓老已经为国家培养了107名博士生、博士后，300多名硕士，财经人才数以千计。这些学生都不负众望，靠他们的努力工作，回报社会，各行各业都有杰出的代表。他们有的从政，官至副审计长、副省长、市委书记、市长等；有的从教，担任大学校长、院长、教授、博士生导师、知名学科带头人等；有的从商，任银行行长、董事长、总裁、总经理等。

邓子基教授为国家教育和科研事业做出了卓越贡献，受到了国内外的充分肯定与表彰，也获得了许多荣誉和奖励。

他曾多次作为杰出专家、学者代表受到党和国家领导人的接见，荣获国际、国家和福建省奖励、称号50多项，如"世界500名人勋章"、"国际荣誉勋章"（英）、"终生杰出成就金人奖"（美）、"国务院政府特殊津贴"、"福建省有突出贡献专家"、"福建省五一劳动奖章"以及"共和国建设者"等。

他的名字被列入《世界500名人传》（英）、《国际500名有重大影响人物传》（美）、《中外经济学名人传》、《世界名人传》、《中国当代社会科学家辞典》、《中华之子》、《东方之子》、《中华功勋人物大典》、《诺贝尔百年百人》、《1993年中国人物年鉴》等50多种辞典、传记或知名杂志中。

除了以上荣誉，邓子基教授的学术著作、论文多次获得国家级、省部级奖励。面对如此多的荣誉，邓子基教授却只是淡然一笑，摆摆手说："这没什么，我只不过做了我应该做的。"

他的事迹被国内外十几家新闻媒体纷纷宣传报道。其中有中央电视台、东南电视台等电视媒体，也有《人民日报》《光明日报》《欧洲时报》《大公报》《决策与信息——财经观察》《南风窗》《中国审计》《中华儿女》《闽南儿女》等报刊。2007年7月，中央电视台科教频道《大家》栏目以《邓子基：财政学界的"老兵"》为题，作了45分钟的专访报道，还在综合频道、中文国际频道、军事农业频道予以重播；2007年8月，《光明日报》的《走进大家》栏目以整版篇幅，刊载了《邓子基：自称"老师"和"老兵"》的专访报道；2011年8月，《中国财经报》也以"心灵的守望——访厦门大学资深教授邓子基"为题，以整版篇幅刊登了专访报道。

的确，邓老十分看淡自己的成就与名利，从不以权威自诩，而是将自己放在普通平凡的教师岗位上。虽然他是当之无愧的中国"财政学泰斗""一代宗师"，邓子基教授却虚怀若谷，只是自喻为"一个还能战斗的老兵"。这句自喻朴实无华，却耀如满天星斗，熠熠生辉。

与子相偕老，共看云卷舒

早在邓老少年时代求学于南平初中和福州高级中学时，有一位王守椿老师一直指引、支持着他的求学之路，在生活、学习上予以无微不至的关心。后来，王守椿老师将自己的侄女王若畏介绍给了邓子基，希望她向邓子基学习。他们互帮互学，在学习生活中迸发出了炽热的爱情火花，最终成就美满姻缘。

1952年8月9日，邓子基与王若畏喜结连理。王若畏女士1952年毕业于福州大学，分配到中央教育部工作。然而她和邓子基都将厦门作为他们工作、生活的终生选择。于是，1953年，王若畏放弃教育部的工作调回厦门与邓子基团聚。同样热爱教育的她，曾执教于厦门大学工农兵中学、工农预科和厦门双十中学，任教研组长、高级教师。由此，便是漫漫60年的风雨同舟，相濡以沫。今时今日，谈到自己夫人王若畏女士时，邓子基教授十分动情："没有她，我就不会有这么好的身体，更不会有今天的成就，我的成果里也有她的一半啊！"

他们育有一子一女。儿子邓力平在加拿大达尔豪西大学获经济学博士学位并在大学任教多年。1993年6月，在父亲的影响和当时厦门大学林祖庚校长等领导的关怀下，邓力平毅然放弃了国外的工作和优渥的生活条件，回厦大任教，担任国际税收与国际贸易方向的博士生导师，成为当时厦大最年轻的教授与博士生导师之一，同时还是第九届、第十届和第十一届全国人大代表。邓力平曾任厦门大学副校长，现调任国家会计学院院长，福建省政协副主席。儿媳赵蓓获加拿大工商管理硕士学位和香港大学博士学位，现任厦门大学管理学院教授，博士生导师。女儿邓力文在厦门大学获经济学硕士学位后曾留校任教。女婿房宝厦在加拿大获经济学硕士学位。目前女儿、女婿在加拿大和国内创业。邓教授风趣地说他的儿女是一个搞精神建设，一个搞经济建设，和国家一样"两个文明一起抓"。邓力平和邓力文各育有一双儿女。每当逢年过节时，一家人齐聚欢庆，邓子基夫妇儿孙绕膝，尽享天伦之乐。邓老说，他很满足，很幸福。

在厦大海滨的黄昏时分，经常能够看到邓子基夫妇披着灿烂霞光的身影，相携相守，缓缓地走在海边，享受一段幸福而安详的时光。惠而好我，携手同行，最宁静最隽永的场景，莫过于此。

"石之美，有五德者。润泽以温，仁之方也；䚡理自外，可以知中，义之方也；其声舒扬，专以远闻，智之方也；不挠而折，勇之方也；锐廉而不忮，絜之方也。"这是《说文解字》中对"玉"的解释。玉有五德：仁、义、智、勇、絜。内含这五德，璞石才能为美玉。而人若是具备了这五德，便是令人尊敬的朗朗君子。邓子基教授以90载岁月的上下求索，65个春秋的耕耘不辍，向所有学生，向中国财政学界，向世人诠释了五德之美。君子谦谦，其德如玉，邓子基教授当之无愧。

春风化雨，春泥护花，桑榆暮景，伏枥不言老。邓子基教授教泽绵长，德被后生。

值此邓子基教授从教65周年暨90华诞之际，衷心祝愿邓老福寿安康，阖家圆满！

65周年画册　教学科研

唐文倩

"教书、育人，出人才、出成果"是邓子基资深教授矢志不渝的人生宗旨。在从教从研的65年中，他始终奋斗在教学、科研一线，为我国的财政理论研究和财政学科建设做出了卓越的贡献。

一、问道持真理，文章与时进
——坚定的"国家分配论者"

作为我国主流财政学派"国家分配论"的代表性理论研究者，邓子基资深教授早在1952年厦门大学《资本论》研究生班毕业后，就开始了教学科研工作。几十年的辛勤耕耘，逐渐形成了以"国家分配论"为基石的财政学理论体系，在学术界独树一帜，并长期指导着我国的财政理论研究与财政管理实践。

邓子基教授一向坚持并倡导"国家分配论"，强调财政的本质是"以国家为主体的分配关系"。并以此为基础，构建了一套严密、系统的财政理论科研体系：在这个理论体系中，邓子基将财政本质理论概括为"一个主体，两种身份，两种权力，两种职能，两种形式，两种分配关系"的"一个主体，五个两重"模式。这种"一体五重"的关系形成了社会主义国家财政特有的公共财政和国有资产（资本）财政的"双重（双元）结构模式"。对应到财政管理中，则形成国家财政部门和国家税务部门与国有资产管理部门的"一体两翼"格局。在财政属性方面，邓子基运用马克思再生产原理，把财政置于生产力与生产关系、上层建筑与经济基础的矛盾运动中，突破了过去那种收、支、平、管的旧体系，形成了一个财政与经济交织，分配关系与生产力相互制约，上层建筑与经济基础相互作用的新的财政学理论体系，并创造性地提出"不论什么社会制度下的财政都属于经济基础的范畴"。在财政职能方面，邓子基提出并论证了财政"四职能"论，即社会主义市场经济条件下，财政具有分配、配置、调控、监督四大职能，财政活动并不仅限于单纯的收支或监督检查，而更是作为国家的宏观调控手段，积极主动地反作用于经济。在税收基础理论方面，邓子基教授始终将税收基本原理同财政基础理论紧密结合，提出"经济—财政（税收）—经济"的理财（治税）思想，把经济作为财政税收的归宿；提出并论证国家征税依据的只能是国家的政治权力，并在对国家征税的权力、利益、义务辩证分析的基础上，提出了把对国家的"权力说"、对纳税人的"义务说"以及对纳税人受益的"利益说"有机统一起来的"权益说"。

在"国家分配论"完善与发展的过程中,邓子基教授始终秉持解放思想,实事求是,一分为二,对立统一,从中国国情出发,从现象到本质,在继承中发展财政理论的研究原则,不断完善和发展"国家分配论"的理论体系和学术思想。他主张在坚持马克思主义基本经济理论的基础上,学习、吸收西方财政理论,坚持"发展论""消化论",反对"僵化论""过时论""排斥论""照搬论"。邓子基教授面对多方面对"国家分配论"的质疑与责难,矢志不渝、海纳百川,通过借鉴一切合理的、有益的国内外研究成果,形成了内容全面、逻辑严密、论述丰富的以"国家分配论"为核心的财政理论体系,并开辟了财政学许多新的研究领域。20世纪50年代,他就开始研究资产阶级的财政理论,于1956年出版《两种社会制度下的国家公债》、1959年出版《资本主义国家税收》和1960年出版《资产阶级财政理论批判》(与吴兆莘合著)等专(译)著。改革开放以来,邓子基教授更加重视研究西方财政,除公开发表了多篇论文以外,他先后翻译、主编出版了《美国财政理论与实践》《现代西方财政学》《美国财政理论与实践》等有关西方财政理论的划时代著作,填补了国内许多"空白",为学习、借鉴西方财政理论,促进中西财政理论接轨提供了铺垫。同时,邓子基教授多次强调我国的财政改革正面临着建立稳固、平衡、强大的国家财政和构建公共财政基本框架的艰巨任务。为此,他主张"国家分配论"者应积极吸收和借鉴公共财政论的理论观点、运行机制与研究方法,并提出了"坚持+借鉴=整合+发展"的新"国家分配论"(即"国家财政论")。

二、立论为人民,建言开先河
——新中国财政管理理论的"奠基者"

邓子基教授不仅在基础理论研究上建树颇丰,也对财政管理及改革实际进行广泛而深入的探讨。结合我国建设社会主义市场经济的背景,邓子基教授不断丰富和发展我国的财政管理理论,起到了开拓性、奠基性的贡献。在财政政策理论领域,邓子基教授提出并论证了财政的政策目标、政策工具与政策传导机制等基本理论,详细地论述了财政政策与货币政策的各种协调配套模式;在财政的宏观调控作用方面,邓子基教授提出社会主义市场经济条件下仍要加强财政的宏观调控,充分发挥其"示范、导向、保证重点、'四两拨千斤'的作用;在税制理论领域,邓子基教授阐明了我国应采取流转税与所得税并重(双主体)的复合税制模式,较早提出并论证了"效率优先,兼顾公平"的税收原则;在财政平衡理论领域,邓子基教授提出并论证了社会主义财政收支矛盾与平衡转化规律,反对"赤字财政理论",批判"赤字无害论",提出坚持财政平衡必须与财政改革相统一。凭借深厚的理论功底、严谨的治学态度和科学的研究方法,邓子基教授的研究始终和国家的现实需要紧密结合。在我国税利分流的改革过程中，他提出并论证了国营企业实行利改税的理论基础，对于推动利改税工作的进展起到了巨大的作用；在1994年我国税制改革过程中，他从税制改革的条件和时机选择方面提出了新一轮税制改革的原则、思路和具体措施，坚持"渐改论"，反对"速改论"；进入新世纪在我国构建"和谐社会"的进程中，他较早强调应将我国的税收原则转变为"效率优先，注重公平"。此外，邓子基教授还长期着力研究地方税系的问题，提出要从满足国家职能需要的角度认识地方税收的本质，要根据各地实际情况选择和培育地方主体税种，进一步完善财政转移支付制度以弥补地方发展不平衡带来的地方财力差异。以上这些观点精辟鲜明、内容翔实、逻辑周密、通俗易懂，较好地指导了实际部门的决策，丰富了财政理论，拓宽了财政研究视野，为我国经济体制改革与社会主义财政制度建设提供了理论依据和科学指引。

邓子基教授还率先开拓国际税收领域的研究。1985年，邓子基教授作为最早的创建者，参与创建了中国税务学会国际税收研究会（即后来的中国国际税收研究会），并于同年出版了国内第一本有关国际税收的专著——《国际税收导论》，为开展国际税收理论研究做出了表率，推动了国际税收知识的普及。与此同时，邓子基教授还率先就许多国际税收研究的基本理论问题进行深入研究，为我国的国际税收研究提供了坚实的理论基础。这些研究对我国学习借鉴外国税制经验，构建、完善涉外税制起到了开拓性的作用。

此外，邓子基教授还长期担任有关领域的社会兼职，献智我国的社会经济建设、人才培养和教学科研。他曾任中国财政学会第一、二届常务理事或顾问，首届中国国际税收研究会副会长等职务，现任（兼）英国剑桥国际传记中心副总裁、美国传记协会副总裁、中国国际税收研究会顾问、中国国有资产管理学会顾问、中国财政学会荣誉理事、中国税务学会荣誉理事、福建省财政学会名誉会长、福建省税务学会名誉会长、福建省资产评估协会名誉会长、福建省评估协会名誉会长、福建资产管理学会顾问、厦门市财政学会顾问、厦门市资产评估协会名誉院长、厦门大学经济学院顾问、《经济研究参考》名誉学术顾问、《涉外税务》顾问、《当代财经》顾问、《商务周刊》顾问、《福建财会》顾问、《税务》顾问、《亚太税务》（香港）编委、《厦门特区财会》高级顾问、《厦门特区税务》顾问、《闽西财会》顾问、山东大学兼职教授、河北大学兼职教授、江西财经大学兼职教授、浙江财经学院兼职教授、新疆财经学院兼职教授、甘肃职工财经学院兼职教授、安徽财贸大学兼职教授、集美大学财经学院兼职教授等诸多社会兼职。

三、老兵传薪火，根深托新枝
——财政教学科研战线的"老师"和"老兵"

邓子基资深教授不仅是一位学识渊博、指点江山的学界大家，更是一位长期奋斗在教学工作第一线的教育家，他在财政学科建设领域的贡献可谓建树颇多。

这首先表现在他对厦门大学财政学国家重点学科建设、发展的巨大贡献上。1972年，在邓子基教授的努力下，厦门大学财政金融专业得以复办。此后，厦门大学财政、金融学科为我国经济体制改革和经济建设贡献颇多，并输送了大量人才。而邓子基教授作为财政金融专业（后为财政学专业）的总学术带头人，始终对厦大的财政学科建设起着最为主要的作用。20世纪70年代后期，顺应国内形势需要，同时也是在他的积极倡议和努力下，厦门大学经济系升格为厦门大学经济学院，其中财政金融专业升格为财政金融系，为两系的师资队伍建设、学科建设和人才培养建设的进步起了巨大的推动作用。之后的30年里，在邓子基教授的带领下，厦门大学财政学科先后拥有了硕士点（1981年）、博士点（1983年），并于1987年被评为全国首批唯一的财政学国家重点学科点（2004年、2007年再度被评为国家重点学科）。迄今，财政系已拥有教师30余位、学生900多人，师资力量雄厚，学术梯队健全，科研成果丰硕，人才培养成效显著，成为我国财政研究的一大重镇。而所有的这些成就的取得，邓子基教授的贡献均是第一位的。

作为全国重点财政学科的总学术带头人，邓子基教授还十分重视学科建设与教材建设。在学科建设方面，早在1962年邓子基教授就提出"财政学首先应该是一门以研究财政规律（包括原理原则）为主要内容的原理科学，并应注意财政学与从其分化发展出去的专门学科如国家预算、企业财务、财政史等学科的联系和分工关系"。为此，邓子基教授先后出版了《比较财政学》（与巫克飞、董大胜、葛南翔合著）、《美国加拿大税制改革比较研究》（与邓力平合著）、《西欧国家税制改革比较研究》（与巫克飞合著），为比较税收学的建设做出了重要贡献；1988年出版的《国际税收导论》为国际税收学的建设奠定重要基础；1990年出版的《公债经济学》（与张馨、王开国合著）对公债经济学的建设做出重大贡献。1990年和1993年，他分别主编出版的《财政金融政策与宏观调控》及《财政与宏观调控》两书，对于我国适应发展市场经济的要求，建立财政政策学，起到了非常积极的推动作用。在教材建设方面，邓子基教授强调"教学必须与科研相结合，教学上的出人才必须建立在科研出成果的基础上，培养人才首先要建立一套高水平的教材"。改革开放以来，邓子基教授在财政学科建设方面做了大量的工作：先后主编出版了《社会主义财政学》《财政与信贷》《财政与金融》《财政学原理》《比较财政学》《现代西方财政学》《财政金融政策与宏观调控》等许多巨著，这些著作、教材的使用者达到数十万人，遍布我国各地，对我国财政学教学和财政知识的传播起到了巨大的作用，对整整一代中国"财政人"的成长产生了巨大的影响。毫不夸张地说，邓子基教授为中国财政学教材体系所作出的贡献，将被永远载入中国财政学的史册。

值得称道的是，邓子基教授对我国财政人才建设的卓越贡献。自1982年我国恢复招收博士以来，邓子基教授已经招收了107位博士生（含4位博士后）、300余位硕士生，这些学生遍布海内外，大多已成为各自行业的骨干和中坚。邓子基教授还在全国最早或较早试办、创办各类进修班和研究生班，为国家培养了大量应用型人才，其中主要有：（1）受财政部委托最早为财政部创办"全国财政学教师研究班"（1982年），招收全国部分高中等财经学校讲师、副教授、教务处长、校长60多人，培养了大量财政学教学科研骨干。（2）受原国家教委委托举办第一个财政金融专业大学教师助教班（1984—1986年），从全国招收40多位助教，学习财政学等相关课程，为全国开办助教班提供了经验。（3）受原国家教委委托举办第一个财政金融研究生班（1984—1986年），公开招考了17位研究生，为全国开办研究生班创造了经验。（4）受原国家教委和世界银行委托举办了四期"国际税收与国际会计师次进修班"（1984—1989年），为全国高校与国家税务总局培养了大量国家税收与国际会计的骨干。（5）培养了我国第一位应用型异地代培的财政学博士（1992—1995年）为全国公开招考异地代培应用型博士生取得经验。（6）招收了第一批财政学专业应用型异地代培硕士（1992—1994年）。以上各层次学员，多数成为我国教学科研骨干和政府部门领导。

四、著作等身翁，誉满天下人
——中西经济理论集大成的"马克思主义者"

邓子基资深教授一生勤奋开拓，锐意创新，自成体系，治学严谨，著论丰硕。在其从教的65年里，先后出版了专著、译著、教材（含合作）75本，发表重要论文400多篇，累计2000多万字。其中最具代表性的著作主要有：《社会主义财政学》《社会主义财政理论若干问题》《财政与信贷》《比较财政学》《财政收支矛盾与平衡转化问题》《美国财政理论与实践》《资本论与社会主义财政理论》《国际税收导论》《财政学原理》《美国加拿大税制改革比较研究》《公债经济学》《财政金融政策与宏观调控》《马克思恩格斯财政思想研究》《财政理论研究》《经济特区财政若干问题研究》《西欧国家税制改革比较研究》《财政支出经济学》《财政与宏观调控》《现代西方财政学》《税利分流研究》《财政理论与财政改革》《经济特区引进外资的税收优惠政策》《涉外税收管理》《财政理论与财政实践》《国有资本财政研究》《财政学》等。

同时，邓子基教授还广泛参与到国内外学术交流活动中，为推动国内外财政学术交流做出了很大贡献。1983年10月，参加法国巴黎第九大学、巴黎商业学院、卢昂税务学校等单位的学术交流，并访问法国财政经济部；1987年9月，出席加拿大工商管理科学国际会议，并作赴加拿大达尔豪西大学、圣玛丽大学和纽芬兰纪念大学讲学，作《中国财政经济状况》和《中国财政管理教育》的报告；1989年5月，主持"财政金融政策与宏观调控—89中国国际学术会议"，作了《看得见的手和看不见的手——论财政在宏观调控中的作用》的主题报告；1990年7月，参加英国莱斯特大学学术交流，并访问英国剑桥国际传记中心；1990年8月，赴日本东京出席"90中国国际税收理论国际研讨会"，作了《中国涉外税收优惠改革》的报告；1990年9月，出席肯尼亚内罗毕第十七次世界名人会议（交流与学术国际大会）进行学术交流；1991年5月，出席"91中国国有资产管理国际研讨会"，作了《关于产权管理改革及财政与国有资产管理的职能分工协作问题》的报告；1991年10月，出席"91中国国有企业转换机制与国际研讨会"，作了《国有企业转换经营机制与财政对策》的报告；1991年9月，赴加拿大爱高玛大学、曼爱尔森大学讲学，作了《中国改革、开放与财政形势》的报告；1991年10月，赴美国路易斯—克拉克州立学院出席美国第十三次可持续发展国际会议，作了《中国经济建设成就与发展方向》的报告；1992年7月，出席"92中国'复关'与财政国际研讨会"，作了《"复关"对我国财政经济的影响与财政对策》的报告；1992年8月，出席"92中国中长期财政政策国际研讨会"，作了《公债与中长期财政政策》的报告；1993年8月，出席"93中国国际税收理论国际研讨会"，作了《税制改革与国际税收惯例》的报告；1994年6月，赴香港理工大学讲学，作了《中国税制改革与外商投资》的报告；1995年8月，赴日本东京一桥大学讲学，并在东京财政研究会讲学，作了《中国税制改革成就、问题与对策》的报告；1995年12月，赴香港理工大学讲学，作了《中国涉外税收优惠》的报告；1996年10月，出席"中国消费税法国际研讨会"，作为中方专家首席发言，作了《消费税的理论与实践》的报告；1996年12月，赴新加坡国立大学和新加坡中华总商会讲学，作了《外商在中国投资的税务问题》的报告；2004年10月，出席"国有资产监管体制与公共财政制度改革国际会议"，作为中方首席专家，在大会上作了《深化国有资产管理体制改革的若干理论思考》的报告；2005年12月，出席"财政政策、货币政策与经济增长国际研讨会"，作为中方专家，作了题为《财政政策与货币政策的配合与社会经济发展关系》的报告。此外，邓子基教授还先后出席中国财政部、中国财政学会、国家税务总局、中国税务学会、中国国际税收研讨会、国有资产管理局（国务院国有资产监管委员会）、中国国有资产管理学会各自召开的全国性理论研讨，国家计委、财政部、国家税务总局、中国人民银行联合组织的高级研讨会达数十次。

正是凭借着自身的远见卓识、丰富的学养和卓越的贡献，邓子基教授获得了国家和社会对其教学科研的高度评价。他曾多次获得国际、国家和省部级奖励和称号，如"国务院政府特殊津贴"、"福建省突出贡献专家"、"福建省五一劳动奖章"（两次）、"厦门市劳动模范"、"厦门市先进工作者"、中国出版界最高荣誉奖——第九届"中国图书奖"、"国家级优秀教材一等奖"、"国家级优秀教学成果二等奖"（两次）、"财政部优秀教材一等奖"、"国家教委优秀教材一等奖"、"国家教委优秀教材二等奖"、"全国哲学人文社会科学优秀著作奖"、"教育部全国高校人文社会科学优秀著作三等奖"、"教育部优秀教材二等奖"、

"福建省人民政府优秀著作奖"（六次，含一、二、三等奖）、中国税务学会优秀成果一等奖（四次）、中国财政学会全国优秀成果一等奖、中国财政学会荣誉奖等；英国剑桥国际传记中心授予"世界500名人勋章"、"国际荣誉勋章"和"国际传记中心副总裁勋章"；美国国际传记协会授予"终身杰出成就勋章"和"国际500名优重大影响人物勋章"；他的名字被列入《世界500名人传》（英）、《国际500名有重大影响人物传》（美）、《中外经济学名人传》、《世界名人传》、《中国当代社会科学家辞典》、《强国丰碑》、《民族之光》、《东方之子》、《共和国建设者》等50多种辞典、传记之中；他的先进事迹和巨大成就曾被《人民日报》、《光明日报》、中央电视台、中央人民广播电台、《中国税务报》、《税务研究》、法国《欧洲时报》、香港《经济导报》宣传报道。中央电视台《科教频道》还专门于2007年7月22日、29日在《大家》栏目，以《邓子基：财政学界老兵》为题，对其作了45分钟的专访报道。2011年8月13日，《中国财经报》以《心灵的守望——访问厦门大学资深教授邓子基》为题，以整版篇幅作了专访报道。

65周年画册　誉载史册

唐文倩

回首邓子基资深教授90年的人生历程，是一部充满传奇、坚忍、追求与博爱的巨著，让人越读越受鼓舞、教育与启迪。邓子基教授为我国教育和科研事业65年的卓越贡献，受到了党和国家的充分肯定与表彰，也获得了国内外社会团体的众多荣誉和奖励。

国内外几十家新闻媒体曾对邓子基教授教学与科研的巨大成就做过宣传报道，《人民日报》、《光明日报》、中央电视台、中央人民广播电台、《中国税务报》、《税务研究》、《中国财经报》、《国有资产管理研究》、香港《经济导报》、法国《欧洲时报》、《科学时报》、《科学中国人》、《中华儿女》、《财会信报》等先后做过专题采访。特别是，中央电视台科教频道于2007年7月22、29日在《大家》栏目以《邓子基：财政学界"老兵"》为题，作了45分钟的专访报道，第1、4、7频道予以重播。《光明日报》2007年8月8日在《走进大家》栏目以整版篇幅，刊载了《邓子基：自称"老师"和"老兵"》的专访报道。2011年8月13日《中国财经报》以《心灵的守望——访厦门大学资深教授邓子基》为题，以整版篇幅刊登了专访报道。

邓子基教授的生平和成就还被《世界500名人传》、《世界名人大辞典》、《世界知名者之首》、《国际传记协会辞典》、《国际荣誉勋章名录》、《国际500名有重大影响人物传》、《国际卓越领导人名录》、《世界5000名人传》、《中国当代知名学者辞典》、《当代世界名人传（中国卷）》、《中外经济学名人大辞典》、《当代中国社会科学学者大辞典》、《中国人物年鉴》（1993）、《当代中国专家学者传略选》、《中国当代社会科学人物》、《中国当代教育名人传略》、《中国当代经济科学学者辞典》、《一百名经济学家传》、《璀璨中华之星》、《伟大的中国》、《伟大的中华》、《强国丰碑》、《中流砥柱》、《一代名家》、《世纪·中国名家》、《科教兴国》、《继往开来》、《锦绣中华》、《中华骄子》、《共和国骄子》《东方之子》《诺贝尔百年百人》、《民族之光》等60多种辞典、传记与杂志收录，还被《中华儿女》（闽南人物）、《决策与信息·财经观察》、《福建税务》《厦门社会科学》、《厦门特区税务》等杂志选作"封面人物"。

邓子基教授曾多次作为杰出专家、学者代表受到党和国家领导人的接见。1984年，邓小平同志视察厦门，接见了厦大领导和包括邓子基在内的教授；1984年，邓颖超同志视察厦门，邓子基教授作为教授代表之一受到邓大姐的亲切接见；1990年，宋平同志来到厦门大学视察，邓子基教授同厦大领导、教授一道，也受到接见；同年11月，受到曾任中共中央政治局委员、空军司令张廷发同志接见；1991年，江泽民同志莅临厦门大学视察，邓子基教授同校内领导、师生代表一起受到接见，聆听了重要讲话；1992年、1993年李铁映同志、王丙乾同志视察厦门时，邓子基教授参加接见；2002年受到时任中共中央政治局常委、国务院常务副总理李岚清同志接见；1997、2002年分别受到曾任财政部部长的刘仲藜同志、项怀诚同志接见；2003年受到时任教育部部长周济同志接见；2004年受到时任财政部部长金人庆同志接见，同年先后受到陈明义同志、宋德福同志、贺国强同志、习近平同志接见，还受到中共中央政治局常委李长春同志接见；2007年李长春到厦门大学视察时专门接见了邓子基教授；2010年8月中国财政学年会在北京召开王丙乾在会上再次接见了邓子基教授。

邓子基教授曾荣获国际、国家和福建省奖励与称号50多项。1991年，国务院授予他"有特殊贡献"的"政府特殊津贴"；1986年、1990年两度获得福建省"五一劳动奖章"，并于1990年获得福建省"有特殊贡献专家"称号；1986年被评为厦门市"劳动模范"；1990年被评为厦门市"先进工作者"；1985年获厦门大学最高荣誉奖——"南强奖"，等等。国际有关组织也予以高度评价。1991年，英国剑桥国际传记中心授予他"世界500名人勋章"、"国际荣誉勋章"和"国际传记中心副总裁勋章"；1991年，美国传记协会授予"国际500名有重大影响人物勋章"和"终身杰出成就金人奖"，等等。

邓子基教授的论著观点鲜明，从实际出发、立足中国国情，逻辑推理严密，文字通俗易懂，获得广大学者的好评，并获得了多项国家级、省部级奖励。诸如：主编教材《社会主义财政学》1987年荣获"国家级优秀教材一等奖"，1988年荣获"财政部优秀教材一等奖"；1987年，专著《社会主义财政理论若干问题》荣获福建省人民政府"六五"规划优秀专著一等奖；译著《美国财政理论与实践》荣获福建省人民政府十年来社会科学优秀成果三等奖；专著《财政收支矛盾与平衡转化问题》荣获中国财政学会十年来财政理论研究优秀成果一等奖；1990年，论文《深化税制改革的理论分析与政策选择》荣获国家税务总局、中国税务学会优秀成果一等奖，与唐腾翔合著的《国际税收导论》荣获国家税务总局、中国税务学会优秀成果一等奖；1992年，专著《〈资本论〉与社会主义财政理论》荣获"光明杯"全国优秀哲学社会科学成果经济学三等奖；1993年，与邓力平合著的《美国加拿大税制改革比较研究》荣获国家税务总局、中国税务学会优秀成果一等奖，论文《税式支出理论与实践》荣获国家税务总局、中国税务学会优秀成果一等奖；1993年，专著性教材《财政学原理》荣获国家教委优秀教材二等奖，与张馨、王开国合著的《公债经济学——公债历史、现状与理论分析》荣获中国财政学会第二届全国优秀成果一等奖，专著《马克思恩格斯财政思想研究》荣获国家教委首届人文社会科学优秀著作经济学二等奖；1995年，专著《财政理论研究》（上、下册）荣获福建省人民政府"八五"优秀成果一等奖；与张馨主编的教材《现代西方财政学》荣获国家教委优秀教材一等奖，与孙开、刘磊、林文高合著的《税利分流研究》荣获中国出版界最高荣誉奖——第九届"中国图书奖"、国家教委出版系统优秀著作奖和华东地区出版社优秀专著一等奖；2001年，论文《"国家分配论"与构建公共财政的基本框架》获福建省人民政府第四届优秀成果一等奖；2003年，专著《财政理论与财政实践》获福建省人民政府第五届优秀成果一等奖；2004年，论文《国家分配论就是国家财政论》获中国财政学会荣誉奖；2005年，论文《以科学发展观促进向中性财政政策的转向》获福建省人民政府第六届优秀成果一等奖、国家教育部全国高等学校优秀成果经济学三等奖，论文《对国家财政"一体两翼"基本框架的再认识》获厦门市人民政府优秀成果一等奖、福建省人民政府优秀成果三等奖，《财政之道就是发展之道》获厦门市财政局特别奖。

65周年画册　桃李芬芳

唐文倩

　　杏坛耕耘逾甲子，桃李芬芳春满园。方寸讲坛尽显育人风范，邓子基资深教授从教65周年来，在三尺讲台上教书育人，立德树人，爱生如子。邓子基教授严谨认真、一丝不苟的学风，诲人不倦、循循善诱的师风，不怕挫折、直面困难的气势，与时俱进、不懈探求的勇气，坚持真理、无所畏惧的骨气，对党忠诚、忧国忧民的真情，深刻地影响和教育着莘莘学子。如今，邓子基教授已为国家培育了数以万计的人才，遍布祖国甚至世界各地。其中已招26届，共107位博士（含博士后4位），300多位硕士（含研究生班），还有数以万计的本科毕业生以及中央电视大学毕业生，他（她）们现在已成为中央部门和地方各级的领导、学术带头人、专家教授、知名企业家等。他（她）们都在各行各业尽心敬业地付出，成为建设中国特色社会主义国家的中坚力量。

　　65年来，邓子基教授教给学生两把"金钥匙"，一把是治学、为学，另一把是做人、为人。他的学生掌握了这两把宝贵的钥匙后，在经济与管理部门从政为官的，能谋大事、善解难事、敢办新事、真做实事，将国家赋予的公职作为为人民服务的平台，他们中有：董大胜（审计署副审计长）、方上浦（国家外汇管理局副局长）、潘心城（福建省原副省长，福建省政协原副主席、党组副书记）、朱亚衍（中共福建省委原常委、秘书长，福建省人大常委会原副主任）、何立峰（中共天津市委副书记）、陈烨（中共福建省委常委、副省长、省教育工委书记）、陈荣凯（福建省副省长）、黄尧（国务院参事，教育部职业教育与成人教育司原司长）、张通（湖北省人民政府副省长）、李保民（国务院国资委研究中心党委书记、副主任）、刘昆（广东省副省长）、马潞生（福建省人大常委会副主任，秘书长）、庄友松（福建省财政厅原厅长，现任福建中福实业有限公司董事）、张金水（福建省国税局原局长）、李国瑛（福建省地方税务局原局长）、张学清（福建省人大常委，福建省地税局原局长）、徐谦（福建省人大常委党组书记，副主任）、陈荣凯（中共福建省宁德市委书记）、李锋（中共汕头市委书记）、徐模（厦门市政协副主席，曾任厦门市委原常委、秘书长）、叶重耕（中共厦门市委常委、宣传部部长）、吴云飞（上海世博局巡视员）、王陆进（国家税务总局办公厅副主任）、王选文（国务院国资委办公厅副主任）、靳东升（国家税务总局科研所代所长、研究员）、欧阳昌琼（中国证监会机构监管部代主任）、王道树（国家税务总局计统司副司长）、周真平（福建省泉州市副市长）、颜伟劲（泉州市人大常委会副主任）、苏振旺（龙岩市政协副主席）、陈良椿（三明市人大常委会副主任、原副市长)、沈丹阳(商务部发言人、办公厅副主任)、潘贤掌(中共山西省长治市常委、副市长)、毛祖逊(江西省财政厅党组成员、副厅长)、黄然(中共铜陵市委常委、市人民政府副市长)、张建辉(黑龙江省人民政府副秘书长)、陈小平(福建省财政厅党组书记、厅长)、连开光(福建省国家税务局党组成员、常务副局长)、叶木凯(福建省工商行政管理局局长)、黄强(厦门市副市长、市财政局局长)、李华泽(厦门市国家税务局局长,党组书记)、吴振坤(厦门市地方税务局局长、党组书记)、杨红(福建省地方税务局党组成员、总会计师)、郑江平(四川省国税局副局长)、张利霞(国家税务总局计统司调研员、中央国家机关团工委宣传部原部长)、张贻奏(江西省国家税务局党组书记、局长)、江曙霞(厦门市政协副主席,教授、博导)、林杰(厦门市国资委主任)、陈金标(厦门市统计局局长)、李文东(厦门市海沧台商投资区管委会副主任)、陈马宝(厦门市银监局副局长)、刘友亮(深圳市财政委员会党组成员、机关党委书记)等。

　　邓子基教授用真情传播智慧的火种,以严谨的治学态度和渊博的知识,传道、授业、解惑。邓子基教授的众多学子传承、正己,开启了属于自己的从教之门。他们中有:朱之文(中共复旦大学党委书记)、朱崇实(厦门大学校长、教授、博导)、庄宗明(厦门大学经济学院经济系主任、教授、博导)、樊丽明(山东大学副校长、教授、博导)、吴水澎(著名会计学家、厦门大学原副校长、教授、博导)、张春霞(福建农林大学党委原常委、副校长、教授、博导)、张馨(厦门大学经济学院原院长、教授、博导)、杨斌(闽江学院院长、厦门大学财政系教授、博导)、张亦春(金融学家,厦门大学经济学院原院长、教授、博导)、胡培兆(经济学家、厦门大学经济学院原院长、《中国经济问题》原主编、教授、博导)、许经勇(厦门大学经济系原主任、厦门大学出版社原总编)、孙健夫(河北大学管理学院院长、教授、博导)、孙开(东北财经大学财税学院副院长、教授、博导)、何孝星(厦门大学金融系教授、博导)、林宝清(厦门大学金融系教授、博导)、郑振龙(厦门大学研究生院副院长、厦门大学证券研究中心常务副主任、教授、博导)、陈浪南(中山大学岭南经济学院所长、教授、博导)、雷根强(厦门大学经济学院党委书记、教授、博导)、赖小琼(厦门大学经济学院经济系教授、博士生导师、王亚南经济研究院副院长)、陈工(厦门大学研究生院副院长、财政系教授、博导)、童锦治(厦门大学财政系系主任、教授、博导)、张铭洪(厦门大学工会副主席、财政系教授、博导)、王艺明(厦门大学财政系副主任、教授)、纪益成(厦门大学财政系教授、博导)、朱孟楠(厦门大学经济学院副院长、金融系教授、博导)、郑鸣(厦门大学金融系教授、博导)、邱崇明(厦门大学金融系教授、博导)、郑荣鸣(厦门大学金融系教授)等。

　　"教书、育人、出人才、出成果"是邓子基教授培育学生总结出的十字"诀"。"要做对社会发展有用的人"一直是邓子基教授对学生的不变要求。在社会主义市场经济飞速发展的今天,邓子基教授的许多学生已成为商界领袖和精英,他们中有:李礼辉(中国银行总行副董事长、行长）、王永利（中国银行总行副行长）、夏智华（中国人寿保险股份有限公司监事会主席）、王开国（海通证券公司董事长兼党组书记）、万建华（上海国际集团总裁、副董事长）、周立群（中国人保集团公司副董事长、副总裁）、詹向阳（中国工商银行总行财务总监、城市金融研究所所长）、林云霞（中国农业银行房地产信贷部原总经理）、李仁杰（兴业银行总行行长）、朱晓平（中国工商银行（澳门）股份有限公司董事长）、陈轼（中国建设银行福建分行行长）、黄金琳（华福证券股份有限公司副总裁、总会计师）、葛南翔（厦门国际银行总行副行长）、巫克飞（广东省商业银行总行副行长）、陈越（交通银行厦门分行原行长、现任驻台北办事处负责人）、孙洲（中信银行厦门分行行长）、许一鸣（中国建设银行股份有限公司子公司亚洲有限公司董事）、王家春（中国人保资产管理公司首席经济学家）、关绮鸿（中国电力投资集团资本市场及股权管理部总经理）、赖伟文（中国财政经济出版社副总编辑）、赖观荣（北京嘉禾人保有限公司副董事长、副总裁）、黄金琳（华福证券公司副董事长、总经理）、郑元明（南京广夏房地产公司副董事长）、杨新民（上海太平资产管理有限公司董事、总经理）、王强（滕王阁地产执行董事、国际社区总经理）、王晓滨（高能资本有限公司董事长）、许晓曦（厦门金园集团股份有限公司副董事长、总裁、党委书记）、石建兴（北京生物技术公司董事长）、卢琳兵（厦门火炬高技术产业开发区管委会副主任）、吴世群（厦门银行董事长）、黄友仁（厦门市商业银行监事长）、生柳荣（中国建设银行厦门市分行副行长）等。

严谨治学 勇攀高峰 教书育人 师道楷模

——写在邓子基教授从教60周年之际

张 馨

代 序

邓老是中国财政学的奠基人和开拓者之一，从教60年来，他坚持马列主义、毛泽东思想、邓小平理论与"三个代表"重要思想，潜心研究，立足国情、借鉴西学，锐意创新，勇攀高峰。在财政、税收和国有资产管理等研究领域，他填补了不少空白，论著丰硕，自成体系。他已公开出版专著、译著、教材（含合作）69部，发表论文390篇，累计2000多万字。在从教60周年之际，邓老精选他历年来所发表的200多篇学术论文，分四卷结集出版，这是一件值得中国财政学界祝贺的盛事。作为邓老的学生，笔者不揣鄙陋，对邓老的治学、办学、教学工作等再作一次回顾，略述管见如下。

严谨治学 勇攀高峰

勤奋开拓使邓老在理论上建树卓著。1952年，邓老从厦门大学资本论研究生班毕业后，就运用马克思主义的观点和方法，研究财政的本质、职能等一系列问题。1962年，他在《厦门大学学报》等刊物上发表了《略论财政本质》等学术论文，较早全面系统论证和倡导"国家分配论"，提出了"财政本质是以国家为主体的分配关系"的著名学术观点。半个多世纪来，他始终倡导、坚持与发展"国家分配论"，为确立"国家分配论"的主流学派地位做出重大贡献，并成为中国财政学界主流派的主要代表之一。20世纪70年代后期，他便主持编写、负责总纂《社会主义财政学》，1984年又出版了《社会主义财政理论若干问题》，对社会主义财政理论的主要问题作了系统阐述。《比较财政学》（1987）、《美国加拿大税制改革比较研究》（1989，与邓力平合作）、《西欧国家税制改革比较研究》（1993，与巫克飞合作）、《财政支出经济学》（1993，与王开国、张馨合作）等书均填补了我国在这方面研究的空白。《国际税收导论》（1988，与唐腾翔合作）一书是我国较早的国际税收研究论著，《财政学原理》（1989，1997）对于完善财政学的结构体系具有重要的指导意义，《公债经济学》（1990，与张馨、王开国合作）是国内较早全面系统研究公债问题的学术专著。而《财政金融政策与宏观调控》（1990）和《财政与宏观调控》（1993）两书，对于我国适应市场经济的要求制定科学的财政政策无疑起到积极的推动作用。此外，《财政与信贷》（1981，1985，1986，1996）、《财政收支矛盾与平衡转化问题》（1987，与徐日清合作）、《美国财政理论与实践》（1987，与邓力平合译）、《资本论与社会主义财政理论》（1988，与杨炳昆合作）、《马克思恩格斯财政思想研究》（1990）、《财政学理论研究》（1992，上下册）、《经济特区财政若干问题研究》（1993）、《现代西方财政学》（1994）、《税收分流研究》（1994）、《财政理论与财政改革》（1995）、《经济特区引进外资的税收优惠政策》（1995）、《涉外税收管理》（1996）、《财政理论与财政实践》（2002）等等，在理论上亦承前启后，对社会主义财政的范畴、职能、作用、属性等财政理论问题作了深入探讨。

特别难能可贵的是，邓老始终保持一颗与时俱进的心，没有囿于旧说、故步自封，而是密切地联系我国改革开放与现代化建设的实践，不断创新，勇攀高峰，这是需要学识和勇气的。邓老认为，我国的财政改革正面临着建立稳固、平衡、强大的国家财政和构建公共财政基本框架的艰巨任务。为此，他提出要中为体、洋为用，学习、借鉴西方"公共财政论"中的有益成分与公共财政模式，求同存异，扬长避短，有机整合，加以丰富和发展。他认为，在社会主义市场经济条件下，应树立正确的财政观，明确国家财政与公共财政的概念。为了阐述"国家分配论"与"公共财政论"之间的关系，他提出了"坚持＋借鉴＝整合＋发展"的新"国家分配论"（即"国家财政论"）。在他看来，"国家分配论"者应积极吸收和借鉴公共财政论的理论观点与运行机制：第一，在社会主义市场经济条件下，资源配置应当以市场配置为基础，以政府（财政）配置方式为补充，使"看不见的手"与"看得见的手"相互配合，深化部门预算、国库集中收付、政府采购和收支两条线的四项财政管理制度改革，从而实现社会经济的有序、有效运行。第二，社会主义市场经济条件下的公共财政是法治化的财政。国家预算应当依据有关法律，通过一定政治程序进行，国家预算的绝大部分内容向社会公众公开，社会公众有权监督国家预算的实际执行情况。第三，在研究方法方面，公共财政论沿袭了西方经济理论的传统研究方法，即：透过经济现象提出经济思想，把经济思想具体化为系统的经济理论，再通过建立适当的经济模型对经济理论做进一步深化，然后将经济理论用于指导经济政策和实践。从这里，我们不难窥见他的理论演进路径，以及他善于吸纳百家之长、取长补短的"熔炉"之功。

邓老最具特色的理论贡献，应首推"一个主体，五个两重"理论。他认为，社会主义国家财政的本质内含着"一个主体，五个两重"（以下简称"一体五重"）的关系，即一个主体（国家或政府）、两种身份（政权行使者、国有资产（资本）所有者）、两种权力（政权、财权）、两种职能（社会管理、经济（含国有资产）管理）、两种分配形式（税收、国有资产（资本）收益——两种分配关系（税收征纳、利润上缴）。这种"一体五重"的关系形成了社会主义国家财政特有的公共财政和国有资产（资本）财政的"双重（双元）结构模式"；对应于财政管理部门来说，则形成国家财政部门和国家税务部门与国有资产管理部门的"一体两翼"格局（其中，财政是"母体"，税务与国资是与母体不可分割的"两翼"）。在"一体五重"的关系中，社会主义公有制为主体与各种经济成分共存的基本经济制度，是"一体两翼"的经济基础；而社会主义国家的两种身份与两种职能，则是"一体两翼"的理论基础。可以说，邓老在理论上自成体系，前尾连贯，逻辑严密，其代表性观点可圈可点者很多，如提出并论证"财政收支矛盾与平衡转化规律"，"积极动态的财政平衡观"，征税依据的政治条件与经济条件和以流转税与所得税双主体（并重）的复税制模式，"效率优先，注重公平"的税收原则，"公共财政与国有资本财政的双重结构模式"和国有资产（资本）管理的原则与方法，"财政与银行分工协作论"等理论观点和政策主张。最近，他比较分析了新一轮税制改革的条件和时机选择的不同观点，提出"渐改论"，反对"速改论"，同时提出了新一轮税改的三大原则，即：立足国情，渐进接轨；效率优先，注重公平；适度集权，适度分权。他还力倡体制和谐、政策和谐、运行和谐的"和谐财政"政策观。为建立新的国家财政理论体系（包括社会主义公共财政与国有资产财政），建立稳固、平衡、强大的国家财政与构建公共财政基本框架，以及公共财政与经济集约增长、建设社会主义新农村等方面，邓老力求在科学发展观的指导下，刻苦研究，为我国的改革开放和现代化建设贡献自己的一份力量。

在60年的治学道路上，邓老一直坚持理论联系实际，注重调查研究，其理论观点和政策主张在不同程度上促进了财政基础理论和应用理论的研究，并受到政府部门的重视和采纳，成为制定政策的重要依据之一。

学科建设　引领潮流

作为全国重点财政学科的总学术带头人，邓老在潜心学术研究的同时，十分重视学科建设。早在1962年他就提出"财政学首先应该是一门以研究财政规律（包括原理原则）为主要内容的原理科学"，"应注意财政学与从其分化发展出去的专门学科如国家预算、企业财务、财政史等学科的联系和分工关系"。

1972年秋，邓老担任了复办厦门大学财金专业的负责人，在他的积极倡议和努力下，又将原经济系的一个财金专业升格为财政金融系。他认为，高等院校的教学必须与科研相结合，教学上的出人才必须建立在科研出成果的基础上，而培养人才首先要建立一套高水平的教材。改革开放后以来，邓老在财政学科建设方面做了大量的工作，先后主编出版了多部教材。近几年来，邓老与时俱进，先后主编出版了《财政学》（2000，与邱华炳合作，高等教育出版社；2001，中国人民大学出版社；2005，与林致远合作，清华大学出版社；2005，高等教育出版社）。

邓老坚持多种形式、多渠道、多层次办学，为国家培养各种类型的人才。如：

1982年，受财政部委托，最早创办"全国财政学教师研究班"，招收全国部分高中等财经学校讲师、副教授、教务处长、校长60多人。邓老为他们讲授社会主义财政理论，培养了财政学教学科研骨干。

1984—1986年，受国家教委委托，举办第一个财政金融专业大学教师助教班，从全国招收40多位助教，系统学习财政学等课程，为全国开办助教班提供了经验。

1984—1986年，受国家教委委托，举办第一个财政金融研究生班，公开招考了17位研究生，为全国开办研究生班提供了经验。

1984—1989，受国家教委和世界银行委托，举办了四期"国际税收与国际会计师资进修班"，为全国高校与国家税务总局培养了国家税收与国会会计的骨干。邓老是进修班领导小组组长并承担教学任务。

1992—1995年，培养了我国第一位应用型异地代培的财政学博士，为全国公开招考异地代培应用型博士生提供了经验。

1992—1994年，招收了第一批财政学专业应用型异地代培硕士生。

以上各层次的学员，日后大部分成为教学科研骨干和各级部门的领导。

为了财金系的壮大发展，从科研项目的申请到系列教材的编辑出版，从新学科的创立到师资队伍的培养，邓老倾注了大量的心血，付出了艰辛的劳动。经过邓老多年的辛勤培育，财金系形成一支梯队完备、力量雄厚的师资队伍。正是凭着这些优势，1987年厦门大学财政学专业（与金融学联合申请）被国家教委评为全国唯一的"国家级重点学科"，2002年，财政学再次被评为"国家级重点学科"。在邓老的领导下，原财政理论与政策研究室升格为厦门大学财政科学研究所，这对国家重点财政学科点的建设起到了积极的作用。已故的厦门大学经济学院院长、国务院学位委员会经济学科评议组成员、博士生导师邱华炳教授经常说："财金系的今天是邓老几十年心血的结晶，没有邓老就没有现在的财金系。"

教书育人　桃李满园

邓老认为，要成为一名优秀的教育工作者，不仅需要广博的理论知识，还要有高尚的道德情操。首先，应该做到爱岗敬业，以科教兴国为己任，把教育作为一项崇高的事业来追求；其次，要有好的师风、坚定的信念与品质，做到言教身教相结合，教书先育人，育人先正己，身教重于言教，潜移默化地影响学生；最后，要关爱学生，把学生当子女，全面关心他们的学习、成长与进步。从这里，我们不难看出，邓老的教书育人与其治学、办学的思想是一脉相承、一以贯之的。

邓老言行如一，身体力行，在人才培育上倾注了大量心血。他每学年担任2~3门课的教学并指导硕士、博士毕业论文，虽年逾八旬，仍坚守在教学第一线。他一向以培养高质量、高层次的人才为目标，重视学风教育，严格要求。从教60周年来，邓老辛勤耕耘，已为国家培养了一大批的高级财经人才。他招收了23届博士生100人（已毕业20届88人）。此外，他还培养了300多硕士研究生，至于研究生班研究生、进修教师以及本科、中央电大学生，更是数以万计。

不管为哪个层次的学生上课，邓老总是认真备课，孜孜不倦，一丝不苟，不断更新教学内容，注意跟踪本学科国内外的最新发展动态及主要学术观点。而他的学生都不会忘记他在上第一堂课时提出的"二十四字真言"："人各有志，人贵有志，开拓刻苦，严谨求是，扬长补短，勇攀高峰"。在治学和指导研究生的过程中，邓老反复强调三句话，即：（1）对待马克思主义，先坚持，后发展，重在"发展论"，既反对"僵化论"，又反对"过时论"；（2）对待西方论述，主张学习、分析、批判、吸收，重在"消化论"，既反对"排斥论"，又反对"照搬论"；（3）对待方法论，要求坚持辩证唯物主义和历史唯物主义，解放思想，实事求是，一分为二，对立统一，从中国国情出发，从现象到本质，与时俱进、不断创新，在继承中发展。在多年的教学实践中，邓老不断探索，不断总结，终于创立了一套颇具特色的教学法，即"四个结合"：（1）打基础与攀高峰相结合；（2）理论与实践相结合；（3）教学与科研相结合；（4）师生结合，既把博士生当作学生，又把他们当作学术梯队成员，优势互补，教学相长，使博士生边学习边研究，在学术上迅速成长。

邓老渊博的学识、严谨的治学态度和行之有效的教学方法，对他的学生产生了深远的影响，让他们受用一生。他所培养的学生，知识面广，理论功底扎实，勤奋刻苦，勇于进取。他们中，许多已成为国家和地方省部级领导以及财经领域中的教学、科研和业务部门的骨干，如：董大胜（审计署副审计长）、潘心城（福建省原副省长，现为省政协副主席）、朱亚衍（中共福建省委原党委、秘书长，现为省人大常委会副主任）、何立峰（福建省委常委、厦门市委书记）、李礼辉（中国银行总行行长）、王永利（中国银行总行副行长）、黄尧（教育部职教司司长）、李保民（国务院国资委研究中心党委书记）、李仁杰（兴业银行总行行长）、朱崇实（厦门大学校长，教授、博导）、张馨（厦门大学经济学院院长，教授、博导）、杨斌（闽江学院院长，教授、博导）、邓力平（厦门大学原副校长，现任厦门国家会计学院院长，教授、博导）、詹向阳（中国工商银行总行城市金融研究所所长，研究员）、林云霞（中国农业银行总行人力资源部总经理）、朱晓平（中国工商银行福建省分行行长）、陈轼（中国建设银行福建省分行行长）、樊丽明（山东大学副校长，教授、博导）、许经勇（厦门大学教授、博导，国家有突出贡献专家）、张通（财政部国库司原司长，现任财政部办公厅主任）、刘昆（广东省财政厅厅长）、马潞生（福建省财政厅厅长）、张金水（福建省国税局局长）、李国瑛（福建省地税局局长）、陈荣凯（福建省物价局原局长，现任福建省宁德市市长）、李峰（中共深圳市委常委、政法委书记、公安局局长）、王开国（海通证券公司党组书记、董事长）、万建华（中国银联公司行政总裁）、周立群（香港中国光大证券控股公司执行董事、行政总裁），等等。

对邓老的教诲和倾心培养，学生们满怀感激之情。在邓老那里，他们不仅得到学业上的指导，还经常得到他父辈般的关爱。毕业分配找工作、找住房，甚至恋爱结婚……他都放在心上。

由于邓老在治学、育才上业绩显著，贡献突出，他荣获国际、国家、省级奖励和荣誉称号40多项。如"世界500名人勋章"、"国际荣誉勋章"（英）、"终身杰出成就金人奖"（美）、"国务院政府特殊津贴"、"福建省突出贡献专家"、"福建省五一劳动奖章"（两次）、"国家级优秀教材一等奖"、"全国哲学人文科学优秀著作奖"等40多项。邓老先后到法国、英国、美国、加拿大、日本、新加坡等10多个国家讲学、访问或出席国际学术会议，在海内外享有很高的声誉。他的名字列入50多种辞典、传记之中。

在这些荣誉面前，邓老不敢懈怠，自称是"一名从事财政教学科研工作的老兵"，虽年过八旬，寿眉雪白，仍坚守在教学科研第一线，以孜孜以求之心，辛勤耕耘。无论是治学还是为人，他都堪称学界楷模，一代师表。

（此文为邓子基从教60周年画册代序，作者为厦门大学经济学院院长，教授、博士生导师）

人民财政与人民税收：文献综述与研究启示

——纪念敬爱的邓子基资深教授百年诞辰

邓永勤　王汉生

"人民性"是共和国财政税收的本质属性，具有坚实的理论和实践基础。在习近平新时代中国特色社会主义思想指导下，坚持"以人民为中心""人民至上"在新时代财税工作中得到广泛遵循，就是这一本质属性的体现。我国财政税收的"人民性"在老一辈财政学者的著述中多有体现，只是在不同历史阶段表述和关注重点有所不同。2019年以来，我国财税学者结合财税实践从不同视角探讨财政税收"人民性"的时代特征，作出了一些新的表述。这些表述与老一辈财政学者关于财政税收"人民性"的阐述既一脉相承又与时俱进，体现了我国财税理论在传承中的创新发展。

一、"人民性"是共和国财政税收的本质属性

马克思主义政党宗旨决定了"人民性"是共和国财政税收的本质属性，老一辈财政学者对我国财政税收的"人民性"有广泛共识。

人民性是马克思主义政党的本质属性。我党始终把人民摆在最重要位置，把民心作为最大的政治。"为人民服务"是我党根本宗旨，是写入《党章》和《宪法》的全体党员、一切国家机关及其工作人员的行为准则。党的历代领导人都坚持并不断发展"为人民服务"思想，以"人民拥护不拥护""人民赞成不赞成""人民高兴不高兴""人民答应不答应"来检验"为人民服务"的效果。习近平总书记指出，我们任何时候都必须把人民利益放在第一位，把实现好、维护好、发展好最广大人民的根本利益作为一切工作的出发点和落脚点。党的二十大报告坚持以人民为中心发展思想，要求不断实现发展为了人民、发展依靠人民、发展成果由人民共享，让现代化建设成果更多更公平惠及全体人民，实现共同富裕，彰显了我党对人民利益至上的诠释与坚守。我党对人民性的始终坚持，在长期财税实践中形成了"为人民服务"的核心价值追求和相应的法律制度、政策措施，是我国社会主义建设和改革开放事业取得伟大成就的一个关键原因。

老一辈财政学者自20世纪50年代以来就突破苏联财政理论束缚，揭示了财政与国家、社会主义财政与社会主义国家的本质联系。例如许廷星（1957）指出，财政分配关系决

定于经济分配关系，"财政学不单纯是研究一些财政收支实务，而是在于研究财政分配关系以及如何利用财政分配关系来组织国民收入的分配与再分配，更有效地从社会主义经济内部增加积累，扩大社会主义的再生产，增加国民经济财富，最大限度满足人民物质和文化生活的需要"。党的八大党章明确宣示："党的一切工作的根本目的，是最大限度地满足人民的物质生活和文化生活的需要。"在这一背景下，对财政"满足人民物质和文化的需要"的阐述，体现了财政与国家的本质联系和社会主义国家财政人民性这一本质属性。王传纶（1958）提问财政现象"是和国家有本质联系呢，还是和商品交换有本质联系？究竟财政现象是随着国家的产生发展而产生发展呢，还是随着商品交换？"回答是"财政的特殊的本质只能归结为国家对社会产品的分配"，并进一步阐明社会主义国家财政分配的目的、范围、方式等与其他类型国家有显著差异，地位也更加重要。邓子基（1962）明确提出财政的本质是"人类社会不同社会形态国家为实现其职能并以其为主体无偿地参与一部分社会产品或国民收入的分配所形成的一种分配关系"，对"以国家为主体的分配关系"这一核心概念作出了全面系统的阐述。充分理解财政以国家为主体和无偿性原则这两个不可等同亦不可分割的重要特征有助于揭示财政本质。"生产资料公有制决定了社会主义财政不再有剥削内容与对抗性矛盾，而具有反映人民根本利益这一新的特殊本质"，认识这一本质特征有助于阐明我国社会主义财政分配关系所反映的人民根本利益的一致性，从而为正确处理各方面关系、调动一切积极性、高速度发展我国国民经济提供了理论支持。这一对社会主义财政"人民性"的表述符合马克思主义基本原理。陈共（1965）主张财政是关于分配的科学：一方面财政是集中性的分配，是以国家为主体的分配关系；另一方面财政的分配对象只能是生产成果，即当年的社会产品。"社会主义财政能够通过改变各阶级对生产成果的占有比例，通过资金的集中和分配，促进生产资料社会主义公有制的巩固和发展"，认为"财政工作是在发展生产的基础上，达到保障供给的目的，其中包括保证生产资金的供应"。

改革开放以后，人民性这一共和国财政税收的本质属性进一步得到老一辈财政学者的广泛认同。厦门大学、河北大学、辽宁财经学院、湖北财经学院、天津财经学院、山西财经学院参加编写、1980年出版的高等财经院校财政专业基础理论课教材《社会主义财政学》，对社会主义财政的人民性进行了阐述。"社会主义财政分配的目的和收支活动所反映的分配关系，不具有剥削内容与对抗性矛盾，而是取之于民、用之于民的，与人民根本利益一致的社会主义分配关系"，取之于民、用之于民是社会主义财政和税收的一个基本特征。1987年《社会主义财政学》第二次修订，邓子基在修改第一章《社会主义财政的本质、职能与作用》时用醒目标题明确提出"社会主义财政是人民财政"的观点，"社会主义公有制决定了国家和人民的根本利益是一致的，这就决定了社会主义财政与人民根本利益的一致性，决定了社会主义财政必然是取之于民、用之于民的为人民服务的财政"。社会主义财政的人民性归根到底体现在"通过发展国民经济来满足人民不断增长的物质文化生活的需要",这也是发挥财政职能作用、推动经济社会发展的有利因素和"我国财政得到人民支持的根本保证"。同时对资本主义财政不是为人民服务的财政、不具有人民性进行了论证。许毅(1984)梳理了新中国成立35周年以来围绕社会主义财政本质与研究对象所提出的"国家分配论"等众多理论流派,回顾了1964年第一次全国财政理论研讨会上"多数同志倾向于'国家分配论'的观点,认为社会主义财政本质是国家为实现其职能的需要而参与社会产品和国民收入的分配所形成的分配关系"。改革开放以来,不但"国家分配论"进一步发展,提出了财政"是国家作用于它的经济基础的重要杠杆",还有学者提出"再生产前提论"等一些新观点,指出"在社会主义公有制条件下,财政成为社会再生产过程内在不可缺少的环节",拓展了对财政本质的讨论。理论研究目的是认识和掌握经济规律,更好发挥财政在社会主义建设中的作用,服务满足人民日益增长的物质文化需要,这就是财政人民性的体现。

老一辈财政学者以马克思主义基本原理为指导,践行人民史观,立足国情进行开创性的研究,阐述了"国家分配论"等中国财政学独创理论,奠定了人民性是共和国财政税收本质属性的理论基础。老一辈财政学者在实践中不断检验、丰富和发展我国的财政理论,形成了不同的理论流派,尽管有些理论之间存在不同观点,有的还争议颇大,但共同书写的是对国家和人民一生不易的挚爱与忠诚,作出了中国经济学的原创性贡献。今年是邓子基资深教授诞辰100周年,我们对邓子基等老一辈财政学者最好的纪念,就是在实践中探索创新,把他们"教书、育人,出人才、出成果"的师德风范,求真务实、突破自我的学术追求,坚守初心、忠于人民的奉献情怀薪火相传,书写不负时代的答卷。

二、"人民财政"具有鲜明的时代特征

财政学者在新时代背景下提出并研究"人民财政",与老一辈财政学者对我国财政"人民性"的阐述一脉相承。探讨"人民财政"在新时代的新内涵、新特征和具体表现形式,既是中国特色社会主义实践的必然产物,也是深化财政改革、服务中国式现代化的理论和现实需要。

邓力平(2019a)在新时代最早提出"人民财政"概念,强调这一共和国财政本质具有内在确定性,在新时代依然一以贯之并与时俱进体现出新的更高要求。对应国家性质、运行机制、发展阶段、发展动力、涉外程度五个要素,中国特色社会主义财政是国家性、公共性、发展性、改革性、统筹性五个特性的有机统一。人民财政不仅必然体现在国家性框架内,还理应拓展到其他方面,在制度性安排、资源配置方式变革、阶段性社会主要矛盾变化、现代财政制度改革、国际性贡献等各个方面都呈现鲜明的时代特征。主要

体现有：国家性质决定财政本质属性，财政始终在党的领导和人民监督下运行；发挥市场配置资源的决定性作用推动改革促发展，更好发挥政府作用让人民群众共享改革发展成果；依据社会主要矛盾变化调整政策重点，持续发挥财政促发展、促公平的作用，共同富裕成为新时代财政政策的重要着力点；不断发展财政理论和推进财政体制改革为财政增进人民福祉提供保障；人民财政在与资本财政共存、合作与竞争中展示生命力和优越性。2019年11月23至24日，经济研究杂志社和中国人民大学财政金融学院共同主办、中国人民大学《经济理论与经济管理》编辑部和财税研究所协办第五届中国财政学论坛在中国人民大学召开，有40多家高校和科研院所200多位学者参会交流。邓力平以"人民财政观"为题作主题演讲，阐述了上述观点，提出要在中国特色社会主义制度框架和国家治理体系内认识共和国财政本质属性，研究时代内涵，为实现"为人民谋幸福、为民族谋复兴、为世界谋大同"目标做出更多中国财政贡献。"人民财政观"这一提法在全国性财政学论坛首次提出，主要观点写入了论坛综述。

不少学者在新的历史条件下研究和阐述人民财政，不断丰富和深化了对人民财政时代特征的认识。2019年10月25日—27日，孙世强在郑州召开的中国财政学会财政史研究专业委员会第十一次年会上，提出财政应最大限度满足社会公共需求，体现社会主义制度"人民性"本质，体现"国家治理的基础和重要支柱"功能。刘修文（2019）从财政监督角度阐述了人民财政的时代特征。财政预算公开透明，是现代财政制度人民性、民主性的重要方面，体现了人民主体地位和真正参与财政监督。甄德云和曹富国（2020）研究了"人民财政"框架下我国应对重大突发公共事件应急采购的成功实践，探讨了应急采购从程序正义到结果正义的转型路径。回归"人民采购为人民"初心体现了"人民财政"本质特征，要以敬畏人民健康权和生命权为最高原则，重构中国特色应急采购制度。吕冰洋和李钊（2020）在评估新冠肺炎疫情下我国财政可持续发展能力时，提出财政作用范围要随着经济社会发展适时调整。面对重大突发疫情，财政要为人民群众尤其是弱势群体提供底线保障、维护好公民基本权利。在特定条件下财政社会保护职能的发挥是财政人民性的要求和体现。周仲秋和周熠（2021）提出及时调整政策，发挥财政集中力量办大事独特优势，推进民生工程建设，切实保障社会主义事业有序发展，是新时代财政人民性的体现。杨志勇（2021a）表述了"以人民为中心的财政事业"的概念，认为财政是人民利益的体现，财政事业成功的关键是坚持全心全意为人民谋利益。在中国这样一个政府配置资源占比高的国家，尤其需要普及财政知识，让更多人参与和了解财政。杨志勇（2021b）从共同富裕是社会主义本质要求和最大优越性出发，对充分体现国有资本是全民资本、统筹利用国有资本实施国民收入倍增计划、促进共同富裕进行了探讨。刘晔（2021）认为，坚持"以人民为中心"理念对于深化财政改革、增进新时代民生福祉具有重要启示。我党在不同时代形成的财政理论与实践，尽管在形式上有差异，但人民性是贯穿始终的逻辑主线之一，都是党依靠人民、代表人民立足于不同时期国情来实现好最广大人民根本利益的人民财政。吕炜（2022）指出财政是推动"全体人民共同富裕的现代化"的重要制度保障，需要发挥财政的引导、支撑、转化能力。

刘尚希（2022a）提出应以人本人民观为基础，以区别于以国家为主体的"国家财政观"，为财政的人民主体性提供理念和价值前提。认为提升人民的"参与感"比"获得感"更能彰显人民主体性，要让人民主动参与财政过程，共同处理复杂的财政关系。傅志华和李成威（2022）阐述了人民财政观的形成、作用及启示，认为公开、透明、法治是现代财政形式上的特征，与公共风险治理要求相匹配才是现代财政的"里子"和改革方向。刘尚希（2022a）、傅志华和李成威（2022）还分别阐述了两个一致的观点：财政是党和政府动员、集中、使用资源应对各类公共风险挑战的社会机制和有力支撑，只有正确处理党和人民的财政关系才能成功应对风险挑战，确保政权和整个社会运行安全；在特殊时期，尤其是革命战争年代，财政功能的发挥既包括显性的财政行为，也表现为形式多样的隐性财政活动。例如土地革命时期的"打土豪、分田地"，通过对私人所有权的否定和"合法剥夺"给人民以"利益"和"土地"，对于发动人民支持革命、保障政权生存发挥了重要作用，这种隐性财政活动是苏区财政的主要收入来源，符合财政的一般定义。

刘尚希（2022b）认为，社会主义市场经济人本逻辑优于资本主义市场经济资本逻辑，让人民群众掌握资本是市场经济发展的动力源泉。提出要完善公有制与市场经济融合的现代产权制度，依靠群众来配置使用资源、创造价值，给每一个劳动者、创业者和创新者积累财富的平等机会。"在社会主义制度下，市场经济就是'群众经济'，是在社会主义经济建设中走群众路线，相信群众，依靠群众，为了群众。资本掌握在群众手中，就会成为群众过上好日子的工具和路径。依法保护好群众的资本和产权，调动其创业的积极性，这是社会主义市场经济的内在动力所在。"进而提出了以包容性发展为特征的"群众经济"实现路径：一是通过产权制度改革推动不同所有权资本融合发展；二是打破城乡二元体制给予每个人平等发展的机会；三是普遍提升国民素质和能力。

郭庆旺（2020）认为，我国经济学人在社会主义建设和改革开放过程中不断探索总结经济规律，构建了一系列创新理论，财政学领域的"国家分配论"就是其中之一。静下心来提炼挖掘、不断完善，开创根植于中国特色社会主义道路、理论、制度和文化，与中国经济成就匹配的中国经济学原创性贡献，是时代的要求。张馨（2022）回顾了"国家分配论"的产生并阐明其具有合理内核，提出理论在阐释现实、服务时代的同时，也面临走出时代局限推进理论和实践创新的挑战。吕冰洋（2022）认为，"社会公共需要论""国家分配论"等原创性理论，是财政学前辈以马克思主义基本原理与中国实践结合进行探索的成果。新时代财政学者要继承前辈理论质疑加实践探索学风，以中国基本制度、价值观、时代任务为体，以世界范围内一切有价值的方法和措施为用（简称"中体世用"），推动财政理论创新。

新时代财政学者从不同角度对人民财政时代特征进行探讨，体现了以"中体世用"为导向提炼挖掘中国经济学原创理论、直面时代挑战的使命担当。人民财政时代特征包括但不限于从国家性、公共性、发展性、改革性、统筹性等方面进行分析。让人民了解财政、参与财政过程、完善财政监督的观点，丰富了人民财政的国家性特征。财政满足社会公共需求符合"人民性"本质的观点，深化财政改革增进民生福祉的阐述，为人民群众提供底线保障、"人民采购为人民"的探讨，发挥财政集中力量办大事优势推进民生工程的论述，拓展了人民财政国家性与公共性有机结合的研究。人本人民观的阐述，匹配公共风险治理财政改革的探讨，深化了对人民财政国家性、公共性、改革性特征的研究。基于共同富裕这一社会主义本质特征和对我国社会主要矛盾变化的判断，发挥财政作用推动共同富裕成为现阶段财政改革的着力点，学者们著述颇多，不一一列举。笔者认为，在党的二十大再次明确"坚持和完善社会主义基本经济制度，毫不动摇巩固和发展公有制经济，毫不动摇鼓励、支持、引导非公有制经济发展"的背景下，强调具有鲜明革命战争年代特征的"打土豪，分田地"及其合理性，以及"群众经济"和使资本成为群众过上好日子的工具等观点，其隐含的价值取向、政策建议和实现路径还需要在习近平新时代中国特色社会主义思想指导下进一步检视和阐明。

三、在"人民财政"框架下探索"人民税收"

邓力平（2019b）在新时代最早提出并阐述了"人民税收"概念，认为"取之于民，用之于民"同样是社会主义税收的内在属性，在"人民财政"框架下单独提出"人民税收"概念具有现实意义。探索税收在新时代中国特色社会主义市场经济条件下的实现路径和实行人民监督的有效方式，为根本政治制度长治久安作贡献，体现了这一内在属性的必然要求。

李万甫（2019）梳理新中国税制变迁，指出不同历史阶段的税制，在改革理念、功能结构、施行模式上不可避免地被打上时代烙印，但"为国聚财、为民收税"的制度初心始终坚守。近年来以减税为关切的税制改革，体现了减企业之负、增民生之福的价值追求，印证了新中国税收制度萌芽之始的初心和担当。这一制度初心和价值追求就是我国税收人民性的体现。邓力平（2019c）认为随着资源配置方式变革，税收人民性有不同的实现方式。"以人民为中心"发展思想为探寻人民税收的时代内涵和在资源配置方式变革中的实现方式指明了方向。汪康（2019）将"税收的人民性"列为新时代治税思想之首（其他几个方面分别是法定、发展、科学、共性），并分解为"为民收税、为民改革、为民服务"三个部分。坚持聚财为国、执法为民，实施大规模减税降费，激发市场主体活力，减轻纳税人负担，提升纳税人获得感，同时党和政府带头"过紧日子"，努力确保民生支出水平不降，就是税收治理人民性的体现。

邓力平（2020a）进一步阐述了人民税收的基本理念和时代要求。在人民财政框架下强调对人民税收的研究，除了因为人民税收是国家性质决定的，还因为人民税收独特的表现形式和特定要求，要通过征收对象、征收方式的选择和特定时期资源配置方式变革来确认。人民税收的基本内涵可以从相互联系的三个层次来把握：第一（最高）层次是党管税收，确保税收基本性质与发展方向；第二层次是在人民财政框架下从收支两个角度对税收的审视，包括为民收税和为民用税两个方面；第三层次是从税收本身的阐述，包括向民收税、为民轻税、为民改革、为民服务四个方面，是体现人民税收理念独立存在的个性特征。

李平（2021）阐述了从我党在革命根据地领导人民废除具有剥削性质的旧税制，积极推行民主评税、民主征收等方法，到共和国税务机关始终坚持为国聚财、为民收税，在税收工作中为人民服务宗旨得到始终践行。税收工作只有始终坚持取之于民、用之于民、造福于民，才能构建和谐征纳关系，赢得最广泛的支持和认可，这是总结我党百年税收工作得出的重要经验。郭月梅和厉晓（2023）基于"人民至上"理念对"人民税收观"的时代特征和实现路径进行了探讨。文章阐述了税收发挥宏观调控作用助力高质量发展、调节收入分配促进共同富裕与人民税收观的内在联系，阐述了提高人民对税收的参与感与获得感是人民税收观的内在要求，并提出了税制和征管改革的具体建议。

我党税收实践和共和国税制演变，彰显了毋庸置疑的人民税收本质属性。作为新时代税收理念和治税思想的重要内容，所蕴含的理论价值和政策含义值得从不同层次、不同角度深入探讨，尤其是对人民税收个性特征的探讨，为税制和征管改革提供新的视角。

四、坚持"以人民为中心"审视财税实践

践行财政税收的"人民性"是我党治国理政的宝贵财富和中国式财政税收的显著特色。用"以人民为中心"发展思想审视正在推进的财税领域各项改革，取得的成绩和下一步改革方向一目了然。

人民财政理念对新时代完善现代财政制度、做好财政工作具有指导意义。邓力平和王智烜（2020）认为，我国现代财政制度改革传承着始终坚持的人民财政理念，也将坚定推动这一理念不断发展。做好财政工作应把握四个方面：在财政法治建设中更加关注财政"一体两翼"新形式；在财政运行中用好"收支联动、重点拓展"财政观念；更加关注我国财政的可持续性，服务经济高质量发展；更加关注财政服务大局的能力。吕炜（2021）指出实现共同富裕要使财政保障能力在空间上平衡布局：促进区域协调发展，提高转移支

付力度，负担因改革次序和发展战略导致的结构性成本；促进城乡协同发展，负担因城乡二元结构导致的公平、福利成本；促进群体协同发展，优化收入分配制度、稳步提高社会保障待遇水平。闫坤和史卫（2021）认为，以人民为中心、统筹人民长期利益与当前利益这一财政思想贯穿了我党领导财政工作的实践。2020年以来，国家财政在统筹推进新冠肺炎疫情防控和经济社会发展上发挥了支撑作用，体现了"以人民为中心"发展思想和社会主义制度人民至上的显著优势。以人民为中心的现代财政制度建设，要坚持"尽力而为，量力而行"，有序加大公共产品供给，实现基本公共服务均等化。刘尚希等（2022）也提出，财政体制改革的主要目标是促进经济增长（福利提升）和公平分配，尤其在促进公平、实现基本公共服务均等化，促进财力协调、区域均衡，缩小地区、城乡发展以及群体收入差距等方面要发挥重要作用。

我国税制和征管改革体现了"以人民为中心"发展思想。邓力平（2020b）强调提高直接税比重对发挥调节收入分配、缩小贫富差距有重要作用，要积极探索税制改革"现实次优"路径。高培勇（2020）认为，以人民为中心，以促进社会公平正义、增进人民福祉为根本出发点和落脚点是新时代税收工作的主题。随着社会主要矛盾变化，人民对美好生活追求的重心更多在精神层面，对于民主、法治、公平、正义等要求日益增长，都会通过人民税收公平意识、税收民主意识和税收权利意识体现出来。要以促进社会公平、增加人民福祉审视税收制度和政策，从中找准改革突破口。周开君（2021）基于税收作为政府、社会、公民三者之间的重要纽带，阐述了深化税收征管改革、坚持把为纳税人、缴费人服务贯穿于税收工作全过程，本质上是重新建构国家、社会和公民税收关系。税收征管改革使命与"以人民为中心"发展思想完全契合，是税务系统坚守人民立场的具体体现。甄德云和王明世（2021）认为，人民税收为我党治税思想落地提供了现实支撑。进入新时代，落实减税降费、深化个人所得税改革、支持脱贫攻坚和疫情防控等方面，正是人民税收治税思想的体现。坚持税收的人民逻辑，要在顺应人民期待方面精准发力，包括强化税收调节分配职能和宏观调控职能，精准施策，推出更多、更丰富的税收优惠"组合拳"，促进产业结构升级和地区平衡发展，让中、低收入群众有更多获得感。王乔（2022）认为税收的人民性是我党赢得革命、建立政权和推动发展的有力保障，应继续践行"人民至上"理念，深化税制改革。孟军（2022）从税法遵从度与社会满意度出发探讨税收征管改革中的人民性，认为"以纳税人和缴费人为中心"税费服务理念是贯彻"以人民为中心"发展理念的具体体现。邓力平（2020a）在赞同这一提法的同时，强调纳税人群体不能等同于人民，"以纳税人为中心""增强纳税人获得感"等提法主要是就依法征管与纳税服务而言，要注意准确把握。邓力平（2022）认为，要实现党的二十大报告再次明确的"构建高水平社会主义市场经济体制"目标，必须坚持党的全面领导和"以人民为中心"发展思想的统一。这种高度统一贯穿了我国税制改革始终，体现在"抓好党务、干好税务、带好队伍"之目标任务和"为国聚财、为民收税"之人民立场,并通过税制改革和征管改革取得的成就彰显了社会主义税收的显著优势。

从耳熟能详的"人民当家作主""为人民服务"到今天"以人民为中心""人民至上"的表述,共和国财政税收人民性的本质属性和基本定位一脉相承。财税学者用这一本质属性审视新时代财政税收工作,不但清晰呈现和阐释了我国财税实践取得的成就,也有利于直面和洞察存在的问题,提出切实可行的对策建议。

五、研究启示

习近平新时代中国特色社会主义思想特别是"以人民为中心""人民至上"的发展思想,为新时代财税改革进一步落实好人民性、促进共同富裕和中华民族伟大复兴指明了方向。2019年以来,我国财税学者对"人民财政""人民税收"的阐述,是结合新时代特征对"人民性"这一共和国财政税收本质属性的探讨。

人民财政和人民税收,是我党根本宗旨的内在要求和执政智慧的结晶,也是我国老一辈财政学者关于财政税收"人民性"学术思想的传承。从财政税收的人民性,到人民财政、人民税收,人民财政观、人民税收观,提出学术观点重要的不是称谓,而是力求把握本质特征作出有创新性的理论阐述。

探索我国财政税收人民性的时代特征,是财政税收服务中国式现代化的现实要求。新时代新征程上,财税学者结合实践各自表述,相互吸收借鉴,共同努力,深化了对财政税收人民性的认识。不断丰富对财政税收人民性的研究,提出创新性观点和政策建议,是新时代财税学者的理论担当。

(作者1为重庆市税务局税收科学研究所二级调研员,作者2为重庆市税务局税收科学研究所职员。)

参考文献

[1] 许廷星.关于财政学的对象问题 [J].财经科学,1957(3):61-77.

[2] 王传纶.对"财政学"对象问题的探讨 [J].教学与研究,1958(7):43-48.

[3] 邓子基.略论财政本质 [J].厦门大学学报(哲学社会科学版),1962(6):115-123.

[4] 陈共.社会主义财政的本质和范围问题 [J].经济研究,1965(8):27-34.

[5] 社会主义财政学编写组.社会主义财政学 [M].北京:中国财政经济出版社,1980.

[6] 社会主义财政学编写组.社会主义财政学(第二次修订本)[M].北京:中国财

政经济出版社，1987.

[7] 许毅.建立具有中国特色的社会主义财政理论：为庆祝中华人民共和国成立三十五周年而作 [J].财贸经济，1984（10）：6-12.

[8] 邓力平.人民财政：共和国财政的本质属性与时代内涵 [J].财政研究，2019a（8）：3-12.

[9] 吕冰洋，刘晓路，马光荣.财政制度、国家治理与经济发展：第五届中国财政学论坛综述 [J].经济研究，2020（4）：201-204.

[10] 史卫.新中国70年发展的财政逻辑：中国财政学会财政史研究专业委员会第十一次年会综述 [J].财政科学，2019（11）：156-160.

[11] 刘修文.关于现代财政制度之现代性的几点思考 [J].中国财政，2019（21）：20-21.

[12] 甄德云，曹富国.守正与创新：应对重大突发公共事件的政府采购制度的反思与重构 [J].财政研究，2020（4）：35-43.

[13] 吕冰洋，李钊.疫情冲击下财政可持续性与财政应对研究 [J].财贸经济，2020（6）：5-18.

[14] 周仲秋，周熠.人民性是新时代中国特色社会主义财政的本质属性 [J].理论学刊，2021（4）：115-123.

[15] 杨志勇.中国共产党领导的财政事业：历史回顾与未来展望 [J].财贸经济，2021a（7）：5-14.

[16] 杨志勇.财富观、共同富裕与公共政策 [J].财经智库，2021b（11）：103-124.

[17] 刘晔.中国共产党百年历程中的财政实践探索与思想理论结晶 [J].财政研究，2021（7）：12-24.

[18] 吕炜.财政与共同富裕：实践历程、逻辑归结与改革路径 [J].财政研究，2022（1）：12-17.

[19] 刘尚希.人民财政观 [J].财政研究，2022a（1）：3-5.

[20] 刘尚希.论人民至上的市场经济 [J].财贸经济，2022b（9）：15-18.

[21] 傅志华，李成威.百年大党人民财政观的形成与现代意蕴 [J].财政科学，2022（5）：5-14.

[22] 郭庆旺.构建中国经济学笔谈：中国经济学独创理论的挖掘 [J].经济学动态，2020（7）：9-12.

[23] 张馨."国家分配论"的学术史考察及相关争论 [J].财贸经济，2022（6）：5-24.

[24] 吕冰洋.中国财政的"中体世用"[J].财政研究，2022（11）：31-35.

[25] 邓力平.新时代社会主义市场经济发展下的税收定位 [J].东南学术，2019b（3）：81-90.

[26] 邓力平.资源配置方式变革中的人民税收 [J].税务研究，2019c（10）：5-14.

［27］汪康.关于新时代税收治理问题的研究［J］.税务研究，2019（12）：5-8.

［28］李万甫.共和国70年税制变迁：历程、脉络和经验［J］.财政研究，2019（10）：3-11.

［29］邓力平.中国特色"人民税收"理念新论［J］.东南学术，2020a（4）：126-135.

［30］李平.中国共产党百年税收发展历程、成就及展望［J］.税务研究，2021（7）：11-18.

［31］郭月梅，厉晓.构建中国化时代化"人民税收观"［J］.税务研究，2023（2）：21-25.

［32］邓力平，王智烜.坚持人民财政理念 完善现代财政制度［J］.中国财政，2020（17）：19-24.

［33］吕炜.新时期财政工作的几个重大关系［J］.财政研究，2021（09）：3-13.

［34］闫坤，史卫.中国共产党百年财政思想与实践［J］.中国社会科学，2021（11）：95-114.

［35］刘尚希，赵福昌，孙维.中国财政体制：探索与展望［J］.经济研究，2022（7）：12-25.

［36］邓力平.新发展阶段与建立现代财税体制［J］.经济理论与经济管理，2020b（12）：4-12.

［37］高培勇.新时代中国税收的主题和使命［J］.红旗文稿，2020（11）：26-27.

［38］周开君.深化税收征管改革中践行"以人民为中心"发展思想的思考［J］.税务研究，2021（11）：125-129.

［39］甄德云，王明世.中国共产党百年治税思想的演进、嬗变与超越［J］.税务研究，2021（7）：19-24.

［40］王乔.践行"人民至上"价值追求 坚定不移深化税制改革［J］.税务研究，2022（1）：5-6.

［41］孟军.把握新时代税收征管特征 推进税收征管改革向纵深发展［J］.税务研究，2022（9）：43-48.

［42］邓力平."构建高水平社会主义市场经济体制"中的税收定位［J］.税务研究，2022（12）：5-9.

冬至已过

—— 为缅怀著名经济学家邓子基先生而作

词: 虬岛　曲: 罗奋熹、李江波　演唱: 罗奋熹　编曲: 沈鹏

A

你从旷野来到大海

种下草籽和森林

诞生了一种大海的语言

风雪夜里一滴清醒的血

A1

你从旷野来到大海

凝视鱼群和海鸥

黄昏山岭羊群月光的梦

海滩上留下太阳的足迹

B

雪花静静飘落

深冬时你打听故乡的坟头

那一场纷纷的大雪

C

冬至已过

你看到了雪野开满了山花

你听到了满园果子摇响的风铃

冬至已过

你看到了苍穹星空的璀璨

你听到了苍茫远海传来的钟声

【原诗解读】

《冬至已过，你说我可以走了》
—— 致财政学泰斗邓老

你从旷野来到大海

在岸边搭起架棚，扎栅栏

种下一片草籽和森林

诞生了大海生存结构的语言

双眼凝视苍海里鱼群，海鸥和水藻

岸上黄昏山岭山坡上

那一群群羊群月光下紫色的梦

风雪夜滴血分娩的星空

用海上的浪花鞭醒岸上沉睡的野草

双肩落满摇曳的影子

呼唤雷雨，草原，河流

海滩上留下深深太阳历史的足迹

雪花静静飘落

你深冬时打听故乡的坟头

屋后那一年那一场纷纷的大雪

冬至已过

你看到远山雪野里开满了山花

你听到森林满园果子摇响着风铃

和苍茫远海传来的钟声

冬至已过

你说我可以走了

附一：

2022年12月22日冬至这一天，日照最短，夜幕最长，正是阳气初萌而冬尽春回的日子，月落无声，寂静挂满山野，面朝大海，即将春暖花开，邓老选择此时离去是那么超然！一次生命的归宿及重生永恒！

虹　岛

附二：

　　作为一首悼念财政学泰斗邓老的诗，作者使用从自然物象入手汲取灵感的一贯技巧，没使用一个财经类词语，通篇以苍茫、浑圆的现代诗歌意象，将邓老的财经生命历程相对完整地"展现"了出来。第一段"从旷野来到大海"起，用"搭架棚""扎栅栏""种下草籽和森林"等来隐喻邓老披荆斩棘，在财政学理论建树的艰辛过程；分别用"苍海里鱼群，海鸥和水藻""一群群羊群月光下紫色的梦"隐喻西方财经学理论与中国改革开放与建设实践；"风雪夜滴血分娩的星空／用海上的浪花鞭醒岸上沉睡的野草"隐喻财经学理论的西为中用的创新提炼，最后"呼唤雷雨，草原，河流／海滩上留下深深太阳历史的足迹"，终于用勇毅的步履开创出中国特色社会主义财政理论与政策主张，为中国经济发展做出卓越贡献。第二段主要隐喻邓老高尚的精神品德与情操。"远山雪野里开满了山花""森林满园果子摇响着风铃"是说在邓老的辛勤栽培下桃李满天下，更在财经理论方面硕果累累，不断推动 社会进步；"打听故乡的坟头"几句，似有在大雪故乡叶落归根之意，"苍茫远海传来的钟声"似乎在提醒邓老"放心地走吧"，邓老将永远活在财经学后辈的心中！

——诗歌评论：大藏

2020年12月29日

教书育人：守住一生的初心

邓力文

　　章慧总编为《厦大故事》约稿，恰逢邓子基老爷子98寿诞，想想还是写上几段吧。有了念头，躲在时光罅隙里的记忆又翩翩而至。

　　我们不知何时都喜欢叫父亲为"老爷子"，朋友称呼"老爷子"，学生也都叫着"老爷子"，透着亲切，透着感恩。

　　老爷子一生秉承和实践"教书、育人，出人才、出成果"的理念，一共发表了75本关于财政税收和国有资产管理的著作教材译著，500多篇文章，培养了108位博士，以及数以千计的硕士、学士。半个世纪来，老爷子以一种不断求索的创新精神，为财政学事业而努力奋进，为此也收获了满满的荣誉。

　　在大家眼里，老爷子是一位一生安心治学、硕果累累、不求宦达的泰斗；在我眼中，他则是一个平平常常又给我无穷力量的智慧老人。今天我就道一道我这普普通通的老爷子。

感恩　知恩　报恩

　　他一路满怀感恩与宽容，在生活的点滴中向我们传授着一种生活态度，一种思想境界，和一种处世哲学。"滴水之恩，当涌泉相报"，这是老爷子常给我讲的一句话，还特别写下赠我作为座右铭，尤其晚年他更是时常和我兄妹俩聊起他一生特别要感恩的三位"王老师"（导师王亚南、叔公王守椿、夫人王若畏）。

　　老爷子一辈子经历太多，年幼失去双亲，没了父母这把大伞遮风挡雨，却收获邻里乡亲的帮助，自己砍柴做学徒筹银子，带着感恩之心走出小村寨。

　　少年发奋读书，导师的支持与同学的关心，与罗光良同一床被褥的旧事让他感怀至今。行山路走水涧趴黑车，远赴他乡艰辛的求学之路，志同道合的同学一路相伴，心底留下的只是感激。

　　叔公王守椿的恩德从未忘怀，一直感恩老叔公的慧眼和红娘牵线，事业有成之后报答扶助之恩，直至给老叔公养老送终，只为感恩。

　　师从王亚南大师，学业事业走向高峰，许多场合必提导师，每次经过经济学院大楼，他总会说："他是我的恩师，我们设立这铜像纪念他"。

"文革"期间遭遇莫须有的罪名，尽管严冬寒霜，仍有暖阳，他都默默记在心里，除了理解宽容，心存的还是感激。

虽年事已高，仍不忘初心，情系教育，广集善缘，回报桑梓，倾注心血成立了福建省邓子基教育基金会，奖优助困，扶持后学。

一路风风雨雨走来，老爷子都记得在各个阶段保护过、帮助过他的人们，他知恩，并不断去感恩他人，报恩社会，勇敢地去面对、旷达地去处理生活赐予的一切！

天道酬勤

天行健，君子以自强不息。"瓦砾练字"是家乡沙县邓氏后辈广为流传关于老爷子的故事。他虽儿时贫穷失学，但从未泯灭那份求学的渴望，一直有着"读书救国"的情怀。

老爷子晚年也会给我们讲他幼时的求学之路。失学后，每当砍柴路过学校时，他总会静静地趴在窗外聆听老师的授课，并默默记在心里，有空时就以树枝瓦砾当笔在地上习写，被路过村民无意看到并传为佳话。

少年的他，心里一直十分清楚，要改变自己的命运，唯有读书，唯有勤奋。十四岁时怀揣当学徒积攒的12块银圆，离家远赴南平上初中。他珍惜来之不易的学习机会，入学第一次大考就取得语数双满分，得到了学校颁发的6块银圆的奖学金，得以购买学习用品、被褥和蚊帐。

之后以每每考出第一名的成绩获得奖学金，一并以勤工俭学获得的清寒奖金来维持学业与生活。老爷子说，"从重踏校门的那一刻起，我的命运就注定我要拿下人生路上各式各样的第一名，只能凭着顽强的意志去完成学业"。

从少年，到青年、壮年、老年，老人一路秉承"天道酬勤"的古训，他最常告诫学子的是"书山有路勤为径，学海无涯苦作舟"。

老爷子1952年研究生毕业留校后，一直是教学科研和行政管理"双肩挑"，十分繁忙。自我懂事起，我最常见的就是他伏案奋笔疾书的背影。

上课前，准备报告和采访时，他事先必花数小时准备，草拟提纲，几十年不变，书案上总是能看到写得密密麻麻的稿纸。一杯清茶，一纸提纲，他侃侃而谈数小时；一份份报告，一本本书稿，构就师生口中的"邓快手"和"大师"。

他自诩一生"撰译论著，笔墨生涯，七十载讲台，众多学子"。90高寿时，他仍然笔耕不辍，发表论文，依然有创新的见解。近年来，虽年事已高，不再发表论文，仍坚持每天上下午各一两个小时读书看报、摘名句、写笔录，涉及国家政策、经济文化、健康养生。

老人曾作诗回顾与自勉："幼小孤零不流泪，年轻苦读不叫累，壮年拼搏曾拔萃，老叟有成防自醉。"

2017年8月，邓力文与邓子基合影

相濡以沫

茫茫人海中，没有早一步，也没有迟一步，在彼此最美好的年华相遇，他们俩真是幸运。老爷子常说，奶奶（我们后来都习惯称母亲为"奶奶"）是世上最贤惠的妻子，没有她就没有他的成就。一路走来，他们眼里始终彼此是最好的。

当年老爷子毕业后留校任教，母亲为了支持他的讲台梦，放弃了国家教委的工作回到厦门，便有了此后漫漫60余载的风雨同舟、相濡以沫。"文革"的动荡，五七干校锻炼，他们都没有哀怨与诉苦，相互扶持地度过了生活的各种磨难与坎坷。

老爷子对王家老人尽孝尽责，我的外婆在厦门生活直到"文革"初期，老爷子视我的外婆为自己妈妈一般并照顾有加，这让我母亲十分感激。

退休前我母亲工作十分繁忙，不但承担高中毕业班的教学，还有许多的社会工作，她仍基本包揽了家中的柴米油盐酱醋茶，事无巨细，让老爷子没有后顾之忧。

母亲脾气急了点，老爷子总是耐心地相对，从没见过两人红脸吵架，似乎他们俩已融为一体。老爷子一生病，母亲就病，母亲一不舒服，老爷子就跟着不舒服，相依相伴到这境界也实属不易。

晚年他俩仍是手牵手在校园散步，成为一景。老年时老爷子伏案写作，母亲也会陪坐在书房的靠椅上读书看报，那画面充满了宁静与幸福感。

母亲离开了我们，老爷子把爱藏在心里，每当夜幕降临时他总会提醒打开放着母亲遗照的房间的灯，七年不断。

青丝变白发，红颜染沧桑，我相信他的心里，仍是满满地盛放着他和她所有的爱与往事。

家　书

"家书抵万金。"书信对我们家一直有着非同寻常的意义，一纸家书，一生情长。在电子信息化之前，手写书信是我家沟通的最常见方式。

我年少时老爷子常常出差，每到一地他一定会写上五六页的信纸，告知行程，介绍所到之地的人文地理，聊聊他的工作和遇到的新老朋友，还有他对我们的思念。那时候每到他出差，我一定会天天跑信箱，每当看到260号信箱躺放着牛皮纸信封时，心里都有丝丝的甜蜜。

后来我出国，因距离而产生的淡淡的忧愁也一直是通过家书来缓解。家人约定我每星期五寄出家信，老爷子星期六一定回复信件，大约7天后我们各自收到来信，我至今都记得，每每打开远方来信时那瞬间暖暖的感觉。

老爷子给我的信中，除了生活琐事之外，经常更多的是给我解惑释疑，安慰鼓励我努力学习，抓住机遇，教我做一个德才兼备、人格卓越的普通人。

特别是我和先生决定下海经商时，很是担心老爷子会不会有异议，就写了一封信回去商量，老爷子很快回复了一封长信，他鼓励我们放下包袱，确定好目标后就坚定走下去，即使遇到困难，也要用自己的信念和智慧去克服。他对我们唯一的要求，就是遵纪守法。

现在回味那一封封散发着油墨香的家书，就像是一次次珍贵的谈心，再次感动于文字间的深情。

老爷子同我们的书信中，还常常聊家乡的变化，聊国家大事，聊经济发展与变革。通过这一条纽带，也使远离祖国的我们与祖国牢牢地建立了心的联系。后来我哥哥放弃国外优越的条件回到国内工作，不能不说是一个父亲对儿子爱国主义熏陶的落实。

那天整理旧物，老爷子把我兄妹出国期间写回的信件都整理归类装了箱，看我们的信中被老爷子批注过的红色圈圈点点，我再次泪目。

老爷子这个平凡又典型的中国知识分子，那颗爱子爱女之心，真是我们无可替代的教科书、人生的加油站。

快乐大家庭

在我的微信通讯录中有一个群，群名为"邓老快乐大家庭"。群员都是老爷子引以为傲的学生，他们平时在这个平台里交流着学术成果，祝贺同门所取得的成就，祝福他们口中"良师益友"的老爷子。

老爷子爱生如子，爱才惜才，严爱有度。不仅在学术上帮助学生成长，更潜移默化地影响了学生们的人格。"青出于蓝而胜于蓝"则是老爷子最自豪的收获，他说："教书育人是投入，出人才出成果是产出，我的产出远远大于投入。"

如今，他的许多学生都在重要的岗位上散发着耀眼的光芒。当他们聚在一起时，也常常回忆起当年坐在凌峰楼家中木凳听老爷子五六小时授课与讨论的时光，回忆着休息时我的母亲为他们准备的点心和午餐。

他们都记得老爷子一遍又一遍地修改他们的文章，圈圈点点地批注，改好后向各刊物推荐。尤其因眼疾动过手术后，老爷子拿着放大镜工作的情景一直让大家难以忘怀。他们也感激当年毕业困惑时老爷子的点拨与力荐，让他们到适合的岗位发展。

他们仍记得老爷子为他们婚事而焦急，帮助弄婚房，做婚礼证婚人，甚至为新一代联系幼儿园、小学。还有春节、中秋，留校学子聚集在家中的热闹，博饼的欢腾。那些年我基本在国外，很多故事也是事后才知晓的。

老爷子的付出也得到了回报。当老爷子二次动手术时，学生们对他的悉心照顾也是让我动容。

毕业后他的学生们不忘师恩，时常记挂，也常来拜访，有了成绩第一时间会和老爷子说说，有什么困难也会同老爷子聊聊。他们之间，让我看到什么是真正的师生之间平等、和谐、互助的关系。

陪　伴

我出国已30年，有点时间都会从国外回来陪伴二老。这几年我的儿子们独立了，我更多地待在国内，每天陪老爷子聊聊天，散散步，看看报，旧时的事更是话题。即使我一个人躲在小屋，他也觉得安心。他说不需要太多，只要见到我们就安然。

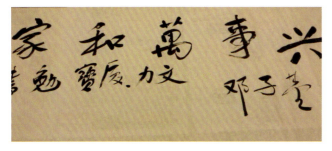

2017年9月返加时，老爷子特别写下"家和万事兴"，赠予女婿宝厦与女儿力文

记得"文革"初始，老爷子作为"反动学术权威"被打倒后，父母让我随外婆返福州老家生活。老爷子一从牛棚出来，马上赶到福州探望我和外婆，陪伴数日。他总会带我四处走走，那时我不懂世事的无奈，只享受嬉戏时父亲关爱目光的追随，享受着玩累

时把父亲手臂当枕头的温暖。长大了我才读懂了他的用意，在那特殊环境中，他是在淡化剧变的生活对我的影响，让我仍能感受完整家庭的温暖。这种陪伴给予我的，是一种多么深沉的爱！

小时候的陪伴，长大后发现更多的是幸福。回厦后，家人在一块相伴的点点滴滴，尤其是住在国光一楼6号的日子，真是难忘。那时晚餐是全家相聚的时刻，一块聊一天的学习工作，听那部老旧红旗牌收音机，看那台天虹18寸黑白电视。之后各自在自己书桌前读书备课。好多习惯在我们家仍延续至今。

去年8月，我们兄妹俩还特别陪伴老爷子回了趟他曾经住过的国光一楼6号。老爷子说他在那儿度过了他人生四分之一的黄金年华，经历了风寒，也迎来了春天。许多的苦中作乐，许多的眉飞色舞。那里真是一本贮满情与爱的书，翻开任何一页，都会找到生命之源的温暖。

我们兄妹俩大约有40余年没一块陪伴老爷子了。这些日子我们俩都在，老爷子心里乐着。和我们更是天南地北、政治经济、国家政策、养身健体、回味过往各种聊着。

看今日角色互换，我们守望老去的父亲，一个用心的陪伴，一个真诚的呵护，一个简单的搀扶，不也是一种爱的延续吗？

写在最后

一鼓作气写了几段，也把自己的思绪梳理了一番。我想，老爷子在日常生活与工作中表现出来的是一种品质，展现的是一种气度。

平静生活中是和风细雨，逆境时带给我们的则是一种强大的内心力量。他是拿自己的情，恰当地启发和塑造了我们的心灵，把他的状态慢慢地内化给我们。他对我们虽无施加什么特别教育，我们却实实在在地受到他的影响，并成为今天的我们。

谢谢您，老爷子。

邓力文写于邓老爷子98岁寿诞之际

（原文载于章慧主编的《厦大往事》，厦门大学出版社出版2011年版，作者为邓子基女儿）

我们的家风家训

邓力平　邓力文

为纪念老爷子百年诞辰，我们兄妹商量着写点什么，定下题目：家风家训。

记得2014年的春节，央视有一访谈节目，海采各个阶层的人们，题目是"你家的家风是什么？"蛮火的。当时一时兴起，也问了老爷子，我们家的家风是什么？老人当即提笔写下"勤奋，刻苦，认真，有恒，要为善，为乐，家和，才能万事兴"。他说，也可以归纳为三大块，"修身齐家，读书勉学，为人处事"。

在老爷子摘抄的笔记里，曾记下这样一段话：

做人就是提升自我修养，提升自己的道德品性。想要提升自我修养，要做的是端正自己的思想，有足够的觉察力和专注力。想要端正自己思想的人，要做的就是真诚，不欺骗他人，也不欺骗自己。想要做到真诚的人，要做的是让自己的思维足够清晰，看得清真实的世界。思维清晰的关键，在于怀抱着一颗好奇之心，以开放的心态，不断探索世界万物，从中学习和成长。

"打铁还需自身硬"，这是老爷子常说的。终身学习，学以致用，修身齐家，应是他一辈子遵循并践行的道德准则，并根植于内心的修养。在修身立德方面，老爷子称得上是一位典型的楷模。很多事他都要求自己先做到并做好。平时他谈及最多的就是"恒心""勤奋""刻苦""天道酬勤""持恒戒惰"和"天行健，君子以自强不息"。

晚年时常给我们唠叨他幼时的求学之路。贫穷失学，从未泯灭求学的渴望，要改变自己的命运，唯有读书，唯有勤奋，唯有刻苦。十四岁时离家远赴他乡，珍惜来之不易的学习机会，之后以每每考出第一名的成绩获得奖学金，并以勤工俭学获得的清寒奖金来维持学业与生活。老爷子说，"从重踏校门的那一刻起，我的命运就注定我要拿下人生路上各式各样的第一名，只能凭着顽强的意志去完成学业"。他最常告诫我们的就是"书山有路勤为径，学海无涯苦作舟"。

老爷子1952年研究生毕业留校后，教学科研，行政管理，十分繁忙。自我们懂事起，最常见的就是他伏案奋笔疾书的背影。他是每天备课上课，每天书写文稿，每天记生活日记，每天挤出时间读书看报，每天听新闻联播，雷打不动。即使他70多岁高龄时动手术，麻药醒来的第二天，他都坚持读书、写日记。给学生上课前，准备报告和采访时，都是事先花数小时来准备，草拟提纲，几十年不变，在他的书案上总是能看到写得密密麻麻的稿纸。一杯清茶，一纸提纲，他侃侃而谈数小时；一份份报告，一本本书稿，构就师生口中的"邓快手"与"大师"。

老爷子一生"撰译论著，笔墨生涯，七十载讲台，众多学子"。90高寿时，他仍然笔耕不辍，发表论文，依然有创新的见解。当年事已高，不再发表论文，也仍坚持每天上下午各一两个小时读书看报、摘名句、写笔录，涉及国家政策、经济文化、健康养生。正是他的身体力行，才使他的劝导更具有说服力，我们才会认真地去遵从，一家之家风才能真正确立起来。

老爷子一直告诫我们做人的道理，语言很朴素，要我们诚实、守信、懂得感恩、懂得包容，要有爱心、孝心，要自信、自强、自立、自律，要有恻隐之心、赤子之心，要有为他人着想的善良，为善为乐。

他自己一路走来都是满怀感恩与宽容。"滴水之恩，当涌泉相报"，这是老爷子常给我们讲的一句话，还特别写下赠我们作为座右铭。他感激儿时邻里乡亲的帮助而走出小村寨。感激远赴他乡艰辛求学过程中导师的支持与志同道合同学的一路相伴。叔公王守椿的恩德从未忘怀，一直感恩老叔公的慧眼和红娘牵线，事业有成之后报答扶助之恩，直至给老叔公养老送终。感激我们的母亲，说她是世界上最贤惠的妻。师从王亚南大师，学业事业走向高峰，许多场合必提恩师。"文革"期间遭遇莫须有的罪名，尽管严冬寒霜，仍有暖阳，他都默默记在心里，除了理解宽容，心存的还是感激。一路风风雨雨走来，老爷子都记得在各个阶段保护过、帮助过他的人们，他知恩，并不断去感恩他人，报恩社会，勇敢地去面对、旷达地去处理生活赐予的一切！

为善最乐，也是老爷子的一句座右铭。帮助他人、做善事，是让他最愉悦的事。他帮的人、帮他人做的事，多不胜数，应该已是他生活的一部分。学生、同事、认识的朋友、不认识的人，只要他能够帮忙的，老爷子都义无反顾，相信他的每一个善举一定是给予他人一颗温暖的心。尤其他年事已高时，仍不忘初心，情系教育，广集善缘，回报桑梓，倾注心血成立了福建省邓子基教育基金会，奖优助困，扶持后学。

老爷子除了要求我们在大是大非面前要有判断能力外，也强调对于细节的注意，从小就规定了许多家庭礼仪规范。他说，良好的教养、礼貌的举止才能赢得别人的尊重。平时要戒除骄狂傲慢，遇事要设身处地、留有余地。他常提醒我们：在外不能不礼貌，不能乱发脾气；遇事不要斤斤计较，不贪小便宜；要学会宽厚，谦恭对人，宁可人负我，不可我负人。遇到事，要拿得起、放得下；无论多大的事情，也无论多小的事情，都要尽力做好。在生活的点滴中，用他的生活态度和处世哲学影响着我们。

我和老爷子的相处是亦师亦友。2006年我遇上一些事，回国后我并没同老人提及这些问题，偶尔同他聊天时他可能发现些端倪，那一天，我和他到哥嫂家，他很随意地坐到钢琴旁乱弹了一段，哈哈地打趣到，"我年轻时琴棋书画都拿得起，但现在都放下了"。很简单一句话，说者无意，或者有意，但我这听者有心了，我记住了。一段时间后，他又给我一张小卡片，上面写着"拿不起放不下是糊涂人，拿得起放不下是一般人，拿得起放得下则是了不起的人。"我明白了老人的用心，他知道我遇事了，他也知道拿得起放得下是人生的大境界，需要我用一生去解开这心灵的锁。

我年轻时有时也气盛，会给不喜欢的人没好眼色，尤其是曾伤害过父亲的那些人。他总会私下提醒我要待人和气，要有宽容心，要理解他们在那特定历史环境的做法，即使有的不能宽恕，但我们自己也要学会理解与放下。并告诉我一个人只有具备良好的教养与礼貌的举止才能赢得别人的尊重。后来即使有些事我心里仍存芥蒂，但在老爷子每次的循循善诱、博我以文约我以礼之后，我也懂得了有些事可以不必介怀，淡然面对。

还记得小学时，一位同学带她的弟弟来家中玩。小弟弟不停地吃着桌子上的点心，我一急就把点心收起来。在旁的父亲没说什么，只是把他桌上的一块点心给了小弟弟。等她们离开后，他让我站着，很耐心地告诉我，要学会尊重他人，要换位思考，我的一个小小举动可能不经意中会伤害到他人，不让别人为难是一种修养。话不多，也不严厉，但这场景却让我这辈子都刻在心里。越长大越发现，老父亲都是在平凡的生活小事中教导我们与人相处之道的。

在我们家，我从小听最多也感受最深的就是"家和万事兴，家齐天下平"。我们的家是个温暖的家，在我的眼里也是个平平常常的人家。我们从小看到的就是俩老一辈子的和和顺顺、相敬如宾。父母的言传身教与潜移默化，让我们家是父母慈孩子孝，兄长爱妹妹敬。作为后辈，我们自然地养老育小，甘于奉献。

我们的父母在他们彼此最美好的年华相遇，他们眼里始终彼此是最好的。漫漫60余载风雨同舟、相濡以沫，相互扶持地度过了生活的各种磨难与坎坷。母亲除工作之外，家中事无巨细全部包揽，以让老爷子安心工作。老爷子总是耐心细心地关心着母亲，我们从没见过他俩红脸吵架，可以说他们已融为一体、相依相伴。晚年他俩仍是手牵手在校园散步，成为一景。当老爷子伏案写作时，母亲也会陪坐在书房的靠椅上读书看报，那画面充满了安宁与幸福。

老爷子也同哥哥如朋友般相处。理解、赞赏并以他为骄傲。老爷子与哥哥的父子之情随着时间发生了升华，他们共同著书立说，共同扶养下一代。尤其是母亲走后，我又长年在国外，哥哥在百忙中更是花费许多时间来陪伴老爷子。蛰居在家的老人，渴望外面的种种消息，国内外经济态势，时事评论，老友近况，这些交流成为父子俩谈话的一个重要部分。他们在一起聊天的时光，相信是老爷子最后日子里最幸福的时光。

在父母辈的影响下，我们兄妹之间也存一份割舍不断的牵挂，不会因为时间与空间而折断。尤其父母离开后，一句"家还在"，更给我一种强大的精神支撑，"家"继续在我们兄妹之间延承着。带着老爷子临走前的嘱托，我们兄妹还特别回到他年迈后心中一直魂牵梦绕的故乡，寻找曾经的足迹，并延续他的愿望，我们也答应老爷子将帮助更多的孩子成就他们的"懿德人生"。

老爷子特别喜欢讲"平安喜乐，得偿所愿""好人一生平安"，简单的几个字，仔细咀嚼，却有种温暖和酸涩交织的味道。曾想往后的日子里，老父亲只会以无尽的沉默示人，直到今天，我们才深深体会到，其实一个人的生命可在地理和时间里展开，可在记忆和思念中延续，可在口耳相传的故事里延伸。

过去，老爷子的"伞"为我们撑着。今天，老爷子仍是我们精神上的"保护伞"。我们在他的伞下稳步前行，我们家的第三代正在不同行业、不同战线、不同领域为社会做贡献，第四代也在茁壮地成长。未来，相信我们家的家风家训一定会继续承载着老人家对后代的希望、责任与关怀而延展。

人生最大的幸福莫过于爱的支撑。老爷子永远活在我们的心中。

（作者为邓子基儿子与女儿）

第三部分

师恩如灯

烛照桃李深情

以国家分配论为指导，深化审计理论研究

董大胜 （中华人民共和国审计署）

2018年6月，本文作者（左一）看望博士生导师邓子基教授

邓子基教授是"国家分配论"的创立者和奠基人。"国家分配论"是中国特色社会主义财政理论的重要理论基础。"国家分配论"科学指明了财政本质是以国家为主体参与国民收入分配的活动及所体现的分配关系。这一理论与深化经济体制改革总目标——坚持和完善社会主义制度，实现国家治理体系和治理能力现代化指向是一致的，也为我们认识到财政是国家治理的基础和重要支柱奠定了坚实基础。

"国家分配论"不仅在财政科学中占有重要地位，对于深化审计基本理论研究也有重要的指导意义。

审计与财政是有密切联系的范畴。在中国特色社会主义伟大事业中，审计是党和国家监督体系的重要组成部分。然而，审计基本理论的建立与深入研究的现状不能令人满意。国家审计是如何产生的，其本质是什么，这是一个简单的审计理论问题。然而，对于这个最基本的审计问题，目前却没有真正搞清楚，或者说还没有形成共识，存在着不同看法和理论表述，比较典型的观点有公共受托责任论、委托代理论、民主政治论、免疫系统论、权力制约论等。以上观点无论是从范畴的科学内涵看，还是从历史与逻辑的顺序看，都不能很好说明审计产生的客观基础以及审计本质。

关于公共受托责任论

这种观点认为，在公共事务管理中，存在着受托责任。人民把管理公共事务责任托付给管理者，需要审计对管理者履行受托责任情况进行鉴证、监督。

公共受托责任一词，来自英文 accountability。这个英文词汇，在我国曾被译为会计责任、报告责任，近年来多被译为受托责任、公共受托责任、问责等。在这里，我们有必要对 accountability 的真正含义进行深入研究。

accountability 一词，在词根上与 accounting（簿记、会计学）、accountant（会计）极为相近，但是在现代，它们的含义几乎风马牛不相及。不过，从 accountability 一词的形成历史过程来看，与会计的含义的确有着一定的联系。1066年诺曼人征服英格兰。1085年，英皇威廉一世要求所有的财产拥有者都要向国家报告财产数量（render a count），经过皇家专门评估机构评估，列入财产调查清册（domesday books，英史中译为末日裁判书）。做出这种制度安排不仅仅是出于税收的考虑，它还是皇家治理的一个手段：所有的财产所有者都要向英皇宣誓效忠。到12世纪初，这种财产调查已经成为一项比较完善的制度。

在以后的几个世纪中，accountability 逐步脱离了 accounting 含义的限制，被赋予了新的内涵：它不再表达乏味的簿记和财务管理的含义，而更多地表示着对公共治理公平公正的要求和承诺。更为重要的是，报告关系完全颠倒过来了：它不再是臣民向统治者报告财产，而是掌权者负有向人民报告的义务。[①]

我们再来看当代国外研究中对 accountability 的一些理解。

荷兰 Mark Bovens 教授：Accountability is a relationship between an actor and a forum，in which the actor has an obligation to explain and to justify his or her conduct，the forum can pose questions and pass judgement，and the actor may face consequences。（Accountability 是行为人同公众之间的一种关系，在这种关系中，行为人负有向公众说明和证实他或她行为的义务，公众有权提出问题和做出决定，行为人要为其不当行为承担后果）。

Mogen Rechard 教授：Accountability is calling and holding institutions and officials to account in undertaking their functions and duties。（Accountability 主张并强调机构和公务人员在履行其职责时承担说明和报告的责任）。[②]

加拿大审计署：Accountability is a relationship based on obligation to demonstrate，review，and the responsibility for perfomance，both the results in the light of expectations and means used。（Accounbility 是建立在义务基础之上的一种关系，这种义务是对行为绩效实

---

① European Law Journal，Vol.4，July 2007
② 同上。

现结果与公认预期目标对比情况以及实现的途径予以说明、评估并承担责任)。

新加坡审计署：When a person is given the responsibility to hold，use or dispose off resources not to belonging to him，he must held fully answerable to the owner of the resources for what he dose with them。This in essence，is the principle of accountability。(从本质上说，Accountability 的精髓是指，当一个人被授权去掌握、使用、处置不属于他的资源时，他就对使用这些资源做了什么，负有向资源所有者做出详尽说明和报告的义务)。

葡萄牙审计法院：Over the last years，accountability has been recognized as a complex concept。——Namly involving aspects of legal and ethical nature，and including the technical domenssions of good management such as economy，efficiency and effectiveness。(在过去的若干年中，人们公认 Accountability 是一个内容复杂的概念。——这一概念涉及法律和道德的诸多方面，还包括良好管理的技术范畴，例如经济性、效率性和效果性)。[1]

至此，我们可以把 Accountability 完整准确的含义归纳如下：当一个机构或个人被授权管理、支配、使用公共资金、资产、资源而履行相应职责时，这个机构或个人就对使用这些资金、资产、资源的过程和所取得的成效负有向公众报告、接受公众检查质询的义务。对于不当行为或没有取得预期效果的，相关机构或个人应当承担责任，接受问责。

可以看出，"受托责任"这个中文词汇，并不能完整表达出 Accountability 的全部含义。Accountability 或所谓的受托责任，应该包含三个层次的含义。一是受托者向委托者有报告和说明的义务；二是委托者有检查质询的权力；三是委托者可以对受托者不当行为问责。受托责任广泛存在于公共管理事务中，决策、执行、监督各环节都存在受托责任，受托责任的要求并不仅仅局限于审计或仅仅表现为审计。审计不能涉及、反映、体现受托责任的全部、广度和深度。个人年度总结和组织人事部门负责的干部考核，同样体现出对受托责任履行情况的报告和全面检查。受托责任不是审计产生最直接、特有或排他的基础。

关于委托代理论

这种观点认为，在公共事务管理中存在着委托代理关系。委托人和代理人之间的信息不称性，需要审计对代理人发布的信息进行鉴证、监督。

委托代理理论是现代企业理论的重要组成部分。它是建立在企业所有权和经营权相分离的基础上，委托人把自己经营管理企业的事务交给其代理人代为处理，形成了委托人和代理人之间的权、责、利关系。该理论强调，委托人和代理人双方之间利益的不一致，目标函数不同，而且存在不确定性和信息不对称，由此出现代理人追求自身利益最大化

---

[1] 转引自 INTOSAI—UN 2011 维也纳年会论文。

而损害委托人利益的问题。委托人有必要建立有效的激励机制和监督机制。西方学者提出的解决委托代理问题的具体措施有：代理人的市场声誉、潜在代理人的竞争、利润分享安排和奖金激励制度等。

从委托代理理论的内容看，它对于了解分析两权分离下的企业制度与企业治理是有很大积极意义的，但是国家治理特别是不同社会制度下的国家治理远不是委托代理契约关系所能解释的，用委托代理论来说明国家审计的产生及性质也是远远不够的。

民主政治论

这种观点认为，现代国家审计是民主政治的产物，也是推动民主与法治的工具，是为民主政治服务的。有学者曾就审计与民主的关系作过这样的表述：审计，是民主政治的表现；民主，是现代审计的目的；审计，是现代民主的手段；民主，是现代审计的实质。

为了搞清楚民主与审计的关系，我们首先要明确什么是民主，或者说民主的含义有哪些。按照一部分人的理解，民主就是表达意见的自由。这样来理解民主应该说是浅薄的。比较专业的解释是，民主是指多数人的统治，是按照平等和少数服从多数的原则来管理社会公共事务的国家制度。①即使是这样，对民主含义的阐述也是不够准确完备的。

根据马克思主义经典作家的论述，在我看来，民主可以包括三个方面的内容。一是对于社会公共事务，每个社会成员都有通过一定程序和形式表达意见的权利。这里所说的程序和形式，一般是由法律规定的。二是对社会公共事务做出决策，要由多数人的意见决定，少数人有保留意见的权利。三是要保证按多数人意见做出的决定能够得到执行。要有国家机器作为强力机构保障执行，少数人必须服从并执行多数人做出的决定。

然而遗憾的是，很多人在谈及民主的时候，往往都忽视了民主第一个层面含义中的一定程序和形式，特别是忽视了第三个层面的含义。其实，列宁在他著名的《国家与革命》一书中，对国家、民主、自由的关系做过非常精辟的论述。列宁明确指出："民主和少数服从多数的原则不是一个东西。民主就是承认少数服从多数的国家，……""民主是一种国家形式，一种国家形态。因此，它同任何国家一样，也是有组织有系统地对人们使用暴力，这是一方面。但另一方面，民主意味着在形式上承认公民一律平等，承认大家都有决定国家制度和管理国家的平等权利。"列宁还引用了恩格斯给倍倍尔信中的一段话："无产阶级之所以需要国家，并不是为了自由，而是为了镇压自己的敌人，——一到有可能谈自由的时候，国家就不存在了。"列宁据此认为，只有在共产主义社会中，才有可能谈自由，真正完全的、真正没有任何禁止的民主才有可能，才会实现。也只有在那个时候，

---

① 参见百度百科。

民主才开始消亡。[①]由此看来，我们讨论民主，实行民主，必须完整准确地领会和贯彻民主的全部含义。忽视民主哪一个方面的含义都是不可取的，都是对民主的伤害，甚至有可能导致社会混乱乃至动乱。

从民主三个方面的含义可以看出，把民主政治作为审计产生的基础是不够贴切的——审计与民主哪一个方面的含义都不存在因果必然联系。中国古代国家审计产生和发展的历史告诉我们，国家审计不是从民主制度中产生的，恰恰是从奴隶制、封建制国家，从专制制度下产生的。那时"普天之下，莫非王土；率土之滨，莫非王臣"，不存在什么民主，但审计却存在和发展着。在当代中国特色社会主义制度下，社会主义民主政治的核心是党的领导、人民当家做主和依法治国的有机统一。审计工作必须为社会主义民主政治建设服务，这是毫无疑问的。这一要求同样适用于我国的其他任何国家机构。我们不能把普遍适用的一项要求作为国家审计产生的基础。

免疫系统论

其主要表述是：国家审计的产生和发展源于国家治理，国家治理的需求决定了国家审计的产生，国家治理的目标决定了国家审计的方向，国家治理的模式决定了国家审计的制度形态。国家审计是国家治理体系中的一个"免疫系统"。国家审计是国家治理的基石和重要保障。

免疫系统论从国家治理角度入手研究国家审计的产生，同时也指出了国家治理体系中有决策、执行、监督控制系统，这些都是正确的。但是，对于在国家治理下国家审计的产生基础，还需要做出更加清晰明确的表述。要注意不能用矛盾的一般性即普遍适用的范畴来代替矛盾的特殊性，即只适用于审计的专属范畴。同时，我们在理解免疫系统论的时候，也需避免误解，要完整准确把握其真正含义。我们一定要明确，免疫系统的提法，是借用了人体生理学的一个概念，是一种比喻，进一步说是对审计工作发挥功能作用的一种比喻和要求，规范的提法是"充分发挥审计监督在保障国民经济和社会健康发展的'免疫系统'功能，"并不是说在国家治理体系中真正存在免疫系统，也不能把审计定义为国家治理体系中的免疫系统。有些国家机构在国家治理中，也在发挥"免疫系统功能。"

权力制约论

权力制约论仍然是一个适用面很宽的范畴。国家治理结构的建立，就是权力相互制约，审计只是其中的一个环节。权力制约论同样不能很好地说明国家审计的产生。我们

---

① 列宁：《国家与革命》，人民出版社1974年版，第73、79、89页。

对此不作赘述。

在对以上不同观点进行分析之后，那么，我们应该怎样来研究国家审计产生的基础呢？我的初步看法是，要运用历史和逻辑相统一的方法，从国家分配论的研究思路出发，从国家、分配、财政、监督的逻辑顺序来研究审计产生和审计本质；从国家治理结构的理论高度，进一步说是从决策、执行、监督职责相分离的国家治理结构以及对财政分配活动监督的独立化来研究审计。

治理的一般原理，是科学合理设置权力，同时做到权力相互制约，防止权力滥用，以实现治理目标。国家治理则是通过一定组织架构，建立并实施法律、规则、制度，对社会及公共事务进行统治、管理、控制、协调，以实现预定目标。人类社会在发展过程中，探索出了决策、执行、监督职责相分离的治理结构。比如，在公司治理结构中，我们看到有董事会、经营管理高管和监事会的组织架构；在中国封建王朝的治理中，我们看到有皇帝—宰相—六部—御史的治理架构；在现代西方国家，我们看到立法、行政、司法三权分立的体制。在当今中国，实行中国特色社会主义制度。在中国共产党领导下，国家机构的设置也体现出立法（人大）、行政（政府）和监督（法、检、监察）相分离的格局。

在国家治理体系中，审计属于监督系统。我国目前审计监督仍处在行政序列，从长远观点看，这一体制还值得进一步研究、讨论、改革。审计的产生，与财政有着密切的联系。国家的出现，意味着公共权力的设立，包括物质的附属物，如军队、警察、监狱等。为了维护公共权力运转，国家就需要征收捐税、发行公债等，并安排相应支出，这就是国家财政。财政、国家财政、公共财政，在范畴含义上，没有本质区别。早期国家的职能比较单一，只是起到"守夜人"的作用。20世纪二三十年代后，国家干预经济或称宏观调控成为一项重要国家职能，财政活动规模与形式更加扩大与多样化。在中国这样的社会主义国家，还存在着较大规模的国有经济。随着财政的产生和发展，对财政分配活动的独立监督即审计，也产生和发展起来。中国封建社会时期对财政活动的监督（对事）与对官吏（对人）的监督往往是结合在一起的。到了现代社会，审计就成为独立的对国家经济活动的监督。适应不同时期的财政规模和经济社会发展以及技术进步，审计也从详细审计，发展到制度基础审计、风险导向审计、大数据全覆盖审计。近些年来还出现了环境审计、政策执行效果评估等。

我国是社会主义国家，公有制是社会主义应有之义。因此在我国，审计监督的内容还包括了对国有资产、国有资源的审计，领导干部任期经济责任也纳入了审计监督的范围。在我国党和国家监督体系中，还有党内监督、人大监督、民主监督、行政监督、司法监督、国家监察监督、群众监督和舆论监督。同这些监督形式相比，审计监督有着自己特定的监督内容、监督方式等，因而审计监督是我国党和国家监督体系的重要组成部分。不管不同国家、不同时期审计怎样发展，尽管审计范围在不同国家、不同时期会有所区别，审计是独立的、专门的经济监督这一基本属性是没有改变的。

　　总之，研究国家审计的产生、本质，要与财政的产生、发展紧密联系起来，要以国家分配论为指导，要从决策、执行、监督相分离的国家治理结构入手。国家审计产生于对财政分配独立的监督，是决策、执行、监督职责相分离的国家治理结构以及由财政监督发展到经济监督职责的独立化的结果。简言之，审计是国家治理监督体系中独立和专门的经济监督。

道不尽那年那月　隔不断缕缕师恩

李　智 （勤可信税务师事务所公司）

2017年6月，本文作者（右一）在"邓子基从教70周年座谈会"上与博士生导师邓子基教授合影留念

　　初冬周末，偶得闲暇，伫立窗前，一首《冬至已过》乐曲和天籁般的歌声吸引了我，视频中的情景仿佛在深情地诉说着那年那月，恍如又回到了恩师给我们上课的美好时光，倾听他老人家的谆谆教诲，顿时泪水模糊了我的双眼……

　　初识恩师也是在冬季。那时我研究生毕业后在沈阳税务局税务研究所从事税收研究工作。作为税收研究领域的"泰斗级"级人物，邓子基教授的名字如雷贯耳，于我更是可望而不可即。也许是机缘巧合，1990年元旦刚过不久，邓老师来沈参加经济转轨时期的税制改革研讨会，我有幸参会并认真聆听了邓老师就涉外税制和国营企业"利改税"及工商税制全面改革等问题做的专题报告。邓老师的深知灼见、博学、认真、谦逊，给我留下了难忘的印象，也下定了拜在邓老门下攻读博士学位的决心。会后，当我胆怯地把这个想法和邓老师说了以后，邓老师不仅热情鼓励我，还给我推荐了《社会主义财政学》《财政与信贷》等很多专业书籍。经过刻苦努力，1990年的秋季，我如愿踏上了去往厦门的火车，有幸成为邓老"一百单八将"中的一员。

　　由于我是来自税务工作第一线的博士生，邓老师就一直鼓励我要在税收理论和实践结合上多下功夫、多出成果，为我国税制改革建言献策。在邓老师的悉心指导和鼓励下，我在攻读博士学习期间，结合税务实际工作公开发表了近十篇论文，并因此获得了厦门大学的"王亚南"奖学金。这些学习成绩的取得都源于邓老师的耐心指导和谆谆教诲！

邓老师不仅是我学业上的良师、严师，更是生活中的慈父。离开遥远的北方故乡来到陌生的南方求学，难免会有些许不适。邓老师和师母总是给予我们无微不至的关心照顾，让我们这些"游子"有了家的感觉。每每生活中遇到各种问题，都会去和二老"唠叨"一番，就如同在家与父母倾诉一般。记得1993年的春节，我由于忙于写毕业论文没能回家过年，二老怕我孤单，就让我到他们家过大年，还包了北方的水饺。此后，每次见到二老，我都会提及那个冬天，那个春节和那顿饺子。如果时光可以倒流，真希望能再给老师包上一顿水饺……

三年的博士学习生涯转瞬即逝，转眼到了毕业的季节。由于以往的工作经历和学习期间取得的成绩，我顺利拿到了财政部税政司、国家税务总局法规司及国家经贸委企业司三个部委的录用通知书。当我向邓老师征求意见时，邓老师鼓励我去国家经济贸易委员会，我至今仍清晰记得邓老师的谆谆教导，"国家经贸委学财税的博士不多，你去那里工作，更能发挥专业知识，将所学更好地用于国企改革"。在邓老师的鼓励支持下，我毕业即到国家经贸委企业司报到，并在我国国企改革中做出了自己的贡献……

回顾往昔，正是有邓老师的把关定向、悉心指导、热情鼓励，我才取得了一些成绩。

今日之我，源于吾师。落其实者思其树，饮其流者怀其源，学其成时念吾师。时间如白驹过隙，无论经年之后成就如何，师恩如山不可忘。高山不移，碧水长流，我师恩泽，在心永留。

邓老精神薪火相传

靳东升 （国家税务总局科研所）

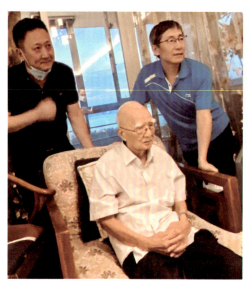

2021年9月，本文作者（右一）看望博士生导师邓子基教授并合影留念

近日收到瑞杰师弟的微信信息，邀请撰写一篇纪念邓老100周年诞辰活动的文章。收到这个信息后，我顿时浮想联翩，邓老的音容笑貌再现眼前，许多往事涌上心头。

我是1990年入学的博士生。记得第一次去邓老家上课时心中忐忑，尽管大家都已经多次与邓老接触，并不感觉紧张，而是由于第一次到邓老家中上课的激动、兴奋和期待。

当初邓老还居住在敬贤9号楼501室，师母和蔼可亲地将大家迎进屋内，备好了茶水和食品。后来，无论何时我们去邓老家，总是能够受到师母热情亲切的招待。我从来没有见过师母的严厉，她老人家总是慢声细语、平和宽容，即使是批评也如春风拂面，轻声细语让人从无尴尬和惧怕的感觉。

恩师邓子基教授给我们上的第一课就是治学精神和学习态度，后来也多次反复教导我们：对待马克思主义理论，先坚持，后发展，重在"发展论"，既反对"僵化论"，又反对"过时论"；对待西方论述，主张学习、分析、借鉴、吸收，重在"消化论"，既反对"排斥论"，又反对"照搬论"；对待方法论，要求坚持辩证唯物主义和历史唯物主义，解放思想，实事求是，一分为二，对立统一，从国情出发，从现象到本质，与时俱进，开拓创新，在继承中发展。邓老的治学精神充满着唯物主义的辩证思维和实事求是的科学态度，在当时我国左右摇摆的理论研究中独树一帜，应该说，这是继承、捍卫和发展马克思主义的学术典范。邓老不仅是这样说的，也是身体力行、以身作则这样做的。邓老积极引进了国外先进的财政理论，带领我们深入研究了马克思和恩格斯的财政理论，联系中国实际发表了大量指导我国财税改革实践的文章。邓老的教导也成为我从事税收理论研究工作的座右铭，使我在多年从事税收理论和政策的研究中受益良多。

邓老出身贫寒，幼年的不幸遭遇非但没有让邓老怨天尤人、意志消沉，反而成为他终生奋斗的动力。在厦门大学为邓老举办的85周岁纪念活动中，邓老已经著作等身、功成名就和桃李满天下了，却仍然自称是一位财税战线的"老兵"，努力践行生命不息、奋斗不止的理念。由于晚年患病，我曾多次劝他以保重身体为主，少招博士生了。但是，每次他都回答学生不多不多，与学生在一起是他生活的乐趣，而且最后总共为国家培养了108个博士，这在国内国际都是少见的。即使邓老已经90多岁高龄了，仍然关心弟子们的成长，每位弟子的进步邓老都是满心欢喜，给予祝贺并如数家珍。我在2020年将部分论文成果汇集成册，请邓老作序，邓老不顾年老体衰，欣然命笔，很快成稿，鼓励我们有所作为。

邓老无论工作还是生活，始终保持着旺盛的工作热情和乐观的生活状态。记得大约是1992年的冬季，邓老不幸患了胆囊炎，当时被医院误诊为急性肝炎，入住医院阴冷潮湿的地下室。偌大的地下室，长长的走廊，一排长长房间，一串昏暗的灯光，只有邓老一名患者住在隔离病房，当时邓老子女都在国外，我们在读的几位博士生轮流陪同，而邓老却乐观地告诉我们和前来看望的友人，他享受了一次难得的特殊优待，这是我们终生难忘的患难经历。多年以后，邓老做了胆囊切除手术，他逢人便开玩笑，说自己是无"胆"英雄。邓老的幽默乐观全国有名，无论他走到哪里，都跟好友和学生充满欢声笑语，大家都愿意与邓老一起，也都心甘情愿地为邓老服务。我们税务系统许多人都认识邓老，钦佩邓老，尊敬邓老。邓老每到一地，他的博学多才、平易近人都给大家留下美好的回忆。

邓老虽然永远地离开了我们，但是邓老的精神永生。他的努力奉献的精神、幽默乐观的性格和平易近人的人格魅力永远根植于我们的心中。

永远怀念敬爱的恩师，永远学习邓老的精神。

甘为人梯　造福苍生

张　通（中华人民共和国审计署）

1995年6月，本文作者（左一）博士毕业并与博士生导师邓子基教授合影留念

在纪念我国著名经济学家、财政学家和教育家邓子基教授100周年诞辰之际，抚今追昔。作为他的弟子之一，我深感邓老师德之高，师风之正，师道之博，师艺之精，让我终生难忘。

在校读书时，邓老总是在其言传身教中体现着"第一是做人，第二是做学问"的育人思想。他将做人、做事的道理寓于其自身的行动中。在接人待物中时刻体现着平易近人、淡泊名利、诚实守信、宽容大度的传统美德；在做事中处处蕴含着对祖国的事业、人民的疾苦的深情，大事以国家、民族利益为重，小事以他人利益为重；在治学中，他倡导"不唯上，不唯书，不唯风，只唯实"的学风，循循善诱，鼓励学生们开拓思想，注重辩证地学习与借鉴西方市场经济国家的财经理论与实践，将所有好的财经理论与中国国情相结合，为中国的财政事业服务，为中国的经济建设服务。走上工作岗位后，我谨记邓老"老老实实做人，本本分分做事"的教导，运用在校学习的财经理论知识，借鉴国际经验，结合中国国情，积极投身于公共财政建设中，努力开展工作。

1994年，我有幸参与了分税制财政体制改革；1995年，我从财政部办公厅调到地方预算司工作，有幸参与了《政府间财政转移支付方案》的设计，并进行了具体的操作实践；1998年，我从国外学习归来，有幸参与《中央部门预算编制改革方案》的设计，并进行了具体的改革实践；同时，有幸参与了预算科目改革工作，初步完成了《政府收支分类》的改革方案；此外，还有幸参与了政府采购改革工作，初步建立了中国政府采购制度框架；2000年，我从预算司调到国库司工作，有幸参与了《财政国库管理制度改革方案》的设计，制定发布了实施财政国库管理制度改革试点的一系列规章制度；有幸参与了财政部"政府财政管理信息系统（GFMIS）"工作小组，参与设计了《中国政府财政管理信息系统（GFMIS）总体框架》，开发财政资金支付管理系统工作等等。在这些年的改革和工作实践过程中，我始终得到了邓老的悉心指导。

邓老自执教以来，育人无数，为祖国培养了大量英才。作为他的一个弟子，我为财政事业所做的工作也只是邓老众多弟子为国为民奉献中的点滴，但我的每一分收获都蕴含了邓老的心血。在我的人生中，得此良师，终身受益；在祖国的发展历程中，有此人梯，造福苍生。

深切怀念敬爱的恩师邓子基教授！

2008年6月，本文作者（左一）与博士生导师邓子基教授合影留念

国家财政理论研究的拓展与深化

——重温邓子基教授的著作《国家财政理论思考》

孙　开 （东北财经大学）

2017年6月，本文作者（右一）在"邓子基从教70周年座谈会"上与博士生导师邓子基教授合影留念

在纪念我国著名经济学家、财政学家和教育家邓子基教授100周年诞辰之际，与大家重温邓子基教授撰写的《国家财政理论思考》（中国财政经济出版社2000年版）一书。该书是从适应财政理论与实践发展需要的角度出发，本着独立思考、探元求真的精神，论述了在社会主义市场经济新形势下，如何借鉴、吸收西方"公共财政论"，坚持、发展"国家分配论"这一重要理论问题。拜读之后，我感到，邓先生的这一部力作在学术观点上具有如下几个特点：

一、对目前条件下"国家分配论"的适用性问题作了进一步的阐述和分析

近年来，尤其是党的十四大提出建立社会主义市场经济体制之后，关于如何看待"国家分配论"的问题，再次成为财政理论研究的热点。应该承认，"国家分配论"是产生和根植于计划经济土壤之中的。那么，在市场经济条件下，这一理论是否已经过时？它与市场经济的逻辑是否相悖？尤其是在我国政府已明确提出初步构建公共财政体系框架的条件下，"国家分配论"能否继续为经济、财政改革的深化提供理论指导？这是"国家分

配论"需要面对和回答的问题。在本书中，邓先生从对基础经济学、国家理论、经济制度变迁与财政制度变革等背景问题的分析入手，进一步阐述了财政的本质，指出在国家与财政之间，存在着同生死、共存亡的密切关系，没有任何财政不是以国家为主体的分配活动，也没有任何以国家为主体的分配活动不是财政。

邓先生认为，"国家分配论"采取层层"剥笋式"的分析方法，正确地把握了各种社会形态下财政的一般本质。在社会主义市场经济条件下，财政也不应该绕开和回避财政本质问题，财政与国家的本质联系并未改变，仍要坚持"国家分配论"。理由是：首先，经济体制的转轨，只是使我国的经济运行模式和政府的经济职能发生变化，而没有改变我国的经济制度和生产方式，从而，它也只是改变我国财政职能的实现方式、收支内容和运行的特点，而并未改变财政是以国家为主体的分配关系这一经济实质。其次，在市场经济体制要求对财政职能作相应调整的同时，社会主义市场经济自身的特点决定着，公有制经济在经济活动中居于举足轻重的地位，财政难以从国有资产（本）管理领域退出，从而也难以变成单纯的"公共财政"。再次，由于存在着市场失灵的领域，需要国家的干预，所以，也就离不开财政的宏观调控。基于以上原因，该书强调了从观念和思想上重视"国家分配论"，充分发挥国家财政作用的重要意义。

在强调坚持"国家分配论"的同时，该书也认为，"国家分配论"毕竟形成于计划经济时期，随着我国经济体制的转轨和经济条件的变化，"国家分配论"者对于社会主义财政这一财政特殊的本质的认识必定要因之而发生变化，不断地对经济发展和财政改革进程中出现的新形势、新问题进行思考，根据实际情况对"国家分配论"的某些观点进行修正和发展，从而丰富和完善这一理论，其中便包括借鉴和吸收"公共财政论"中的有益成分。

二、系统地分析了"国家分配论"与"公共财政论"之间的关系

在该书中，邓先生将西方财政理论所涉及的主要问题概括性地归结为五个方面，即关于财政起因的"市场失灵论"、关于财政对象的"公共产品论"、关于财政目的的"公共需要论"、关于财政模式的"公共财政论"，以及关于财政决策的"公共选择论"。其中，"公共产品论"和"公共财政论"被概括为西方财政理论的"核心组成部分"。关于"公共财政论"与"国家分配论"之间的关系，该书认为，西方财政理论自诞生之日起便置身于市场与资本的环境之中，并且随着西方市场经济实践和经济基础理论的发展而不断得以丰富与发展，因此，在分析市场经济条件下的财政现象、财政模式以及财政管理等许多方面都不乏科学的成分。因此，在我国经济体制向市场经济体制转轨以及力图初步建立公共财政基本框架的背景下，尤其需要吸收与借鉴西方财政理论的精华，以指导我国的财政经济改革与实践，对我国传统财政理论作相应的修正、补充与完善。

邓先生也一向主张，研究西方财政理论时所持的科学态度应该是学习、分析、批判和吸收。他认为，一般来说，财政本质论是"国家分配论"的基石，"国家分配论"正是沿着财政本质观进行逻辑展开，从而构建起自身的理论体系的。这样，着重作为本质论的"国家分配论"与着重作为现象论的"公共财政论"就分别居于不同的理论层面上。因此，二者之间并不存在着截然对立、水火不相容的关系，不存在谁能够和应该替代谁、排斥谁的关系。这样，就从"不同层面"（本质层面和现象层面）的角度解释了"国家分配论"与"公共财政论"之间相互包含与充实的关系。

　　邓先生认为，就公共财政模式本身看，我国的公共财政至少有两大特殊性：一是我国的公共财政不是单纯的公共财政，它还要处理公共财政与国有资产（本）财政之间的关系。二是我国公共财政的职责不单是要弥补市场缺陷，同时还要影响市场和培育市场，这是由我国目前条件下的市场发育程度所决定的，因此也决定了政府宏观调控的广度和力度要相对大一些。这种关于"公共财政一般"和"公共财政特殊"的分析，为探索建立适合中国国情的公共财政体系，提供了一种解释。

三、论述了关于进一步发展"国家分配论"的问题

　　如何在借鉴"公共财政论"的过程中进一步发展"国家分配论"，是该书着力研究的内容之一。书中在比较分析的基础上认为，在思路、观点和研究方法上，"国家分配论"可在四个方面学习和借鉴"公共财政论"：首先，财政活动应把弥补市场缺陷作为出发点，其首要任务是为社会成员和市场主体提供一视同仁的公共服务，避免由于政府财政的不恰当干预给市场的有效运作和经济效率造成损害；其次，政府取得的用于提供公共产品和服务的财政收入，应贯彻总体有偿的原则，根据政府提供公共服务的实际支出来确定收入的规模，即实行公共财政意义上的量入为出，或者说，政府可以取得多少财政收入，应充分考虑到自身为社会提供了什么样和多少服务，从而可以从社会公众那里取得多少的补偿或收入，而不能仅仅考虑自己在取得收入方面究竟有多大的能力；再次，政府预算应当依据有关法律，通过一定的政治程序进行编制和执行，政府预算的绝大部分内容应向社会公开，社会公众有权监督政府预算的实际执行情况，使政府预算纳入法治化、程序化和公开化的轨道；最后，还应在研究方法上借鉴西方财政理论中所大量采用的数理方法、计量方法，既注重定性分析，也注重定量分析。可以说，书中所谈及的这些内容，也正是我国目前财政理论与实践中所亟待解决的前沿性问题。

　　综观该书，邓先生始终以马克思主义的基本理论为指导，主张坚持和发展"国家分配论"，同时又灵活运用了西方现代财政理论，博采众长，为我所用，在研究中做到了有的放矢，坚持理论联系实际。

重温邓子基教授的财政基础理论

纪益成（厦门大学）

1996年6月，本文作者（左一）与邓子基教授在博士论文答辩会上合影留念

邓子基教授是蜚声中外的马克思主义经济学家、财政学家、教育家，是我国财政学国家分配论的创立者和奠基人，还是在社会主义财政基础理论方面做出巨大贡献而被称为"邓分配"的著名财政学家。

邓子基教授所创立的"国家分配论"，既是中国特色社会主义财政理论的重要理论基础，也是与中国式现代化的社会主义市场经济体制相适应的财政基础理论体系的重要组成部分。在纪念邓子基教授诞辰100周年之际，通过再次学习由邓子基教授"财政本质论"、财政"四职能"和"一体两翼"等财政基础理论和政策主张所构成的"国家分配论"，有了更加深刻的认识和新的收获。

邓子基教授主张的"国家分配论"重要财政基础理论，是在我国计划经济时期、计划经济转型时期和社会主义市场经济确立时期等不同时期提出的，同时在不断应对挑战中吸收和借鉴其他有益成分并及时总结我国财政实践，形成的我国社会主义财政学的基础理论主要学派。在新时期，邓子基教授提出的"财政本质论"、我国财政"四职能"和"一体两翼"等重要财政基础理论仍具有强大的理论生命力和实践指导性。现将这些新认识和新体会整理成文，以此来纪念邓子基教授诞辰100周年，并进一步弘扬邓子基教授所创立的"国家分配论"理论。

一、对邓子基教授"财政本质论"的新认识和新体会

邓子基教授提出的关于财政本质是一种以国家为主体的分配关系，揭示了财政最具本质的属性。早在1962年，邓子基教授就在《厦门大学学报（哲学社会科学版）》第3期发表了《略论财政本质》，系统而深刻地论证了财政的本质特征，揭示了"财政本质论"最具核心的观点。在该文中，邓子基教授从财政产生、发展的历史考察中，对社会产品分配的两重性进行了分析，提出了把财政本质确定为实现国家职能并以国家为主体形成的一种分配关系："人类社会各个不同社会形态国家为实现其职能并以其为主体无偿地参与部分社会产品或国民收入的分配所形成的一种分配关系，简称为财政分配关系。"[①] 邓子基教授在20世纪60年代揭示的财政本质属性，不仅诠释了中国在计划经济时期的财政本质属性，也被社会主义市场经济等不同时期的财政实践所检验，并揭示了人类社会各个不同社会形态、不同国家、不同时期财政的本质属性。

从财政与国家的关系看财政的本质。从我国财政理论与实践看，不仅是在计划经济时期，还是在我国市场经济时期，财政与国家的关系都是"国家为实现其职能并以其为主体"的关系。2003年，李岚清同志在论述我国公共财政时指出："一般来说，公共财政是在市场经济条件下，主要为满足社会公共需要而进行的政府收支活动模式或财政运行机制模式；是国家以社会和经济管理者的身份参与社会分配，并将收入用于政府的公共活动支出，为社会提供公共产品和公共服务，以充分保证国家机器正常运转，保障国家安全，维护社会秩序，实现经济社会的协调发展。"[②] 事实也表明，无论是我国社会主义计划经济时期的财政，还是改革开放和社会主义市场经济建设时期的财政，以及进入新时代以来的财政，不仅充分体现了财政与国家密不可分的关系，而且体现了以国家为主体的一种分配关系。反之，如若是以企业、事业、个人等为主体，并为实现企业、事业、个人等职能的分配，那就是企业、事业和个人等私人经济领域的财务行为，而不是公共经济领域的财政行为。另外，从财政行为主体看，不同国家及其不同时期、同一国家不同时期的财政行为主体，无一例外都是以国家或政府作为行为主体，即都是以国家为主体进行的财政"收、支、管、平"活动。总之，古今中外财政实践表明，承担财政职责的行为主体无一例外都是国家或政府。离开国家或政府作为财政行为主体，则任何国家、任何时期的公共需要和财政政策目标都难以实现。

从财政公共性比较看财政的本质。"公共性"虽是财政的特征之一，但只是一种财

---

① 邓子基 . 略论财政本质［J］. 厦门大学学报（哲学社会科学版），1962（03）.

② 李岚清 . 健全和完善社会主义市场经济下的公共财政和税收体制［N］. 人民日报，2003-2-22.

政分配形式的表述，而不是本质特性，况且不同国家、不同时期财政公共性的边界和范围也都不同，而且时常处于变动中。从不同社会形态看，财政确有不同程度的公共特征，但是财政公共性的边界和范围大小随着时间不同而不断变化；不同国家、同一国家的不同时期，财政公共性的范围和边界也会不同。所以，邓子基教授提出的财政本质特征不会因为上述情形变动而改变。进一步讲，哲学上所谓的本质，就是指隐藏在事物背后的根本性质，是事物内部固定的、相对不变动的联系。本质有深浅之分，有初级本质、二级本质，及至更高级的本质。列宁说过，人的思想由现象到本质，由所谓初级本质到二级本质，不断深化，以至无穷。上述"财政本质论"，刊载于1962年《中国经济问题》第4期和第11期上的《试论财政对象与范围》和《财政只能是经济基础范畴》。而今经过60多年社会实践的检验和证明，更加证明了"国家分配论"理论观点的正确。

二、对邓子基教授关于财政职能的新认识和新体会

邓子基教授认为，财政职能是财政的固有客观功能，是不以人的意志转移的。社会主义财政的职能与社会主义国家的职能、社会主义财政的本质有密切联系。在认识和揭示社会主义财政职能方面，从计划经济时期的分配职能与监督职能的"两职能说"，到党的十一届三中全会之后的分配、调节、监督职能的"三职能说"，再到确立社会主义市场经济体制之后提出的包含分配职能、配置职能、调控职能和监督职能的"四职能说"，是一个不断发展和完善的过程。为此，邓子基教授1962年7月在《福建日报》发表了《论加强财政监督》，1965年在《中国经济问题》第6期发表《论财政工作中服务与监督的关系》，1980年在第三次全国财政理论讨论会上发表了《关于认识财政职能作用的问题》，这些论述，深刻而系统地阐述了社会主义财政职能及其与财政作用的关系，提出了社会主义财政具有筹集财政资金、供应财政资金（把分配职能细分为筹资和供应两职能）、调节职能、监督职能。1993年，邓子基教授又在《经济研究》第9期发表了《社会主义市场经济条件下的财政职能》一文，提出社会主义市场经济条件下我国财政有四个职能，即分配职能、配置职能、调控职能、监督职能，并阐述了财政职能与财政部门职责的关系。在该文中，邓子基教授指出了配置职能、分配职能和稳定职能是西方财政的三大职能，它是适应西方经济市场经济的财政职能；同时认为，西方讲的分配职能和我们讲过的分配职能内涵不大相同，西方讲的"稳定职能"同我们讲的调控职能接近，但也不赞同把财政职能割裂开来，主张应全面考察财政职能，提出了社会主义市场经济条件下的分配、配置、调控、监督"财政四职能说"。"财政四职能说"是邓子基教授立足"国家分配论"，同时借鉴吸收西方财政职能理论中的有益成分，并结合中国经济体制改革的现状而提出的财政职能理论主张。从此，我国财政界对"四职能论"达成共识，并成为指导我国社会主义财政实践的政策主张。

三、对邓子基教授关于我国财政"一体两翼"理论的新认识和新体会

邓子基教授提出"一体两翼"理论，可追溯到20世纪60年代初关于财政本质的学术争鸣时期。邓子基教授认为：国家财政"一体两翼"思想的产生是与社会主义国家的两重身份及其两重职能密切联系的，即社会主义国家的两重身份和两重职能决定了国家财政呈现"一体两翼"基本格局。之后，经历了20世纪80年代利改税、税利分流、复式预算的理论与实践，邓子基教授主张的"一体两翼"的概念也初步形成，经过不断总结和完善，邓子基教授在1997年《财政研究》第1期发表了《坚持、发展"国家分配论"》的重要文章。在该文中，邓子基教授系统地提出了社会主义国家（财政）的"一个主体，五个两种"的观点，系统提出了"一体两翼"基本理论。他又在1998年《厦门大学学报（哲社版）》第4期发表了《改革开放二十载财政理论写新篇》，其中再次对"一体两翼"理论进行完善，并在2000年《财政研究》第1期发表的《借鉴"公共财政论"发展"国家分配论"》一文中，进一步阐述了我国财政内含"一体五重"的关系。邓子基教授还在2003年《当代财经》第9期发表了《对国家财政"一体两翼"基本框架的再认识》，专文重申和总结我国财政"一体两翼"的理论依据为：社会主义国家财政内含"一体五重"的关系，即一个主体（国家或政府）、两种身份（政权行使者、国有资产所有者）、两种权力（政治权力、财产权力）、两种职能（社会管理、经济（含国有资产）管理）、两种分配形式（税收、国有资产收益）、两种分配关系（税收征纳、利润上缴）。这种"一体五重"的关系形成了社会主义国家财政特有的公共财政和国有资产（本）财政的"双重结构模式"。对于财政管理部门来说，则形成了国家财政部门与国家税务部门、国有资产管理部门的"一体两翼"格局（其中，财政是"母体"，国家税务部门、国有资产管理部门是国家财政部门"母体"的不可分割的"两翼"）①。同时强调，在"一体两翼"关系中，社会主义公有制为主体与各种经济成分并存的基本经济制度是"一体两翼"的经济基础；而社会主义国家的两种身份与两种职能则是构成"一体两翼"的思想源泉②。总之，邓子基教授提出的财政"一体两翼"理论，不仅是对计划经济时期的"国家分配论"的一次理论升华，也为我国建立国有资本经营预算制度提供了重要理论依据。

---

① 邓子基.对国家财政"一体两翼"基本框架的再认识［J］.当代财经，2003（09）.
② 同上。

四、对邓子基教授关于西方公共财政理论的新认识和新体会

邓子基教授科学、辩证地看待西方公共财政理论。邓子基教授指出，社会主义财政职能与西方公共财政职能之间存在区别和联系。他在1993年《经济研究》第9期上发表的《社会主义市场经济条件下的财政职能》，提出我国社会主义市场经济条件下的财政有分配、配置、调控、监督四个职能，而西方财政有配置、分配和稳定的三大职能，邓子基教授通过比较认为："西方讲的分配职能和我们讲的分配职能内涵不大相同，他们讲的"稳定职能"同我们讲的调控职能相接近①"。邓子基教授认为，要坚持从中国国情出发，既反对照搬西方"公共财政论"，也要吸收借鉴"公共财政论"中的有益成分进一步完善"国家分配论"。邓子基教授在2001年《财政研究》第7期发表了《关于公共财政的几点认识》，文章中指出：要特别注意中西国情的差异，注意我国所走过的和所要走的独特的改革之路，注意坚持我国的社会主义经济制度，而不应对来自西方发达市场经济国家的公共财政论照搬照抄，不加鉴别地加以引进。② 在我国建立公共财政模式方面，李岚清同志与邓子基教授也有相同的看法。2003年2月，李岚清同志在《人民日报》上发表文章指出："市场经济国家的公共财政，有共性的地方。但由于各国国情、文化传统及市场发育程度不同，公共财政的具体模式和做法也不尽相同。我国不能简单模仿或生搬硬套西方国家的公共财政模式，必须立足本国国情，从实际出发，建立适应中国特色社会主义市场经济需要的公共财政"。③2003年，邓子基教授认为，在社会主义市场经济条件下，我国财政框架的建构不能从西方"公共财政论"中寻求解决方略。④

关于西方公共财政的"市场失灵"问题。受邓子基教授对西方公共财政理论观点的启发，本人对西方公共财政中的"市场失灵"理论也有了新的体会。"市场失灵"是西方公共财政理论的核心，从西方市场经济发展历史看，西方市场经济从自由竞争进一步发展到垄断经历了几百年时间，"市场失灵"是其从自由竞争发展到垄断经历了200多年后才将其市场自身固有的缺陷明显地暴露出来，而为了应对西方经济"市场失灵"，提出了政府干预的西方公共财政理论。而我国，社会主义的市场经济发展经历了有计划的商品经济时期，再发展到社会主义市场经济时期，相对于西方市场经济，社会主义市场经济时间还很短。若从1998年提出建立公共财政框架或2001年加入世贸组织时算起到现在，只有20多年时间；若从我国初步建立社会主义市场经济体制的2009年算起，也才只有十几年

---

① 邓子基.社会主义市场经济条件下的财政职能［J］.经济研究，1993（09）.
② 邓子基.关于公共财政的几点认识［J］.财政研究，2001（07）.
③ 李岚清.健全和完善社会主义市场经济下的公共财政和税收体制［N］.人民日报，2003-2-22.
④ 邓子基.对国家财政"一体两翼"基本框架的再认识［J］.当代财经，2003（09）.

时间①。从实践上看，从新中国成立到现在关于政府与市场的关系早就存在，而且也一直不乏政府对经济的干预，无论在计划经济时期还是经济转型时期，甚至到初步建立适应社会主义市场经济初期，均不乏政府对经济的干预。党的十八大以来，市场对资源配置起决定性作用，政府与市场的边界也逐步清晰。此外，西方国家公共财政理论建立在生产资料私有制及其国有经济占比重不大的基础上，必然不适用生产资料公有制及国有经济占主导地位的我国社会主义市场经济条件下的财政理论。因此，西方公共财政的"市场失灵"理论不适用我国财政理论与实践，这也更进一步印证了邓子基教授指出的："我国财政框架的建构不能从西方"公共财政论"中寻求解决方略"②观点的正确性。

五、对邓子基教授坚持、发展马克思主义财政思想和不断完善我国财政学"国家分配论"的新认识和新体会

坚持、发展马克思主义财政思想。在坚持、发展马克思主义财政思想方面，邓子基教授先后撰写出版了《马克思恩格斯财政思想研究》《马克思与财政》等专著和文章，系统论述了社会主义财政学作为社会科学，是马克思主义科学宝库的一个重要组成部分。邓子基教授提出，在更新、发展财政理论的过程中，要坚持马列主义，洋为中用，从国情出发，在继承中发展。对待马克思主义，先坚持，后发展，提倡"发展论"，既反对"僵化论"，又反对"过时论"。对待西方的东西，注重学习、分析、批判、吸收，提倡"消化论"，既反对"排斥论"，又反对"照搬论"。对待方法论，要坚持辩证唯物主义与历史唯物主义。③

不断发展和完善我国财政学"国家分配论"。从邓子基教授的财政基础理论体系的形成与发展过程看，"国家分配论"经历了计划经济时期、经济转型时期（改革开放初期起到市场经济确立前），以及社会主义市场经济时期，并在接受实践检验中得到不断发展和完善。从发展和完善历程看，邓子基教授都一直坚持从中国国情出发，实事求是、兼收并蓄，并进一步发展和完善"国家分配论"的理论体系，从不固守计划经济时期的"国家分配论"，而是与时俱进，根据我国经济社会体制的转型和发展，不断吸收中外财政研究理论中的有益成分，为中国财政改革发展探索和完善"国家分配论"理论。进入新时期以来，"国家分配论"继续在财政理论与实践中发挥着重要指导作用。

———————————

① 新华社.发展改革委：我国初步建立社会主义市场经济体制［N］.2009.10.5.
② 邓子基.对国家财政"一体两翼"基本框架的再认识［J］.当代财经，2003（09）.
③ 邓子基.学习借鉴西方财政的认识［J］.财经论丛，1994（03）.

六、邓子基教授"国家分配论"至今仍具有重要的理论和现实意义

邓子基教授提出"财政本质论"已历经60多年的实践检验，至今仍具有重要的理论和现实意义。党的十八届三中全会明确指出，财政是国家治理的基础和重要支柱，即财政不仅是国家治理的基础，而且还是国家治理的重要支柱。无论是成为国家治理的基础，还是成为国家治理的重要支柱，财政都是要通过国家预算制度筹集预算收入，实现以政（国家）集财，并通过国家预算制度安排预算支出，实现为政资财，实现国家政策的目标。财政实施的国家预算收支安排，形式上是政府提供公共服务，本质上是一种以国家为主体实现国家职能的分配关系。

邓子基教授提出的与社会主义市场经济发展相适应的我国社会主义财政"四职能论"在当今仍发挥重要作用。当前的理论和实践表明，我国社会主义财政职能仍具有"分配、配置、调控、监督"四项基本职能，有别于西方公共财政的"配置、分配、稳定"三职能，而且分配职能是社会主义财政的首要职能。如今，财政通过再分配并配合初次分配和三次分配，充分发挥着缩小城乡、地区、群体间差距的重要作用。社会主义财政调控职能的发挥，不仅是实现国家宏观调控目标的重要手段，也是调节和促进经济稳定的重要保障。另外，与政府的其他部门相比，财政部门的分配、配置和调控职能的发挥过程，运用经济手段更多，也更容易与市场经济运行机制协同。财政监督职能仍然是目前我国财政的重要职能。习近平总书记在十九届中央纪委六次全会上指出，审计监督、财会监督、统计监督都是党和国家监督体系的重要组成部分。在中央全面深化改革委员会第二十五次会议上，习近平总书记再次强调，要严肃财经纪律，维护财经秩序，健全财会监督机制。这些都进一步表明，当前我国社会主义财政监督职能有着更加重要的作用。

邓子基教授提出的我国财政"一体两翼"理论对坚持"两个毫不动摇"和加强国有资产管理具有重要意义。2012年党的十八大报告明确"两个毫不动摇"，即毫不动摇地巩固和发展公有制经济，毫不动摇地鼓励、支持、引导非公有制经济发展。2017年，党的十九大报告把"两个毫不动摇"写入新时代坚持和发展中国特色社会主义的基本方略。2022年，党的二十大报告重申"两个毫不动摇"。邓子基教授指出，"一体两翼"的经济基础是社会主义公有制为主体与各种经济成分并存的基本经济制度，不仅与坚持"两个毫不动摇"相一致，而且为同一国家预算管理体制下提高效率奠定了基础，这将会更加有利于坚持两个"毫不动摇"。另外，邓子基教授的财政"一体两翼"和"一体五重"理论，对当今我国国有资产管理发挥着理论指导作用。在2018年中共中央印发《关于建立国务院向全国人大常委会报告国有资产管理情况制度的意见》中，将国有资产大体上分为企业国有资产、金融企业国有资产、行政事业性国有资产、国有自然资源等国有资产，

加之我国进入数字经济时代，我国国有资产中还将新增数量巨大的数字化资源资产。这些成就的取得，与"一体两翼""一体五重"等理论指导是分不开的。

邓子基教授主张的以国家为主体的财政分配，为促进共同富裕提供了新思路。党的十九届四中全会首次明确以第三次分配为收入分配制度体系的重要组成，并确立慈善等公益事业在我国经济和社会发展中的重要地位。实现我国共同富裕，均离不开以市场主导的初次分配、以政府主导的再分配和以企业、机关事业单位和个人所主导的慈善等公益事业的三次分配。特别是，在涉及促进共同富裕的这三类分配中，均离不开以国家或政府为主体的财政分配的主导、引导和配合。

总之，邓子基教授的"国家分配论"，是适应中国式现代化社会主义市场经济的财政理论。我们要继续秉承邓子基教授的"国家分配论"理论，并不断从古今中外财政理论研究中吸收有益成分，使邓子基教授的财政经济理论继续在实现中国式现代化的进程中做出更大的贡献。

导师，我们永远怀念您

承　皓（财政部）

1995年5月，邓子基教授在日本访问讲学时，与本文作者（右一）合影留念

敬爱的导师邓子基教授离开我们已经两年了。在邓老师百年诞辰之际，我们深切怀念和感恩导师。

1984年，我考上邓老师的硕士研究生，来到厦门大学财金系财政专业学习社会主义财政学。硕士毕业工作几年后，1991年我继续攻读邓老师的博士。每当我回想起在厦门大学读书的场景时，邓老师音容如在。再读学习邓老师财经文选集等倍感亲切，感悟深刻。

邓老师一生致力于财政理论的探索与创新，创立的"国家分配论"为国家财政改革发展浇筑了坚实的理论之基。1952年，邓老师从厦门大学资本论研究生班毕业后，就运用马克思主义政治经济学的观点和方法，结合我国实际，深入研究财政本质、职能等一系列财政基础理论问题，先后发表了《略论财政本质》《资本论与社会主义财政理论》《社会主义财政学》《马克思恩格斯财政思想研究》等理论文章。由于邓老师运用了马克思恩格斯的立场观点来分析财政本质特点问题，以马克思资本论为思想基础，紧密结合中国特色社会主义财政实际，从而研究创立了"国家分配论"，成为中国财政学界主要代表之一。"国家分配论"创新并发展了社会主义财政学基础理论，为我国社会主义建设发展和财经制度改革提供了现实的理论依据，为中国特色社会主义财政职能的完善和实施积极财政政策发挥了积极作用。

邓老师热爱党的教育和科研事业，兢兢业业，孜孜不倦，著述丰厚，桃李满天下，教书育人硕果累累。邓老师为国家培养了一大批财经高级人才，如今已成为各行各业中的骨干和中坚力量，为国家的建设和发展作出积极贡献。

邓老师爱生如子。在培养学生的学习、思维能力上，十分重视对发现问题、分析问题和解决问题能力的培养。他要求我们要实事求是、理论联系实际地搞研究做学问、研究中国的问题，不能脱离中国的实际；对待西方的东西，不能全盘照搬，应结合我国实际洋为中用；对待马克思主义，要先坚持后发展，重在"发展论"，既要反对"僵化论"，又要反对"过时论"。邓老师时常教导我们：人的一生是一个终身学习的过程。对于年轻同志要扬长补短，对于老同志要扬长避短。这些富有哲理的思想深深地影响和指导着我的学习工作生活。

邓老师坚持教书育人，出人才出成果。强调培养对祖国有用的高素质人才；注重学生的品德教育，坚持德育为先。他以自己的崇高品德教育着我们这些学子如何正确地做好人做好事。在提升学生学习能力、树立正确的人生观价值观的同时，也非常关心学生们的家庭建设，关心我们的生活和个人进步。我至今记忆犹新的是，因寒假时间较短回新疆路途又远，我在读硕士期间三年的春节都是在老师家里过的。老师、师母一家人的热情和关心使我倍感温暖和幸福。在我的工作学习规划上，邓老师也给予了及时指导，帮助我下决心参加了国家公派留学选拔，并顺利前往日本东京一桥大学攻读公共经济学联合培养博士，这使我进一步拓展了研究视野，受益匪浅。回首过去，是邓老师教给我财政学的基本理论；是邓老师培养我不断提高自身的专业知识水平，使我在工作中对"国家分配论"有了更深刻的实践体会；是邓老师指引我走出天山走向世界，引导我走向正确的人生道路。没有邓老师的教育培养和关心帮助，就没有我今天的成长进步。这份恩师之情使我感念终生！

我们追思怀念、感恩邓老师，牢记老师的教诲，就是要学习老师严谨的治学理念、求真务实的研究态度；就是要学习导师忠诚奉献、宽容善良的优秀品格。在我们的学习工作中脚踏实地、积极进取、尽职尽责。将邓老师的思想、理论、精神传承下去，发扬光大，更好地为实现党的第二个百年奋斗目标贡献力量。

敬爱的邓老师，我们永远怀念您！

人生的导师　学术的引路人

刘　磊（海南省税务局）

2017年6月，本文作者（左一）在"邓子基从教70周年座谈会"上与博士生导师邓子基教授合影留念

　　尊敬的邓老，是我人生的导师，学术的引路人！1990年，我与自己仰慕已久的我国著名财政学家、厦门大学邓子基教授取得了联系，表达了希望报考他的研究生的愿望，邓教授回信鼓励我："有志者事竟成，望续加努力！"经参加全国研究生统一考试，我考取了厦门大学研究生院财政学专业税收研究方向攻读硕士学位研究生。硕士学习期间，我在邓老的指导下，我公开发表了近三十篇学术论文，在全校硕士生中名列前茅，还担任了校研究生会学术部部长。我的硕士学位论文《所得税的理论与实证分析》，得到了有关专家与教授的较高评价，于1996年由中国财政经济出版社出版，这是我国第一部系统研究所得税的专著，此书参加了当年在北京举办的"中国出版成就展"。鉴于优秀的学习成绩与突出的科研成果，厦门大学授予我本校"聚泰奖"。

　　承蒙邓老厚爱，1994年我又接着考取了他招收的税收理论与政策研究方向的博士研究生，实现了硕博连读和自己的学业计划。三年学习期间，我担任了导师邓子基教授的学术助手，协助导师做了大量的工作；与导师邓子基教授合著的《税利分流研究》一书，1995年获中国出版界最高荣誉奖——第九届"中国图书奖"，并获第二届"全国高等学校出版社优秀学术奖"（一等奖）；又在有关刊物公开上公开发表税收论文30余篇。我还担任了系研究生党支部书记，1995年，获得了厦门大学研究生"光华奖"（一等奖），1996年又被评为厦门大学"三好学生"，并获"优秀奖学金"。我与邓老合写的《借鉴增值税管理的国际经验实现我国征管制度创新》一文，发表在《大特区财税》1996年第1期；为纪念邓老从教50周年，我撰写了《霜重色愈浓——写在邓子基教授从教50周年之际》，发表在《综合财政研究》1997年第11期和《扬州大学税务学院学报》1997年第4期。

我的博士论文《税收控制论》，由中国财政经济出版社于1999年4月出版。邓老为此书作序，他写道："《税收控制论》一书，是刘磊同志在他的博士学位论文的基础上进行删改后出版的。我作为导师，看到学生的成长感到非常高兴！欣然为之作序。刘磊同志于1991年进入厦门大学财政金融系攻读硕士学位，1994年9月考取我的博士生攻读博士学位，1995年至1997年担任了我的学术助手。他刻苦勤奋，成绩优秀，富有钻研精神，在攻读硕士和博士期间发表了七十余篇论文，在导师指导下参与两本著作的编写，其中《税利分流研究》荣获第九届'中国图书奖'。该同志还荣获厦门大学'光华奖'。由我指导他确定以税收控制为研究重点，在调查研究与发表文章的基础上，撰写了《税收控制论》的博士论文。《税收控制论》以巨大的篇幅（近40万字）将控制论的思想方法应用到整个税收过程的分析研究，这种系统研究在国内尚属首见。本书共四篇十章，作者把税收立法、税收征管和税收效应三个相互关联的税收要素作为耦合而成的一个整体系统，运用控制论的思想方法，注重税收控制系统的整体性、相关性、动态性和开放性，对税收系统优化控制进行研究。全书联系我国税制的实际，立足于税收立法学和税收经济学，采取了历史的、国际比较的、理论分析的、实证分析的不同研究方法，试图将控制论这一现代科学应用于税收学的研究，全面深入地对税收立法、税收征管、税种完善、税收效应等方面进行了研究，同时也广泛地吸收了立法学、法理学、行为学、心理学、信息论等其他学科的理论内容。《税收控制论》为税收科学开辟了一个新的领域，对税制的改革与建设具有现实意义。……我祝愿刘磊同志在税收理论与实际工作中做出更大成绩！"

到国家税务总局工作后，我继续对邓老的学术思想进行研究，我撰写了《邓子基税收原则理论研究》，被收录于《邓子基学术思想研究》（上卷）（经济科学出版社2007年4月出版）；撰写的《邓子基教授的治学思想与中国税收理论的发展》，被收录于《邓子基学术思想研究》（下卷）（经济科学出版社2007年4月出版）。

2020年6月1日中共中央、国务院发布了《海南自由贸易港建设总体方案》，6月5日税务总局2020年第22次党委（扩大）会议决定任命我担任海南省税务局党委副书记、局长，2021年9月起担任海南省税务局党委书记、局长。我到海南工作后，撰写了《海南自由贸易港税收制度改革创新的思考》，发表在《国际税务》2020年第11期，该文被中国人民大学复印报刊资料《财政与税务》2021年第1期全文复印转载，获2022年度"邓子基国际税收论文奖"二等奖第一名。

我会永远秉承邓老"教书、育人，出人才、出成果"的教诲，自强不息、止于至善！

先生之风　山高水长

周立群 （中国出口信用保险担保公司）

2015年10月，本文作者（右一）看望博士生导师邓子基教授并合影留念

今天是农历冬月初一，西历感恩节，香港维多利亚港笼罩着浓雾和细雨。微信同学群中连续读到同学追忆邓老师的文章，引发我如潮心绪，满怀对恩师的感恩和怀念。

同学文中所述邓老师的大爱与教益，因我从新疆两度投考，在邓老师指导下前后学习十年，经历和感受也更多、更深。我想用文字写下一个独特经历，呈上对恩师百年诞辰的纪念之花。

2007年，是我成为邓老师研究生的20周年。那年8月8日，组织上安排我就任一家中央金融机构在上海设立的子公司党委书记、总经理。当天我随集团一把手去上海市委汇报，受到时任上海市委书记习近平同志的亲切接见。听取汇报中得知我是邓子基教授的博士生，习近平同志对集团领导说："小周的老师，是财政学的泰斗。"讲这句话时，总书记对邓老师的嘉许、尊敬之意溢于言表，这一幕仍真切而生动地留在我脑海中，时常浮现在眼前。我作为邓老师的学生，是多么幸运，多么自豪啊！

很多人对我说，你老师有佛相。我想，那是因为他有一颗智慧、慈悲、与时俱进的平常仁心，有一种爱国家、爱教育、爱生活的热切情怀，有勤奋为学、勤勉为事、勤劳为人的惊人毅力。

先生之风，山高水长。于小我，邓老师恩如泰山，照如北斗。于大国，他泰斗之称，实至名归也。

深切的缅怀　永恒的纪念

刘瑞杰 （财政部）

2015年10月，本文作者（左一）看望博士生导师邓子基教授并合影留念

著名经济学家、财政学家、教育家邓子基资深教授离开我们两年多了。两年多来，我总是不经意间想起恩师的音容笑貌，总是不经意间地翻看以前的师生照片……时光匆匆，岁月无声，师生岁月的点点滴滴，永远在怀念，永远难以放下。邓子基教授的一生，是坚持马克思主义，追求真理、不懈探索的一生；是忠诚于党和国家教育事业，立德树人、爱生如子的一生。他扎根中国大地，立足时代前沿，立论求真，与时俱进，对马克思主义财政经济思想、财政本质、财政职能、财政范围、财政属性等理论问题进行了全面深入的研究。

1950年，邓子基考入厦门大学经济研究所资本论研究生班，师从时任厦门大学校长、我国著名马克思主义经济学家王亚南教授；1952年，他以优异的成绩毕业，成为新中国第一届研究生并留校任教。1972年，厦门大学以邓子基为组长，复办财政金融专业。1982年，邓子基作为主要负责人之一，参与创建厦门大学经济学院。作为我国早期财政学博士生导师，邓子基教授在七十多年的教学生涯里，潜心研究中国特色社会主义财政、税收和国有资产管理等理论，填补了诸多中国财政经济理论空白，并长期指导我国的财政理论研究与财政管理实践。

2020年12月22日邓子基教授逝世后，中共中央总书记、国家主席、中央军委主席习近平对邓子基先生的逝世表示哀悼，对亲属表示慰问。邓子基教授曾多次作为杰出专家、学者代表受到党和国家领导人的肯定和接见，曾获得中共中央、国务院、中央军委颁发的"庆祝中华人民共和国成立70周年"纪念章、"国务院政府特殊津贴"、"福建省突出贡献专家"、"福建省五一劳动奖章"、"厦门市劳动模范"、厦门大学最高荣誉、"南强杰出贡献奖"等国内外重要奖项50多项。今天把恩师邓子基教授财经理论、学术思想和育人体系做一回顾，以此纪念敬爱的邓子基资深教授。

一、邓子基教授的财政经济理论体系

邓子基教授终生矢志不移地探索研究中国财政经济理论体系，主张财政学研究对象是经济关系中的分配关系，财政是以国家为主体的分配，其本质就是国家为主体的分配关系，积极倡导、坚持与发展"国家分配论"。1964年8月，财政部在大连召开了第一次全国财政理论讨论会，邓子基教授等在会上提出"国家分配论"的观点。当时还有学者提出"货币关系论""资金运动论""再生产决定论""剩余产品决定论""社会共同需要论"等观点，但经过充分的论证和思辨，大会最终认可了"国家分配论"的观点。虽然"国家分配论"实现了历史性跨越，但邓子基并没有停止追求知识的步伐。新时期，邓子基总结、丰富、发展了财政本质与财政模式论，财政四要素论、财政四职能论、财政平衡论、财政与银行分工协作论等理论观点和政策主张，多为政府部门所采纳，在财政、税收、国有资产管理改革与建设中发挥了巨大作用。值得一提的是，邓子基提出、发展和完善的"一体五重""一体两翼"理论，为我国国有资本的研究，提供了理论基础、政策主张和发展思路。

邓子基教授坚持"经济—财政—经济"理财思想，不是就财政论财政，而是把经济摆在第一位，出发点和落脚点都落在发展经济上，体现了邓子基教授培养财源、增加财政收入的非常鲜明的经济观点。邓子基教授认为，从生产决定分配，分配反过来影响生产的基本原理出发，可以得出结论：经济发展既是理财的根本，又是理财的出发点与归宿点。从财政历史实践的最终结果来看，什么时候国家确定的社会经济管理目标取向能适应经济发展的客观规律，则财政与经济的发展就能够真正实现一种良性互动关系。反之，国家财政就难以有效促进经济发展，可能还会对经济发展带来不同程度的负面影响。在市场经济条件下，国家财政是国家实施宏观调控的主要杠杆。

邓子基教授提出，财政有资源配置、收入分配、调控经济与监督管理等职能，我国财政内含有"一体五重"的关系，即一个主体（国家和政府）、两种身份（政权行使者和国有经济代表者）、两种权力（政权和财权），两种职能（社会管理和经济管理），两种形式（税收和国有资产收益）、两种分配关系（税收分配关系和利润分配关系）。这种一体五重的关系是我国在经济成果分配上实行税利分流的理论依据，而这一理论依据也成为由他提出来的著名"一体两翼"主张的理论依据。"一体两翼"是指以财政为主体，国家税务部门及国有资产管理部门是这一主体的两翼，缺一不可。邓子基教授这些理论主张体现在《马克思恩格斯财政思想研究》、《财政学》（上下册）、《财政理论研究》、《财政理论与财政改革》、《公债经济学》、《国际税收导论》、《财政收支矛盾与平衡转化问题》、《略论财政本质》、《试论财政学对象与范围》、《财政只能是经济基础的范畴》、《为"国家分配论"答疑》、《坚持、发展国家分配论》、《财政理论与实践》、《财政与信贷》、《资本论与社会主义财政理论》、《财政支出经济学》、《经济特区财政若干问题研究》、《税利分流研究》、《涉外税收管理》、《经济特区引进外资的税收优惠政策》等著作上，促进了财政基础理论和财政应用理论的研究，成为制定财政政策的理论依据，为中国经济发展提供了理论指导。

当学者用西方理论质疑"国家分配论"落后时，邓子基已经在学习西方理论。早在1980年，他就开始组织翻译美国的《财政理论与实践》一书，其中已经涉及公共财政的相关理论。1980年邓子基教授就开始组织翻译美国的《财政理论与实践》一书，当时国内学术界对西方主流财政理论知之甚少，可以说是学习西方的先行者。当时，比较财政学是一个新领域，尚缺乏这方面的专著或教材。邓子基教授带着博士生们主编的《比较财政学》，开启了一扇对照我国现状、全面学习研究西方财政学的窗户；1988年，他与唐腾翔同志合作出版了《国际税收导论》；1989年，他又与邓力平博士合著出版了《美国加拿大税制改革比较研究》；1993年，与巫克飞合著出版了《西欧国家税制改革比较研究》等，从而进一步发展了这门学科。同时，邓子基教授把"国家分配论"和"公共财政论"巧妙融合起来，从中提炼理论，为中国财政的改革发展探索新的方法论。邓子基教授说，"国家分配论"探讨财政活动的本质，是本质论，而"公共财政论"着重在于界定财政活动的范畴，并揭示市场经济条件下财政的运行过程，是现象论，因此，要以"国家分配论"来发展"公共财政论"。

武汉大学原常务副校长吴俊培教授说，20世纪80年代，他从国外带回了马斯格雷夫的名作《财政理论与实践》，当时国内学术界对西方主流财政理论知之甚少，因此准备将其译成中文，当吴俊培与中国财政经济出版社联系时，出版社的同志告诉他，邓子基已经翻译了，并马上要出版。吴俊培说，这时我才知道邓子基学术常青的秘密。而此时，邓子基已年近六句。中国社会科学院副院长、党组成员高培勇说，邓子基是"国家分配论"的推动者之一，这一理论在财政学界流行了若干年，后来背景变了，亟须探索新的理论，邓子基把"国家分配论"和"公共财政论"巧妙融合起来，从中提炼理论，为中国财政的改革发展探索新的方法论，这需要有一种可贵的自我否定精神。

二、邓子基教授的学术思想体系

在教学科研和学术研究中，邓子基教授始终坚持三种治学思想、观点与方法：一是对待马克思主义，先坚持后发展，重在"发展论"，既反对"僵化论"，又反对"过时论"；二是对待西方的东西，主张学习、分析、批判、吸收，重在"消化论"，既反对"排斥论"，又反对"照搬论"；三是对待方法论，坚持辩证唯物主义和历史唯物主义，其灵魂是解放思想，实事求是，一分为二，对立统一，不能走两个极端。强调从中国国情出发，从现象到本质，与时俱进，开拓创新，在继承中发展。邓子基教授认为，做学术研究必须"辩证思维，积极稳妥"，学术要争鸣，也需要坚持真理；科研要创新，也需要稳妥。在教育科研中，邓子基教授始终坚持辩证思维、积极稳妥的方针，因而他提出的很多政策建议都是从现实国情出发，力求理论与实际相结合，而绝不是随声附和、人云亦云。在邓子基教授身上，体现了坚守真理和与时俱进的崇高品质。

1980年8月，全国各地财政学者80余人齐聚厦大，参加"文革"后的首次全国财政理论研讨会。邓子基教授等以厦大主办会议身份邀请全国财政学专家到厦大，参加了"全国财政学基础理论讨论会"。期间，邓子基教授秉承"坦然面对，充满自信，虚心求教，坚持真理"的态度，对提出不同观点的部分专家学者进行了专访。他说，"当时，我和我的研究生逐一上门拜访专家，征询对'国家分配论'还有什么建议和批评"。

在会上，专家学者强烈质疑"国家分配论"，面对学术上的不同看法，邓子基教授顶住压力，用实事求是的态度，作出分析判断。邓子基教授说：真理越辩越明，对不同观点进行研究分析，才可以丰富和完善自己的理论，只有吸收他人积极的东西，才能巩固自己、壮大自己。邓子基教授在归纳当时质疑的声音后，于1997年发表了《坚持、发展国家分配论》的论文，反对完全照搬西方"公共财政论"、替代和否定"国家分配论"，主张从中国的国情出发来认识，对于两者之间的关系，他提出应当是："坚持＋借鉴＝整合＋发展"。邓子基教授能坚定信心与立场，虚心接受批评，回应各方质疑，与时俱进地发展和完善理论。这种虚怀若谷、追求真理的大师风范令人折服。

学以致用，是邓子基教授治学思想的重要内容。邓子基教授诸多理论政策具有超前性和科学性。20世纪90年代，他就在出版的《税利分流研究》等论著中，提出并论证社会主义国家这一主体具有政权行使者（社会管理者）与全民所有制代表者（财产所有者）两种身份、政权与财权两种权力、税收与利润两种形式以及税收分配关系与利润分配（分红）关系这两种分配关系的理论，并提出和论证了财政、税务、国有资产管理三者之间"一体两翼"（一体两翼是指以财政为主体，国家税务部门及国有资产管理部门是这一主体的两翼，缺一不可）的理论，为我国建立国有资本经营预算制度等奠定了理论基础。他认为，国有企业向国家上缴利润是国有企业向国有资产所有者上缴的投资回报，为了实现利润分配的规范化，必须明确产权关系，正确处理中央与地方的财政收支权限划分。同时，提出完善复式预算制度，规范财政、税务和国有资产管理部门的关系。在1997年出版的《财政学》和2006年出版的《国有资本财政研究》等著作中，邓子基教授又对国有资本经营理论进行了深入阐述，探讨了国家与国有企业之间利润分配模式的设置，以及国家参与国企税后利润分配的形式，并针对国有资产管理目标的双重性，提出了国有资本运营是实现国有资产管理双重目标的客观要求。当前，我国国有资本经营预算制度的全面顺利实施，更加印证了邓子基教授财政科学理论的超前性、科学性和指导性。另外，他还相继提出财政平衡论、财政货币松紧搭配论等理论观点和政策主张，多为政府部门所采纳，成为制定财政政策的重要理论依据，为中国经济的发展提供了理论指导，对我国社会主义现代化经济建设具有重要价值。

国家在发展，环境在变化，客观上要求学者必须具备开阔的胸怀和与时俱进的精神，邓子基教授兼而有之。他生前常说，财政基础理论和财政对策研究，要紧紧围绕党和国家的政策和任务，紧紧围绕基础理论和应用理论，要先坚持后发展，重在"发展论"，既反对"僵化论"，又反对"过时论"。邓子基教授的这些治学思想和方法，为发展财政经济理论提供了重要指导。

三、邓子基教授的育人思想体系

邓子基教授常说，人生有两把钥匙——治学的钥匙和为人的钥匙。我自己要先掌握好这两把钥匙，然后再把它们交给学生。邓子基教授爱生如子，不仅对知识的追求有着强烈的热情，对学校和学生也有着强烈的热爱之情。邓子基教授常说的一句话是：教书、育人，出人才、出成果。七十多年来，他为培养人才倾注了全部心血，为国家培养了大量财政、经济人才，其中博士108名，硕士300多名。邓子基教授的学生们奋斗在国家各条战线上，大都成为国家的栋梁之材。

邓子基教授对学生倾注了犹如长辈般的无私的爱，从学习到生活，无微不至地关怀着他带过的每一个学生。"我和学生一向感情很好，之前我把学生当作亲子女一样对待。现在培养的学生，应该当孙子孙女了"，邓子基教授曾慈祥地说。在邓子基教授看来，要培养好、服务好学生，必须要有爱心，同时也要对他们进行人生指导。邓子基教授素来平易近人、和蔼可亲，对那些勤奋学习、求实上进的年轻人，他总是热情予以支持、鼓励和帮助，对他们的来信、来访都亲自回信、热情接待。很多自学青年就是在他的直接支持、鼓励和帮助下完成了学业，有些最后还成了他的学生。邓子基教授视学生如子女，对他们言传身教、悉心指导，师生关系融洽，教学相长。即使学生毕业多年后，邓子基教授依然似慈父般关心着他们的学习、生活、事业和家庭。学生住房困难，甚至谈对象、结婚生子……他都放在心上，用"爱生如子"来形容恰如其分。他经常谆谆教导学生：人各有志、人贵有志、开拓刻苦、严谨求实、扬长避短、勇攀高峰。

2007年6月，邓子基资深教授发起成立福建省邓子基教育基金会，这是福建省民政厅批准成立的省内第一个由教授发起的教育基金会，旨在襄助教育，奖掖后学，弘扬中华民族尊师重教优良传统，开展资助教育和财经事业的活动，提高教师社会地位，激励学生奋发学习，推动全社会关心和支持教育，促进我国教育和财经事业的发展。福建省邓子基教育基金会成立以来，资助了大量品学兼优、家庭生活困难的学子，奖助项目从最初的面向学生、教师的奖优助困，到现在与《财贸经济》《财政研究》《税务研究》《国际税收》编辑部合作开展"邓子基财税学术论文奖"，帮助了一大批亟待求学的学子，支持奖励了大量的优秀学生、教师和财税专家，为教育事业和财经理论的发展做出了贡献。

《易经》云：谦谦君子，卑以自牧也。作为财政学界的领军人物，邓子基教授虽然是我国财政经济学界德高望重的大学问家，但他丝毫没有大师的架子，更不会以势压人。他生前总是十分谦虚乐于倾听和接受不同意见，高风亮节，一生"行为人师，学为世范"。面对众多荣誉，邓子基教授以前总是淡淡一笑："这没什么，我只不过做了我应该做的。"邓子基教授曾经说道，"课堂上我给他们讲为人之道、做事之道，课下我给他们讲保健之道。保健之道其实很简单，就是'三四五六'。'三乐'：知足常乐，助人为乐，自得其乐；'四动'：动脑多想，动口多讲，动手多做，动脚多走；'五老'：老体，老伴，老友，老本，老窝；'六条'：心态平衡，生活规律，劳逸结合，适当运动，合理饮食，必要治疗。"

细细体味邓子基教授的治学、为人乃至保健之道，"境界"二字跃然而出。这境界，远离世俗远离喧嚣，是自强不息，是乐观自信，是淡泊宁静，是荣辱不惊，是吾辈永远学习的榜样。

时光虽逝思未减，大爱永存天地间。

忆邓老在河北

孙健夫 （河北大学）

1998年6月，本文作者（右一）博士论文答辩结束并与博士生导师邓子基教授合影留念

邓老一生曾将足迹留在国内外许多地方。每一次打开回顾邓老工作和生活的影集，那一幅幅珍贵的照片，让我们感到恩师亲切、和蔼、睿智、严谨的音容笑貌犹在眼前。今天，我再次打开邓老的影集，仔细回味着老师的点点滴滴，感慨之余，忽然觉得像是里面还有尚未记录完整的一些内容。因为在我的印象里，老师曾经有两次到过河北的经历就没有记载，不知道是因为照片太多而未能呈现给大家，还是保存的照片中缺失了这部分。我是河北的学生，对邓老这两次河北之行记忆较深，正好借此机会把有限的回忆写出来，与大家分享，以此来纪念邓老百年诞辰。

早在改革开放初期，邓老第一次到河北，是来到河北大学所在地——保定市。邓老此行目的是作为《社会主义财政学》编写组的成员，与另外五所高校的财政学教育专家共同研讨这部大学专业教材的撰写提纲。那个时候，我刚刚进入大学读书，根本无缘亲身聆听专家们的讨论意见，更没有亲眼见到过邓老和各位专家。我对这件事的了解，其实是在我来到厦大读书的时候，有一次和邓老聊天才知道的。社会主义财政的本质是"国家分配论"，这是我国恢复高考后学习财政学的大学生入学伊始便深深刻入脑海的专业精髓。但是，改革开放之前的财政基础理论围绕社会主义财政本质问题的争论非常激烈，先后提出了"货币关系论""价值分配论""国家资金运动论""剩余产品价值运动论"等多种学说。1964年，邓老在深刻把握社会主义国家财政本质特征的基础上，率先提出了"国家分配论"这一创新性学说。邓老告诉我，在河北保定的教材编写讨论会上，专家们就如何确立教材的主题思想以统领各章节内容所发表的观点，一开始仍然比较分散甚至对立，以致讨论过程气氛比较紧张。好在最后大家听取了邓老系统阐述的"国家分配论"的观点意见，并确立了以"国家分配论"为主线的《社会主义财政学》教材大纲。通过各合作高校专家学者的共同努力，这部改革开放后财政学专业必修课教材顺利问世。在当时的背景下，这是凝聚了专家们共同心血的开山之作，邓老在其中的贡献功不可没。由此，我们不仅认识了什么是财政学，也知道了厦门大学财政学专业的邓子基教授。许多人仰慕邓老也起始于此吧。

邓老第二次来河北已经是1997年的事情。我于1994年有幸成为邓子基教授的学生，属于异地在职学习，因为工作的关系，特别希望能有机会请邓老和厦大的老师们来河北大学指导教学科研工作。这个愿望后来真的实现了。在河北大学建立研究生学位点之前，我们向厦大研究生院申请，以厦大名义在河北大学开办了一个异地硕士学位教学班，设财政学和金融学两个研究方向，故此大部分厦大财政金融系的老师们都曾来到这个班讲课。非常遗憾的是，邓老因为不太方便，我们未能等到恩师的到来。不过，很高兴的是，在我回校工作后终于等来了在河北接待恩师的机会。这一次邓老在北京开完了税收理论研讨会，应河北省国税局邀请来到省会石家庄指导工作。省局的同志得知我是邓老的学生，给我打电话，让我赶到石家庄去见老师。我怀着十分激动的心情，立刻乘火车赶往石家庄，在国税局宾馆里见到了十分想念的邓老和师母。此时，两位老人家身体还比较硬朗，局里的同志征得他们的同意，当天座谈完之后，我们一行七八个人去了革命圣地西柏坡纪念馆参观。一路上，邓老一点疲态都没有，虽然那时还没有修建高速公路，路途较远，且颠簸不平，但他和车上的同志们谈笑风生，车内洋溢着轻松快乐的气氛。到了西柏坡纪念馆，邓老和师母每一处都仔细观看。走进中共七届二中全会的会址，两位老人家安静地在中间找了一排座位坐下来，敬重地打量着会场的布置。在这间由中央工委大伙房临时改造成的会议室里，陈设十分简单，但又给人以非常庄重的感觉。正面墙上悬挂着战争年代毛泽东主席和朱德总司令风尘仆仆的画像，两边是中国共产党的党旗。会场内的座位是十几排制作略显粗糙的长条桌凳，照明灯光幽暗。我清楚地记得，两位老人家坐在那里沉思良久，师母轻轻地说："真不得了，真不得了。"邓老朝着师母点点头，也压低自己的声音："不得了，太不容易了。"仿佛担心打扰了这场开创新中国伟大历史的会场气氛。这幅画面令我印象深刻，每每想到恩师和师母，就不由得想到那一刻。这是两位老人家从心底发出的由衷感慨，也是他们对生命中所经历的国家变迁发出的真诚赞叹！非常遗憾，我因为从保定走得很急，一时忘了带上相机，没能留下邓老和师母的照片。我请河北省国税局曾经陪同的同志帮忙查询，至今尚未查到。

邓老两次来河北，把他对财政学的真知灼见和科学求实的学风留在了河北，也把他的人格精神留在了河北。我景仰恩师，为能成为恩师的弟子而一生感到无比骄傲。尊敬的老师和师母，愿你们在天堂安息！

感铭师恩

周真平 （泉州市人民政府）

2016年8月，本文作者（右一）看望博士生导师邓子基教授并合影留念

我的博士导师邓子基教授是当代中国著名的经济学家、财政学家、教育家和社会活动家。在纪念恩师邓子基教授诞辰100周年之际，我们深深缅怀他！在70余载的教学科研育人生涯中，邓子基教授坚持辩证唯物主义和历史唯物主义，不断追求真理，超越自我，继承和发展马克思主义政治经济学，在创建中国特色社会主义财政学体系方面做出了卓越贡献。

恩师教学科研教书育人成功的奥秘在于他治学治教的三个基本观点。一是对待马克思主义，要先坚持后发展，既反对"僵化论"，又反对"过时论"，重在"发展论"；二是对待西方的东西，主张学习、分析、批判和吸收，既反对"排斥论"，又反对"照搬论"，重在"消化论"；三是方法论上，坚持马克思辩证唯物主义和历史唯物主义，解放思想，实事求是，一分为二，对立统一，从中国国情出发，从现象到本质，在继承中发展。这著名的"三句话"帮助几十万学生树立了正确的人生观、世界观、治学观以及科学的理论研究方法，对学生走出校门进入社会后的从政、经商、执教、科研等工作产生深远的影响，成为学生走向成功的座右铭。

恩师政治素质好，政治敏锐性强，思想敏锐，在大是大非面前总是立场坚定，旗帜鲜明；恩师为人正派、治学严谨，生活俭朴、平易近人。恩师是教书育人的楷模，他总是用自己的言行教给学生做人做事的原则。

我衷心感谢我的恩师邓子基教授！1984年，作为厦门大学财政金融系应届毕业生的我，有幸成为邓子基老师的硕士研究生。84级财政硕士研究生班的学子们来自全国各地，大家都是慕恩师大名而来。恩师在教学上是严厉的，他对学生的要求十分严格，他要求学生必须具有刻苦好学的精神、扎实严谨的学风、广博的学识和较强的分析问题解决问题的能力。在生活中恩师又是慈祥的家长。每个周末，就是我们班最快乐的时光，我们相聚在恩师的凌峰山居感受家的温暖，研究生学习和生活是我们一生最难忘的记忆、最美好的时光。

邓子基教授视学生如子女，言传身教、悉心指导，师生关系融洽，教学相长。毕业多年后，恩师依然似慈父般关心着每一位学生的学习、生活、事业和家庭。很自然的，学生们也习惯将厦门大学当成自己的家，将恩师当成自己的家长，定期不定期地，学子都会回来看望恩师，向恩师汇报思想和工作。

硕士研究生毕业时恩师建议我留校任教。1992年底，恩师语重心长地对我说："知识需要不断更新，要站到更高的层次才能向更高的目标进军。"在恩师的鼓励下，我考取了厦门大学财政学方向博士研究生，再次成为恩师的学生。我是何等的幸运啊！1993年，福建省石狮市向社会公开招聘女副市长，我报名准备应选，恩师给予充分理解与支持，他语重心长地说"人各有志，人贵有志"，我勇敢参加竞选。一举成功！上任前恩师再三告诫：要深入基层、勇于实践、不骄不躁、虚心学习。又赠言：慎言、务实、公正、清廉。恩师的鼓励与教诲是我学习与工作的强大精神动力，激励我不畏艰难，勇往直前。

在纪念恩师诞辰100周年的日子里，我们无限怀念他老人家！我们不断回忆起恩师和我们在一起那难忘的岁月，历历往事重现眼前！恩师留给我们的是终身受用的教诲和鼓励，是我们继续奋进的不竭动力和精神力量。我们当继承和发扬恩师的思想和精神，在新的工作岗位用新的成绩来回报师恩！师恩永铭！

感怀师恩，思念绵长

童锦治 （厦门大学经济学院财政系）

2019年1月，本文作者（右一）看望博士生导师邓子基教授并合影留念

时光飞逝，一转眼，恩师邓子基资深教授，离开我们已经两年多了。今年是恩师诞辰100周年，回顾自己的成长路程，从学士、硕士到博士，从讲师、副教授到教授，无一不凝聚着恩师的心血，无一不充盈着恩师对学生的关爱！

1980年9月，当年少无知的我懵懵懂懂地进入厦门大学，跨入财政学殿堂，是恩师一场深入浅出的精彩演讲激发了我对财政学的学习兴趣，开始了财政学的学术之旅；1984年9月，带着恩师的鼓励、帮助和进一步探讨财政学的渴望，我有幸成为恩师的硕士研究生，有幸亲耳聆听恩师对"国家分配论"的精辟阐述，有幸亲身感受恩师博大精深的学术思想和严谨求是的治学态度；1994年9月，我成为恩师的博士研究生，并在恩师的悉心指导和严格要求下，完成了我博士学业。

俗话说"师恩浩荡，受益无穷"。师从恩师几十年，我对此体会颇深。多年来，我从恩师身上学到了许多做人、做事、做学问的道理，其辩证、发展、创新的学术智慧，认真严谨的治学态度，宽厚包容的为人处事，爱生如子的教师情怀，更是对我产生了深刻的影响。

恩师是我国著名的经济学家、财政学家和教育家，在财政经济理论研究方面贡献卓越，著作等身，其著名的"国家分配论"已成为我国财政学理论与政策研究的基石之一。

除了讲授知识，恩师也传授了许多为人治学的道理。恩师说，为人必须心胸豁达，待人以诚，与人为善，助人为乐，严以律己，宽以待人；治学必须严谨求是，开拓创新，扬长补短，攀登高峰。恩师关于学术研究的"坚持三个基本态度、观点和方法"更有其独到之处。恩师认为，对待马克思主义，要先坚持后发展，重在"发展论"，既反对"僵化论"，又反对"过时论"；对待西方的东西，要学习、分析、批评、吸收，重在"消化论"，既反对"排斥论"，又反对"照搬论"；对待方法论，要坚持辩证唯物论与历史唯物论，第一要解放思想，实事求是，第二要一分为二，合二而一，第三要从中国国情出发，从现象到本质，在继承中发展。这些为人治学的道理使我终身受益。

　　恩师除了无私地向学生传授知识、传授治学为人之道，其爱生如子的情怀更令人感动。记得1995年初，我在厦大医院做一个小手术，恩师在手术室外的冷风中足足等了两个多小时。当我被推出手术室，见到略显疲惫的恩师时，心中的那份感动是任何语言都难以形容的。现在，面对自己的学生，我时时以恩师为榜样，尽自己的所能关心、帮助他们。我时时以自己有这样的恩师为幸，也时时因自己的无以回报为愧。

　　感怀师恩，思念绵长！

高山仰止　风范长存

刘小腊 （华润信托）

我国著名的经济学家、财政学家和教育家邓子基先生离开我们已经两年多了，今年是邓老诞辰100周年。邓老是我的学术专业导师，也是我的人生规划导师，他的音容笑貌时常出现在我的脑海中，他的谆谆教诲令我永生难忘。

我与邓老的相识是从书信开始的，可以说，邓老的两封信改变了我的人生命运。

第一封信是在30年前，当时我还是安徽阜阳师范学院数学系的本科生。在学校的图书馆，我偶然翻阅到《厦门大学学报》，读到邓老发表的一篇财政学领域的文章，瞬间被照片中邓老鹤发童颜的气质所吸引。后来我就鼓起勇气给邓老写信，表达了我对邓老的钦佩以及想要进一步读书深造的愿望。没想到邓老很快就给我这个素昧平生的年轻人亲笔回了信，亲切引导并积极鼓励我报考厦门大学研究生。通过这封信，我与邓老结缘，最终真的实现了成为邓老学生的心愿。邓老把我从农村小县城引导到大城市的高等学府，对于20岁出头的我来说，是人生的第一次巨大转变。这封信至今我还珍藏着，留作永久的纪念。

第二封信是在25年前，在我博士即将毕业面临求职的时候，邓老亲笔给我写了推荐信，推荐我前往招商银行工作，将一名财政学的博士毕业生引导进入了银行业。让我印象最为深刻的是，邓老在推荐信中对我的评价用了很多的"较好"，一开始我还有些不服气，觉得自己还是有实力的，值得更好的评价。但是，邓老教导我必须谦虚，做人要低调。自1997年加入招商银行后，我始终铭记并感恩邓老的谆谆教诲，兢兢业业、勤勤恳恳地工作了18年，从一名普通的学生兵逐渐成长为总行部门负责人。可以说，我在职业生涯中时时刻刻受到邓老言传身教的熏陶与感染，我的成长历程中始终凝结着邓老的心血和汗水。

邓老不仅爱生如子、崇德向善，而且治学理念开放包容，学术理论与时俱进，经得起时间与周期的考验。特别是他在财政学界提出的"国家分配论"，更是让我受用终生。

20世纪60年代，邓老发表《略论财政本质》一文，全面系统地论证了"国家分配论"，并提出"财政的本质是以国家为主体的分配关系"这一观点。随着时代不断变迁，"国家分配论"在学界历经多次争论，特别是中国步入社会主义市场经济以来，针对财政到底应该坚持阶级性还是公共性，"国家分配论"与"公共财政论"展开了正面交锋。面对这个问题，邓老坚持主张从中国国情出发，实事求是、兼收并蓄，既反对完全照搬西方"公共财政论", 也不完全固守"国家分配论", 而是提出财政的阶级性和公共性都要坚持, 并且以"公共财政论"来发展"国家分配论", 巧妙地将二者融合起来, 为中国财政改革发展探索出了新的方法论。

经典之所以成为经典, 正是由于其穿越周期、经久不衰、方为典范。自从邓老首次提出"国家分配论"已经过去整整60年了, 当我再次重温"国家分配论"时, 它所彰显的财政工作与金融工作的政治性与人民性, 它在较好吸收"公共财政论"积极一面的同时始终不忘"财政为民"的初心, 它在促进社会公平、推进共同富裕、增进人民福祉、确保政权稳定等方面所发挥的重要基石作用, 在新时代中国特色社会主义市场经济大潮中, 具有更加蓬勃发展的生命力。

邓老曾经说过: "人生有两把钥匙: 治学的钥匙、为人的钥匙。我自己要先掌握好这两把钥匙, 然后再把它们交给学生。"邓老这种心怀家国、严谨治学、倾心育人、崇德向善的高尚品质与恩师风范, 令人高山仰止。我将永远铭记邓老的悉心栽培之恩, 学习邓老治学育人的风范精神, 在工作岗位上活学活用、做出成绩, 让自己无愧于"邓老弟子"这个光荣的称号!

邓子基先生风范长存!

父爱如山，师恩似海

詹向阳 （中国工商银行总行）

2017年6月，本文作者（右一）在"邓子基教授从教70周年座谈会"上与邓子基教授合照

邓子基先生是我的博士生导师。我和他老人家，不仅是师生，而且情同父女。虽然他老人家离开我们已经两年多了，但是我一直无法接受他已离去的事实。当他的寿辰日临近时，我还是习惯性地想要去厦门看望他老人家，为他送上一捧鲜花……当意识到再也看不见他老人家时，总是忍不住泪流满面。

那是在1995年，我当时从工商银行总行调任工商银行福州分行行长。孤身在外，晚上的时间充裕，不安分的我又重新燃起了读书的渴望。那时我对厦门大学略有一些了解，知道我一直敬佩的中国《资本论》翻译第一人王亚南先生就是厦门大学经济学院的创始人，还知道邓老师是新中国财政学的一代宗师，也听说过"北有许毅，南有邓子基"的传闻。带着仰慕之情，在硕士研究生毕业10年后，我做出了报考厦门大学财金学院邓子基老师的在职博士生的决定。为了准备考试，我下功夫精读了邓老师的《财政学原理》《财政与宏观调控》等著作，顺利地通过了考试，荣幸地成为邓老师的第43位博士研究生。

说起来，我与邓老师有一段师生奇缘。听说我是中国社会科学院研究生院毕业的硕士研究生，邓老师询问我的硕士研究生导师是谁，当他知道我的硕士导师是胡瑞樑先生时，他激动地站了起来，对我说，他的硕士研究生导师之一就是胡瑞樑。原来，邓老师是王亚南先生的第一批研究生，而胡瑞樑先生当时是王亚南先生的助手，是为邓老师授课的老师之一。这段奇缘将两代人的师生情连在了一起，更加深了我与邓老师的师生情谊。

邓老师有超强的亲和力。记得第一次见到邓老师时，他那慈祥的笑容和幽默风趣的话语，一下子就打动了我，平复了我有些忐忑的心。在我心中，邓老师如父亲般亲和。与邓老师在一起的时候，我总会想起我的父亲，感觉到如同与父亲在一起的温馨。在读博期间，邓老师总是体贴地关照我，由于我考上研究生的第二年就返回北京总行工作，为了减少我从北京到厦门的往返次数，每年的课程邓老师都尽量攒在一起，集中为我授课；每学年应当由我自己办理的一些与学业相关的手续，他老人家都不辞辛劳地替我办理。在我的记忆中，邓老

2017年6月，本文作者（左一）看望博士生导师邓子基教授并合影留念

师永远是那么平易近人，他经常对我说的一句话就是"教学相长"。记得我把博士学位论文呈送给他老人家审阅时，对于我论文中关于财政的某个观点他老人家显然是不同意的，但是他并没有要求我修改论文，而是委婉地表达了他的看法，供我参考。当我的论文顺利通过后，他老人家又为我争取到了"厦门大学博士生优秀论文"的荣誉。

令我印象深刻的是邓老师勤奋笔耕和诲人不倦的精神。在他老人家90岁高龄后，我们做学生的一直劝他不要再带学生了，不要再去给学生们授课了，可他却总是乐观而豁达地告诉我们，他的身体很好，头脑清晰好用，还风趣地向我们推荐他的养生经验。其实我知道并不是什么养生秘诀维系了他老人家的学术青春，而是他乐观的心态和勤奋的精神支撑他带出了108位博士生。邓老师的精神一直鼓舞着我，退休后我一直坚持读书写作，只可惜他老人家看不到我写的书了……

2020年的11月17日，我再次去看望邓老师，仅仅两年时间不见，邓老师衰老了很多。我将自己刚刚出版的摄影集送给邓老师，希望能够博得他老人家一笑。他那时已经十分虚弱了，但仍强打精神与我一起把摄影集从头到尾看了一遍。由于邓老师体力不支，我仅仅坐了十几分钟就告辞了。他当时的身体状况让我十分心疼和担忧，但是意想不到的是仅仅一个多月后他老人家竟然与我天人两隔了！我是他老人家见到的最后一位学生！

邓老师的逝去，于我如失去父亲般的痛。冥冥中我一直觉得他老人家还健在，还是那样慈父般地看着我……

谨以此文纪念邓老师诞辰100周年，粗陋的文字无以表达我的思念之情于万一！唯有祝愿天上的邓老师一切安好！

高山仰止 师恩厚重

张利霞 （国家税务总局计财司）

2023年是恩师诞辰100周年，最好的纪念，就是学好财政学，学好"国家分配论"，学以致用，有所贡献。

作为他的学生，没有在学术上成为薪火传人，没有在工作中建功立业，总觉得我没有给老师增光添彩，所以，写这篇纪念文章，我迟迟拿不起笔，觉得自己不配。

老师最常说的一句话是"人各有志，人贵有志"。跟师三年，从没有见过老师对学生发脾气，他总是和蔼可亲，对学生没有框框，没有架子，甚至没有威严，他允许每一个学生做自己。他的学生没有标准化，各领域、各层次、各种性格的学生接近老师，都如沐春风，在关心学生生活、家庭、学业、工作的点滴聊天中，每一个学生都感觉到老师很平等，每一个学生都感觉到被尊重，和老师相处很放松。学生们也经常到老师家里上课，品茶，吃点心，学业像生活一样稀松平常，课业没有压力，但每一个学生的内心都有一种积极向上的驱动力，都在自己下功夫，超越，不断地超越。我真觉得他的每一个学生都非常棒。

我在离开老师身边的二十多年里，有过各种工作中迈不过的坎，包括今天。也曾觉得朝夕相处的三年里，我只是个书呆子，只知道啃财政理论，在为人处世方面没有学到更多，有时甚至觉得老师没有好好给自己修枝剪叶。偶尔也会笑谈，谁得到了老师的真传？

到了知天命的年龄，我才略有所醒，学老师的学问和学老师的做人是一体的，老师没有告诉我们做什么样的人、走什么样的路，而是在启迪我们的本有真智，"人各有志，人贵有志"，允许自己是自己，做自己。只是那时候的我，还看不见、看不懂老师的智慧，老师的圆融、包容、平和、平衡，是他一生实践的结晶，正是这种大智慧让他的婚姻、生活、事业、儿女方方面面都令人羡慕，正是这种大智慧让无数弟子学生来到他的身边，靠近他。他身上的光明像无私的太阳，每个人都可以靠近取暖，但每个人取到的只是适合自己的温度。

有了一些浅浅的阅历，我才真正明白老师是接近道的人，上善若水。

在人生不同的阶段，我才慢慢咀嚼，一点点看见、看懂老师身上原本看不见的东西。我今天才明白，一个高明的老师对弟子的影响不是当时当境，而是一生的，一生我们用自己的脚步去慢慢探寻老师的内在，再把这种触动转化为自己的心量。

我是一棵草，只能沐浴到草一样高的光和露；我是一棵树，我可以揽更高更远的光和露。老师就在那里，他在与不在，他的光和露就在那里，看我们怎么生长，怎么萃取。

　　人各有志，人贵有志。我以我的反省深深纪念恩师诞辰100周年。高山仰止，师恩厚重！他永远活在我们心中！

潜心研究　独树一帜

——重温邓子基教授著作《财政理论与财政改革》

陈　工（温州商学院）

1996年6月，本文作者（右一）博士毕业并与导师邓子基教授合影留念

今年是邓子基资深教授诞辰100周年，为纪念他，我把邓子基教授以前的著作《财政理论与财政改革》做一回顾。当时，山东人民出版社出版了我国著名财政学家邓子基教授的论文集《财政理论与财政改革》，它汇集了邓子基教授1992—1994年科研方面的重要成果。该论文集共30万字，收集文章37篇。大致可分为财政、税收、国有资产管理以及外国财税（含国际税收）等四个部分。在本书的第一部分中，作者就财政改革与发展中的综合问题，诸如，深化财税改革的理论依据与实践意义、财政职能、财政与银行关系的理论依据及财政政策与货币政策的配套运用，摆脱困境、振兴财政的财政对策和经济特区的财政问题等进行了探讨，并提出了一系列值得重视的学术见解。该书的第二部分主要是针对税制改革与发展过程中的重要问题而展开的，重点探讨了社会主义市场经济条件下的税收作用、税收基础理论，以及借鉴国际经验、深化税制改革等问题。第三部分则是对我国国有资产管理的理论与实践进行了深入的研究。涉及的内容有产权制度的改革、财政与国有资产管理的职能分工与协作、强化国有资产的管理及现代企业制度的建立与国有资产的管理关系等。第四部分主要立足于中国的实践，对美国和加拿大财税制度及财税政策进行比较、分析和借鉴。该书在丰富和深化了中国财政理论的同时，也

拓宽有关改革与发展的财政政策基础。绝大部分的文章都认真地总结了体制改革以来的经验与教训，始终紧密结合市场经济体制改革的实践，并以此为依据，提出改革与发展的设想、建议和相应的对策。在这里限于篇幅难以把其中的学术贡献一一罗列并加以评论，只能摘其要点作一介绍。

第一，对我国财政基本理论、财政改革的理论依据以及其中的偏误作了较为详细的分析和总结，提出了具有普遍指导意义的见解。在基本理论方面，坚持和倡导"国家分配论"，探索了税收理论与税制改革，提出了我国治税的原则，在利改税、承包制和税利分流等财政改革问题的理论研究方面取得了长足的进展，为改革方案的设计提供了理论依据。

第二，在改革与发展的指导思想上，强调了理顺分配关系的关键性。深化财政改革，理顺分配关系。在改革中理顺分配关系，在理顺分配关系中深化改革，这是贯穿本书几篇文章的中心思想之一。回顾十多年的改革，我国的财政体制和分配关系格局已发生了深刻的变化，但目前财政体制中的缺陷和弊端仍比较突出，财政分配关系也未从根本上摆脱那种不清、不顺、不稳的状况，甚至产生了某种程度的扭曲，从而制约着财政的振兴和整个国民经济的正常发展。在本书的一些文章中，都对分配关系不顺的表现、原因以及理顺的措施作了详尽的分析，反复阐述了深化改革与理顺分配关系二者之间的辩证关系。提出深化改革是理顺分配关系的必由之路，要走好税利分流、分税制、税制改革、复式预算和理顺产权关系这五步棋。这与此后我国财政的改革目标是相一致的，也是我国确立市场经济体制之后，财政改革与发展的方向。

第三，摆脱困境，振兴财政。邓子基教授早在1992年就对我国财政困境进行剖析，并提出摆脱困境、振兴财政的对策。集中体现在《摆脱困境振兴财政》一文中。他认为经济改革中迅速发展的我国经济出现了经济过热、通货膨胀、总量不平衡、结构不合理、经济秩序混乱等一系列问题。这些问题集中反映在财政上，使财政陷入困境。财政是国家的中枢神经和国民经济的综合反映，财政出了问题，势必影响经济全局。因此，要振兴经济，就必须振兴财政，财政与经济息息相关。

第四，整体推进与重点突破相结合，积极稳妥地深化财税改革。作者认为，财税改革正是一个需要重点突破的环节。如果财税改革滞后，其他各方面的改革都不能真正到位，但并不意味着财税改革可以"孤军深入"，不能片面强调、过分夸大财税改革的"重点突破"作用。正确的态度与做法应该是，以财税改革支持、促进其他各方面的改革，并在其他各方面改革支持、配合的基础上深化税改革，使"重点突破"与"整体推进"有机地结合。在财税改革内部也有个"重点突破"与"整体推进"相结合的问题，中央与地方之间财政关系改革、税制改革、国有资产管理体制的改革和预算形式改革等四个方面是相互联系的整体，任何一方面都不能孤立地进行。

第五，在更新、发展财政理论的过程中，坚持马列，洋为中用，从国情出发，在继承中发展。作者发表或出版的有关财政论著都是从此出发的。正如在其文章中指出的：第一，对待马克思主义，先坚持，后发展，提倡"发展论"，既反对"僵化论"，又反对"过时论"。第二，对待西方的东西，注意学习、分析、批判、吸收，提倡"消化论"，既反对"排斥论"，又反对"照搬论"。第三，对待方法论，坚持辩证唯物主义与历史唯物主义，其灵魂就是实事求是，一分为二，进行从现象到本质的分析，而不是只作表象分析，防止一哄而起，一风吹，从一个极端走到另一个极端。

这部著作的问世，对于丰富社会主义市场经济条件下的财政理论的研究，探索社会主义市场经济条件下财政体制的构造，剖析社会主义市场经济条件下财政的运行机制均有价值。纵观全书，我认为该书具有以下几个特点：

第一，紧密联系市场经济的改革实践。该书以社会主义市场经济理论和中国特色社会主义理论做为其财政理论体系的基石，有选择地对改革与发展进程中的若干理论与实际问题作了自己的回答并提出一些对策性意见。作者紧密联系改革的实践，立足于现实的财政生活，把现实财政生活中的问题上升为理论，然后再还原到现实财政生活中，较好地实现了理论与实际的结合；在理论研究的基础上，侧重于改革的思路、具体对策和方案设计的研究，突出了财政改革与财政发展的内容。特别是围绕社会主义市场经济，对我国财政模式、财政管理体制和财政运行机制等做了重点的研讨。

第二，在继承中发展财政理论，提出创新的理论观点。在理论上，继承中的发展之处是多方面的。例如，关于社会主义市场经济条件下的财政职能的研究、社会主义市场经济与税收理论基础、产权管理改革及财政与国有资产管理职能分工协作问题、深化产权制度改革、理顺产权关系等等方面都随着我国经济发展的不同阶段，在继承中发展财政理论，并相应地提出创新的理论观点。我国财政理论界曾普遍有一种思路，认为在社会主义市场经济体制下，要把财政职能区分为公共财政职能与国有资产管理职能，有的则主张建立财政职能与所有者职能，这样就把"国有资产管理职能"同财政职能割裂开而相提并论了。作者认为社会主义财政职能应根据社会主义市场经济的要求，并从整体上考察，确定为分配职能、配置职能、调控职能和监督职能为宜，并对各项职能加以界定和说明。在理顺产权关系方面，对于国有资产管理局与财政部之间的关系，作者认为应该是"专业分工管理，财政归口领导"的关系。国有资产管理局应同税务局一样，成为）财政的一个侧翼。财政、税务和国有资产管理三者之间应形成"一体两翼"的关系，即归口领导与分工管理的关系。这是很有见地的，这些主张实际上已为我国目前的改革所采用。

第三，本书虽然是一本论文集，但就各部分的相关联系来看，又拥有相对完整的体系。无论就其内容，就各类财政问题的内在联系，还是就基本指导思想的前后一贯来说都突出地显示了这一点。这也是本书的另一个特点。

　　总之，处于体制变革时期的财政发展与财政体制改革是我国当前亟待解决的两大财政任务，同时也是每一个具有历史使命感的经济学工作者所关注并急于提出自己关于发展与改革的见解的两个问题。《财政理论与财政改革》一书的出版，通过上述几个方面特点的概括，反映了作者在大变革时代的思考与追求。因此，这本著作不仅对于财政学科的发展，而且对于为当前改革提供理论依据和实践对策，都是十分有益的。

怀念恩师

詹亮宇 ［中建投融资租赁（深圳）公司］

敬爱的邓老师虽然离开我们两年多了，但是恩师的优秀品质、大家风范，永远垂存；恩师的音容笑貌、举手投足，犹在眼前。

我在税院工作时，从事教学科研工作，从经济学聚焦到财税，作为财税理论界的一名新兵，学习了不少邓老的著作。"南邓北许"，著作等身，盛名财政学界。

初见邓老，是在长春的一次学术会议上。邓老鹤发童颜，精神爛烁，声音洪亮。我聆听了邓老的发言，逻辑脉络清晰，论点鲜明，论据充分。休息间隙，我过去请教邓老一些问题，他平易近人，详细讲解。三天时间，相见恨晚。最后一天，我半认真半开玩笑地说，可惜做不了您的学生了，因为我已经取得复旦博士学位一年多了，到顶了。邓老说：你可以进厦大博士后站工作啊。过了不久，我接到了厦大的电话，让准备申请材料。就这样，我开始了追随邓老的厦大之旅。

一到厦大，我就到邓老家中报到。邓老留我吃饭，关心细致入微，说了一些要注意的地方。学校安排了凌峰七的教工宿舍，邓老让三名师兄弟帮我打扫了一天。很快，我就融入了厦大的生活和学习氛围。

近两年时间很快过去，临别之际，我紧握邓老温暖的双手，依依不舍，千言万语，涌上心头。在这里，我增加了知识积累，提高了理论水平，承继了严谨的学术风格。写作常常打个提纲就能一气呵成，且可不作大的修改。我觉得，这与邓老的教导和厦大良好的学术环境是分不开的。

邓老对我和同学们说过：做事先做人。我一直铭记于心，笃志笃行，恪守做人原则。做事和成就无论大小，人品和口碑都是重要的。我在基层单位工作时经常以邓老的这句话与大家共勉。我为有这么德高望重的老师而备感自豪。

邓老的记忆力很好。很多年后，有次我去看望他老人家，他提到在北京、福州时，我们聚会的场景，细节、人物都很清楚。我有些惊讶，只能努力回忆，暗自苦笑年轻人的记忆力还不如长者。

我从事企业管理工作多年，鲜有写作，颇有"江郎才尽"之感，甚有愧意。今作此文，回想起以往的点点滴滴，感念师恩，深切怀念恩师。

邓老师，您永远活在我们心中！

邓老的背影

吴云飞 （国家税务总局上海市税务局）

2011年6月，本文作者（左一）博士毕业并与导师邓子基教授合影留念

2020年12月22日，我国著名马克思主义经济学家、财政学家、教育家，中国财政学的奠基人和开拓者之一，中国财政学界"国家分配论"主要代表人物，厦大文科资深教授邓子基离开了我们。今年正值邓老诞辰100周年，算来邓老离我们已两年多了！但我却久久难忘他老人家的音容笑貌，在我的眼前时时闪现出他老人家砥砺前行的背影。

古人云："太上有立德，其次有立功，其次有立言，虽久不废，此之谓不朽。"在此三立上，树立德行为第一要义，其次要勇于建功立业，最后是著书立说，用自身的心得来教导他人。邓老用其一生实践着"立德、立功、立言"三不朽的目标。

立言：开辟中国财政经济理论研究新天地

邓老终生矢志不移地探索研究中国特色财政学理论，他最早提出了"财政的本质是以国家为主体的分配关系"。将"国家分配论"和"公共财政论"进行有机结合，为我国财政改革发展引入了新的研究方法。

邓老认为，财政学的研究对象是经济关系中的分配关系，财政是以国家为主体的分配，其本质是以国家为主体的分配关系。"国家分配论"是探讨财政活动的本质，是本质论；"公共财政论"着重界定财政活动的范畴，并揭示市场经济条件下财政的运行过程，是现象论。两者并不矛盾，不能简单对立起来。他因此提出，"国家分配论"和"公共财政论"要相互借鉴、共同发展，这一思想为我国财政改革发展奠定了更加坚实的理论基础。

邓老的财政经济理论研究具有超前性和时代性。他认为，我国财政内含"一体五重"关系，即一个主体（国家和政府）、两种身份（社会管理者和财产所有者）、两种权力（政权和财权）、两种职能（社会管理和经济管理）、两种形式（税收和国有资产收益）、两种分配关系（税收分配关系和利润分配关系），这种"一体五重"关系成为财政系列改革的理论依据。邓老提出，财政与国家之间有本质的联系，有国家就有财政。国家制定的制度和政策要以客观规律为根据，才能发挥应有的作用。因此，在不同经济时期，财政政策是积极还是稳健，要看现实需要，坚持实事求是的原则。

邓老提出了著名的"一体两翼"理论。在他出版的《税利分流研究》等论著中提出，社会主义国家这一国家主体具有政权行使者（社会管理者）与全民所有制代表者（财产所有者）两种身份，拥有政权与财权两种权力、税收与利润两种形式的收入，以及税收分配和利润分配（分红）两种途径及其之间的关系，并据此阐述了以财政为主体、税务部门及国有资产管理部门为两翼的"一体两翼"理论，为我国建立国有资本经营预算制度等奠定了理论基础。他认为，国有企业向国家上缴利润是国有企业向国有资产所有者上缴的投资回报。因此，为了实现利润分配的规范化，必须明确产权关系，正确处理中央与地方的财政收支权限划分。邓老还进一步提出完善复式预算制度，规范财政、税务和国有资产管理部门的关系等政策主张。在1997年出版的《财政学》和2006年出版的《国有资本财政研究》等著作中，邓子基教授又对国有资本经营理论进行了深入阐述，探讨了国家与国有企业之间利润分配模式的设置，以及国家参与国企税后利润分配的形式，并针对国有资产管理目标的双重性，提出国有资本运营是实现国有资产管理双重目标的客观要求。当前，我国国有资本经营预算制度的全面顺利实施，进一步印证了邓子基教授财政科学理论的超前性、科学性和指导性。

邓老一生致力于财政理论的探索与创新，努力为我国的财政改革发展浇筑坚实的理论之基。

立功：立言来自立功

半个多世纪以来，邓老在坚持马克思主义的同时，积极吸收和借鉴人类社会创造的一切文明成果。在财政经济研究和教育研究等领域中，他坚持理论联系实际和博采众长。他的治学思想可以概括为：一是对待马克思主义，先坚持后发展，重在"发展论"，反对"僵化论"，反对"过时论"；二是对待西方的东西，主张学习、分析、批判、吸收，重在"消化论"，反对"排斥论"，反对"照搬论"；三是对待方法论，坚持辩证唯物主义和历史唯物主义，其灵魂是解放思想、实事求是，不能走两个极端。从中国国情出发，从现象到本质，与时俱进，开拓创新，在继承中发展。邓子基教授的这些治学思想和方法，为发展财政经济理论提供了重要指导。

邓老认为，国家在发展，环境在变化，客观上要求我国学者必须具备开阔的胸怀和与时俱进的精神。财政基础理论和财政政策研究要紧紧围绕党和国家的目标和任务，紧紧围绕基础理论和应用理论，要先坚持后发展。这一治学思想，不但适用于指导今后我国财政经济学研究，更适用于指导其他相关学科的学术研究。

邓老作为财政金融专业的总学术带头人，在厦门大学财政学科的发展上起着重要作用，一直到后来金融专业学科的发展、经济学院的创建以及学生规模的大幅度扩大，无不倾注了邓老的心血和努力。厦门大学的财政学和金融学先后设立了博士点和硕士点，先后获得了"国家级重点学科"称号的。

邓老坚持多形式、多渠道、多层次办学，为国家培养各种类型的人才。为了财金系的发展，从科研项目的申请到系列教材的编辑出版，从新学科的创立到师资队伍的培养，邓老付出了艰辛的劳动，经过多年的辛勤培育，财金系形成了一支梯队完备、力量雄厚的师资队伍。

他在学科建设方面提出的思路、建议、观点和想法，一直在厦门大学财政学科的建设和发展中起着重要指导作用，并且潜移默化地渗透到财政学科中青年教师的教学科研工作中，为厦门大学财政学科的长盛不衰奠定了坚实的基础。

立德：立功来自立德

邓老的学术成就和凝聚在老一辈学者身上的学术情怀，体现出老一辈经济学家做学问的精神，这种精神就是为人民做学问，为国家做学问。这样一种学术报国的家国情怀，才是激励一代一代学人持续地做学问，把学问做到极致，不断拿出学术精品、为人民奉献精品的根本性动力。

邓老一直以培养合格、高质量的高层次人才为目标。邓老的学生都不会忘记他在第一堂课上提出的"二十四字"要求："人各有志、人贵有志、开拓刻苦、严谨求实、扬长避短、勇攀高峰。"

邓老常说，人生有两把钥匙——治学的钥匙、为人的钥匙，自己要先掌握好这两把钥匙，然后再把它们交给学生。从教七十多年，他为培养中国财政学理论人才倾注了全部心血。

2007年，邓老发起成立了福建省邓子基教授教育基金会，弘扬中华民族尊师重教优良传统，积极开展资助教育和财经事业活动，鼓励教师探索理论，激励学生奋发学习，推动全社会关心和支持教育，促进我国教育和财经事业发展。福建省邓子基教授教育基金会成立以来，支持奖励了大量的优秀学生、教师和财税专家，为教育事业和财经理论的发展做出了贡献。

我们要继承和发扬老一辈财经理论工作者对党忠诚、对国忠诚、对民忠诚、对时代忠诚的精神，让老一辈追求的事业得到延续发展，激励一辈辈新的学人面对新时代、新阶段、新征程，为中国财经事业的发展做出自己应有的贡献。

结　语

为人，立德不易，立功也难，可做到立言则难上加难，而邓老做到了。看着老师的背影，我们难以望其项背。不断学习，终生学习，是我们的终身使命，也是我们对老师的郑重承诺。

邓老师的背影是一座大山，是一座灯塔，是一轮朝阳，指引着我们奋斗的方向，激励着我们永远砥砺前行。

云上的日子

林致远 （厦门大学宏观经济研究中心）

2020年4月，本文作者（右一）陪同博士生导师邓子基教授在四川成都调研并合影留念

　　进入师门是1998年的秋季，其时，先生已是75岁的高龄。不过，由于行动灵便、耳聪目明、精神矍铄、记性极佳，当然还是缘于雄心未改、豪情尤在，因此先生每每自称是"年轻的老兵"，自豪之意当是表露无遗，也让闻者无不会心一笑。

　　年龄虽大，但其时还是保留着每年远行一两次的习惯。应该是在1999年的四五月份间吧，先生应厉以宁教授之邀，到北京大学参加一个关于中国社会保障体制改革的国际研讨会，我随行前往。先生的名望和地位虽崇，但对人对事始终如一地朴实谦和，这从一开始就能察觉到。学校派车前来接人的师傅一见先生，就很轻松自然地拉起了家常，从学校到机场，三四十分钟的路程满满皆是回忆、问候和笑声。而这样的画风在第二天返回厦门机场后再到回家时，又很自然地重新演绎了一遍，即便返程时恐怕已经带着不小的倦意了。

　　空中的飞行也是十分惬意的。虽是资深教授，但先生还是坐在经济舱。坐在他旁边，或听他说人，或听他说事，或谈论学术问题，两三个小时的空中旅程不知不觉就过去了。先生的身体很棒，一路上需要我帮忙的地方很少，倒是他时不时会提醒我注意些什么，让我在不知不觉有了些许的长进。如今想来，这大概是他多年来作为一名教师真正做到言传身教、润物细无声的巧妙之处吧。

　　在北京行程是密集的。先是参加一上午的国际学术研讨会，其间，厉以宁教授请先生做了一场主旨演讲，效果很好，掌声不断。在午餐会上，记得和一美国教授同桌，先生和他之间的互动，还是靠北大的一位中年教授帮忙翻译，这让我首次感到了莫大的压力：尽管偶尔也去学校的英语角，但完全没有走出哑巴英语的困境！不过，即便是事后，先生对此也仍只是和颜悦色地说了些勉励的话。

学术会过后，当天下午便先后去了财政部和国家税务总局。先生的熟人不少，但凡见到的都无不热情地问候、招呼，而指导过的学生中，印象中有承皓、刘瑞杰、刘磊等师姐师兄。事后看，因着这次难得的探访，先生应该还是凭借个人的魅力，无形中又招揽了两三位财税精英成为自己的弟子。当然，此行的重头戏应该是在一间宽敞的办公室里，先生和一位领导亲切面谈了几十分钟，话题自是离不开其时财税领域的一些热点难点问题。另外，想来是我这个助手过于粗心的缘故吧，领导还特意提醒我几句，让我注意照顾好先生。

北京的行程接近尾声，但故事仍然不断。坐在去机场的车上，先生不时会指向街道两侧的一些巷子、胡同的名字，细细叙说它们的种种来历和过往，让人感觉他似是在偌大的京城里生活了许多载，以至于熟悉了这里的一片一瓦、一草一木。

许多年过去了，对我而言，这些巷子、胡同的名字已然淡忘，更甭说它们的来历了。如今能记得的，恐怕还是当时经过广电大楼的旧址时，先生谈到了后来影响甚广的《社会主义财政学》第一版的成书经历，最终的统稿便是由来自全国的几位专家，利用暑假的时间，在该大楼夜以继日地完成的。当时的条件，应该是一次又一次的手工誊写，在高温而又没有空调、恐怕也未必有风扇的简陋房间里的吧。

去北京参会是第一次陪同先生坐飞机出行，后来又陪同先生去了一趟成都参会，先生在此行中所呈现出的超乎年龄的过人精力、让人惊叹的记忆力，以及平和通透的人格魅力，总是给周边的人以众多的启迪和无尽的激励。

在先生身旁二十余载，所见、所听、所学甚多，可说、可记、可传甚多，如今先生既是在天上，便挑些云上的日子记载之。虽说只是颇为模糊的一些片段，并且只是万千日子中不足为道的点滴，却总还能不时在心底里涌现并且印证着两年前的那份追思……

从他那里，你可以看到儒家的坚韧、道家的超然和佛家的慈悲。奇妙的是，这种糅合着传统精神的典型的东方气质，在汹涌澎湃的时代浪潮和思潮面前，却依旧能够从容不迫，并最终实现华丽转身。

九十八载的漫长旅程，三段格调迥异的人生历险，悄然前行中，又有着大闹一场的气势；鲜花掌声中，又有着异乎寻常的冷静。从草根起步，在角落拓荒，却最终写就了自己的华彩乐章。

一人，一校，一城。

帷幕落下，弦歌不绝。

谆谆如父语，殷殷似友亲

林 杰 （福建省委军民融合办）

2017年10月，本文作者（左一）看望博士生导师邓子基教授并合影留念

初冬的厦门，温暖如春。瑞杰师弟发来微信"邓老诞辰100周年纪念活动，请撰写一篇纪念邓老的文章"，又勾起了我对恩师的深深回忆……

我的恩师邓子基，是我国著名马克思主义经济学家、财政学家、教育家，厦门大学资深经济学教授，财政学界泰斗和一代宗师。虽然他离开我们已经两年了，但老师的音容笑貌时常浮现在我眼前，殷切教导时常回荡在我耳边。

初识恩师，那是1989年初秋的一个下午，美丽的芙蓉湖畔，经济学院那间小小的会议室，新入学研究生与导师团队见面。"人各有志、人贵有志、开拓刻苦、严谨求实、扬长避短、勇攀高峰"，这六句铿锵有力的简短话语，是恩师给我上的第一堂课。从此，邓老师就如一座大山，让我仰止。我的硕士虽然不是师从邓老师，但每次大课我都非常期待，每课必到，是老师的言传身教规划了我学业的方向，匡正了我人生的坐标。

回顾我从学经历，本科、硕士和博士研究生均在厦大度过，厦大于我情深似海，硕士、博士均在财金系，邓子基老师于我恩重如山。三年财金系货币银行专业研究生学习生涯里，恩师的一言一行，在学业上开阔了我的视野，在生活中影响着我的人生态度，他不仅是一个学识渊博的专业教授，更是一个和蔼可亲的人生导师，他的人生有两把钥匙——"治学的钥匙、为人的钥匙"，是开启我人生的金钥匙。

我硕士毕业后，分配在厦门市政府工作，离开了厦大，但考取邓老师的博士是始终萦绕我心头的梦想。于是，我一有空就回母校探望恩师，每每得空闲坐，恩师总是以慈父般的关怀，传授"吃亏是福"的处事道理，教导我"与人为善"的为人风范，教育我"勤俭节约"的生活信条，并要求我要不断加强学习，止于至善。在他的指导和鼓励下，1997年我顺利考取了邓老师的博士生，在读博期间得到了邓老师和师母王老师的亲密关怀，从此，恩师和师母便是我的亲人和长辈，节假日里时常走动，便如走亲戚一般，我们不管在工作上、学习上、生活中有什么喜事总是和老师分享，有什么困难恩师和师母总是把我们当儿女般关心备至。邓老师亲自指导我的论文《论我国地方政府财政风险》，使我深深地理解和感悟到邓老师"国家分配论"的价值，影响了并指导我后面的各个岗位工作实践。

后来，由于我调到省政府工作，离开了厦门，但是我们的心是相通的，每当夜深人静，我总是不自觉地拿起电话与老师聊上几句话，听听他的声音，每次电话那头传来老师和师母的朗朗笑声，我的心就会无比平静，不管工作中有多大的压力，不论生活中有多少的委屈，此时此刻都烟消云散。是恩师谆谆如父语，是师母殷殷似母情，让我充满了生活的激情和工作的动力。

记得，2016年元旦，2017年国庆，我到邓老师家里看望老师，我们有一个话题"当个好百岁老人"，我多么憧憬着您百岁时我们把酒言欢，为恩师庆祝百岁生日，多么美好。对生活充满希望和信心，是邓老师留给我们学生的生活启迪。

2020年12月22日，一颗巨星陨落了，我最敬爱的恩师走了，我心无比悲痛，眼前江河凝滞，天地呜咽。我知道，我将永远失去一个爱我护我的恩师，痛哉，邓老！哀哉，我的恩师！

今天，我的恩师离开我们两年了。此刻，夜已深，我的心无法平静，伫立窗前，淅沥沥的细雨在窗外飘落，鹭岛的夜，万家灯火。街上车水马龙，霓虹灯闪烁，我久久凝望着厦大的方向，多想再聆听您孜孜不倦的谆谆教诲，多想再看着您健步走在校园的小道上，我亲爱的邓老师，您永远活在我们的心中。

高山仰止　风范永存

郑江平 （财政部派出国有股权董事）

　　敬爱的邓老驾鹤西去已经两年有余。然而，他和蔼可亲的音容笑貌却时常在我脑海里浮现。在我心灵深处，邓老从未离开过我们，没有离开他一生钟爱的教书育人的事业，没有离开他用心关爱呵护的学子们。他或许正在三尺讲台向弟子们传道授业，或许依然在书桌前阅改学生论文，或许还在出席气氛热烈的学术研讨会……邓老没有歇息，也没有远走，他宛如一座巍峨的高山永远矗立在天地之间。

　　我于1999年考入厦大，有幸成为邓老门下的一名学生。记得那是一个阳光灿烂的日子，我第一次上门拜见邓老，内心十分兴奋、激动，也有些紧张、忐忑，毕竟邓老是德高望重、学贯中西、著述等身的学界泰斗。但一见到邓老和师母，一种亲切感油然而生。邓老慈眉善目、平易近人，一旁的师母和颜悦色、笑容可掬，热情地招呼我入座。邓老饶有兴趣地和我聊起四川的人文历史、风土人情，还风趣幽默地讲几句四川话，惹得满屋欢声笑语，我的紧张感也一扫而光。在谈到学习时，邓老说，在职干领导干部考上博士不容易，要处理好学习和工作的关系，做到学习工作两不误。他还说，博士研究生就是要研究问题，勤于思考，善于思考，眼界要开阔，你有工作阅历，有经验积累，这是很好的基础，理论研究与工作实践一定要结合，才能相互促进，出成绩出成果。我不住地点头称是。随后，邓老又兴致勃勃地带着我和其他几位同学从校园到海边一边散步，一边交流攀谈。记得到了一家餐馆，邓老提出要请我们几位同学吃午餐，以表达祝贺入学之意，我和同学们几番推却，但想到师命不能违，却之不恭，只好应允。邓老还亲自为我点了四川回锅肉、青椒炒肉丝，真令我感动不已。每次与邓老相聚，都倍感温馨喜悦，聆听他老人家一次次的指点、启迪和教诲，都受益无穷，永生难忘。

　　师从邓老，师恩惠泽。邓老不仅教给了我们专业知识，而且从治学方法到学术精神、从做学问到为人做事之道都传授真经，值得我们终身珍惜、躬身践行。譬如，他一直坚持并反复强调：对待马克思主义，先坚持后发展，重在"发展论"，反对"僵化论"，反对"过时论"；对待西方的东西，主张学习、分析、批判、吸收，重在"消化论"，反对"排斥论"，反对"照搬论"；对待方法论，坚持辩证唯物主义和历史唯物主义，其灵魂是解放思想、实事求是，不能走两个极端，要从中国国情出发，从现象到本质，与时俱进，开拓创新，在继承中发展。应该说，邓老一生倡导并始终坚持的这些治学思想、理念和方法，即使到现在也丝毫不过时，充分体现了他坚定的马克思主义信仰和实事求是、与时俱进的思想观点方法，也展现了一位经济学、财政学大家的文化自信、学术自信，这对于我们这些晚辈后生无论是做学问还是干事业都具有现实而深远的指导意义。

邓老是我国社会主义财政理论的主要奠基者和开拓者之一，也是我国财政学界主流学派"国家分配论"的主要代表人物和重要推动者。记得在对待"国家分配论"与"公共财政论"的关系问题上，他旗帜鲜明地指出，财政学的研究对象是经济关系中的分配关系，财政是以国家为主体的分配，其本质就是国家为主体的分配关系，并强调，"国家分配论"是探讨财政活动的本质，是本质论，而"公共财政论"着重界定财政活动的范畴，并揭示市场经济条件下财政的运行过程，是现象论，两者并不矛盾，不能简单对立起来，正确处理两者的关系应当是："坚持＋借鉴＝整合＋发展"，提出以"国家分配论"发展"公共财政论"的思想，为财政改革奠定理论基础。这从一个侧面充分彰显了邓老求真务实的精神、科学辩证的思维和开放包容的博大胸怀，不能不令人肃然起敬。

作为我国财政学界的泰斗，邓老著述丰厚，桃李满天，成就斐然，受人景仰，但他却常说："我不是大师，我是老师；我不是泰斗，我是'老兵'"，始终虚怀若谷，安之若素。我想，邓老这种波澜不惊、心如止水、豁达大度的平常心态，或许正是他老人家健康长寿的秘诀之一吧。十年树木，百年树人。邓老不仅注重知识的传授，更重视对学生的人格品行养成，把教与育有机统一、术与道完美融合，在知行合一、润物无声中引导、启迪、培养学生。正如邓老所说，人生有两把钥匙，治学的钥匙、为人的钥匙，自己要先掌握好这两把钥匙，然后再把它们交给学生。他时常勉励我们："人各有志、人贵有志、开拓刻苦、严谨求实、扬长避短、勇攀高峰"。记得我2012年由四川省国税局调往税务总局工作时，邓老在电话里对我也是鼓励加勉励，殷殷叮嘱，期望我好好适应新岗位、干出新成绩。至今回想起来，言犹在耳，温暖于心，励志于行。

师恩如山，师恩似海。在我心里，邓老就是一部厚重的书，他老人家的学识、胸怀、精神、风范，值得我们永远学习和不断传承。

敬爱的邓老和师母永驻我心！

师恩重如山　难忘澳门行

郭健青 （福建社会科学院）

2006年6月，本文作者（右一）被授予博士学位并与导师邓子基教授合影留念

一、师从邓老四十年

　　作为邓子基教授的学生已经40年了。我是1979年考入厦门大学经济系（现厦大经济学院）经济学专业的，第二学期1980年的财政学原理及财政与税收课就是邓老给我们上的。当时国家刚刚发行国库券，改革开放刚开始，许多人对这一情况不理解，邓老师一方面向我们解释了国家财政部发行国库券的背景和原因、作用；另一方面又提到了不能陷入"赤字无害论"，认为坚持财政收支基本平衡是经济稳定的重要标志。邓老师深入浅出，语言生动幽默，理论联系实际的教学方式给我留下了深刻的印象。1983年本科毕业后我继续读厦大的世界经济与政治的硕士，与攻读邓老财政学硕士的杨斌同住一室。当时的研究生宿舍凌云楼没有电梯，邓老时常不辞辛劳，爬到半山坡我们住的七楼，指导学业，关心生活，还询问我的家庭情况，其耐心、细心、关心，既是恩师，又如慈父。还指导我和杨斌合作写了财政问题的学术论文，发表在《赣江经济》上。在得知我与邓老还是南平一中的校友后，我更加增强了对邓老师的亲近感，至今仍难以忘怀邓老那慈祥的身影。1986年6月，我们硕士毕业。同室的杨斌继续攻读邓老的博士，我内心十分希望和他一起继续做邓老的学生。而为了因应香港澳门主权回归的需要，国务院港澳办委托国家

对外贸易经济部（现商务部）到全国高校招收一批本科、硕士毕业生，参与港澳的政权回归工作。我被学校推荐经港澳办审核批准，先到北京进行了相关培训，随后派出到新华社澳门分社（现中央人民政府驻澳门联络办公室）经济部工作，全程参与了澳门的过渡期及整个澳门主权回归中国的全部历史进程，由于全新的工作岗位、复杂多变的形势和繁忙紧张的工作任务，使得我感到原来在学校学到的知识不够用，面对澳门处于"是中国领土，但由葡萄牙管辖，而有明确的政权交接期限"这种特殊状况，这段时期澳门的财政问题不仅仅是经济问题，许多还成为政治、外交问题，因为它直接影响着澳门政权的顺利交接。同时澳门的财政收入的来源又与中国其他任何地区不同，它主要依靠博彩税——赌税，这种特殊的现象，也是我国其他地区的财政税收中所没有的。

我到澳门工作几年后，特别是进入澳门过渡期（1988年01月15日—1999年12月20日）参与中葡联合联络小组关于澳门的土地基金的设立和使用、澳门财政储备的移交的相关谈判工作及澳门基本法起草经济部分的咨询工作，这些都涉及当时的澳葡当局的财政政策，也直接影响到澳门政权能否顺利交接，这既需要认真研究分析澳葡当局的财政政策、澳门当时的财政状况，又需要把握问题的核心，即过渡期澳门财政问题就是经济利益的分配问题，这使我回顾之前在学校中邓老一贯长期坚持的"国家分配论"，更激起了我重新回厦大跟随邓老继续攻读邓老师的财政理论的念头。1996年我通过杨斌向邓老师表达了想继续攻读邓老博士的想法，感谢邓老，在我硕士毕业十年之后仍然记得我这个学生，表示欢迎我报考他的博士。随后几次我到学校，向邓老汇报了这些年在澳门工作中的经历及遇到的难题，澳门特殊的财政状况及当时中葡两国围绕澳门财政储备之间的交涉。邓老十分感兴趣，表示希望有机会去实地看看。

1997至1998这两年中，国家社会特别是港澳发生了一系列的大事：香港回归，澳门中方正式宣布的回归后要驻军，亚洲金融危机，国际港澳资本追逐澳门的势力范围，葡萄牙政府在澳门要"光荣撤退"，中方要在香港回归祖国后继续完成澳门的主权顺利回归，并保证回归后的港澳继续稳定繁荣，向世界展示"一国两制"政策在澳门的成功实施。港澳、台湾、内地的黑社会势力疯狂地在澳门抢夺博彩（赌场）利益，都要在回归前的澳门抢下一块地盘，为回归后在澳门的生存和发展打下基础；特有的"土生葡人"（中葡混血儿）现象，回归后葡萄牙的文化在澳门的地位、澳门公务员的顺利过渡、有些葡萄牙派至澳门出任官员（这是一个肥差，英国、葡萄牙都把处于其管辖下的香港、澳门当作执政党的酬庸，在胜选后把竞选中出过力的亲信派到香港、澳门担任各种官员，因为同职务的官员在澳门的薪酬比在葡萄牙高五倍）的人在澳门回归后是留下还是回国。这一系列问题都涉及澳门政权能否平稳交接，也涉及回归前的澳葡当局的财政预算的编制和使用，是留下一个"烂摊子"，还是留有一定的财政储备确保政权能顺利交接并正常运作。所以这两年在澳门工作是空前的繁忙紧张，报考邓老博士的愿望只能顺延。直到1998年夏，我作为"澳门各界人士及澳门经济学会"代表出席葡萄牙主办的世博会，并见到了葡萄牙政府相关部门的官员，得到葡萄牙总统桑帕约（澳门译为沈拜奥）将出席澳门政权回归交接仪式的重要信息，并与我驻葡萄牙使馆相关官员、澳门驻葡萄牙代表处的官员进行了沟通联系，完成了组织上交予的任务。回到澳门后，我向相关领导进行了详细的汇报。而澳门的形势也发生了重大的变化，中方明确宣布回归后驻军的消息极大地震慑了台港澳的黑帮帮派势力，中国内地公安部门和葡澳当局密切配合，联合打击跨境犯罪势力，中葡双方协调磋商共同在澳门营造一个良好的社会治安环境，整个澳门社会对澳门顺利回归充满信心，社会治安秩序空前良好，确实是澳门回归前难得的一个宁静的时期。我个人也在这段难得的空间里完成了攻读博士报名、考试等一系列相关程序。距离头一次踏进厦大校门整整二十年后，我再次成为邓老师的学生，在我人生的六十多年中，这可以说是我人生中一段最重要的经历——师从邓老四十年！

二、难忘澳门十日行

在完成1999年的博士入学考试之前，我曾多次就澳门的财政状况、特点、澳门的博彩税、澳门的财政储备问题、中葡双方就澳门的土地基金的建立和使用问题多次请教邓老，年过七旬的邓老头脑十分清醒，反应敏锐，有着非凡的判断能力和深刻的综合分析水平。他对我反映和提出的问题十分感兴趣，希望能在条件允许的情况下到实地看看。而澳门政权回归前的1999年春节后，澳门出现了少有的安宁祥和的气氛，大形势下中葡友好，在澳门举办葡语国家论坛，中葡双方就经济文化开展很多交流合作。小形势下，台港澳帮派势力，有组织犯罪集团被严厉打击，国际敌对势力被严防严控；澳门社会政治秩序稳定，治安状况得到极大的改善。全澳门都为迎接澳门主权的顺利回归共同努力。我把邀请邓老夫妇到澳门进行学术访问考察的事向相关部门汇报。由于之前澳门治安形势混乱，又逢政权交接，中央成立了以罗干同志为总负责的澳门政权回归的安保领导小组，已基本停止全国的内地居民到澳门旅游、商务、交流。但澳门一旦顺利完成政权交接，成为中国的一个特别行政区，来考察交流的性质和意义也大不一样了，所以我想乘着澳门政权交接前的一个难得的平静和谐的机会，请邓老师赴澳门。通过多方努力，办好了邓老师和师母王若畏到澳门的相关手续，我将所有行程、计划向邓老师通报，然后1999年8月中旬末开始了邓老师的澳门行。

邓老从厦门启程，经深圳，然后乘汽车到和澳门相连的珠海拱北口岸，之所以经陆路而不经伶仃洋海路，是为安全起见，也让邓老观赏刚落成的东莞虎门大桥，从珠江口东岸到珠江口西岸，看看当时广东珠江三角洲最富饶最充满活力的东莞、中山、珠海。车经虎门大桥时，邓老兴致勃勃，感慨从林则徐的虎门销烟，到如今的香港、澳门的回归，到拱北关口简单吃了午餐，就过海关，然后入住在澳门葡京酒店附近的一处房屋，距离澳门繁华街市不远，又闹中取静，最大的考虑还是安全因素。因为临行前，我向力平师兄保证邓老和师母绝对安全返回厦门。晚饭后我陪邓老和师母在附近走了下，向邓老介绍了新华社澳门分社（现中央人民政府驻澳门联络办公室）大楼、中国人民解放军驻澳部队的地址（当时尚未公开）及有着澳门"经济总督"之称的葡京赌场大老板何鸿燊的葡京大酒店，邓老笑着说，我们住在三个中心之间，安全绝对没有问题。我担心他疲劳，让他们早些休息。

第二天上午陪他和师母去澳门总督府（现特首办）看了看，当时上面还挂着葡萄牙国旗，现在是中华人民共和国国旗和澳门特区区旗了。然后用车接邓老夫妇上了西望洋山中间的新竹苑酒店，这是另一个澳门的政治中心，这个地址原是国民党当局拱北海关的产业，1950年代被我港澳工委澳门分工委（当时对外称商光公司）所接管，作为内部招待所，接待过许多内地来澳门的重要官员，其中最重要的是时任国务委员兼港澳办主任的姬鹏飞一行。当时已按五星级酒店重新装修，几个月后，将迎来出席澳门回归仪式的时任中共中央总书记国家主席江泽民一行。在午餐前，我先带领邓老夫妇到一街之隔的澳门峰景酒店，这家典型南欧式，以黄色基调为主的葡萄牙建筑马上也将停止营业，成为葡萄牙驻澳门总领事馆官邸，而山下是澳门总督官邸（现特首官邸），半山腰一幢接一幢是澳门的顶级富豪何鸿燊，后来的全国政协副主席马万祺，特首何厚铧、崔世安，即澳门何马崔三大家族等人的住宅，非富即贵。当天的午宴是我们即厦大经济系79级的我、厦大财金系77级的孙洲（时任澳门国际银行副总经理）、厦大财金系79级的赖伟文（时任澳门新华分社经济部副部长），我本来还联系了香港经济导报主编陈可焜先生，他与邓老一样都是厦大老校长王亚南的弟子，后定居香港，从事香港经济的研究，可惜他因故未能来澳门一聚。但也是个厦大经济学院特别是财政学的师生们在澳门回归前的一次聚会。师生海外相聚，气氛格外热烈，大家争相向邓老汇报这些年的经历，同时介绍澳门回归的相关情况，与同一专业相关的自然少不了政权移交前涉及双方在财政储备、财政支出大幅度超支等问题上的争议。邓老一边详细听一边就一些关键问题提问，像是扎扎实实的教学、讨论课。这次的午餐时长达4个多小时，大家余兴未了，但都建议邓老先回去休息，不要太疲劳了。当天晚上，我又拿了一些相关的资料给邓老看。

第三天，我陪邓老夫妇到澳门著名的新马路、市政厅、议事亭广场、大三巴牌坊等走了走，实地看了下回归前葡萄牙为"光荣撤退""中葡友好合作"的形象工程。上述这些景点、场地的建材都是由葡萄牙运到澳门，由葡资公司在澳门回归前赶建而成的。我特意领邓老夫妇到新马路面对珠海的"水上皇宫"娱乐场（赌场）去参观了下，并告诉邓老，1988年6月份，我们当时陪同姬鹏飞同志去这"水上赌场"（停泊在岸边类似船的建筑物）参观，让姬老对澳门的博彩业（赌博业）有直观认识，在澳门基本法写上未来特区政府可以自行制定相应的博彩（基本法使用的是旅游娱乐CACINO，但其真正的含义是赌场）的政策，这种提法是在实事求是的基础上，由中国中央政府负责起草澳门基本法经济部分的委员们和澳门当地的起草委员们一起开动脑筋，尊重澳门历史，又照顾澳门现实，想出了这么个提法。体谅到澳门经济发展的需要，又充分体现了"一国两制"和对澳门特别行政区政府的特殊照顾。这之后，我还陪同邓老和师母一起到了当时澳门最大的CASINO葡京娱乐场参观，邓老夫妇玩了好一阵角子机（通常叫老虎机），邓老笑说他手气不如师母好，听到叮叮当当的金属响声，笑得开心得像个纯真的孩子，我内心也十分高兴。

接着几天邓老除了游览澳门的一些景点，就是准备此次访澳的重头戏，给澳门经济学会做一次关于财政税收的讲座。邓老对此十分认真，除了仔细阅读我给他的相关资料，还详细地向我询问一些重点。在8月25日的讲座上，邓老阐述了他的"国家分配论"，并指出澳门过渡期间特别是回归前澳葡当局连续扩大财政支出，不断动用财政储备，就是葡萄牙利用掌握政权的明显优势为葡萄牙的国家利益和葡资服务。同时针对澳门财政过分依赖博彩税导致澳门财政收入不稳定的情况，建议未来特区政府除了要把以传统方式经营的澳门博彩业推向高新科技化以增加行业的吸引力外，还要拓宽税基，并改变行政支出过大的情况，未来的特区政府要适当修改财政政策。对当时公务员不纳税的情况，邓老认为违背了税收中的公平原则，收入较高的公务员应带头纳税。

主办此次讲座的是澳门经济学会，会长是后来的澳门立法会资深议员、全国政协常委、第二任澳门特首崔世安的哥哥崔世昌。理事长杨允中后任澳门区全国人大代表、澳门基本法起草委员。出席人员还包括：后任澳门特区立法会议员的刘本立、杨道匡等；澳门首任特区政府经济司司长谭伯源的代表、第三届澳门特区政府经济财政司司长的梁维特；新华社澳门分社经济部部长、澳门基本法起草委员会经济部分召集人张健的代表、经济部副部长赖伟文、处长张作文等人；澳督经济顾问、澳葡当局大型建设政务司、澳门经济学会顾问米兰多（中文名字苗蓝图）的代表，澳葡政府财政局副局长何永安；财政司经济局、统计局一些相关经济、财政官员。由于澳门政权平稳过渡，包括张作文等人都成了澳门特区政府财政局、经济局的主要官员，对未来澳门特区政府的财政政策、财政预算的编制和实施都有着正面影响。（见《澳门特区政府第一份财政预算的特点》，香港《中国评论》2001年第4期）对此次澳门政权回归前澳门经济财政学术界的一次盛会，和邓老在此次会上发表的演讲，澳门主流媒体《澳门日报》1999年8月26日以《澳门财政政策待改善》为题进行了专门报道，但出于考虑中葡友好大局，对出席此次讲座的相关人员以及对澳葡政府、财政政策的批评略去未报道。但邓老的演讲影响是客观存在的，晚上新华社澳门分社经济部的相关人员设宴款待邓老夫妇，不少人继续就澳门财政问题请教邓老，并表示邓老不愧为财政大家"国家分配论"的主要代表人物，一下就看透中葡两国在过渡期发生财政储备争执的本质，说出了许多人想说但表达不清楚的东西，十分佩服邓老的渊博学识。

1999年8月26日，澳门主流媒体《澳门日报》以"澳门财政政策待改善"为题专门报道邓子基教授的政策主张

　　短短的十天很快就结束了，我陪邓老及师母出澳门到拱北，游览了珠海渔女等景点，途经粤海大厦时，我告诉邓老，1992年春邓小平同志曾登上此楼顶部眺望澳门，邓老对这位中国改革开放总设计师十分赞赏，也遗憾这个伟人未能亲眼看到香港澳门的回归。当晚邓老告诉我，澳门虽小，但却是祖国完全统一不可缺少的一环，在此参与回归工作有着重大意义。澳门的财政是以博彩税为主，这很独特罕见，我亲身参与了许多工作，了解事情的具体发展状况，这种经历是可遇不可求的，可以把这个作为博士的毕业论文题目，结合自己学到的财政专业知识，阐述澳门过渡期中的财政与税收问题。真是一语点醒梦中人！邓老当时虽已77岁高龄，却头脑敏锐，政治立场坚定，观察事物可以迅速透过现象看本质，而且十分注意接受新事物，在坚持"国家分配论"的基础上与时俱进，不断地丰富与发展他的学术体系，更主要的是邓老十分注意理论联系实际，注重解决实际问题，对弟子们的学术、生活、思想都十分关心。在澳门的十余天，与其说是邓老的考察，实质上是对我单独的"一对一"地上了十几天的专业辅导课，真是受益良多！

　　我后来常常回忆，在邓老的诸多弟子中，能有如我一样连续十天接受邓老的单独教诲、"吃小灶"的可能就绝无仅有了。实在是人生的一大幸事，师恩大于山，此生实难忘！送邓老和师母自珠海登机后，我的心情久久不能平静，在澳门与邓老相处十余天，邓老既是恩师，又是慈父。

　　收拾好依依不舍的别离心情，我返回澳门，完成了澳门的回归工作，后于2001年调回内地工作。2002年6月我完成了博士论文答辩，获得了博士学位，并和邓老合影，我的内心充满感恩之情。后来我与师兄弟们一起出席了邓老的80华诞、85华诞。我和众多邓老的弟子们一样，满心希望能够共同庆贺邓老的100华诞。虽然邓老于两年前仙逝，但邓老的音容笑貌、大师的学术风范、爱生如子的慈父般的关怀，将永远铭记在我们心中，我们更要把恩师邓老治学做人的理念和风骨传承下去。邓老永远活在我的心里！

感恩·铭记·怀念

李一花 （山东大学）

2002年6月，本文作者（右一）看望博士生导师邓子基教授并合影留念

时间过得飞快，不知不觉间从厦门大学博士毕业已经20年有余。每每想到恩师邓老，都久久难以平静，往事一幕幕浮现在眼前。

1999年5月的一天，我来到厦门大学参加博士生入学考试，非常有幸见到了无比敬仰的邓老。虽然在此之前，我的硕士导师樊丽明教授已经多次给我们介绍邓老的理论、学术影响和人格魅力，并亲自推荐我报考邓老的博士，但真正与邓老面对面，心里还是很紧张，但邓老平易近人、乐观幽默，很快让我消除了紧张不安。邓老询问我的情况，还饶有兴趣地问我名字的由来，我都一一回答。这次见面，我感慨良多，一代财政学泰斗，著作等身，学术影响享誉国内外，但仍然奋斗在教学科研一线；荣誉无数，但虚怀若谷，从不骄傲；对待学生，爱生如子，亲切关怀。与邓老的第一次见面，坚定了我追随邓老学习的信念。非常有幸，我终于成为邓老的学生。

难忘在厦大的学习时光，与同门的师兄一起到邓老家中上课，邓老给我们讲第一堂课时提出"二十四字"要求："人各有志、人贵有志、开拓刻苦、严谨求实、扬长避短、勇攀高峰"。邓老给我们讲财政理论，讲国家分配论，邓老讲得很投入，我们听得也很认真，邓老不仅教给我们专业知识，更是教我们如何分析问题、如何做研究。邓老创立的"国家分配论"，影响了几代人对财政的理解，现在仍然是国内的主流学说；同时，"国家分配论"又与时俱进，不断丰富和提升。邓老追求卓越、开放包容的学术品格潜移默化地影响着我们。邓老常说："我不是大师，我是老师；我不是泰斗，我是'老兵'"。在邓老家中上课，还时时感受到师母对我们的爱护，课间休息时师母总是给我们端来点心水果，让我们放松放松，其乐融融的氛围，感觉一上午的时间过得很快。

难忘1999年的中秋节，邓老邀请我们在校的学生到家中过节，以免思乡念家。对于一个北方人，对于厦门的中秋节博饼的节日传统早有耳闻，很是新奇。在邓老家中，终于了解了博饼的规则，并参与了博饼游戏。直到现在，每到中秋，仍然想起在邓老家中博饼时的情形，脑海中依然响起骰子撞击瓷碗的清脆声声。

难忘2000年春节期间，邓老在福州住院，我们学生在医院轮流照护，邓老非常乐观，说年纪大了，要保守治疗，不能激进。他也不忘对我们进行专业知识教诲，传递人生智慧！邓老常说："人生要掌握两把钥匙：治学的钥匙、做人的钥匙。我自己要先掌握好这两把钥匙，然后再交给学生。"

难忘2001年4月，邓老莅临山东大学参加"教育部经济学教学指导委员会第三次全国财政理论与教学研讨会"的情形，考虑到我的孩子刚出生不久，我和邓老申请，想利用邓老来山东大学开会之际，完成博士中期考核，这样我就不必再去厦大。邓老欣然应允，我准备好录音机和磁带，利用开会间隙的一个下午，邓老给我提问，我回答，师母在旁边帮着录音，录好后带回厦门。邓老对我的照顾和体谅，让我非常感激！在做毕业论文时，每当我想偷懒，我就想起邓老对我的教诲和扶助，从此不敢松懈！

难忘邓老在病榻上给我指导博士论文，厚厚的论文，密密麻麻的修改意见，令人无比动容，肃然起敬！师恩浩荡，铭记在心！

2020年12月22日，冬至前夕，邓老安详辞世，享年98岁。消息传来，内心无比悲痛。学生痛失人生的指路明灯！财政学界痛失一代宗师！

邓老幼失双亲，历经磨难，砥砺奋进，勇毅前行，终成中国财政学泰斗！邓老的传奇一生，学界无不为之传颂！邓老一生拼搏研财政，两袖清风为人师！值此恩师邓老诞辰100周年之际，献上学生对恩师的无限缅怀之情！作为一名高校教师，感恩邓老对我的培养，铭记邓老的殷切教导！继承邓老"教书、育人，出人才、出成果"的理念，努力将邓老的精神传承下去！

先生之风，山高水长！

深切缅怀、永远铭记导师邓子基教授

余雁刚 （中共深圳市委研究室）

2002年6月，本文作者（右一）看望博士生导师邓子基教授并合影留念

今年是尊敬的导师邓子基文科资深教授诞辰100周年，两年前，敬爱的邓老永远离开了我们。

邓老作为我国社会主义财政学的奠基人和开拓者、"国家分配论"的主要代表人物，为中国财政理论的发展做出了开创性贡献。邓老几十年如一日坚守在财政学教学科研第一线，教书育人一辈子，用自己的实际行动书写了一本生动的教科书，为我们留下了宝贵的精神财富。

1999年，我有幸考入邓老门下攻读博士学位，3年的时光很短，但邓老谆谆教诲的情形历历在目。我记得到邓老家上第一次课的时候，讲了两方面重要内容。第一方面内容就是治学的方法：对待马克思主义，先坚持后发展，重在"发展论"，既反对"僵化论"，又反对"过时论"；对待西方的东西，主张学习、分析、批判、吸收，重在"消化论"，既反对"排斥论"，又反对"照搬论"；对待方法论，坚持辩证唯物主义和历史唯物主义，其灵魂是解放思想，实事求是，一分为二，对立统一，从中国国情出发，从现象到本质，在继承中发展。第二方面内容就是怎样做人，怎样去做一个对社会有用的人，并给我们提出了"人各有志、人贵有志、开拓刻苦、严谨求实、扬长避短、勇攀高峰"的"二十四字箴言"。直到今天，邓老的学术思想体系和治学方法依然绽放着时代的光芒。

1999年刚刚开学不久，邓老由于过度劳累生病住院了，由于输液治疗有严格的要求，速度非常慢，基本上要从早上8点开始，到晚上8点才能结束，有的时候还会更晚。在此期间，躺在病床上不能动，一天下来非常辛苦，就是这样，邓老每晚临睡前，还要拿出笔记本坚持写上半个小时日记，我对邓老说，"邓老，您来口述，我来帮您记录吧。"邓老说："这是我多少年来养成的习惯，必须自己动手，有的是把白天的一些思考、一些心得、一些想法记录下来，再整理到以后的文章中，有的是把白天发生的事和见过的人再回放过一遍，加强记忆。"我们大家都很惊叹邓老惊人的记忆力，与邓老见过一次后，第二次再见面时，邓老总能直接叫出大家的全名。我们都很敬仰崇拜邓老的学术成就，其实，我们没看到的是邓老在无声处下的功夫，几十年如一日持之以恒下的功夫。

邓老慈眉善目，宛如慈祥的老寿星，看起来总是乐呵呵的，说话十分幽默，经常金句不断，欢声笑语一片，我们总是在欢乐的时光中依依不舍地下课。面对困难疾病，邓老也是从容乐观面对。1999年12月，邓老的胆囊疾病更加严重了，到福州住院治疗，经过一段时间保守治疗后，效果不佳，最后确定要进行手术治疗。此时，邓老已近80高龄，大家都忧心忡忡。邓老听医生详细介绍手术方案后，决定用传统的方法做手术。手术前，邓老还跟大家聊天，说："很快，我就要成为无胆教授了。"大家虽然笑了，但仍忐忑不安。好在吉人天佑，邓老手术十分顺利，恢复得也十分顺利。在这期间，邓老对前来看望的同学们说得最多的一句话就是——"我现在是无胆英雄"。邓老就是这样，经常讲出一些"潮言潮语"，表达对生活的热爱、对生命的乐观通达。

邓老一生一心扑在财政教学科研事业上，用全部生命和心血书写了平凡而伟大的一生，在中国财政学界，在广大经济、财政工作者心中竖起了一座不朽的丰碑。邓老的品格、情怀、境界、精神，永远值得我们发扬光大！

学从邓老，如饮陈年老酒

徐承彦（中国银联公司）

初次见邓老之情景，至今历历在目。1997年冬，时值中国税务学会在广西北海召开全国税收理论研讨会，一日午后，我游银滩回饭店，恰遇邓老在大堂与后生谈天。我静立一旁，听邓老谈笑，看邓老风生。我见邓老和蔼可亲，遂插话，邓老对我一视同仁，像见到老朋友。我问道："邓老您好，我能否报考您的博士研究生？"邓老笑着回答："有何不可？"1999年，国家税务总局荐我考博时，我首先想到是受邓老之鼓励，我才终遂心愿。

邓老先教做人，后教学问；做人在先，做学问在后。邓老重言教，更重身教，他以"润物细无声"的方式，涤荡学生之心灵；以宽若大海之胸怀，包容学生之缺点。邓老教学，高屋建瓴，举重若轻，深入浅出。恰如陈年老酒，初不觉有味，越品越有味，越品越难舍，以至成瘾。一段时间不听邓老讲课，便觉浑身不自在。

邓老，一代宗师。从师邓老，乃为我辈一生之幸。

师恩大于天

——永远怀念邓老

石建兴　徐　萍　凌　岚　张爱龙（2000级）

2019年1月，本文作者张爱龙博士（左一）看望博士生导师邓子基教授并合影留念

古人云：人生，得一知己足矣。作为邓老的学生，每一个人都会由衷感叹：人生，得一知己不如得一好导师。邓老就是这样做人、做事、治学的好导师。

邓老真诚地关心每一个学生、爱护每一个学生、教导每一个学生，用睿智的言语和润物细无声的方式，润泽每一个学生、引导每一个学生。即使是父母，又能如何？师恩大于天！值此邓老诞辰100周年之际，回想与邓老相识、相处的点点滴滴，我们不胜感佩、泪沾衣襟。

邓老像蓝天，让每一个学生无尽飞翔、直冲云霄；邓老像大海，让每一个学生搏浪击潮，不断走向人生新高度；邓老像大地，让每一个学生找到适合自己的土壤，健康成长、纵情驰骋。

（一）

我们这一届学生入学不久，邓老为提高我们的研究能力，结合全国和福建省财税体制改革的实际情况，向福建省财政厅提出建议，围绕福建省财税体制改革有关重大问题开展课题研究。这一提议立即得到福建省财政厅的积极响应和高度认可。邓老组织2000级七位学生组成课题组，由邓老亲自担任组长，指导我们拟定课题研究大纲。围绕这一课题大纲，邓老不顾年迈，多次亲自带领我们赴福州交流探讨。时任福建省财政厅厅长马潞生同志每次都是亲自陪同邓老，亲自主持课题交流。每次去福州，邓老都给我们创造机会，邀请时任福州市委书记的何立峰学长，与我们座谈交流。

邓老总是用何学长的成长经历勉励我们。何学长每次都会结合国际国内形势，畅想描绘福州市的发展宏图。何学长宏阔的视野、超强的工作魄力、深厚的理论功底、务实的工作作风，让我们深深折服。现在想来，与何学长的每一次交流，都让我们受益终身。

根据邓老的统一安排，我们与福建省各有关方面多次交流。这不仅让我们全面了解福建省各方面情况，逐步丰富了课题研究成果，而且让我们悟出了很多做人、做事、治学的道理。我们每到一处，只要提到邓老的名字，大家总会充满敬佩。

经过邓老的亲切教导、亲自组织、亲自把关，我们顺利地完成了课题，并向福建省财政厅交出了一份高质量的课题成果，得到了福建省财政厅的高度评价。这一课题成果，最终以《福建地方财政体制改革研究》为名，于2003年由中国财政经济出版社以专著形式出版。每每想起这一经历，都觉得恍如昨日，邓老的音容笑貌、一举一动仿佛就在眼前，我们的眼睛不知不觉已然湿润。

2018年3月，本文作者石建兴博士（左一）看望博士生导师邓子基教授合影留念

（二）

我们读书的时候，正值财政学界"公共财政论"与"国家分配论"讨论最热烈的时

候。面对这一事关马克思主义财政学的重大问题，邓老站在国家与民族的高度、站在财政理论最前沿，以独到的政治眼光、巨大的理论勇气、严谨扎实的学风，亲自动手并组织厦门大学有关老师撰写论文参与讨论，我们有幸参与其中，并先后在《财政研究》等杂志上发表《借鉴"公共财政论"发展"国家分配论"》《尊重历史事实树立良好学风》等重要论文。邓老还不顾年老体迈，参加重要财政学术活动，发表学术演讲，阐述重大观点。经过一段时间的努力，不仅厘清了"国家分配论"与"公共财政论"的关系，还对有关重大理论和实践问题进行了全面的辨析。"国家分配论"有效地吸收了"公共财政论"的有益成分，达到了新的理论高度，其在财政学界的主导地位不但没有被削弱，反而进一步得到了彰显。

（三）

按照邓老的"国家分配论""一体两翼"的论述，国有资本财政是国家财政的有机组成部分。曾经一段时间，有的学者对此符合社会主义财政实际的理论提出质疑，甚至有学者提出要废除国有资产管理部门、废除国有资本财政。对于这种理论观点，邓老明确表示反对。他从马克思主义经济学的基本理论出发，从"国家分配论"的理论源头出发，从社会主义财政的独特本质出发，鲜明地提出，国有资本财政是"国家分配论""一体两翼"不可缺少的重要组成部分，国有资产的管理部门必须保留，不但要保留，还要不断强化其作用。这一正确观点，经过邓老的大力宣传和积极建言，得到了理论界的广泛认同，得到了中央有关领导的高度认可。在此观点影响下，国有资本经营预算写入《预算法》，中央和各级政府还成立了专门的国有资产管理机构，国有资本财政在实践中不断扩大，为社会主义财政高质量发展发挥了重要作用。

敬爱的邓老虽然已经离开我们，但他的高尚品格高山仰止，他的理论贡献皓如日月，他的实践成就光耀中华。他对我们的培养之恩、教育之恩，让我们永生难忘、终身受益。此时此刻，感恩之心、怀念之情、思念之痛，尺书难表。

跟着邓老去调研

王殿志 （复旦大学经济学院）

走近邓老，源于厦门大学经济研究所建所50周年和《中国经济问题》创刊40周年庆祝活动。跟随邓老攻读博士学位，致远师兄是我从经济研究所转至财政金融系的领路人，郝联峰博士则是我考博时精神世界的指引人。我在入学自我介绍时，邓老站起来，握起我的手，温和、平静而坚定地对我说，"王"，要有"殿志"才行啊。邓老通过幽默智慧的名字解读，给我上了一堂难得的励志课。

邓老2000年录取的博士，还有江苏泰州市委办公室的徐承彦副主任、四川国税直征分局的徐萍副局长、福建莆田市府办公室的林国庆副主任、中国丝绸进出口公司深圳公司的石建兴总经理、天津财经学院的凌岚副教授以及山西财经大学的张爱龙副教授。大家一起在邓老家上理论研讨课时，课间休息时总是受到和蔼、慈祥的师母无微不至的照顾，师母总是给我们端茶水、递点心、送水果。

在邓老的精心安排下，我们跟着邓老去调研，先后调研了福建省财政厅、福建省国税局、福建省地税局、福州市财政局、平潭县财政局、闽侯县财政局、福清市财政局、莆田市财政局、莆田县（现为莆田市）财政局、湄洲湾北岸经济开发区管理委员会、仙游县财政局、黄石镇财政局、泉州市财政局、安溪县财政局、晋江市财政局、泉港区财政局、南安市财政局、宁德市财政局、霞浦县财政局、屏南县财政局、福鼎市财政局、南平市财政局等。之所以上述详列，是因为邓老安排的这项财政专题调研，有着特殊意义。邓老让我们走出校园与书本，深入财税实践中去。调研的内容涉及福州市经营城市土地财政、1∶0.3返还及其留用体制、133分成体制、固投税分成体制、直征体制、罚没与收费分成体制，以及教育、科技、农业等法定支出安排的现状，以及一般转移支付、消赤减债补助、周转金等问题。

跟着邓老去调研，是一次精神洗礼，让我逐渐走进财政之门。随着所得税分享改革大幕徐徐升起，我从"维护社会稳定""逐步实现共同富裕""保证地方既得利益""实现国家长治久安"等角度进行了研究，对"增量分成""基期确定""基数返还""基数上解""转移支付"等改革内容的理解也不再停留在纸面，而是愈加深刻了。邓老肯定了我的调研成果，将围绕财力的体制安排、体制集中与体制诉求等相关论述纳入了课题成果。在课题组成员的共同努力下，《福建地方财政体制改革研究》课题顺利结项。

邓老肯定了我最后选定的的博士学位论文选题——"农民负担研究"，并鼓励我继续弘扬实地调研精神深入基层。我在亲戚的帮助下，开始了走村串户、探乡访镇的调研。论文成稿后，邓老感慨地说，一定要给那些减轻农民负担的父母官点赞。答辩前夕，邓老还告诉我，力平老师对基于调研的写作思路给予赞赏。无意间，我以调研访谈、撰写论文的方式参与了轰轰烈烈的农村税费改革。另外，读博期间，我还陪同邓老赴杭州参会讲学，参与编辑《桃李芬芳》纪念册，配合林杰师兄筹备邓老80华诞庆祝活动，参与财政部科研所博士组与国家分配论等主题讨论，得到了锻炼与成长。

后来，我有幸追随邓老的脚步成了一名教师。在学期间邓老的教育和指导，为我今后的教学与科研打下了基础，他鼓励我先后完成了出口退税负担机制、预算审批程序刍议、晋城市转移支付改革等论文或报告。理论联系实际，是邓老的育人思想之一。我努力践行邓老的学术思想，先后向上海国际商品拍卖有限公司提出上海市个人非营业性客车额度拍卖数据误录问题，向全国人民代表大会提出宜公开表决数据与预算等报告宜由人大直接公布等建议。

邓老组织的实地调研，除了财政体制改革专题外，还有物价改革、国企改革等专题。根据邓老从教五十五周年《桃李芬芳》纪念册可知，葛南翔师兄在1983年底至1984年初就曾跟随邓老参加福建省财政状况专题调研；潘贤掌师兄则提炼了邓老育人的"大、中、小"要求，其中的"中"，即参与省部级以上课题并撰写调研报告。总之，跟着邓老去调研，肯定收获满满，肯定受益终身，肯定铭记余生。

在邓老百年诞辰之际，写一下我萦回环绕、挥之不去的调研情结，作为我对邓老的深情怀念。

追　思

黄秀萍（厦门税务局）

三载求学恍昨日

隆隆师恩自难忘

课堂语重多妙句

科研心长著华章

学贯中西树一帜

德配天地动九壤

盛世唯愿心不老

看取华旛逐风扬

当时只道是寻常

——忆邓老二三事

黄黎明 （深圳福田区税务局）

2004年6月，本文作者（右一）看望博士生导师邓子基教授并合影留念

还记得二十几年前的那个下午，我酝酿了好久，终于忐忑不安地拨通了一个心中反复默念的陌生号码"0592-2182686"，磕磕绊绊地说明自己的身份和想选导师的愿望，原以为会被拒绝，没想到电话那头的声音却如此和蔼可亲。挂上电话，我简直不敢相信自己的耳朵，这么"牛"的老师，本专业数一数二的学者，居然肯给我机会。每次回想起这件事，那种心花怒放的感觉一瞬间就回来了。当时只是觉得自己很幸运，却没有意识到，遇见这样的名师，对我来说真正意味着什么⋯⋯

求学之道，是认真

求学以来，虽然我各门功课的成绩一直不错，但是写作却一直是我最薄弱的环节。读研以后，每每绞尽脑汁炮制出一篇学术论文，却往往感到词不达意。等论文交到邓老手上，几天以后，他再将原稿返还，上面就已经密密麻麻做了许多修改。不仅如此，他还会带着我再把论文通读一遍，并且把已经改动和将要改动的地方详细讲解。待我下次

将按照他的要求改过的论文交给他看，他又会再做修改。哪怕只是四五千字的小文章，邓老也往往会改上三四遍。那时的我，一方面佩服邓老的思想深邃、思维缜密，另一方面又觉得花那么多精力有时仅仅是考虑一个字一个词是不是有点儿浪费时间。

毕业以后，办公室工作需要写材料，那时的我突然发现自己不知不觉似乎已经迈过了写作的那道坎儿，曾经费尽心思都很难完成的事儿居然也能做得有模有样。有时候，我甚至会不自觉地去琢磨应该用哪个词，甚至尽量精简不必要的内容。邓老认真的求学之道，让我受益匪浅。

成事之道，是坚持

因为本科毕业直接读研读博，社会经验几乎为零，我那时对学校外面的世界充满好奇心。可能都是类似的想法，到了读博那会儿，身边已经有同学开始在外面兼职，试图为毕业后找工作积累经验。看得我也心痒痒的，有点儿跃跃欲试。记得二年级暑假，我打算到外地找单位实习，匆匆忙忙买好车票，都没有提前和邓老打招呼。当时我正在做毕业论文，时间很紧，不过考虑到邓老一直以来对学生都非常和气，我买完票以后才和他说我要出去实习。没想到那次邓老很坚决地要我退票，让我继续留在学校做论文，彼时的我对这一点并不是很理解。

多年以后，我明白了邓老的苦心。邓老经常对学生们讲，每个人的情况不同，求学的时候，学业是最重要的，工作以后，事业是最重要的，要坚持做最重要的那件事，不放弃，才能做好。

相处之道，是宽容

2004年，我即将毕业，因为领了结婚证，邓老、师母还有同门的师兄弟师姐妹们一起为我庆祝。记得那天天气很好，我们从厦大白城的海滩走过，海面波光闪闪。邓老兴致很高，他问我夫妻长久的相处之道是什么？我们这些学生平时眼见邓老和师母相敬如宾、互相照顾，私下都以为是天作之合，非常羡慕。没想到邓老给了我一个出乎意料的答案。他说，夫妻相处，最重要的是宽容。每个人都有缺点，我们对自己要求多一些，对别人要尽量宽容。如果总是看到对方的缺点，这么多年怎么可能相处融洽。两个人没有根本性的矛盾，如果对方在气头上那么就让一让，家庭和睦才能幸福。

邓老的这一番话，我一直记得，但是年轻时却觉得无论如何也做不到。随着年龄的增长，我渐渐体会到其中蕴含的人生智慧。不止夫妻，亲人、朋友、同事的相处，何尝不是如此？如果总是盯着对方，不仅关系越来越僵，自己也会很痛苦。如果能把注意力放在自己身上，多反思一下自身的问题，对别人不要要求太多，反而能与人相处融洽。

邓老，大智慧！

追忆泰斗　感念师恩

赵　岩（中国泛海集团）

2012年11月，本文作者（左一）看望博士生导师邓子基教授并合影留念

从2020年底我们在厦门送别泰斗至今已经两年了。在这两年中，无论是同门见面谈及还是邓老弟子群里线上交流，都让我们时常感到泰斗一直在陪伴、关注和鼓励着我们，仍然能让我们汲取智者的智慧与力量。

我在邓老培养的108名博士中排名第64，是2001年入学2004年毕业的。初识邓老是在1994年春节后，当时我是厦门大学90级税收专业的本科四年级学生，那年春节我从老家沈阳返校时途经北京，受时任国家经贸委企业司综合处副处长李智师兄之托，从北京给邓老带几箱治疗胆结石的特效药，因为当时邓老时常被胆结石困扰，也让包括李智师兄在内的学生们惦记。回到厦门后，我拨通了李智师兄告诉的邓老家庭电话，耳边响师母非常慈祥的声音，我说明情况后，她非常热情地欢迎我到家里去，就这样我初识了邓老及师母。此次初识让我最最难忘的是邓老的谦和，他很亲切地问我老家在哪里、父母工作情况，家庭情况等，并鼓励我好好学习，充分准备好毕业分配，临别时还亲自把我送出门。此后一段时间内，偶尔见到邓老时他还会提起送药之事，甚至过了若干年后，邓老还记得此事。

我在1994年从厦门大学税收专业本科毕业后，如愿分配到国家税务总局工作，初到总局时，厦大同门只有靳东升博士，后来随着不断有邓老的博士分配到总局，厦大同门逐渐多了起来。在邓老的鞭策和鼓励下，税务总局的同门们不断将在邓老身边的所学所思应用于税收实践，在各方面不断取得进步，在税务总局乃至税务系统都形成了良好的口碑。

在邓老的鼓励下，2001年我考入邓老门下，成为邓老的博士生。2004年我博士毕业前夕，邓老因病在厦门第一人民医院住院，当时如果我的博士论文的审核及修改不能如期完成，则无法参加当年的博士论文答辩，也就意味着不能如期毕业。在这种情况下，邓老在入院时就将我的博士论文带在身边，在医院里一边接受治疗，一边在病床上修改我的论文，当邓老通知我到医院取走修改好的论文时，我激动万分。当我手捧邓老在病床上逐字逐句修改后的论文时，我的眼睛湿润了，从心底升起对邓老深深的敬意和感恩之情。

从2004年博士毕业到2016年，我基本上每年都能到厦门拜望邓老及家人，或到家中汇报，或与同门一起陪同老人家聚餐，倾听泰斗的谆谆教诲，至今都历历在目，终生难忘。

在国家税务总局工作22年后，2016年5月我主动提出到企业工作，换一个角度来观察和思考财税问题。邓老得知后，当面提醒我这次选择将带来很大的挑战，更要认真思考、努力工作、谦虚谨慎，尽快适应新的工作环境，希望我在新的工作中不断取得进步。至今我还清晰地记得那次邓老对我的耳提面授正值冬季，且老人家还感冒了，坐在那儿显得有些虚弱，说话时也有些吃力，但他仍然非常耐心地听我倾诉，并提出了要求和希望，在离别时我的眼睛再次湿润了。

泰斗给予我们的教诲至今历久弥新，泰斗寄予我们的希望仍为不竭动力，泰斗赋予我们的恩情永世难忘！值此泰斗百年诞辰之际，献上此文，以作纪念。

师道传承　光辉永存

罗淑琴 （深圳市税务局）

2004年12月，本文作者（左一）和黄黎明博士（右一）博士毕业并与博士生导师邓子基教授合影留念

今年是我国著名的经济学家、财政学家和教育家邓子基教授百年诞辰。邓老离开两年多了，但我一直难忘恩师的音容笑貌和谆谆教诲。

我于1987年考入厦门大学财金系税收专业，是学校接受税务总局代培招收的第一届学生，班主任是邓力文老师。现在回想起来，力文老师在治学为人处事上和邓老颇有几分相像，这也是家学家风家教的传承吧。由于力文老师的缘故，本科阶段我去过邓老家两三次。那会儿作为"国家分配论"主要奠基人的邓老已是人人敬仰的学术大家，虽然邓老并不认识我，但对我们这些小辈非常和蔼，平易近人，让我们觉得高高在上的邓老原来也是一个慈眉善目、亲切的父辈。我们本科学习的财政类教材几乎都是邓老主编的，四年的系统学习给我打下较牢固的专业基础。

1991年，我继续留在系里读研究生，邓老是博导，虽不担任硕士研究生的授课老师，但邓老的财政学思想却代代传承。授课的年轻教师巫克飞、张馨、杨斌、欧阳昌琼、陈浪南等几乎都是邓老前几届的博士生。他们师承邓老衣钵，但在各自的研究领域又各有发展创新。这三年，在这些优秀老师的指引下，我系统学习了中西财政理论，打下了扎实的理论基础，也培养了一定的科研能力。在研究生阶段和邓老走动多了些，邓老对我一直很关心。研究生毕业后，我来到了深圳税务局工作。上班伊始，我给邓老写了一封信，汇报了自己的工作和生活。很快就收到了邓老的回信，他鼓励我要开拓刻苦、勇攀高峰。邓老的教诲一直激励着我在税收事业中一步一个脚印往前走。

进入深圳税务局工作时，刚好是1994年我国税制改革时期，随着深圳改革开放不断提速，新的经济模式、新的税收问题不断呈现，我在工作中也不断遇到一些疑难问题，这让我萌生了进一步深造的想法。如果有一天能成为我仰慕已久的邓老的亲传弟子，跟着邓老学习，该有多好！在获得恩师同意后，我认真准备，并以优秀的成绩重返厦大校园，成为邓老的博士生。攻读博士的三年，我亲耳聆听邓老教诲，领悟他博大精深的财政经济思想，体会他治学做人的道理。他在第一节课提到的治学之道让我们所有的弟子受益终身：一是对待马克思主义，要先坚持后发展，既反对僵化论，又反对过时论，重在发展论；二是对待西方的东西，要学习、分析、批判和吸收，既反对排斥论，又反对照搬论，重在消化论；三是在方法论上，要坚持辩证唯物主义和历史唯物主义，解放思想，实事求是，一分为二，对立统一，从中国国情出发，从现象到本质，在继承中发展。

邓老对我国财政理论和政策研究的贡献是巨大的，他带领着财金系走上了巅峰，为国家培养了大量优秀人才。2014年，我参加了税务领军二期的学习，我所在的综合班28名学员中有6名是厦大财金人，其中三人为87级、89级和90级税收专业的学生，这让我再次感受到邓老的伟大和身为厦大财金人的光荣。

至今，我一直珍藏着邓老给我的信件和论文的修改意见稿，现在先生已去，睹物思人，我将把它们当作激励自己不断前进的动力。

一代宗师，光辉永存！

德高学渊　风范如斯

杨新民　（太平金融科技有限公司）

2005年9月，本文作者（右一）与博士生导师邓子基教授在博士论文答辩会上合影留念

在邓老百年诞辰之际，我们追忆缅怀恩师，往事历历在目。

我上大学的时候，学习的财政学教材是《社会主义财政学》，是邓老和几所院校的学者共同编写的，阐述社会主义财政的本质是"国家分配论"，这一理论成为我进入财政学大门的一把钥匙。在我留校任教后，负责讲授财政学及相关课程，我们采用的都是邓老主编的《财政学原理》《财政与信贷》《财政与金融》等教材。在课程讲授的同时，我系统地阅读了邓老的大量著作和文章，这更加深了我对邓老的思想和理论的理解和领悟。在此期间，恰逢邓老正在中央广播电视大学讲授财政与信贷，全国各地有几十万电大学生收看电视聆听邓老授课，电大课堂、学生家里、售卖电视机的各大商场里都在播放邓老授课的影像，邓老成为那个时期最耀眼的电视教育巨星！

当时我不仅要完成校内正常的教学任务，还担负着电大的课后辅导工作。我每天跟着电视认真聆听邓老授课，研学邓老的教材和著作，然后奔波于电大的各集中授课点，给学生进行课后辅导。我既是邓老的远方学生，又隔空成了邓老的助教。

这段紧张而繁忙的学习和工作经历，也为我日后报考邓老的博士打下了比较好的基础。与此同时，我心里产生了一个强烈的愿望：要当面聆听邓老的教诲，努力成为邓老真正的学生！但仔细一想，邓老是全国著名的大经济学家、财政学家、大教育家，我的梦想简直遥不可及！自此，这个梦想就一直深深地埋藏在我的心里。

2000年，我虽然已经到金融企业工作多年，但要实现这个梦想的愿望却日益强烈。于是，我直接拜见邓老，当面讲述自己的愿望，邓老耐心地倾听完我的讲述，热情鼓励我要有信心实现自己的愿望，还指导我阅读哪些复习书目和资料。2001年，我终于成功考取了邓老的博士，实现了自己多年梦寐以求的愿望！

此后，我经常往返于学校和工作地之间，珍惜每一次聆听邓老授课的宝贵机会，完成自己的学习目标。有的时候，由于工作的原因耽误了上课，邓老都会专门安排时间给我补课和指导我的作业。

作为邓老的学生，我学到的不仅仅是专业知识，还有更多做人做事的道理。邓老从来不讲空洞的大道理，而是身体力行，潜移默化地影响着我们。爱生如子是邓老真实的写照。学习、工作和生活上，他老人家细致入微地关怀爱护每一位学生，让我们倍感温暖和幸福。我们遇到的任何问题和困难都愿意向邓老和师母倾诉，也都会得到二老热心的关怀、指导和安慰，甚至一件小事在很长时间以后，他们还都会记挂和关心着。

一般人理解，邓老是让人敬仰的大师、学界泰斗，可望而不可即。然而，我朋友的一个经历颠覆了他曾经的想法。2007年邓老去无锡参加学术会议经过上海，在财政系统工作的这位朋友听说后，强烈要求和我一起去看望邓老。他特别仰慕邓老，因为大学期间学习的也是邓老编写的教材，现在工作中仍然喜欢研读邓老的著作和文章，一定要趁此机会亲身聆听大师的教诲。见面后，邓老真挚关切的话语、慈爱可亲的风范让他感动至深。而后，到了2010年，当邓老再次见到他时，没等介绍就脱口说道：我认识你，你是杨新民的好朋友，你叫某某某！朋友非常惊讶，三年前的一次短暂见面，邓老此刻竟然一字不差地叫出了他的名字，简直难以置信！我的朋友顿时感动得无以复加！他不仅惊叹邓老超常的记忆力，更真切地领略了邓老平易近人、谦逊真诚的大师风范！此后，在众多场合这都成为我朋友引以为傲的一个故事。作为大师的学生，我更是由衷地骄傲和自豪！

邓老治学严谨、认真负责的作风也为我们树立了典范。在我毕业论文写作时，虽然论文在邓老的悉心指导下进行了反复修改，但当终稿呈送给邓老审阅后，十几万字的打印稿上，很多地方都被邓老亲笔进行了修改和做了各种记号，他甚至不放过标错的标点符号，逐一给我提出指导意见。谁能想到，邓老的视力早在此前几年就已经非常不好了，老人家完全依赖是放大镜，逐字逐句吃力地阅读了这十几万字的论文，并一一修改，艰难程度可想而知！这就是大师的态度和精神！

何谓师者风范？何谓高山仰止？邓老用一言一行，做了最好的诠释；用一件件平凡的小事，筑就了一座难以企及的高峰！他老人家是我人生道路上一座永不熄灭的灯塔！

为人师表　学界楷模

万　莹（江西财经大学）

我至今仍清晰地记得与邓老的第一次见面，那是在我硕士论文的答辩会上。听说我们的论文答辩有幸邀请到了我国著名经济学家、财政学家、教育家邓子基教授作为答辩主席，大家的心里既紧张又期待。就这样，在激动与忐忑之中，我们终于迎来了仰慕已久的邓老。寿眉白发、精神矍铄，是我对这位财政学泰斗的第一印象，而邓老充满睿智、幽默的话语也很快使答辩会场的紧张气氛变得轻松活跃。答辩会后，大家与邓老进行了一番简短而愉快的交流，邓老平易近人的谦和态度和对后辈的殷殷关切，亦深深地感染了我们。更让人惊讶的是，在当晚的聚会上，邓老竟然分毫不差地叫出了我们每一个答辩同学的姓名，令大家对邓老的过人记忆力惊叹不已。

因为这次硕士论文答辩的机缘巧合，我近距离地感受到了邓老的人格魅力，也暗暗下定了要投奔邓老门下、继续学习的决心。邓老得知我的这一想法后，不仅亲切地鼓励我，而且亲笔给我回复了一封三页的长信，信中向我介绍了有关入学考试的基本情况，并给了我很多的鼓励（这封信像一盏明灯指引了我的求学之路，我会一直珍藏下去）。正是在邓老的激励下，我得以顺利地圆了厦门大学的求学梦。

邓老在经济学界、财政学界的诸多建树，早已享誉国内外，无须多言。作为邓老的博士生，我想从个人的角度，谈谈邓老对我触动最深的两点：

一是孜孜不倦、与时俱进、开拓创新的治学态度。当年，年过八旬的邓老依然非常关注各种经济理论与实践的最新研究成果，笔耕不辍，诲人不倦，且其作品不时见诸各大权威学术刊物，他以自身的实际行动实践着"活到老，学到老"和与时俱进的时代精神。这种精神，时时鞭策着我们后辈，让我们不敢有丝毫的懈怠之心。

二是邓老海纳百川、有容乃大的豁达胸怀。首先，对待不同的学术观点，邓老始终坚持辩证唯物论，善于从各种不同的观点中发掘其闪光点与可取之处，主张治学应该兼收并蓄，博采众家之所长，然后通过自己的独立思考，形成自己独到的观点，既反对排斥论，又反对照搬论，不跟风，不抄袭。其次，在日常待人接物上，邓老秉承"待人以诚，与人为善，助人为乐，严以律己，宽以待人"的为人之道，每一个与邓老接触过的人，都能真切地感受到他那一视同仁、待人真诚的诚恳之情，即便是对上门送煤气罐的小哥，邓老也总是笑脸相迎，且从不让人空手而归，虽然只是一个水果、一杯清茶，但却传递了邓老平等待人的诚恳态度。最后，在夫妻相处方面，邓老与师母几十年相敬如宾的和谐、幸福生活，也是世人学习的楷模。我们同学私底下经常提到，如果让邓老与师母开设一门"如何组建幸福家庭"的课程，一定会大受欢迎。

人常说，性格决定人生，态度决定成败。有着如此宽广胸襟、执着毅力的邓老，又怎能不成就一番宏伟大业呢？

大学之大，不在于大厦，而在于大师。但坐落于海滨城市的厦门大学，却以她那依山傍海的优美环境和蜚声中外的名家大师，向我们展示了大厦与大师比翼、建筑艺术与人文成就相映生辉的和谐画卷。

值此纪念恩师邓子基教授诞辰100周年之际，深切缅怀邓老勤奋、奉献、卓越、甘为人梯、宠辱不惊的非凡一生！我想，作为一名高校教师的我，将他老人家"教书、育人，出成果、出人才"的衣钵传承下去，就是对恩师最好的纪念！

天涯有尽处　师恩无穷期

王　瑞（河南省洛阳市财政局）

2005年，我有幸师从邓子基教授获得博士学位。在校三年，不但从先生的谆谆教诲中学知识、增才干，更从先生的言传身教中学做人、守初心，先生学者、长者、智者的风范始终清晰在目、历久弥坚。时光如白驹过隙，上次撰文还是为先生庆祝从事教育科研工作60周年，弹指一挥间，15年匆匆而过，已迎来了先生诞辰100周年。虽已阴阳永隔，但先生的音容笑貌时常浮现眼前，殷殷教导仿佛还在耳边。这份师生情，情深似海；这份教诲恩，恩重如山。

最难忘先生海纳百川的大家气度，"仰之弥高，钻之弥坚"。先生作为"财政学功勋人物"，是中国财政学的奠基人和开拓者，是中国财政学界主流学派"国家分配论"的代表人物，尽管如此，先生仍以虚怀若谷的态度对待学术创新，以坚持真理的信念处理学术争论，展现了伟岸的胸怀。当学者用西方理论质疑"国家分配论"落后时，邓老提出要既反对"排斥论"，又反对"照搬论"，提炼了学习、分析、批判、吸收的"消化论"。这些治学思想和方法，为发展财政经济理论提供了重要指导。

最难忘先生躬身杏坛的奉献坚守，"鹤发银丝映日月，丹心热血沃新花"。我到现在都还记得当时博士论文送交先生审阅，一审后，论文里夹带了117张写满了修改建议的小纸条。要知道先生患有严重白内障，书桌上放着四个倍数不同的放大镜，每每想起先生伏案审阅的场景，都让我内心激荡、热泪盈眶。先生一生秉承、实践"教书、育人，出人才、出成果"十字箴言，安心治学、不求宦达，著述等身、桃李满园，为国家培养博士108人、硕士300余人、本科生数以万计，学生遍布祖国大江南北甚至世界各地，其中许多都是杰出的专家学者和财经栋梁。

最难忘先生儒雅随和的长者之风，"随风潜入夜，润物细无声"。先生是一个和蔼可亲的长辈，无微不至地关怀每一个学生，不仅在学习上关心、爱护，还在生活上指导、帮助我们成长，"爱生如子"正是先生的生动写照。记得我带着爱人和儿子探望先生时，先生和师母以长者之尊对我们的礼遇与爱护；记得面对择业彷徨无措时，先生耐心细致地分析利弊、指点迷津；记得即将离校时，先生目中流露的不舍与祝愿。这一幕幕都让我读懂了先生的深情与关怀，都让我汲取了隽永的真情与力量。

斯人已逝，海棠依旧，先生之风永存心间，时时激励吾辈以先生为楷模，把先生的学术思想、学术理论和高尚品德发扬光大，在为国理财、为民服务的道路上倾尽毕生的努力。

思念如驹　自别离　未停蹄

黄洪敏 ［万石（福州）私募基金管理有限公司］

2003年10月，本文作者（左一）陪同博士生导师邓子基教授参加
"国有资产监管体制与公共财政制度改革国际会议"

　　几欲提笔，却总惶恐才疏笔拙，写不出对恩师的殷殷深情，更害怕笔下的苍凉，会惊动恩师在天之灵的恬静时光。掩卷仰首，极目远眺，恍惚之间，南强校园的一草一木和六年生活的点点滴滴，如同白鹭掠过芙蓉湖畔绸缎般的湖面，记忆的涟漪就此荡开……

　　作为一个生在山区、长在农村的孩子，我从未想过此生有机会攻读博士学位，更不敢奢想能师从著名经济学家、财政学家邓子基教授，当师母打来电话告诉我已被正式录取时，那一刻的狂喜，至今依旧激荡于心！

　　三年博士生学习，凤凰树花开花落，无数趟凌云舍、邓老家、经济楼、图书馆间的穿梭，时至今日仍如同电影一般，时常在梦里一幕一幕反复播映。邓老一以贯之、忘记时间、恨不得一堂课就倾其所有地言传身教和倾心指导，师母端着馅饼、"闯"进课堂、嗔怪邓老自己不休息也不让学生稍作喘息的"仗义执言"和"义愤填膺"，均已在我生命的记忆中凝固成为永恒的画面。尤记得当年，我把历时一年半经过邓老指导过开题报告的毕业论文初稿，诚惶诚恐、忐忑不安地呈邓老审改，经过近半个月坐立不安、寸阴若岁的等待，终于等来邓老召唤面聊的电话。当我踏入邓老家客厅，看到桌面上安安静静放着的我的论文时，泪水瞬间模糊了我的双眼。18万字的论文初稿上，别着无数张的小纸条，每张纸条上写满了邓老的亲笔修改意见！那一刻，我眼前似乎清晰地看见：两周多来，灯光下、夜色里、书桌前，邓老左手拿着放大镜、右手握着钢笔，吃力地一字一画、句斟字酌地写下每一段的评语……

从厦大毕业后，由于工作原因，我先后搬了8次办公室，随身携带的东西越来越少，但这本夹着无数小纸条的厚厚的博士论文初稿，却始终随我同行。每当我收获、遇阻、欣喜、沮丧、激情、茫然的时候，只要目光驻留其上，就仿佛沐浴在恩师慈祥、柔和、坚韧的目光中。感受邓老一生严谨认真的学术态度、孜孜以求的治学风范和润物于情的为人之道，一股兼收并蓄、永不言弃的力量源源而出，激励着我朝着自强不息、止于至善的目标坚定前行！

师泽如山，微以致远；一朝沐杏雨，一生念师恩。

笔难尽书，唯愿来世再续师生缘……

凝望飘雪的纯粹

杨　红（福建省审计厅）

2019年2月，本文作者（左一）看望博士生导师邓子基教授并合影留念

又到飘雪的时节，老师，我想您了。

两年前我在北方上学，那天中午通往食堂的小路上铺满了绿叶，我深深地怀念老师，写下了："每天都是崭新的一天，每天都有不一样的惊喜，通往食堂的路径，前些日子还是片片金黄映朝阳，今日暖阳中绿意盎然，片片绿色的叶子，好似铺开了通往新的生命的澄明之路。老师说了，要开心，天天都要开心，无论如何都要开心。"

去北方上学前，我来老师家，听您讲生命的故事。您将浓缩一生的精华，用风趣的语言道出，那是中华优秀传统文化精粹中的精粹，我读懂了。离开时您微笑着说："杨红，要开心。"我感受到了老师对自己无悔的豪迈人生的深深感恩，感受到了老师来自生命深处静谧的力量，感受到了老师那份融入自然与大道同行的本真纯粹，感受到了老师满眼的不舍与深深的祝福。而今回想，老师以独特的方式与我做最后的告别，似涓涓细流又如大海磅礴，在秋日的暖阳中将无限的美好赋予我，让我的生命更加柔软而明朗。从此，我让微笑成为自己生命的标识，让生命充盈着自然与乐观、慈爱与力量、温暖与美好、责任与奉献。

老师一生在探索符合中国国情的财政理论与实践的道路上执着跋涉，完成了他的使命，老师带着他的学生们对他深厚的爱踏上了新的生命之路，他把一生锻造、沉淀下来的精神财富留给了我们，像一束光，像一泓水，像丰盈的瑞雪。我们多么幸运，走在中国式现代化新征程上，中国式现代化根植中国沃土、传承中华文明、契合中国实际、呼应着百姓心声、饱含着中国特色，这是开放的命题，是时代的宏图，是创新创造创业的华章，我们唯像老师那样自强不息，像老师那样止于至善，像老师那样上善若水，像老师那样奉献不已，唯像老师那样热爱生命、热爱自然，才能不负时代、不负使命、不负生命。

又临冬至，北方的瑞雪飘飘了，我朝着飘雪的方向望去，仰望的双眼向圣洁的生命致以崇高的敬意！邓老，我们永远怀念您！

亲承德音　言犹在耳

黄春蕾 （山东大学政治学与公共管理学院）

2002年9月，本文作者（右一）看望博士生导师邓子基教授并合影留念

邓子基先生是我国著名经济学家、财政学家和教育家，是我国财政学界"国家分配论"的主要奠基者和开拓者之一，是财政学界的泰斗。笔者2002年至2005年有幸在邓老指导下攻读博士学位，成为邓老的第77位弟子。从厦门大学毕业已近18年，邓老离开我们也两年有余，至今回忆起在邓老门下的求学经历，仍然思绪万千，心情难以平静。这里选取在邓老门下学习的几个片段，来表达对恩师的怀念。

初入邓门

2002年初，在硕士生导师樊丽明教授的引荐下，怀着对邓子基先生的崇敬之情，我选择报考厦门大学财政学专业的博士生。第一次见到邓老是我到厦大赶考的前一天傍晚。当时邓老已八十岁高龄，正在住院休养，经过短暂的见面，在临别时，邓老热情而有力地跟我握手，"祝你成功！"听了这句简短的话，我感到一股暖流涌入心间，备考的信心倍增。经过紧张的笔试、面试，我如愿考取了厦门大学，成为邓老的第77位弟子。

思想启迪

邓老在家中亲自给我们2002级6位博士同学上课，系统讲授"国家分配论"的思想渊源和核心要义，特别是如何看待与当时正在兴起的"公共财政论"的关系，在思想交锋中进一步领会"国家分配论"的精髓，理解财政的本质属性和发展规律。每次授课前，邓老都会饶有兴趣地跟我们聊一会儿国内外最新时政。刚开始我还有些疑惑，这些跟课程有什么联系？但渐渐地我体会到这实际上不是闲聊，这些时政动态无不与财政有关联。我开始主动关注和追踪各类时政动态，把财政学视角融入其中，对财政与国家方方面面的改革和发展乃至国际形势之间的紧密联系有了新的认识。

学术指导

邓老是我学术道路上的引路人。邓老对学术研究要求非常严格，在我提交的厚厚的论文初稿上夹着许多张小纸条，每张纸条上都记录着他对论文某一问题的思考和见解，让我加深对问题的认识，颇有拨开云雾见天日的感觉。在博士论文调研期间，邓老亲自在他的个人名片上写下拜托的话交给我，让我拿着这特殊的名片去福建省财政厅、厦门市财政局、龙岩市财政局等地开展实地调研，努力做到理论联系实际。对我在学术道路上取得的点滴进步，邓老都会给予我肯定和鼓励。我从邓老身上看到了学者的求真务实、敬业乐业、一丝不苟和与时俱进的精神。三年的深造加深和拓宽了我对财政学学科特点的理解，为我的学术之路埋下了希望的种子，让我受益终生。

生活关爱

作为一位北方人，初到厦门，邓老和师母对我无微不至的关心和帮助让我很快适应了学校的生活环境。我是邓老招收的本届博士中唯一的应届生，邓老亲自联系，找一名在职同学跟我安排在一间宿舍，这样一来可以住得舒适，二来也可以减轻我的住宿费支出压力，三年期间都是如此。师母还会传授我一些厦门本地的生活习惯、中秋节习俗等等，让我感受到家的温暖。邓老和师母相濡以沫，爱生如子，活到老学到老，真诚为人，认真做事，注重保健，成为我人生的楷模。

持续关心

毕业后我回到母校山东大学任教，邓老仍然十分关心关注我的进步和发展。每次打电话，邓老总会问我最近怎么样，研究什么问题，有什么进展，勉励我不断进步。谆谆教诲，润物无声。他虽已耄耋之年，仍紧跟国家发展需要追踪学术前沿，并认真执着、与时俱进和开放包容。每次跟邓老汇报个人成绩的同时，我都会获得前进的新动力。

斯人已逝，德音未远；言犹在耳，神理绵绵。财政的现代化是中国式现代化的基础和支柱。邓老生前为"国家分配论"的创新发展鞠躬尽瘁，创获颇丰，泽被后人。发展是最好的纪念，创新是最好的传承。怀念恩师和纪念恩师最好的方式就是继承他的学术事业，与时俱进，传承创新国家分配论的学术思想，努力发展符合中国实际、扎根中国本土的财政理论，为国家治理现代化提供可靠、有力的智力支持。我辈学人将以邓老为楷模，沿着邓老学术道路，为繁荣和发展中国特色财政理论、推动我国财政事业发展贡献绵薄之力！

怀念恩师　传承精神

樊丽明 （山东大学）

2002年6月，本文作者（右一）受邀参加厦门大学博士学位论文答辩并与博士生导师邓子基教授合影留念

传承是最好的纪念。

在纪念敬爱的邓老百年诞辰之际，追思恩师、怀念恩师，我们心中充满崇敬和感恩；传承精神、光大传统，我们思考着学生的责任和使命。

我2000年深秋进入厦大应用经济学博士后流动站，师从邓子基先生进行研究，2003年春季出站。这是我跟随邓老学习、耳提面命比较频繁的阶段。厦大于我，是母校，是得到学术滋养的殿堂，是心怀感恩并经常回忆的地方；邓老于我，是恩师，是教书育人、科学研究、服务社会的楷模，是在学习交流中不断汲取精神力量的源泉。邓老指导我做博士后研究，以及如何为学做人，如何组织学科建设和学校管理，对我产生了深刻而长远的影响。我体会最深的主要有如下三点。

邓老一生高度重视基础理论研究，身先士卒，贡献卓著

早在1962年，邓老即发表关于财政本质的三篇文章，提出财政的本质是以国家为主体的分配关系。1964年，在大连举行的全国财政学术理论研讨会上，邓老的财政本质说得到了与会的大多数专家的赞同，奠定了他的理论主张在我国财政本质说的主流

地位。在邓老的带领下，以邱华炳、张馨、邓力平、杨斌等老师为骨干的厦大财政学团队非常重视基础理论研究，无论是"国家分配论"，还是"公共财政论"，厦大都是研究重镇乃至理论发源地，加之多次对中国财政思想发展脉络进行全面系统的梳理分析，都在中国财政学说史上留下了浓墨重彩的一笔。也正是由于重视基础理论研究，厦大财政学团队在专业教材建设上用心用力，颇有建树。改革开放之初，邓老亲自挂帅，团结带领包括山东大学在内的国内多所高校教师，合作编著《财政与信贷》《社会主义财政学》，亲自翻译《财政理论与实践》教学参考书，加之邓老为本硕博学生亲自授课，包括为全国电视大学学生编写教材、亲自讲课，广泛而深刻地影响了两代财政学人、经济学子。后来厦大多位老师主编的财政学、税收学教材，在学界也产生了重要影响。应该说，厦大财政学科重视基础理论研究的传统和优势与邓老的引领密不可分。这种学科学术传统是一笔宝贵财富，值得我们好好珍视，发扬光大。

邓老一生坚持理论联系实际，根植中国大地，与时俱进做学问

邓老是《资本论》翻译者王亚南先生的高足，马克思主义经济学功底深厚。他一直坚持以马克思主义为指导，立足中国国情，面向改革开放现实，吸收外来，解放思想，研究重大财政问题，成果丰硕。邓老研究涉及的财政问题范围相当广泛，从中国财政的性质、模式等基本理论问题，到国有资产管理、税收制度及征管、国债理论及制度等分支领域，再到国际财政问题、比较财政制度等等，他都带领青年教师和研究生一一研究，形成了富有特色的研究成果，丰富理论，资政谏言，为全国财政学者经济学人树立了良好榜样。邓老是与时俱进的，常学常新的，思维活跃的，思想开放的。这一方面表现在他对待学术观点的态度上，他主张没有一成不变的理论，中国特色社会主义改革发展实践在不断变化进步，我们的思想观点要跟上时代，随之而变。在对待从"国家分配论"占主导地位到社会主义市场经济中"公共财政论"占主导的问题上，邓老以发展的眼光、包容的态度欣然接受，即是典型例证。另一方面也表现在他与众多学生的交流中，即使到了晚年，他也很喜欢跟大家交流一些最新信息，表现出极大兴趣，还非常幽默地询问"我的记性和语速还可以吧"，令人难以忘怀。邓老与时俱进、活到老学到老的精神为我们树立了学习的榜样。

邓老一生躬耕教育，教书育人，爱生如子

邓老和师母堪称育人楷模，爱生典范。他们心怀大爱，视学生为亲人，不仅关心学生的学习研究进步，学术上坦诚相见，相互切磋，工作上关心支持，热情鼓励，给人以

向上的力量，而且关怀学生生活，嘘寒问暖，细致入微，令人感动不已，让学生终身受益。2000—2003年，我选定以"中国公共品市场与自愿供给分析"为题进行研究，完成出站报告，期间得到邓老的具体指导，以及邱华炳、张馨、邓力平、杨斌等老师的支持鼓励，该报告后来由上海人民出版社出版，获得教育部哲学社会科学优秀成果二等奖。做博士后研究期间，我依托厦大申请获批国家自然科学基金项目"中国地方政府债务管理研究（70173009）"立项。在邓老指导下，在黄春蕾博士的精诚合作下，我顺利地完成研究任务，研究成果获2007年山东省高等学校优秀科研成果一等奖。邓老和师母几十年如一日，对学生关怀备至，呵护有加，对每一位博士和博士后的状况都非常关心，了如指掌。无论是登门求教，还是电话问候，总能让人如沐春风，总能获得满满的正能量。直到现在，邓老和师母的慈祥面庞和音容笑貌仍时常出现在我的脑海中，温暖在心坎里。

怀念恩师，传承精神，努力做一位新时代"四有"好老师，是我的心愿。

谨以此告慰恩师。

邓老指导我致力于国有资本财政研究

陈少晖 （福建师范大学）

2003年10月，本文作者（右一）陪同博士生导师邓子基教授参加
"国有资产监管体制与公共财政制度改革国际会议"

2020年9月9日，我到厦门会计学院参加邓力平教授负责的课题结项评审会。会后，马上前往恩师邓老住所拜望，并将即将付梓出版的新著《国有资本经营预算收入征缴与支出结构民生化研究》呈送恩师审阅，虽然恩师当时身体状况欠佳，但在翻阅书稿之后，仍然欣然接受了亲自为书稿作序的热切请求，令我感动不已。万万没有想到，这次拜望竟然是我与恩师的最后一次会面，仅仅三个多月后，就传来了我最敬爱的恩师与世长辞的噩耗，不由悲从中来，久久不能平静……

2002年9月，我进入厦门大学应用经济学博士后流动站从事博士后研究，合作导师即为我渴慕多年的财政学泰斗邓子基教授，终于有幸成为一代宗师门下的第72位嫡传弟子，夙愿得偿，兴奋不已。

我还清楚地记得进站后第一次去恩师家拜访请教的情景，讨论交流的主题是我在站期间博士后研究的选题方向。我申请进站时确定的研究方向是社会保障基金预算管理研究。当我将研究选题和逻辑思路向邓老汇报后，他思考沉吟了一会，缓缓提出了关于我博士后研究选题的建议："近年来，我一直在思考研究这样一个问题，我国是以公有制为主体的国家，存在着面广量大的国有资产，这就决定了国有资产总量中除了非市场营利性的部分外，还包含了巨额的经营性国有资产，因而我国在市场营利性的国有经济基础上就必然相应产生国有资本财政。因此，由公共财政与国有资本财政所构成的国家财政必然要实行'双重结构财政'模式，这是适应我国经济体制转轨特征和需要的财政运行模式。作为其重要组成部分的国有资本财政是社会主义市场经济的必然选择。这一观点与邓老长期以来始终坚持'国家分配论'的财政本质观并不矛盾，'国家分配论'与'公共财政论'不是对立的，而是坚持与借鉴的关系。我们应该为公共财政叫好，但不应忽视国有资本财政。在社会主义市场经济条件下，以'国家分配论'为理论基础的'一体两翼'财政框架，仍然具有理论解释力和现实适用性。"接着，邓老进一步强调指出，正是基于以上原因，我希望你将博士后研究选题调整一下，将社会保障基金预算研究调整为国有资本财政研究。导师严谨的治学态度与充分的理论依据使我心悦诚服，正好我的博士毕业论文研究的就是国有企业改革问题，有一定的研究基础，我当即欣然接受了邓老关于调整选题的建议。此后在厦大三年，我就在邓老的悉心指导下，认真努力地致力于国有资本财政问题的研究，并一直延续至今。

2003年10月，国有资产监管体制与公共财政制度改革国际会议在厦门大学召开。邓老在会上做了《关于国有资产监管体制改革的几个认识问题》的主旨报告，根据党的十六大报告的基本精神，明确提出了国有资产管理应该由"分级管理"转变为中央与地方"分级所有"的创新观点，引发了与会学者的热烈讨论。会后，为了进一步论证国有资产"分级所有"学术观点，我与邓老在《国有资产管理》2003年第8期合作发表了《国有资产分级所有的新思路》。之后，在邓老的指导把关下，我围绕上述问题，分别撰写了《新型投融资体制框架下的国有投资公司改革》《国有资产管理体制创新：从分级管理到分级所有》、《国有资产分级所有的基本原则与划分标准》等系列论文，在《财政研究》《江淮论坛》等期刊发表。

2004年，在取得上述阶段性成果的基础上，我开始撰写题为《国有资本财政研究》的博士后出站报告。在为期一年半的初稿撰写过程中，从研究大纲的拟定到每一个章节标题的设计，甚至每一个观点的推敲，都凝聚着恩师的心血和智慧。每完成一章，我就及时打印成文送呈邓老审阅，在此期间，经常接到邓老要求我去当面商榷某一个问题的电话，或者取回写满邓老真知灼见的批注稿。恩师严谨的治学态度与醍醐灌顶的谆谆教导，不仅使我在学术上获益良多，而且让我更加深刻地感悟到教书育人的真谛。就这样，在邓老的悉心指导下，2005年6月，总字数30万字的博士后出站报告完成了初稿，经过几个月的反复修改完善，终于达到了导师的基本质量要求，提交厦大应用经济学博士后流动站审议，并经各位评委老师严格评议和答辩，获得一致通过的较高评价。与其说我的博士后出站报告是我在厦大三年的研究成果，不如说是凝聚着恩师关于国有资本财政问题不懈探索和深刻思考的学术集成。正是基于这种认识，当厦门大学经济学院将该项成果列入《厦门大学财政学者文库》出版计划时，我恳切要求邓老合作署名并为之作序，得到了恩师的欣然应允，写下了题为《加强国有资本财政研究的重要意义》的序言。幸运的是，书稿2006年在中国财政经济出版社付梓问世后，先后获得了福建省第七届社会科学优秀成果二等奖和厦门市第七届社会科学优秀成果一等奖。

光阴似箭，转眼离开厦大博士后流动站已近18个春秋，但恩师的教诲与嘱咐须臾不敢或忘。可以告慰恩师的是，这18年来我的科研方向虽然有所拓展，但仍然集中于对国有资本财政预算问题进行持续深入的研究，而且取得了一些成果，2008年和2014年两次获得了国家社科基金项目立项，结项成果出版后获得了福建省社科优秀成果二、三奖。

在恩师百年诞辰来临之际，我与所有邓门弟子一样，沉浸在对恩师深切的缅怀和厚重的感恩之中。我相信，在恩师人格魅力的感召和学术思想的指引下，我会谨记"教书育人出成果"的谆谆教导，在国有资本财政研究的道路上不间断地探索，为我国的财政科研及国企改革略尽绵薄之力。

教诲如春风，师恩似海深

廖　靓 （厦门市市政园林局）

2006年6月，本文作者（左一）陪同博士生导师邓子基教授在北京参加财政部科研所建所50周年暨许毅教授从事财经工作及研究65周年理论研讨会

　　有人说，你能成为什么样的人，取决于你遇到什么样的老师。我的恩师邓子基先生是厦门大学文科资深教授，他一生追求教书育人、出人才出成果，他著作等身，培养出108名博士、300多名硕士和不计其数的栋梁之材。人们称他为大师、泰斗，他却总是说：我不是大师，是老师；我不是泰斗，是老兵。

　　1996年，我考入有"南方之强"美称的厦门大学，从此开启了与恩师的结识之缘。第一次见到德高望重的邓老，是在财金系1996级本科新生的入学仪式上，一间阶梯大教室，鹤发童颜的邓老给我们两百多位财经新生上了入学的第一堂课，他勉励我们要珍惜宝贵的大学时光。得益于厦大财政一脉相承的良好学习和生活氛围，本科毕业后我又继续在本系念研究生，一直是读着邓老的书，听着邓老的故事成长。直到2003年我终于如愿考入邓门读博，成为邓老的第20届博士生，有幸在恩师的身边学做人、做事、做学问。如今回想起导师的点点滴滴，他音容笑貌历历在目，谆谆教诲言犹在耳。

　　2003年9月，导师虽已是八十高龄，但仍然保持着对学术的追求和对生活的热爱，毅然同意接转原报考邱华炳老师的博士生，所以我们那一届一共有八名博士生。当时邓老家住在海滨教工公寓小区，我们八个人经常一起从宿舍穿过美丽的老校区沿着海边去老师家上课，师母王若畏女士每次都拿出各式各样的水果和茶点来欢迎招待我们，说这是每届的惯例。邓老非常注重对我们的学风教育，他以身作则、严格要求，提出了治学为人的"二十四字"箴言：人各有志、人贵有志、开拓刻苦、严谨求实、扬长避短、勇攀高峰。

在给我们讲述"国家分配论"的历次争鸣和发展沿革时，他注重阐述其中的方法论，即：对待马克思主义，既反对僵化论，又反对过时论，重在发展；对待西方经济学，既反对排斥论，又反对照搬论，重在消化。国家分配论在一切社会形态都具有生命力和真理力量的根源在于，从现象到本质，揭示出财政与国家之间所存在的本质联系，在学说上坚持与时俱进，海纳百川，在继承中发展，在发展中创新。邓老的这些思想，始终闪烁着唯物辩证主义和革命乐观主义的光芒，成为我们受益终生的财富。在邓老的指导下，我们践行教学相长，既是学生，也是学术梯队成员，边学习边研究，学术上迅速成长，我们这一届博士生集体参与了《财政与宏观调控》一书的编撰，我本人也在邓老的帮助和鼓励下，在《财政研究》《投资研究》《审计与财务》等权威期刊发表了多篇学术论文。

生活中的邓老和蔼可亲，平易近人，寓教于乐，他会把一些生活经验用易懂好记、诙谐幽默的语言传授给大家，比如"三乐、四动、五老、六条"的保健之道。三乐即知足常乐、助人为乐、自得其乐；四动即动脑多思、动口多讲、动手多写、动脚多走；五老即老体、老伴、老友、老本、老窝；六条是心态平和、生活规律、劳逸结合、适当运动、合理饮食、必要治疗。在读博期间，我们八个同学有的人结了婚，有的人出国游学，有的人调动工作换了城市，大家时常聚聚都会邀请邓老，老师每次都欣然接受并尽可能地参加。邓老常说："我是80岁的年龄，60岁的身体，40岁的心态，和你们年轻人在一起，我也变得年轻了。"而其实每次的欢声笑语都是邓老生动风趣的语言带来的，是他给我们带来了许多的欢乐和鼓舞。

临近毕业，我还有幸作为邓老的助手陪同参加了一次很有意义的学术研讨会。在财政学界，邓老和许毅老教授被尊称为"南邓北许"，2006年6月，应许老的邀请，邓老专程前往北京参会。飞抵北京的当晚，邓老不顾旅途劳顿，应邀在下榻的宾馆泼墨挥毫为中国财政经济出版社成立50周年题词到深夜。第二天一早，邓老又很早起床为上午的发言大纲打着草稿，在随后的大会发言中，邓老动情地回顾了与中国财政经济出版社五十年的风雨历程并送上了美好的祝愿，精彩而诙谐的发言博得了整个上午最持久的掌声。而一个上午会议下来，邓老的笔记本上又多了密密麻麻的好几页。下午参加"财政部科研所建所50周年暨许毅教授从事财经工作及研究65周年理论研讨会"，会议开始前，我陪同邓老去看望许毅教授，当坐在轮椅上的许老见到远道而来的邓老时，立即激动地伸出手说，"我们还要一起走"。邓老也动情地说，"我们要一起前进"。两双手紧紧握在一起，此刻他们不仅是两位南北齐名的学术泰斗，更是一对在共和国财经战线上奋斗了半个多世纪的老战友。

邓老是严师也是慈父，爱生如子。2006年，我们这一届八名博士生都顺利毕业，在邓老的鼓励下，有一半同学在厦门工作，逢年过节或者遇上人生的重要时刻，大家都会相约去导师家坐坐。邓老首先都要逐一询问我们的工作生活情况、家人的身体状况等等，我们也都像孩子一样，围在邓老身边，分享工作生活当中的趣事喜事。遇到什么解决不了的难事愁事、压力和委屈，也都会向老师诉诉苦，邓老也总会以他的亲身经历温和地教导我们，要沉住气，吃亏是福，以德报怨，放眼长远，并在各方面给予无私的帮助。每次拜访临别，邓老都会让大家把自己的工作岗位和电话号码留在登记簿上，再来个大合影，最后起身把我们送到家门口，并送上温暖的祝福。我们离开后，他会拿着放大镜去逐一更新学生的通讯录，有些同学因为出差或出国一段时间没有联系，往往都会接到邓老关切的电话。邓老就是这样把每位学生的情况都记在本子上，更是装在心头，几十年如一日。

桃李不言，下自成蹊。过完2020年的冬至，恩师永远地离开了我们。今年是邓老诞辰100周年，我们怀着无比崇敬的心情缅怀恩师光荣而奋斗的一生，感激恩师对于我们的言传身教和关怀恩泽，恩师传授给我们治学为学和做人为人两把钥匙，帮助我们去开启通向人生更广阔的舞台的大门。恩师孜孜以求、兼容并蓄、止于至善的学术精神，襟怀坦荡、宽容和善、甘为人梯的高尚风格，始终激励着我们不断前行，让我们深深地明白，品格才是一生追求的最高学位。

经师易得，人师难求。恩师虽已百年，但他的精神必将薪火相传，代代赓续，永存世间！

谁言寸草心　报得三春晖

洪金镰　（福建省委宣传部）

2003年12月，本文作者（左一）看望博士生导师邓子基教授并合影留念

　　2020年12月22日，晴天，忽闻一声惊雷，一颗巨星陨落了，我最敬爱的恩师著名经济学家、财政学家、教育家邓子基资深教授走了……我的眼泪夺眶而出，眼前大地悲泣，江河呜咽。在从福州赶往厦门的车上，我写下"永失爱我护我的恩师，永失慈父，天下没有永不分离的父子，无有不缘尽于此的遗憾"（我父亲也早在2013年离开了我们）。悲从中来，悲不自胜，悲不自已，我一直在哭，流不尽的眼泪，有人劝我，我说就让我哭吧，邓老走了，这会儿什么对我都不重要了。

　　几度梦回，梦见还在海滨东区邓老家中上课，慈眉善目的邓老给大家送上精神食粮，师母给大家端来好多好吃的东西，一家人其乐融融。当时邓老为人数多的大课授课还都到系里，我因为有空，又早早买了车，就主动承担了接送邓老到系里上课的任务，后来就开始送邓老和师母外出，有时也陪邓老和师母到外地考察，承担了邓老一些对外联络工作。在邓老从教周年庆祝活动中，学生聚会和其他的一些活动，我都积极参与筹备，邓老的事迹报道和其他的一些文字材料和影像资料都由我来收集和整理。从2003年9月入学到2010年3月我离开厦门到福州工作的这段时间，我高频度地和邓老在一起。到福州工作后，我也经常利用周末和节假日时间回厦门到邓老家中看望恩师，我家离邓老厦大西村的家不远。2016年9月11日，厦门史上最强台风莫兰蒂台风刮了一夜，许多房屋雨水倒灌，窗户玻璃破碎，树木倒伏，道路阻隔，我一直在担心邓老家中有没有出现什么状况，第二天一早我就步行躲开一直还在往下掉的残枝落叶到邓老家查看。见到邓老，我也常把自己的各种经历、困惑、委屈、感悟向邓老倾诉、向邓老请教，将各种喜悦和邓老分享。邓老也经常跟我讲起他一些早年的经历，看过的书，知道的新鲜事，将要发表的文章、出版的书，聊起师兄弟姐妹的近况和所取得的成就。邓老很幽默，经常聊着聊着，我们就开怀大笑，可以说是有聊不完的话题，成为无话不谈的"父子"师徒。邓老经常条分缕析地给我分析一些事情，我也从中领悟到了很多，有治学、做人和齐家之道，还有生活习惯的、饮食养生保健的，学到了很多很多。我想把邓老教我的点点滴滴传承下来，形成自己一辈子的习惯。正如这么一句话："今日之我，源于吾师。"

邓老教我治学之道

邓老在学术上是与时俱进的。邓老认为，财政学研究对象是经济关系中的分配关系，财政是以国家为主体的分配，其本质是以国家为主体的分配关系。"国家分配论"是探讨财政活动的本质，是本质论；"公共财政论"着重界定财政活动的范畴，并揭示市场经济条件下财政的运行过程，是现象论。两者并不矛盾，不能简单对立起来。他因此提出，"国家分配论"和"公共财政论"要相互借鉴、共同发展。在学期间，邓老让我把我们这一届博士生召集在一起，在他的指导下，重新修订出版过的《财政和宏观调控研究》，把一些最新的学术观点更新到此书中。在写作博士毕业论文的时候，他鼓励我以公共财政论作为理论基础，结合自己的工作，在学科交叉结合部探索《论我国电视媒介资金供给机制的重构》这样一个课题。他还鼓励我到全国有一定代表性的地方做实地调研，帮我联系了到当时在南宁挂职任副市长的王道树师兄处进行深入调研，并通过扎实的调研写出一篇高质量的论文，在论文答辩中取得了好成绩。

邓老教我为人之道

邓老交给学生两把钥匙，一把是治学的钥匙，一把是为人的钥匙。邓老"仁者爱人"，他豁达，真诚，平易近人，与人为善。记得在邓老从教60周年的活动上，有位专家发表了认为邓老观点已经过时的言论，我们听了都很震惊，但邓老跟我说，没有关系，学术上允许争论，没有必要介意，要兼容并蓄、海纳百川。邓老是平易近人的，经常陪着邓老一起接待客人，无论来的客人是谁、年纪多大，他都平等对待，认真地倾听，有什么诉求，给予力所能及的帮助。邓老原来一直跟我们说，招到99名博士就圆满了，后来不断有人来恳求邓老，希望成为泰斗的学生，邓老最后就招到了108名博士生。有客人来，邓老都是要亲自送到门口或电梯口。他细致入微地关怀爱护每一位学生，学生们遇到的任何问题和困难都愿意向邓老和师母倾诉，也都会得到二老热心的关怀、指导和安慰，甚至一些小事在很长时间以后，他们还都会记挂、惦念着。

2017年9月，本文作者（左一）经常看望和照顾博士生导师邓子基教授

邓老教我立业之道

博士一入学，邓老就教我们："人各有志、人贵有志、开拓刻苦、严谨求实、扬长避短、勇攀高峰。"这段格言既指导我们治学，又指导我们立业。邓老总是悉心指导，帮助我们把关定向，在我事业发展的几个转折点都给予我无私的指导和帮助。博士毕业之后，我在厦门工作，我儿子后来也到厦门读书，当时我妻子正在想办法调到厦门来。2009年9月，我所在单位提出调我到总部人事部门工作，让我考虑一下。岳父劝我不要去福州，我不在厦门工作，我妻子就不具备调到厦门的条件。面对疑惑，我和妻子第一时间就想找邓老和师母商量。记得邓老分析说，"人生都是有得有失，要有决断和取舍，在家里陪家人当然好，但从长远来看，不能耽于现状，应该珍惜机遇，基于你的资质，应该到更广阔的发展平台，老师和师母鼓励你去。"还跟我妻子说，我调到福州后，这边有什么困难他帮助解决。听到邓老的话，我们也就打消了顾虑，这让我一生都在庆幸得到邓老的指点迷津，得到邓老的大力支持。我调到福州后不久，邓老和师母还到福州来看我。我到厦门接两位老人一起坐动车到福州，后来送他们回厦门。过了些年，我到了一个新单位，

刚过一年，刚好又有一个看起来更好的机会出现了，我和邓老商量，邓老说做人千万不可见异思迁，应该先稳定下来，一步一个脚印，踏踏实实、勤勤恳恳地工作，这才是长远之道。我始终牢记邓老的殷殷嘱咐，勤奋工作，永怀感恩之心，回报组织的信任。

邓老教我思维之道

记得有一次邓老在厦门第一医院住院，我去陪护，邓老给我讲了一个故事。鲁国有一道法律，如果鲁国人在外国见到同胞遭遇不幸，沦落为奴隶，只要能够把这些人赎回来帮助他们恢复自由，就可以从国家获得补偿和奖励。孔子的学生子贡，把鲁国人从外国赎回来，但拒绝了国家的补偿。孔子对他说："赐（端木赐，即子贡），你错了！向国家领取补偿金，不会损伤到你的品行；但不领取补偿金，鲁国就没有人再去赎回自己遇难的同胞了。"子路救起一名溺水者，那人感谢他送了一头牛，子路收下了。孔子高兴地说："鲁国人从此一定会勇于救落水者了。"邓老说，我们看问题应该有更高的站位，既看到个人的这一面、眼前的这一面，也应该看到社会的一面、长远的一面。邓老总是这样循循善诱、谆谆教导，训练了我们的思维模式。

邓老教我齐家之道

邓老和师母伉俪情深，携手一生六十多年，风雨同舟、相濡以沫，互相包容、互相敬重，一辈子相依相守，是我们学习的榜样，也羡煞我们。邓老经常教我夫妻之间要注意磨合，每个人都有优点和缺点，没有十全十美的人，要看到对方的闪光点，包容对方的缺点。记得2013年9月在师母的最后时光，师母怕邓老过分伤心，是那么安详、坚毅、勇敢，邓老是那么舍不得师母。现在他们永远地在一起了。

邓老教我养生之道

陪邓老、师母一起到外地，我有时还在酒店邓老、师母房间客厅打地铺，当好保镖。看到早上五点开始邓老都要打一段自创的健身操，时间近一个小时，我还录了一段珍贵的视频。邓老常年服用一种鸡内金、田七和西洋参磨的粉，每天还要喝一杯葡萄酒疏通血管，晚饭后会和师母一起去散步。邓老养生还有口诀："心态平和、生活规律，合理饮食、适当运动，劳逸结合、必要治疗"。这些养生之道对我们很有借鉴意义。

2020年10月25日，邓老逝世前两个月，我最后一次见到了邓老。他消瘦了许多，状态大不如前。我默默看着他吃早餐，然后陪着他坐在阳台上看大海，久久地握着他的手。

我始终没有意识到这将是最后一次见到他，甚至还一直在想他的百岁诞辰该怎样庆祝。但是，怎么也没想到他会突然离我们而去。

祈愿老人天上安详，他们在慈祥地看着我们，仍然在关心着我们。邓老和师母啊，每次到了您的墓前，到您的画像前，我都好想您还在我们身边，还在听我絮絮叨叨地向您汇报近况。一株微末小草的感恩之心，如何能够回报您春日暖阳一样的爱心。传承，是最好的怀念；延续，是最好的缅怀。您给我们留下的宝贵精神财富，让我们永远受用无穷。您的智慧明灯将始终照亮我们前行的道路！我们将带着您的殷殷嘱咐和祝福，好好生活、认真工作，努力在平凡的岗位上作出更多的贡献。

桃源太古　大木长天

伦玉君 （国家税务总局）

2003年10月，本文作者（右一）看望博士生导师邓子基教授和师母王若畏女士并合影留念

每当耳边响起悠远深情的《冬至已过》，我又深深怀念起我敬爱的博士生导师邓老，我国著名财政学家、经济学家、教育家邓子基教授。无论何时何地，只要一想起邓老，我的心中总会自然而然地升起一种由衷的敬意、温暖和感动！师从邓老是我一生的荣耀和骄傲！

2003年，我有幸考入厦门大学成为邓老的学生。邓老是财税界的泰斗、大师，第一次拜访邓老时我心情无比激动、紧张。然而，慈眉善目、幽默健谈、平易近人的邓老几句话就扫去了我的忐忑，让我亲身领略了学问大家的修养、气度和风范。邓老亲切地询问我的个人情况，风趣地介绍自己今年四十岁了，笑着说是"公岁"噢，正值好时光，还要多多"教书、育人，出人才、出成果"。老师的精气神和幽默力让我顿有"吾辈弗如"之感。当我人到中年之后，每当出现人生过半、力不从心之感时，这个场景就会浮现在我脑海中，按照邓老年龄公式，自动将年龄换算成"公岁"，心态就变得更好，精神更抖擞，激励我奋发有为，以更积极的状态投入工作和生活，不能懈怠。

财税泰斗，南天一柱

邓老是我国财政学界的泰斗，中国财政学界主流学派"国家分配论"主要代表人物之一。他潜心求索，锐意创新，融合前人和当代中西财政学说而自成一家之言，在中国特色社会主义财政、税收和国有资产管理等各研究领域，填补诸多空白，论著丰硕，是中国特色社会主义财政理论的主要奠基者和开拓者之一，为构建并发展新中国财政学理论体系做出重要贡献。邓老的学术思想在经济体制和财税改革实践中得到检验和应用，引领财税改革方向，成为政府制定相关政策的重要理论依据，为我国经济建设做出了积极贡献。我来自税务实践部门，邓老要求我们搞研究要紧密结合工作实际，学以致用。读博期间，我按照邓老的指导系统研读财税理论，深入领会其学术思想，与邓老合作发表了《论科学发展观下税收理念的完善》，博士学位论文也选择税收执法问题开展研究，为后来工作中进一步开展税收执法风险管理打下了良好的理论基础。

兼收并蓄，与时俱进

在上第一次课时，邓老就教导我们做人要牢记"二十四字"：人各有志、人贵有志、开拓刻苦、严谨求实、扬长避短、勇攀高峰。这一师训成为每位邓门弟子的严格遵循和宝贵财富。在做学问上，邓老反复强调三句话：对待马克思主义，先坚持、后发展，重在"发展论"，既反对"僵化论"，又反对"过时论"；对待西方的东西，主张学习、分析、批判、吸收，重在"消化论"，既反对"排斥论"，又反对"照搬论"；对待方法论，要求坚持辩证唯物主义和历史唯物主义，解放思想，实事求是，一分为二，对立统一，从中国国情出发，从现象到本质，在继承中发展。这些思想、观点和方法，闪耀着马克思主义的光辉和丰富的人生智慧，一直指引着我毕业后从事的税收科研和税费管理工作。

豁达睿智，养生有道

邓老不仅指导关注学业，还非常关心学生的成长和生活，给学生家一般的温暖。每次到邓老家上课，师母都会为我们准备时令可口的水果，让我们既增智慧又饱口福。邓老家的客厅里，摆放着一尊弥勒佛，邓老喜欢弥勒佛，他曾风趣地说弥勒佛是自己学习的榜样。在我们心里，那就是邓老的模样：笑口常开，大肚能容；慈悲为怀，与人为善。上课之余，邓老乐于给我们传授自己的保健之道，谓之"三乐、四动、五老、六条"：三乐即知足常乐、助人为乐、自得其乐；四动即动脑多思、动口多讲、动手多写、动脚多走；五老即有老体、老伴、老友、老本、老窝；六条是心态平和、生活规律、劳逸结合、适当运动、合理饮食、必要治疗。这些都是邓老身体力行的智慧总结，也是邓门弟子学业之外的宝贵财富，令我受益终身。

关爱学生，奖掖后学

邓老心有大爱，不仅关心自己的学生，厦大的学生、也关心帮助社会年青学子。为了鼓励优秀的青年学生、扶持家庭困难的学生，邓老发起创办了"邓子基奖教奖学金"和"福建省邓子基教育基金会"，创立了邓子基教育基金会，设立了助学金项目、财税类学论文评奖活动，把更为博大的爱心献给社会。邓老和师母爱生如子，无微不至地关怀他带过的每一个学生，对学生倾注了长辈般无私的爱。从学习到生活，言传身教、悉心指导，为国家培养了大量财政、经济专门人才，仅博士就有108名，奋斗在国家各条战线上，很多都成为国家栋梁之材，也成为邓门弟子学习的榜样。

邓老记忆力超好，尤其是对学生的名字，哪怕毕业多年后都能记忆精准，这种过耳不忘的本领让年轻人都自叹不如。入学那年，有一次聊天，邓老问起我家人的情况，听说我先生的名字叫田基平，邓老哈哈大笑，说："真是个好名字，邓子基的基，邓力平的平。"我当时也一下蒙住了，随即有种受宠若惊的感觉，从来没想过能这样解读，深感能成为邓老弟子真是命中的缘分，连我爱人都沾了邓老的福气！四年后，邓子基教育基金会在北京成立时，我特地带我爱人拜见邓老，一见面邓老就亲切地叫出了我爱人的名字，并再次笑着说"邓子基的基，邓力平的平"，让我们万分感动。我们知道，这不仅是邓老记忆力好，而是邓老关心关爱学生，一直在关注着每位学生的成长。

邓老有一个幸福美满的家庭，与师母风雨同舟，一生恩爱，培养的一对子女和孙辈在各自的领域里也成就不凡，和谐幸福的家庭也为我们树立了人生的榜样。

自闭桃源作太古，欲栽大木柱长天。

师从邓老是我一生的幸运！邓老一生教书育人，为人师表，崇德向善。他兼收并蓄、融会贯通的方法论，博大精深、严谨细致的治学之道，与人为善、海纳百川的宽广胸怀，高山仰止、诲人不倦的长者风范和自强不息、止于至善的人生境界，值得我用一生去学习和领会。邓老精神永远激励着我，激励着邓门学子们踔厉奋发、勇毅前行。

纪念邓老　感恩邓老

蔡承彬　（福建社会科学院经济研究所）

光阴似箭，我们敬爱的恩师邓老，离开我们已经两年了，他的音容笑貌时常在我的脑海中浮现，一切仿佛就在昨天。我们对他无限怀念！

邓老是我国著名财政学家、教育学家，他的主要贡献与生平事迹，在全社会，尤其在财政学界受到高度赞美。在我心中，邓老是一座高山，他胸怀宽广，品德高尚，学识渊博，甘为人梯。对于困惑的学生，他是智慧的灯塔；对于困难的学生，他和师母用爱心让每一位感到家的温馨；对于走出校门的学生，他总是谆谆教诲，殷殷期望。先生以身正师表，润物细无声，用大师、用泰斗，用教育家来形容他、赞美他，当之无愧！

非常幸运地，我与邓老之间能有着特别的师生缘分。我于2001年考到厦大经济研究所，毕业后想继续攻读邓老的博士。听说邓老是大师、泰斗级人物，开始我几乎不敢想能拜之门下。拜访前夕我彻夜难眠，进门时忐忑不安，那情景记忆犹新。但邓老平易近人，大师风范，没有半点资深教授的架子。进门后，邓老看出我的紧张，在了解我基础情况的过程中，有意缓解我紧张情绪，说自己也是厦大经济研究所毕业的，王亚南校长的学生，再说起一些当年发生的趣事，逗得大家开怀大笑。我们知道，王亚南担任过厦门大学校长，是《资本论》最早的中文翻译者。厦大经济研究所1950年成立，第一任所长由校长王亚南先生亲自兼任，邓老于1952年从资本论研究生班毕业。看得出来，邓老对厦大经济研究所有很深的感情。在愉悦的交流中，还无意中聊到我的硕士生导师杨美景博士，在一旁的师母高兴地说："美景是我厦门双十中学的学生。"通过努力，后来我有幸成为继林致远博士、王殿志博士之后，第三位从经济研究所硕士毕业的邓老弟子。回忆这场景，是为邓老和师母"教育连理，财政老兵"石碑的生动写照。

邓老是经历了新旧社会两个时代的老一辈知识分子，是"国家分配论"的倡导者和主要代表人物之一，是厦门大学全国财政重点学科的奠基者。他孜孜不倦地传道、授业、解惑，笔耕不辍，著作等身。他老骥伏枥，志在千里，常称自己是财政教学科研战线的"老兵"。邓老治学严谨，即使年事已高，仍坚持为每一届研究生授课，他讲课引经据典，洋洋洒洒，侃侃而谈，幽默风趣；给学生批改毕业论文一丝不苟，字斟句酌，有细心的博士们留下邓老诸多珍贵的笔迹为证。邓老品德高尚，大爱无疆，爱生如子，热心社会公益活动。邓老对生命健康乐观豁达，当年82岁高龄时，戏称自身机器折旧82%，还能行。

毕业后我先后去了福建省委党校、福建省地税科研所，再到福建社会科学院，工作中有开心的，也有不顺的时候，在几次给邓老汇报工作学习家庭生活情况时，邓老总是不忘鼓励与叮嘱，至今给我无穷的力量。然先生驾鹤西去，可是他的精神将会永远激励着我们每一个人。

岁月匆匆，唯有师恩难忘

马恩涛 （山东财经大学）

2018年12月，本文作者（左一）看望博士生导师邓子基教授并合影留念

　　时光飞逝，不知不觉我已博士毕业十五余载。回首过往，从高校一名"青椒"成长为副教授再到教授，从一名普通教师成长为学校的教学科研骨干，时时感触是邓老培养了我，成就了我。我今天取得的成绩，可以说既是邓老当年辛勤培育的结果，也是继承邓老遗志、做好财政学人的具体体现。

　　还记得二十多年前读研期间，面对当时严峻的就业压力，我萌生了继续攻读博士研究生的念头，开始有关注财政学科博士点高校及其博导。尽管彼时是一名小硕，但受导师熏陶，对于财政理论界的著名专家还是有所耳闻的，邓老就是我读硕士期间较早知道的一位。考虑到邓老在财政学界的地位和影响后，我对报考邓老的博士心里很是没有底，心想报考邓老的学生肯定很多，而自己是一所省属高校的硕士生，没有什么竞争优势。这时候幸好有本科同学现任广东省惠州市惠城区委书记曹洪彬的鼓励和引荐，才给了我下定报邓老博士生的决心。记得第一次给邓老打电话时，我紧张得有点语无伦次，邓老用他那和蔼可亲的声音向我传达了一位慈祥老人对后生的鼓励，使我信心倍增，坚定了考取邓老博士生的决心并最终如愿以偿。

　　读博期间，邓老给我留下的最深刻的印象是他那严谨的治学态度和平易近人的长者风范。邓老上课，基本上只拿一杯水和一个笔记本，一讲就是近三个小时，这对于一个

80余岁的老人来说需要何等的毅力。再看看我们毕业论文上邓老给出的密密麻麻的修改，无不引发我们对邓老严谨治学态度的敬佩。读博期间我还有幸参与了邓老"地方税系研究"课题组并撰写了部分章节内容。在课题的研究过程中，邓老亲力亲为，潜移默化地将其治学上的严谨态度传输给我们，使得我们在以后的教学科研中深受其益。

邓老不仅治学严谨，在生活中更是平易近人、对学生关爱有加。回想在跟随邓老求学期间，邓老和师母对我们生活的关心更是无微不至。"每逢佳节倍思亲"，每年八月十五中秋节，邓老和师母都会把我们这些没有回家的学生召集在一起组织博饼，他们将我们视为自己的孩子，一起欢快地玩耍，甚是感动。直到现在，每当中秋月圆之时，当年和邓老、师母以及同门一起博饼的情景还历历在目，恍如就在昨天。

毕业后，我进入山东财经大学工作，也成为一名高校教师，能继续学习消化吸收邓老的学术思想并传授给我的学生。为此，我还经常去中国知网上看一看有没有收录邓老的新作。邓老被中国知网收录的最后一篇文章是由邓老口述、福建师范大学陈少晖师兄执笔、发表于2016年2月《学术评论》的《我的治学感悟》。通过阅读该文，我重温了邓老的治学历程，谆谆教诲，再次滋润了我的心田，更加坚定了我继承邓老遗志做好财政学人的坚定决心。每当我取得重要的学术成果时，我也都会及时向邓老汇报。2010年和2017年还两次请邓老为我的专著作序，邓老都欣然答应，甚感骄傲和自豪。2021年，我的第三本专著面世，不再有序，甚是伤感。

邓老曾说自己是"以身许国研财政"，实际上，邓老不仅传授给我们专业知识，更传授给我们做人的道理、为师的道理。邓老经常说，"教师的职责是神圣的，一言一行皆可能对学生产生影响，所以老师要严格要求自己，做一个合格的领路人"。作为一名高校老师，我一定谨遵邓老教诲，在立德树人上向邓老学习！以优异的成绩表达对邓老的深深思念。

譬如北辰　指引终生

王哲林 （福建省税务局）

2013年2月，本文作者（左一）看望博士生导师邓子基教授并合影留念

又逢冬至日，梅蕊渐回春；榕城忆恩师，翘首欲沾襟。转眼即是恩师的百年华诞，不禁想起两年前与邓老告别时的依依不舍，更想起近三十年来一步一步走到邓老身边求学的往事，邓老那犹如冬日暖阳的和蔼、浩如烟海的渊博、春风化雨的教诲，一幕一幕，历历在目、栩栩如生。一言一行，譬如北辰，指引终生。

1994年，青春懵懂的我进入了厦门大学财政金融系税收专业求学。新生入学第一课，偌大的建南大礼堂，一位位"厦大之宝"给我们带来祝福和希冀。这是我人生中第一次见到泰斗恩师，虽近三十年过去，鹤发童颜的邓老的音容笑貌，仍令我记忆犹新。让我惊叹：大学之大，不仅有大楼，更因有大师。本科学习期间，我的班主任是陈红伟老师（当时是杨斌老师的硕士，后来也成为邓老的博士），通过他，我更多地接触到了邓老关于中国特色财政学理论的相关知识，仅仅是财政学泰斗冰山一角的知识就让我惊诧不已。陈老师当时对我笑言，你也可以算是邓门中人了，不过你是徒孙的徒弟。更开心的是，在邓老从敬贤楼要乔迁新居时，我去帮助搬书，这是我第一次见到一个家中能放下那么多的书、搬迁时大部分的行李也全是书，或许我羡慕惊诧的眼神引起了邓老的注意，更多的应该是恩师对于后辈学生的引导关爱，邓老知道我是学财税的学生后送了我一套《财政理论研究》，并勉励我"人贵有志"，要"勇攀高峰"。当时的我心中唯念：高山仰止，虽不能至，然心向往之。

1998年，我有幸继续在系里受教于邓老的学生纪益成教授攻读硕士学位，开心地自诩为邓老再传弟子。在纪益成教授的引导下，更多地得到入宝山寻学识的机会，更深地感受到邓老财政经济理论研究中的超前性和时代性，愈加感觉到邓老对于我国财政改革理论基础、研究方法创新所起的重要作用。听过了"国家分配论"发展过程中三次理论"交锋"的"惊心动魄"，钦佩于邓老的坚持真理、敢于斗争，仰慕于邓老的实事求是、善于斗争。或许本科时是远望邓老这座大山，硕士时走近一些，却才知仰之弥高，钻之弥坚，心中起念：夫子循循善诱，愿竭吾才，期有所立；虽欲从之，末由也已。

弹指一挥间，十年转瞬至。2004年，我有幸得到工作单位的推荐参加考试，成为国家税务总局委托厦大财政系培养的博士生。记得收到录取通知后赶去报告纪益成教授，纪老师笑着对我说："恭喜你，你终于也成为邓老的学生了，就是我的师弟了。"当时的我在傻呵呵的笑意中不禁眼眶湿润。考前那段时间，恩师身体不适住院，我恰好住在厦大复习，便经常去第一医院探望。知道我从单位通知推荐报考到考试只有不到两个月的时间，恩师每次总是先问我复习得怎样了，有哪些理解上不够深入不够清晰的地方，然后就为我答疑解惑、指引方向，把探望变成了病榻前的辅导授课。每次离开医院时，我既是收获满满又是愧疚难当。没有邓老的悉心指导，我哪能在两门专业课上均取得90几分的成绩，哪有机会成为恩师弟子啊！博士三年，更近距离地跟随邓老学习，更真实地感受着恩师在读书、治事、修德的言传身教，感受着恩师和师母视学生为亲人的深深关爱。恩师的细致耐心，带着我畅快地游弋新中国财政发展的历史长河；恩师的渊博学识，让我懂得立足中国、放眼世界兼收并蓄地思考问题；恩师的与时俱进，指引、鼓励着我运用计量经济学的新方法、在定性分析的基础上增加定量研究来撰写论文……虽然自己学识有所增长，但心中方知：天近山头，行至山边天更远。

博士毕业后，我又回到基层税务工作岗位上，牢记恩师"人各有志、人贵有志、开拓刻苦、严谨求实、扬长避短、勇攀高峰"的24字箴言，笃行着坚持"四动"的生活方式。恩师教会的"四动"于我而言，就像是玄妙高深的武学内功心法，不仅对健康生活有着指导，而且参照着在工作中"动脑多思考、动口多请教、动手多勤干、动脚多协调"也是无往而不利、受益终身、指引终生。

当时的我在泉州税务系统工作，周末、节假日、恩师生日有不少机会能带着妻儿回到恩师身前受教，恩师总是询问我许多基层税务工作中的实际情况，聊了很多泉州经济社会的发展变化，也关心我的家庭、孩子们的情况，引导我守住初心、刻苦工作，更要开拓创新、敢冲敢闯。每次离开时，我总是带着满满的感动，也带着满满的干劲。六年前，在恩师鼓励下，我到了省局工作，因为工作原因和家庭两地分居的原因，更多的只能在电话中听到恩师的谆谆教诲和殷殷嘱咐。没想到的是，两年前恩师却离我们而去了，只让我留下深深的追思。依然记得下乡途中得知消息那一刻的不愿相信，始终不忘厦门守灵那一夜的不忍离开……逝者已矣，生者如斯。

天涯海角有尽处，只有师恩无穷期！我一直坚信，恩师犹如北斗，虽在天外天，但始终凝视、看护着我们，更一直照耀、指引着我们的前行之路。传承，是最好的怀念；延续，是最好的缅怀。恩师一生和善、宠辱不惊，他的人生智慧终将是我们可以代代传承的精神财富，如常亮明灯，点燃希冀；似璀璨星辰，划破黑夜。

譬如北辰，指引终生！

初心不改，永不迷途！

穷尽世间理 殷殷恩师情

江明融 （宁德市财政局）

2004年12月，本文作者（右一）看望博士生导师邓子基教授并合影留念

最近邓老博士群里十分热闹，学生们都在热烈讨论如何举办好邓老诞辰100周年纪念活动。基层工作一向繁忙，最惬意的时光就是忙碌一天躺到床上，翻看群里师兄弟师姐妹的讨论，细细品读陆续发到群里的纪念恩师的文章，恩师音容宛在，浓浓恩情尤记心田。

时光飞逝，一眨眼恩师离我们远去已经两年了。记得那是2020年12月26日，我怀着悲痛的心情从宁德乘坐动车去厦门，下午到厦门殡仪馆敬亲堂吊唁拜别恩师。由于第二天宁德有会议要参加，我必须当天晚上回到宁德。有幸得到力平老师应允，我和潘贤掌师兄等几位成为第一批跪拜祭奠邓老的学生。点上香跪在邓老灵前，一个叩首下去，往事随即浮现眼前。想起这十多年来邓老对自己的悉心栽培和关心关爱，我不禁感慨万千，泪流满面。那一刻，自己始终不愿相信恩师已然驾鹤西去。

与邓老的师生缘分始于20世纪90年代初，那时我在中央财经大学读本科，学的就是财政学专业。偶然看了几篇邓老公开发表的学术论文，我被他厚重的学术观点和鞭辟入里的逻辑分析所吸引。那时我就在心里想：要是能成为邓老的学生该多好啊！参加工作以后，我就去考了厦门大学的在职研究生。第一节课就是邓老给我们做财政理论讲座，那是我人生第一次聆听邓老的讲课。那时邓老给我的印象就是一位学识渊博、睿智严谨、乐观通达、富有激情的资深学者。

厦大硕士毕业以后，我立马决定报考邓老的博士。我知道在厦大报考邓老博士的学生最多，竞争也是最激烈的。由于考前准备不够充分，我的第一次考试失利了。邓老估计是怕我气馁，主动写信给我，鼓励我工作之余还要多花点时间复习财政理论知识，力争来年再战。在邓老的勉励指导下，我最终顺利成为他的一名博士生。在厦大读博的三年，是我一生中最快乐，也是最充实的三年。这三年中，我沉浸在恩师的殷殷教导当中，感觉幸甚至哉。邓老不仅教导我们怎么做学问，还时时教育我们做人做事的道理。经过三年的学习，我的科研水平得到很大的提升，期间也发表了十几篇论文，有的论文在学术界还有一定影响力。同时在邓老言传身教的熏陶下，我为人处事也更加成熟稳重。

2007年博士毕业以后，我从福州调到宁德工作。在工作中无论遇到什么困难、困惑，我都会打电话给邓老，虚心向他请教解惑。在宁德工作的十来年，我基本上每个月都会给邓老打电话问候。一开始接电话的基本上都是师母，电话中师母都会跟我聊一些家常，告诉我邓老早餐吃什么、上午点心吃什么以及邓老最近关注什么等话题，让我感觉很温馨很感动。聊完家常，师母就会喊邓老来接电话，每次邓老在电话中都会悉心询问我在宁德的工作近况，教导我一定要守住初心，做好本职工作；要稳扎稳打，不能有浮躁心理；要用自己辛勤的工作为宁德老百姓多做好事实事，为宁德的发展事业添砖加瓦。

2004年12月，2004级博士生与导师邓子基教授合影留念

2009年6月底，应宁德市委主要领导邀请，邓老和师母以及力文师姐一行来宁德考察调研，市委要求我全程陪同。两位八十多岁的老人坐车五个多小时长途跋涉来宁德实属不易，看了让人着实感到心疼。一到宁德，邓老就马不停蹄地视察调研工业园区和各类企业，还乘船参观了三都澳国际集装箱码头和白马港造船厂，实地深入考察了解宁德经济社会发展现状。老人家精力十分旺盛，一路走，一路看，一路点评，不时提出自己的

感受和看法。看到宁德蒸蒸日上的发展态势和深厚潜力，邓老异常激动。当天晚上到宾馆还舍不得休息，穿着睡衣在客厅兴致勃勃地跟我以及市委办其他同志谈论宁德今后该如何推动创业创新创造以加快发展速度。第二天，《闽东日报》头版头条刊登了邓老的"三创"理论。那几天邓老关于"三创"的重要论述成了闽东干部津津乐道的话题，这也为宁德加快发展注入了一股磅礴的精神力量。

在宁德考察的最后一天，一起陪同的市政府副秘书长建议邓老和师母一起去游览参观支提山和宁德的千年古寺——支提寺。支提山曾被明朝永乐皇帝赐名为"天下第一山"。支提寺主持慧净法师带领我们去参观寺中珍藏的明朝皇帝御赐的千尊铁佛、铜铸天冠菩萨、五爪金龙袈裟以及一整套《华严经》。我搀扶着邓老上二楼，在爬楼梯时，邓老忽然停下脚步转头对我说了一句话："明融啊，人生的道路就如同这爬楼梯，选定了方向就要一直走到底，你记住了！"我听了愣在那里，立马意识到邓老之所以说这句话，是因为之前有一次我在他面前表露过想回福州工作的念头，真没想到时隔那么久老人家依然记得这件事。那时宁德虽然发展态势不错，但还是比较落后，生活工作条件比较艰苦，住不好吃不好，也没有食堂，每天吃饭都是一个人去街上找快餐，刚到宁德工作我确实感到不太适应，这也动摇了我继续留在宁德工作的信心。听了邓老的话，我郑重地回答："邓老，我一定记住您的话！"此后十几年，我始终牢记邓老的殷殷嘱咐，坚守初心，任劳任怨，勤奋工作，尽我所能为宁德事业发展尽自己的一份微薄之力。期间我也曾遇到过种种困难和挫折，但只要想到邓老当时对我说的话语，我就感觉信心百倍、勇往直前。

夜深人静，思绪如泉。十几年来和邓老的往事一桩桩涌上心头。逝者已矣，来者可追。恩师虽然走了，但他的深邃思想和优秀人格魅力始终勉励、鞭策着我们这帮学生。我也在内心深处默默告慰恩师：请恩师放心，学生不会辜负您的期望的！

巍巍青山写真情　幽幽思念忆君恩

韩　瑜（南京财经大学税务系）

2007年6月，本文作者（后排右一）看望博士生导师邓子基教授和师母王若畏女士并合影留念

恩师邓老虽然已经仙逝，但他的音容笑貌犹在眼前。他的温和慈祥的笑容，亲切温暖的声音，常常让我觉得他还在我的身边，从未离开。

作为农家子弟，我从未想过自己有一天能跳出农门读到博士，不但走上学术之路，还能忝列邓老的博士名单之中，而这个梦想竟变成了现实，让我的命运得到了改变，这一切都离不开恩师邓老的支持和帮扶。感念邓老！

大学时在财政学专业的学习已让我了解到邓老是财政学界的泰斗，"国家分配论"的创立者和倡导者，声名远播，德高望重，令人景仰，不由心向往之，但又感觉读博遥不可及。后来恰逢马恩涛师兄拜在邓老门下读博，几番交谈之下，决定像师兄学习，跟随邓老读博，因此有幸在马师兄的引荐下见到了邓老。第一次见邓老时，我的内心惴惴不安，紧张至极，但眼前的邓老就像画上的老寿星，慈眉善目，笑意盈盈，实在和蔼可亲，让我的紧张感顿时消失得无影无踪。我委实没有想到邓老是这么平易近人，一点都没有名家的骄矜和傲慢，更像是一位慈祥的老人跟你闲话家常，嘘寒问暖，娓娓道来，他春风化雨般的语言更让我坚定了读博的决心。

回学校后我更加发奋学习，一想起邓老的鼓励，我就感觉内心充满了力量。在那个凤凰花开的季节，我终于如愿走入了厦大，进入了这所美丽的学校读博，也成为邓老第

97位博士生。记得刚入校没多久，有一次去邓老家，跟邓老闲聊时，邓老竟拿起电话打给了我母亲，说我一切都好让她放心，这既让我母亲十分激动，也让我感动万分，邓老在百忙之中还惦念着我的家人，安慰着我的母亲。如此良苦用心，我至今想起来仍然十分感慨！

邓老给我们上课的场景仍历历在目。他以八十多岁的高龄依然奋战在教育战线上，上好自己的每堂课，这不能不让人肃然起敬。尽管他的声音没有那么洪亮，但依然清晰而有力，思维依然敏捷，逻辑依然十分严密。能亲自聆听邓老授课，我们每个人都很欣喜，大家都全神贯注，认真记笔记。邓老的备课本写得密密麻麻的，而讲课时又能自由发挥，天马行空，语言幽默，令人叹服！

邓老最令我敬佩的一个本领就是他记得好多学生和朋友的名字，当时虽已是八十多岁的高龄，但记忆力十分惊人。他常常如数家珍般地说起学生的近况，他关心每个学生的发展和前途。我想邓老也许有很好的方法能记住学生的名字，遗憾的是没有跟邓老讨教这一点，但我觉得主要是因为他是真心地关注每一个人，喜欢跟年轻人打交道，喜欢提携后辈，我想这也是邓老受人尊敬的一个重要原因。他有菩萨心肠，关心他人，乐于助人，愿意帮助每一个学生和后辈，真心地为每一个学生取得的成绩自豪。

有时候我们在邓老家里上课，师母总是会拿出一些糕点给我们品尝。师母跟邓老一样，温和而慈祥，她的眼睛里总是有笑意，给人如沐春风的感觉。而师母看向邓老的眼神更是充满了爱意。师母无微不至地关心着邓老，邓老也关爱着师母，两位老人伉俪情深、恩爱非常，真是一对神仙眷侣。我很羡慕邓老和师母这样深厚的感情，有一次邓老过生日，我便送了他一个陶瓷的摆件，是一对恩爱的阿公阿婆，没想到邓老和师母一直把它放在床头，令我感动不已。

邓老治学十分严谨，他著作等身，名满天下，依然笔耕不辍。邓老作为财政学的奠基人，他所创立和倡导的"国家分配论"深入揭示了财政的本质。邓老又是与时俱进的，他不断地补充和提出新的理论和观点，对我国财政学的发展做出了不可磨灭的贡献。他的视力不佳，看文读报要用放大镜，十分吃力，但他不辞辛苦，就这样给我们逐字逐句批改每一篇论文。我记得有一次杂志约稿，我和邓老合作写了一篇文章，我把初稿交给邓老，邓老认真地阅读后，提出了很多修改意见，那篇文章改了又改，直到邓老满意才投稿出去。邓老学问做得好，与他这种严谨的学术作风和认真的工作态度是分不开的，值得我终身学习。

在校期间我曾以助手身份陪同邓老去北京开会，后来又去南京。谁能想到八十多岁的老人依然步履稳健，竟然一路攀登上了中山陵。那也是我第一次去南京，后来毕业的时候，邓老问我的工作意向，我说想当老师，邓老便推荐我来到南京工作，我再次跟南京结缘，而邓老就是"红娘"。

最后一次见邓老，是毕业十年聚会时。当时邓老已经96岁高龄，身体有些消瘦。我跟邓老说我一直忙于教学而没有搞科研，邓老说当老师怎么能不搞科研，嘱咐我既要教学也要搞好科研。我记着邓老的教诲，每每想要搞好科研，希望能在科研上有所成就，但因资质愚钝，至今科研上仍没有突破自我，取得进步，实在愧对邓老的殷殷嘱托和谆谆教诲，只能冀求今后继续努力，取得进步以告慰恩师。

"丹心献教育，忠胆报国家。躬耕治学术，倾力育英才。"这是邓老一生的写照。邓老是长寿之人、有福之人，虽年少历经苦难而不坠青云之志，内心坚毅而豁达乐观，为人为学都足堪楷模。邓老更是慈悲之人，有爱心、仁心，一生提携后辈、帮助他人，受他恩惠者不胜枚举。学高为师，德高为范，邓老是我们学习的榜样。

"巍巍青山写真情，幽幽思念忆君恩。"我是个不善言辞的人，只能把邓老的恩情深深地埋在心底，化作我一路前行的动力。邓老的一言一行也将成为我人生路上的指明灯，始终照亮我前行的路。

"乐"忆邓老

张华东 （福建省商务厅）

虽然邓老离开我们两年多了，但经常感觉他就在我们身边，一直在看着我们、指导着我们成长。每当想起邓老时，脑海中就会浮现许多生动画面，最深的印象是邓老的"乐"——学术之乐，育人之乐，助人为乐，豁达之乐。

学术之乐

他始终以"老兵"精神孜孜不倦地探索着中国特色社会主义财政现象后面的本质和规律，为国家、经济、财政贡献了毕生的精力，提出了许多与时俱进的精辟观点，指导了我国波澜壮阔的财政改革实践，推动了中国经济的快速发展和社会民生事业的进步。这些是邓老一生无怨无悔的追求，是他最津津乐道的事，是他毕生最大的快乐源泉，他真正做到了"干一行、爱一行"和"爱一行、干一行"。

育人之乐

邓老常说，"教书、育人，出人才、出成果"是他的人生宗旨，"平生最快乐的事就是得天下英才而育之"。他培养了众多学生，出版了许多学术成果向全国传播了财经理论，许多业内人士都是读着邓老的书长大的。记得有一次上课，邓老讲授新一轮税制改革的方向，他将"简税制、宽税基、低税率、严征管"的目标娓娓道来，融合了他从教以来的学术成果和国外最新的研究动态和实践经验，我们学生听后如痴如醉、如沐春风。那一刻，我们很庆幸能成为他的学生，他精辟的学术思想激励着我们的成长。最为重要的是，邓老所有的学生都爱戴他、感恩他、模仿他，且一生受益于他。逢年过节，学生们总是络绎不绝地去看望他，都想再次聆听邓老讲授学术与人生道理。正如一位学长所说的：毕业以后，越来越觉得邓老思想的深远，越来越觉得邓老的伟大，他是我们一生学习的榜样。

助人为乐

在邓老身边三年，时时刻刻能感受到他的大爱精神。他发自内心帮助别人，尽最大努力帮助别人，不计回报。在学术培养上，他总是帮助我们厘清学术谬误、修正文字逻辑错误，哪怕是一个个标点符号也从不放过，事无巨细地对我们进行指导。至今，我和许多同学仍然保存着邓老当年修改的底稿，仿佛那些就是点石成金的秘籍。在帮助学生上，他毫不在乎自己财政大家的身份，为他的学生们亲手撰写科研鉴定书，为本硕博士毕业生、企业技术人员介绍对象。在帮助社会上，他亲自捐款发起成立了"福建省邓子基教育基金会"，资助教育和财经事业，激励青年学生奋发有为，提高教师社会地位，奖掖优秀财经学者。

豁达之乐

邓老说："人生有两把钥匙：治学的钥匙、为人的钥匙。我自己要先掌握好这两把钥匙，然后再把它们交给学生。"像邓老这样的学术大师常有，但像邓老这样为人豁达的大师也许不多。他爱家庭，待师母如座上宾。在学业上他严管后辈们，但充分尊重他们的选择自由，现在大家都生活美满、事业兴旺。邓老这个大家庭是"家和万事兴"的真正榜样。他爱每一位学生，每次有机会就提醒教育大家，要守住初心，不要被物欲所蒙蔽。他爱学校和同事，为学校和年轻同事们排忧解难，从不计较他人的缺点和错误，偶尔我们有考虑不到之处，他也只说"以后最好不要这样"，蜻蜓点水却力重千钧。他总是很乐观，前几年，厦大西村邓老住所前又新盖高楼，我们正惋惜会遮住远处的海景，邓老却说，盖得越高越好，这么复杂的大楼每盖一层都要一年，到时我又长了一岁！

感念师恩　怀念邓老

熊勇立 （深圳市龙岗区税务局）

2006年10月，本文作者（后排左三）看望博士生导师邓子基教授并合影留念

今年是敬爱的恩师邓子基资深教授诞辰100周年。甫提起笔，思绪一下子就涌上来，脑海里浮现的，都是跟邓老相处的一个个片段，恩师的音容笑貌，历历如新。

2006年9月，我受国家税务总局选派，投到恩师门下，开启了三年的博士学习时光。由于读博第一年脱产学习的缘故，跟恩师有了很多难忘的相处时光。记得邓老既给我们博士生上的小课，也有到系里教室上的大课。上小课的时候，我们就沿着厦大水库边的小路，穿过隧道来到邓老位于海滨东区的家里，围坐在他身边，虔诚地聆听他老人家的教诲。讲到动情处，邓老会欠起身子，打着手势，语气坚定地讲授他的观点，现在回忆起来依然如在眼前。邓老还会坚持隔一段时间到系里教室给我们上大课。每当这个时候，就会有很多硕士和本科同学闻讯而来，聆听邓老授课的同学们挤满教室，然后下课后，便会邀请邓老与他们在教学楼前合影，每次邓老都和蔼地欣然应允，满足大家的愿望。在镜头里，定格了很多这样的瞬间，里面有邓老的笑容，也有学生们兴奋且虔诚的目光。

到了2009年，我如期完成学业，着手撰写毕业论文。从论文选题、拟定提纲到撰写开题报告，邓老明确指导我结合工作实际情况，从财政理论与税收实务相结合的视角立意，提出有价值的观点，采集有说服力的论据，开展充分的论证，做到有数据有模型，完成一篇高质量的毕业论文。印象最深的，是邓老每次都在我的论文文稿上，一笔一画地写上修改意见与批注，同时还用便笺纸标明修改的页码。端在手里的，是厚厚的一本论文；装在心头的，是满满的感激与感动。大家都知道，86岁高龄的恩师，平时都是借助放大镜进行阅读，更何况还要写批注和修改意见，这是何等严谨的治学之风，着实让我感动至泪目。

毕业后每次回厦门探望，邓老都会亲切地询问我的工作近况，如有变化，他会从茶几下取出一个笔记本，让我写下新的工作单位和联系方式，上面密密麻麻写满了师兄弟姐妹们的名字。他老人家就是用这样朴素的方式，时刻关心关注着学生们的变化与成长。每次回去探望，都让我们高兴和动容。

2020年的寿辰，受新冠肺炎疫情防控的影响，大家无法返回厦门当面祝贺，一众弟子每人录了一段视频，送上我们真诚的祝福。6月26日当天，大家还通过线上腾讯视频，远程为他老人家过了一个特别的生日。清楚地记得，我们逐个为他送上生日的祝福，邓老坐在沙发上，显得特别高兴，笑得非常开心。这个场景，深深地定格在我的脑海中，留在了我的记忆里。

邓老说他一生就是做三件事：教书、育人，出人才、出成果。他是我国著名的经济学家、财政学家、教育家，著作等身，桃李满天下。现在，同门虽然身处不同的城市、不同的岗位，吾辈弟子唯有铭记恩师的谆谆教诲，恪守本职，秉承师风，将恩师的精神继续发扬光大，才是对恩师最好的怀念。

邓老二三事

李永刚 （上海立信会计金融学院）

2010年2月，本文作者（右一）陪同博士生导师邓子基教授在福州开会调研

2022年11月5日，收到瑞杰师兄微信，说邓老诞辰100周年纪念活动，请我撰写一篇纪念邓老的文章，我欣然应许。作为邓老的第101个博士，2007—2010年我在厦门大学跟随邓老求学三年，很多事情仿佛远去，但又仿佛发生在昨天。

和蔼的邓老

第一次与邓老电话联系，是2005年，我在河北大学读研究生二年级，保定的秋天那时已略有凉意。邓老接到电话后，第一句是："喂，哪一位？"邓老的声音和蔼可亲。因为在与资深教授、财政学家通话，我当时非常紧张。在我表明来意，说出想报考邓老博士的时候，邓老说欢迎报考。也许邓老从电话中感觉到了我的紧张，他安慰我说只要努力备考即可，还告诉我要看邓老主编的几本著作和邓老发表的诸多文章。邓老和蔼可亲的声音让人如沐浴春风，我宛如在与一位和蔼可亲的老爷爷通电话，顿时凉意全无。

怀念和蔼的邓老！

谦逊的邓老

博士入学后，邓老让我做科研助手。2008年秋季，《厦门大学学报》编辑部向邓老约稿，写一篇关于公共财政与农村发展的文章。邓老思路非常清晰，记忆力极好，仅用了不到两周的时间，1万多字的手稿就完成了。邓老让我用电脑编辑，将论文手稿变成电子稿，以便提交编辑部。记得在第一次交给邓老打印稿时，初稿里有句话，大概的意思是新中国成立后农业持续发展。我对邓老说，三年严重困难期间，农业没发展，反而倒退了，稿子里这句话不太严谨。邓老说，"你说得对，我疏忽了"。其实对于一篇学术文章，邓老都要经过多次修改才会提交给编辑部。因此，初稿出现一句不是特别严谨的话非常正常。我当时提出来后，邓老认可了我的观点，进行了订正修改，并表扬了我。我只是一个在读博士生，而邓老是著作等身的资深教授，仍然能够欣然接受我的观点。从这件小事可以看出，邓老是多么谦逊。

怀念谦逊的邓老！

细致的邓老

财政系的学生都知道邓老老年的视力不佳，我作为邓老的助手和学生，对这一点感受更深。因此，我完成的两篇论文和博士毕业论文都是经过多次修改、打磨之后才交给导师审阅的。但是，无论是多么仔细认真，总是会有一些细节错误。此外，邓老还会在我表述不清的地方，写上自己的意见和观点，以使论文更加完善，邓老写的字数有时比我自己写的还要多。当时，邓老作为已经80多岁高龄的教授，还能细致入微到将论文的细节错误找出来。这样细致入微修改论文的导师，充满了对学生的爱和对学术的敬畏。

怀念细致的邓老！

邓老为人、为学、为师的品格影响了我的过去，也影响着我的现在，还将影响我的未来。

先生之风，山高水长

方东霖 ［亚太（集团）会计师事务所］

记得两年前的那个冬天，我正在上海出差，突然师门微信群里传来噩耗，敬爱的邓老与世长辞了！我顿时惊呆，不敢相信。一直都是那么健康、乐观的邓老，上半年看着还好好的邓老，怎么说走就走了。我一个人默默地躺在宾馆的床上，哽咽起来，心情十分沉重，脑海里回想起了跟邓老缘分的点点滴滴。

第一次见到邓老，是20多年前在浙江大学读研一时，学院请邓老来做学术讲座，我们几个财政学专业的研究生参与了接待。当时邓老已经78岁了，但依然精神矍铄，声音洪亮，学识渊博，思想深远，目睹泰斗风采，让我们这些初入门的小生大开眼界。

2004年研究生毕业，当时硕士的就业形势很好，我直接工作去了，但心里一直都有考博的想法。2006年，我同时报考了三所名校的财政学博士，一所没上线，另外两所上了线被莫名其妙地刷下来了，当时挺不服气的，决定2007年再考。而且目标明确，要考就要考邓老的，我相信泰斗一定是公平公正的，果然这一次如愿以偿了。

厦大读博三年，我深深地受益于邓老的言传身教，对我一生影响深远。

每次到邓老家里汇报时，邓老总是热情地招呼我们坐下，询问我们学习的情况，关心我们的生活。在写论文过程中遇到困难，邓老总是耐心给我们讲解、修改和指导，并热心帮我们向杂志社推荐。印象深刻的是，2008年我太太临产了，我向邓老请假，邓老特批了我三个月的假，并再三叮嘱我一定要照顾好妻儿，处理好家中的事情，以便接下来的学习没有后顾之忧。这让我颇为感动。

还记得，2010年元月，我向邓老提交了博士论文初稿，邓老说用两个星期帮我修改完。果然，两个星期后，一天都不差，他通知我去取修改稿。上面密密麻麻贴了一百多张纸条，小到标点符号和错别字，大到观点、思路，都一一给我提出了修改意见。泰斗高超的学术水平和细致、严谨、认真负责的治学态度让我深深折服。

2010年6月，我博士毕业要到杭州一所高校工作。临行前向邓老告别，邓老依然是鼓励我好好干工作，要争取干出成绩，并把浙江唯一一位师兄的电话写给我，交代去了浙江后一定要多跟师兄联系，有困难可以去找师兄。这也让我再一次感受到了邓老对学生的爱。

毕业后我曾四次到厦门去拜望邓老，邓老常常都是一眼认出，叫出名字，热情招呼并幽默地说："来，东霖，吃个橘子，大吉大利""吃个苹果，平平安安"。然后问问聊聊我的工作、生活、家庭的情况。离开时也常常送我到门口，并叮嘱："东霖，你要好好干，有事可以去找找师兄师姐们。"平常的小细节，无不体现着邓老对学生的大爱。

转眼间邓老已离开我们两年多了，但他的音容笑貌时常浮现在我的脑海中。我经常想，要是邓老还在该多好啊，可以去厦门看看他，这是一件很惬意的事情，因为有回家的感觉。的确，在我们学生心目中，邓老是好人中的好人，是恩师，是慈父，他不仅是我们学业的导师，更是我们人生的导师，他留给了我们宝贵的精神财富，让我们终生受用。但自然规律总是那么无情，我们唯有化思念为力量，继承和发扬先生的高风亮节，努力工作、好好生活，才是对恩师最大的报答。

怀念恩师邓子基教授

宋生瑛 （集美大学财经学院财政系）

2018年1月，本文作者（右一）看望博士生导师邓子基教授并合影留念

第一次感到与邓子基老师很近，是因为杜放师姐。那是1998年，杜放师姐调到我们学院工作，我们同在一个系，又都是西北人，很快就熟络起来了。杜放师组经常念叨邓老师，言语间充满自豪，我知道了她是邓老师的博士。自此我就有了习惯，遇到同行就说，我们系里来了一个邓老师的博士，似乎这样我与财政学界的泰山北斗也有了联系。

2004年，我硕士毕业，想考博，不知道要考哪里，不知道要考谁的博士。"傻瓜，你考邓老师的呀！"杜放师姐说。我愣住了，从来没有想过。邓老师是财政学界的泰斗，高山仰止，他的学术思想博大精深，书都看不完，我一个普通教师，怎么也不敢奢望。"你不知道，邓老师对学生有多好，他对学生从来是一视同仁。"杜放师姐用她的亲身经历现身说法，介绍了她当年如何"贸然"给邓老师写信并考取"成功"的经验。在杜放师姐的百般鼓励下，我终于鼓起勇气，拜见了邓老师和师母。邓老师和师母都热情亲切、慈祥和蔼，一进门就说"杜放打过电话，说你很优秀……"我虽然心里知道这是二老是为了让我消除紧张的溢美之言，但是师母笑吟吟的热情，确实让我把所有的担心和紧张都抛之脑后了。我记得，当天二老都很高兴，聊了很长时间。师母还一脸自豪地给我讲了张馨师兄和杨斌师兄的成就，就像说自己的孩子一样。出门时，邓老师还鼓励我一定要努力考试。从此，我下定决心放手一搏，虽然过程艰难，但邓老师的鼓励和师兄师姐们的成就激励着我，使我心里充满力量。

我是邓老师招收的第103个博士。邓老师对博士培养似乎有一种执念，从最早挂在嘴边的"孔子弟子三千，贤者七十二"，到后来常说"九十九个博士就是圆满，不能再多了"，但最终共培养了108个博士。这数字背后既有邓老师对教育报国的不懈追求，又有学生对他高尚人格和学术成就的热爱和追随。每年总有一大批与我一样的学生争相报考邓子基教授的博士，以邓老师对财政学的奋斗理想和对青年人的爱才育才之心，他不愿意拒绝一个个渴求的眼神。就这样，"关门弟子"一直招到了89岁，直到身体状况不允许，才停止招收。

"学高为师，德高为范。"邓老师对上课非常执着和认真，在每届的博士生中，邓老师都是坚持亲自授课。给我们讲财政理论与政策研究课程时，邓老师从理论讲到实践，从历史演变讲到时政热点，每一堂课就像打开了一座丰富的知识宝库，让我们在里面肆意徜徉，流连忘返。有时邓老师偶感风寒嗓子不适，我们就劝老师多休息一会儿或少讲一点儿，但邓老师总是说："没关系，这一点咳嗽不算什么。"然后继续讲完所有的内容。这些场景至今历历在目，如今想起，仍让我感动和泪目。邓老师记忆力极好，思路清晰，对一些专业和历史细节的描述极为准确，我想这是他之所以成为"大家"的天分，更是他对教育报国的理想追求和倾注投入。我的博士论文是《基本公共服务均等化与公共支出改革研究》，这在当时是一个比较新的题目，到成文时全文10万多字。邓老师一遍遍指导修改，通篇密密麻麻的文字批注，我难以想象，90岁高龄邓老师是怎么做这么大量的工作的。尤其是在论文定稿前，邓老师刚刚出院，他以羸弱的身体全力审阅论文，让我更加自责和不安。每一次拿到修改的稿件，我作为学生，充满着崇敬、心疼、惭愧等复杂心情，如同经历一次洗礼，邓老师伟大的人格、崇高的师德、广博的常识、严谨的态度，催促我时刻告诫自己要兢兢业业、精益求精。

后来，我工作在厦门，有天然的优势可以经常看望邓老师，逢年过节就可以去，邓老师和师母身体不适时也可以去照顾，惹得一些同学们好生羡慕。后来，杜放师姐要调去深圳，临走前不无遗憾地说，"以后，只有你可以随时去看望邓老师和师母了"。师母很喜欢杜放师姐，说你们西北的姑娘，都朴实能干，我知道师母也在夸我，心里暗自高兴。然而，老师和师母毕竟年纪大了，后来家里开始限制访客的次数和时间，慢慢地，我去邓老师家里也少了，唯恐打搅老人家的休息。

人生总有憾事，这一起似乎来得太快，如今师母和老师都已经走了，想起来总让我不能接受。我时常在想，此生最大的幸运就是读了邓老师的博士，也时常感慨此间的"进一步海阔天空"的个人造化。如果没有邓老师的平易亲切、宽容鼓励，没有当初的博士经历，我取得工作、学术上的一切成就是不可能的。这种机缘巧合也许是偶然的，但邓老师爱的光辉是永恒的，邓老师的影响是永恒的。时至今日，我在书房备课时，我在教室讲课时，时常感到邓老师在笑吟吟地看着我……

敬爱的邓老师和师母，我们永远怀念您。

无声的影片　无尽的怀念

杨志宏 （中国人民银行哈尔滨中心支行）

2012年5月，本文作者（左一）在"邓子基教授从教65周年座谈会"上与博士生导师邓子基教授合影留念

　　2020年12月26日18点40分，我怀着沉痛的心情从银装素裹的东北冰城飞往冬意未浓的东南鹭岛，去为我的恩师守夜，送邓老最后一程。天空低沉兮有断云、星沉月落兮天地暗。登机坐定后，想到今后再也不能得到老师的教导与鼓励，再也不能与老师分享喜悦与快乐，往日与邓老和师母相处交谈的画面像无声的影片，一幕幕浮现……

　　有幸与邓老结缘要感谢我的硕士生导师、同为邓老门生的杨春梅博士，她的推荐给了我拜入财政学泰斗门下的宝贵机会。虽有杨老师的推荐，但与邓老的初次通话，我还是惴惴不安。直至电话接通的一瞬间，邓老浑厚又不失和蔼的声音完全驱散了我心中的忐忑和焦虑。面对素昧平生学子的请教和问询，学界泰斗、学术大师的回应真诚恳切、不厌其烦。这使我在后续的备考和考试中都充满了信心，也是我能够顺利成为恩师第104位博士的最大动力！

　　古道热肠兮乐解惑，如椽巨笔兮铸师德。生活中的邓老十分平易近人，老师虽被誉为新中国财政学界的一代宗师，但他从不以大师、泰斗自居，而是自称"老兵"，对待所有学生一视同仁，从不摆架子。印象最深的就是与邓老和师母的第一次见面，两位长者的和蔼可亲和无微不至让我如沐春风，至今犹记。2010年11月5日，受厦门大学研究生会邀请，我陪老师参加了校团委主办的"厦门大学名师下午茶"学术访谈活动。老师向七十余名厦大学子耐心地分享了他的人生故事与为学之道，并就同学们在求学路上的困惑进行了近距离交流。老师对学生的教育和培养从来没有生硬的教条，而是将道理、知识融入日常交谈中，让学生在轻松的气氛下去感悟和体会。通过分享自己为生计、为求学而经历的艰辛，以及有幸成为王亚南先生首批研究生等人生阅历，邓老勉励同学们要深信天道酬勤，在求学生涯打好基础、提高理论修养；通过介绍他坚持洋为中用、从实际出发不断丰富"国家分配论"而使之能够适应社会经济形势变化的历程，邓老鼓励同学们要与时俱进，勇于向同行们提出不同的学术观点。最后，老师与同学们合影并提笔寄语，期望同学们"读好书、做好人、健康安全、全面发展"，参加活动的全体同学以长久的掌声表达了对老师的敬仰。

2010年11月5日，应厦门大学研究生会邀请，邓子基教授参加校团委主办的"厦门大学名师下午茶"活动

三尺讲台兮话青史，桃李满园兮家国兴。邓老是学术大家，是中国主流财政学理论的奠基人，但他更乐于教书、站讲台，多年来讲学不辍、桃李满门。2011年11月1日，已年近耄耋的邓老为了给厦门大学嘉庚学院财政金融系11级新生做学科专业入门指导讲座，不辞辛苦先乘船再换乘巴士，前后花费1个多小时由厦门赶往漳州。对于刚入学的新生而言，能目睹大家的风范已然是十分难得，而邓老对讲稿的精心准备和休息之余的认真修改，更是让与会师生受益匪浅。

精益求精兮存风骨，一丝不苟兮勤钻研。一直以来，邓老虽事务繁重，但在学术问题研究上丝毫不打折扣，面对经济大潮中的错误思潮和不当论断，他总能保持清醒、勇于斗争，严守独立人格和学术风骨。2011，一部分人针对"政府财政收入占比过高、企业和居民负担过重"这一社会焦点问题提出了所谓的"国富民穷"之说，邓老对此提出要基于马克思分配理论科学分析，从财政收入与GDP协调关系的角度分析论证并对"国富民穷"之说进行评析，有效澄清了社会上存在的一些认识误区，这成为邓老推动全社会科学认识财政规律、合理分析财政现象的又一突出贡献。

以身垂范兮树坚韧，春蚕到死兮丝方尽。在人生的最后几年里，疾病对老师身体的摧残，他人是无法体会的。但无论多么难受、多么痛苦，邓老都能够保持乐观心态，而且还鼓励安慰前来探望的亲人、朋友和学生。记得曾在厦大医院和厦门第一医院陪老师住过两次院，期间，邓老坚持自己能站起来绝不用别人扶着，自己能做的事情绝不让别人动手，每天早晨睡醒做体操从不间断，对动脑多思、动口多讲、动手多写、动脚多走的好习惯坚持不懈。每次看到恩师跟跟跄跄、步履蹒跚，但却坚强勇毅、不折不屈的背影，泪水都止不住泛出我的眼眶……

音容笑貌兮宛如今，谆谆教诲兮铭心骨。2020年12月凌晨，漫长的飞行终于结束，我开始了在老师身边最后的短暂的守护。祭拜守夜中，只觉得邓老的谆谆教导声声不息犹在耳边，一想到2019年教师节线上活动老师的音容笑貌成为镌刻在我内心深处最后的记忆，毕业后没有留在恩师和师母身边、离开厦门后忙于生计未探望二老的悔意愈加浓烈。金纸折元宝，寄托无尽的怀念。恩师走了，但也未走，因为音容宛在、教诲在心；恩师走了，但也未走，因为思想仍在、精神长存！

祝愿邓老和师母在天堂一切安好！

归乡的路

唐文倩 （福建省财政厅）

2019年6月，本文作者（左一）看望博士生导师邓子基教授并合影留念

人说从前车马慢，归乡的路也一样。人生是一场远行，行走在路上，追风渐远，回不去的是故乡，到不了的叫远方。回望邓子基教授一生走过的路，都似与故乡渐行渐远，但又从未真正走远。他的一生，用真情传播智慧的火种，用挚爱垒起财政学科的理论大厦；他的一生，每一次远行，都在丰富生命的意义，每一次归乡，都在积蓄奋发的力量。

——谨以此文纪念恩师邓子基资深教授诞辰100周年

在我们这代学生眼里，他是一位可敬可爱的老爷爷，经常给我们讲述他苦难的童年岁月和传奇的人生经历：1923年，邓子基教授出生在福建省三明市沙县夏茂镇儒元村的一个贫苦农民家庭，由此开启了他历经磨难、追求卓越的一生。他幼失双亲，11岁在夏茂打工，14岁独自离乡前往南平求学，17岁就读福州高级中学，20岁就读国立政治大学，27岁师从王亚南校长，成为新中国第一代研究生。他一生秉承"教书、育人，出人才、出成果"的理念，不仅教我们经世济民的学问，更是传递给我们乐观豁达的人生态度和虚怀若谷的学术品格。耄耋之年，老师回顾自己的人生：一生拼搏研财政，两袖清风为人师。

非常荣幸能够成为邓子教授基培养的第105位博士生，毕业后我成为财政系统一名公职人员，由衷地感恩老师的深切关怀和一路引领，也非常幸运能够有机会投身老师的家乡建设，致力于新时代革命老区的振兴发展。作为曾经奋战在老区苏区基层一线的财政干部，回望老师数次归乡的路，以此追忆恩师一生峥嵘岁月。

少年闽北求学苦，沙溪蜿蜒百千回

破壁越飞龙，梅花苦寒香。苦难的童年，从一个差点被旧社会遗弃的孤儿，到成长为新中国著名的财政学家，家乡族亲给了少年邓子基鼓足勇气前行的力量。幼年时，邓子基曾在茂溪小学度过了无忧无虑的两年半校园时光，随着父母相继离世，交不起学费，生存都困难，邓子基被迫辍学。

砍柴路过校园时，他会趴在窗户听老师讲课，默默记下授课内容，于是有了至今被乡民后辈交口称赞的"瓦砾练字"的故事：砍柴时，他会忍不住回忆老师教课的内容，有空的时候就用树枝和瓦砾在地上摆起刚学会的字，路过的村民无意中看到，都感慨他的上进和好学。没有钱买笔墨，邓子基就用毛笔沾水在瓦片上练字，待瓦片晒干后继续练习。

1934年的寒冬，11岁的邓子基衣衫褴褛地来到夏茂镇上。夏茂是闽西北历史名镇，腊月时节，舟楫南来北往，水陆通衢，市井繁华，商贾云集。年关将近，邓子基鼓起勇气走进一家叫"姜尚"的杂货店，向店主邓兴华诉说了自己的遭遇。店主听后非常同情，当即收下他当学徒，除了包吃包住，还给2块银圆的工钱。

靠着攒下的工钱，邓子基那份从未泯灭的读书渴望又萌动了起来。他始终觉得，要想让人看得起，要想有前途，只有读书。贫困的生活并没有让邓子基失去人生的方向，"万般皆下品，唯有读书高"，这句老话在他幼小的心中埋下了坚定的求学种子。

年少的邓子基做出了第一个改变自己命运的决定："必须离开夏茂，到南平去，考取南平初中，走求学之路。"强烈的求知欲引起了宗亲们的关注，觉得这是一个很聪慧、有天资的小孩，大家一起尽力资助他外出求学。据村里上了年纪的老人说，当时邓氏祠堂有产业，每年夏秋两季都有稻谷收入，族人会拿出部分收入捐资助学。正是家乡人的善心善意，给了埋藏在少年心底求学的种子以成长的希望，一路鼓励他远行。

1937年夏天，独自在夏茂谋生三年的邓子基回乡，他告别族亲后，揣着打工攒下的12块银圆和清寒家庭证明书，小小少年独自坐上了去南平求学的船。

待到金榜题名时，明月何时照我还

苦等盼黎明，蓄势尚待发。1943年，邓子基参加了福建省高中会考，因成绩优异被省教育厅保送到当时迁至重庆的国立交通大学航空系，同时还考上了中央政治学校（后定名为国立政治大学）。从沙县启程一路到重庆，他搭载过各种交通工具，黄牛车、货车、木船、汽轮、汽车、火车……风涛千里，耗时月余的长途奔波，邓子基才赶到学校报到。不久后，因交不起学费，他从国立交通大学转念国立政治大学。

1947年7月，邓子基以全科优异的成绩毕业，虽然考取了第一名，但却因为没有家世背景被一级一级下派，成为苏北泰州的一名小税务员。不甘平庸，邓子基辞职了，此后他在福州厚美中学、福商中学辗转教书。1949年，邓子基加入了"三民主义联合会"，作为共产党的外围组织，也是中国国民党革命委员会的前身，积极从事爱国革命活动。新中国成立后，兼任"民革"福建省分部宣传干事。

新中国成立不久，王亚南校长领衔的厦门大学经济研究所开始招收研究生。1950年7月，邓子基以福州考区第一名的成绩成为厦门大学经研所资本论研究生班的第一届研究生，师从王亚南教授，专业是财政学方向。

27岁的邓子基终于沐浴着新中国灿烂的阳光，走进厦门大学，迎来人生新的征程。1950年暑，入学前的青年邓子基再一次回到了沙县老家，走过自己儿时的校园，感叹世事变迁，他更加坚定了自己治学之路。乡亲们给他求学的支持，这一生，他铭记在心，时常感怀感念，不敢忘此恩情。

从教遵师训，立论为人民。1952年7月，邓子基以优异的成绩毕业，成为新中国自己培养的第一代研究生。王亚南校长把他留在了身边工作，邓子基在讲台上一站就是73年，而且从未想过离开心目中神圣的岗位。在厦门大学的教学生涯中，他真正做到了干一行，爱一行，敬一行。从助教、讲师、副教授、教授再到文科资深教授，他都坚持从事财政学一线的教学和科研工作。

他有很多机会出去任职，但是他都谢绝了，他说当老师是他从小的志向。在那个人才极为稀缺的年代，离校发展是很有机会的，但是他一心投入科研教学。邓子基说："我就想一辈子教书。教书是我最喜欢的职业，也是一个高尚的职业。"讲台是邓子基最熟悉、最喜欢的地方，他说："拿世上最珍贵的东西跟我交换，我也绝不会换。"

问道持真理，文章与时进。邓子基老师一直秉承马克思主义研究方法，坚持运用马克思主义的立场、观点、方法开展研究，与时俱进、开拓创新。从一个青年财政学者成长为财政学界的参天大树，撑起了财政学研究的一片蓝天。邓子基老师在历届学生的第一堂课上总要提出要求：人各有志、人贵有志、开拓刻苦、严谨求实、扬长避短、勇攀高峰。

重回学术春天里，浮云伴着游子归

三尺杏坛间，六秩磨一剑。"文革"十年浩劫，邓子基老师的教学、科研活动都被迫停止了。直到粉碎"四人帮"以后，1979年，邓子基老师这位"青年讲师"才成了一名"副教授"，这时的邓子基老师已经56岁了。1980年6月，邓子基光荣地加入了中国共产党，成为拨乱反正后我国发展的第一批知识分子党员。

入党前，他回到阔别已久的家乡，再次走进文庙，追忆往昔，他曾在这里度过了抗日战争最艰苦的岁月。当时，福州沦陷，福州高中内迁沙县，高中部设在城关文庙。少年邓子基和同学们一起，在文庙里上课、住宿，虽然环境异常艰苦，但仍坚持完成三年高中学业，以优异的成绩毕业。这一次回乡，他坚定了自己的政治方向，加入中国共产党。

早年孤苦求学的艰辛，令邓子基教授对日后的工作和生活处处都心怀感恩。他曾说："我现在享受'离休'待遇。在党的培养、教育下，我加入了中国共产党，成为一名光荣的中共党员。"他坚定理想信念，对自己要求非常严格，经常说自己虽然年纪大，但仍是年轻党员。

1983年，邓子基60岁被评聘为"文革"后的首批教授、博导，他重回自己"学术的春天"。20世纪60年代初，作为青年学者的他极力倡导"国家分配论"，之后通过一系列论著，逐步夯实了"以国家为主体的分配关系"这个主流学术理论基础，提出建立健全财政学这门原理科学的设想，对于构建新中国财税理论体系大厦具有重要指导意义。他本人身体力行几十年奋战在教学科研一线，为财政学科建设与发展做出了卓越贡献。

桃李花千树，星斗焕百祥。73年的执教生涯，邓子基常说，"得天下英才而教育之"是平生最快乐的事。为培养学生，他倾注了大量心血，不仅教我们经世济民的学问，还润物无声般地将读书人的风骨根植于每一位邓门学子的内心。他常说："人生要掌握两把钥匙：治学的钥匙、做人的钥匙。我自己要先掌握好这两把钥匙，然后再交给学生。"耄耋之年，仍坚守在科研一线，仍然坚持承担博士生的培养教学任务，指导多名博士生的毕业论文。他一生忠诚于党和国家的教育事业，为国家培养了108名博士、300多名硕士、财经人才数以万计。

润物细无声，桃李亦有情。还记得邓子基老师经常教导我们，我们学的是财政学，财政是国家治理的基础和重要支柱。到工作岗位后，我更加切身地体会到我国财政的改革与发展常以老师的学术思想、理论成果为内在肌理，见之于政策，付之于实践，生财有道、聚财有方、用财有据，老师的理论成果为我国财政发展与民生福祉发挥了重要作用。厦门大学财政系在邓子基教授的引领下，也日益枝繁叶茂，为财政系统源源不断输送青年才俊，增添财政事业的勃勃生机。

心念故乡谋发展　情系桑梓助后生

故乡易别，情缘难舍。邓子基教授家乡沙县的小吃被称为中国传统饮食的"活化石"。

1997年12月8日沙县举办首届传统小吃节，沙县政府诚挚邀请邓子基教授归乡参加小吃节。已经74岁的邓老欣然接受邀约，精神矍铄地回到家乡，他在开幕仪式上深情地说："沙县小吃的闻名离不开夏茂人走南闯北拼搏奋斗，几乎大江南北都有我们夏茂人的踪影，他们把沙县小吃带到了世界各地。走在任何一座城市，都能看到我们沙县小吃的踪迹。"他积极为家乡发展出谋划策，助力招商引资、产业振兴，不遗余力支持家乡发展。

此后，每年的小吃节，都成为沙县人的喜庆日子，喜迎八方来宾，向全世界展示千年积淀的小吃文化。2021年3月23日，习近平总书记来到"沙县小吃第一村"夏茂镇俞邦村，寄语沙县小吃："现在的城市化、乡村振兴都需要你们，这就叫做应运而生、相向而行，我希望你们再接再厉，继续引领风骚！"如今的沙县小吃正开启新的时代篇章，富民产业已成为老区发展新的经济增长点，享誉世界。

邓子基教授常说"人生有限，事业无限"，为家乡发展他一直倾尽全力。2007年，邓子基教授组织成立"福建省邓子基教育基金会"，这是福建省第一个由教授发起的非公募教育基金会，资金全部用于奖励优秀师生、资助特困师生。2008年以来，基金会每年都在邓子基教授的老家沙县颁发奖学金、助学金。后来基金会奖励资助的范围不断扩大，从沙县不断扩大到全省、全国。

从儿时离乡外出求学，邓子基教授便很少有机会回乡。每次回夏茂，他都会祭拜父母祖先、看望邓氏老人，也会去自己儿时读书学习的儒元小学走走看看。那里似乎还有他童年的气息，不管曾经带给他多少欢笑与忧伤、幸福与难忘，总是令他魂牵梦绕、深情牵挂。儒元小学建教学楼时资金短缺，学校求助于邓子基教授，他四处奔走筹款、倾囊相助。对家乡唯一的大学三明学院，他一直关心关注，特别在学院升本建院时给予极大的支持和帮助。

2010年10月，邓子基教授与财政系2010级博士生合影留念

冬尽春回草木荫，魂归故乡斜月里

2020年12月22日，冬至前夕，邓子基资深教授安详辞世，享年98岁。"冬至冬至冬，你家冬至我家空，待到金榜题名时，不是冬至也是冬"，这是一首流传于闽西的客家民谣，老人经常挂在嘴边。这首民谣寄托了父亲对孩子的殷切期望，也激励邓子基教授从小默默种下改变命运、努力拼搏的种子，鼓励他一生不断进取、奋斗。

2017年，邓子基教授荣获首届中国财政理论研究终身成就奖，这是中国财政理论界的最高奖项。邓子基教授还多次作为杰出专家、学者代表受到党和国家领导人的肯定和接见，曾获得中共中央、国务院、中央军委颁发的"庆祝中华人民共和国成立70周年"纪念章、"国务院政府特殊津贴"、"福建省突出贡献专家"、"福建省五一劳动奖章"、"厦门市劳动模范"、厦门大学最高荣誉——"南强杰出贡献奖"等国内外重要奖项50多项。

福建省委常委、省委宣传部部长，时任厦门大学党委书记张彦这样评价邓子基教授："他的一生，是坚持马克思主义，追求真理、不懈探索的一生，是以科研为生命，成果丰硕、影响深远的一生，是把论文写在祖国大地，为国建言、躬身实践的一生，是忠诚于党和国家教育事业，立德树人、爱生如子的一生，他许党许国、大爱无疆的家国情怀，执着求真、与时俱进的治学精神，甘为人梯、德育群芳的师者品格，克己奉公、乐观通达的思想境界，为我们树立了光辉典范，展现了一位模范共产党员的高尚品格和中国优秀知识分子的精神风貌。"

老兵传薪火，师誉满天下。躬身杏坛73载，桃李芬芳、硕果满枝。邓子基教授说："我不是大师，我是老师；我不是泰斗，我是'老兵'"。他爱生如子，时常勉励学生"人各有志、人贵有志、开拓刻苦、严谨求实、扬长避短、勇攀高峰"。他不仅对在校学生悉心培育，对毕业走上工作岗位的学生也同样给予无私的指导和关爱，许多学生已成为财经领域的精英骨干和中坚力量。

邓子基的家乡儒元村是夏茂镇第一大村，懿德堂是邓子基教授在儒元村的祖屋，现已改造成当地爱国主义教育基地。中共中央政治局委员、空军原司令张廷发将军也是夏茂人，茂溪小学亦是他的母校，一个乡村小学走出了新中国"一文一武"两位杰出人才，实属罕见。如今，纪念邓子基教授和张廷发将军的斌蔚堂在沙县夏茂镇文昌宫旁落成，儿女将邓子基教授的遗物书稿赠予纪念堂，也是期盼老人魂归故里，永远回到故土故乡。

行山路、走水路，山一程、水一程，"一蓑烟雨任平生"，远赴他乡艰辛的求学、治学之路，走得再远心中牵挂终是故土故乡。邓子基教授人生经历太多坎坷跌宕，年幼失去双亲，在邻里乡亲的资助下，小小少年走出大山，勇毅前行，终成一代财政学泰斗。邓子基教授用心去感悟、感恩，大爱无言，心系故土故乡，始终铭记一路上保护过他、帮助过他的好心人。

　　如今，懿德堂扩建，斌蔚堂落成，是对老师一生艰苦卓绝奋斗的慰藉，家乡人民仍然口口相传他的传奇人生，他的卓越成就仍激励着一代代后生、后学。作为邓门学子的我们，理应继续秉承老师的治学理念、为人品德，为老区振兴发展、为共和国的财经事业倾尽自己一生的努力。

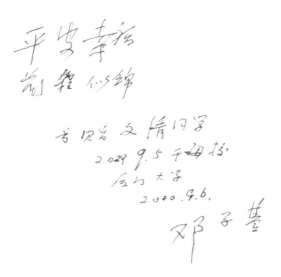

2020年9月，邓子基教授赠言本文作者

纪念我的导师

习　甜（厦门市审计局）

2012年5月，本文作者（右一）在"邓子基教授从教65周年座谈会"上与博士生导师邓子基教授合影留念

2020年12月22日，是一个让我永生铭记的日子。这一天，一位可敬可爱的老人，我们亲切地称之为"爷爷"，也是我的博士生导师——厦门大学文科资深教授邓子基先生永远地离开了我们。我失去了一位慈祥而睿智的学术和人生导师，中国少了一位卓越的财政学家、经济学家、教育家。值此邓子基资深教授诞辰100周年之际，谨以此文缅怀恩师。

回想起在厦大的求学岁月，匆匆10年过去了，恩师的音容笑貌历历在目，谆谆教诲言犹在耳。想到恩师，心底不觉生出颜渊的喟然之叹："仰之弥高，钻之弥坚，瞻之在前，忽焉在后。夫子循循然善诱人，博我以文，约我以礼，欲罢不能，既竭吾才，如有所立卓尔。虽欲从之，末由也已。"

馨馥芳华

邓子基教授是新中国培养的第一代财政学家，在中国特色社会主义财政理论学术研究与教学领域耕耘六十余载，是中国财政学界主流学派"国家分配论"的主要代表人物，他大半辈子都在研究国家当家理财的道理，也就是国家用什么样的办法，在怎样的指导思想之下，把税收集中到国家手里，并由国家集中力量办大事。在潜心理论研究的同时，邓子基教授作为厦门大学原财经系总学术带头人，为学科的发展壮大呕心沥血。他还十分注重高水平教材的编写，他作为组长编写的《社会主义财政学》填补了我国没有自己的财政学教科书的空白。他主编的《财政与信贷》让我国财政学金融学思想广泛传播。这些都对财政学的发展具有深远的影响。

知遇之恩

当年，我在厦大财政系从本科保送研究生，并且有幸取得了直博的资格，但当时的竞争非常激烈，唯有静下心来好好复习，把各种理论融会贯通，熟练用来解释现实问题，才能顺利过关。记得当时恰好系里举办大型国际研讨会，邓子基教授出席，我参与会议的保障工作。那是我第一次如此近距离接触经常在教科书上才能看到名字的泰斗，既兴奋，又忐忑，一种乡下人进城的感觉。我怀着崇敬的心情鼓起勇气与他进行了交流，得知我正在准备读博时，他说非常好，鼓励我好好准备。泰斗如此亲切、平易近人，真是我辈学习的榜样。得到了邓老的鼓励，我顿时增加了很多信心，怀着无比憧憬和激动的心情通过了由财政系几乎所有博导参与的超强阵容的博士生复试面试。最后一关是导师考核，考题现在还在被我珍藏在一个信封里面，题目是论述市场与政府的关系。还好自己平时学习还比较努力，基础打得比较牢，我最终以优异的成绩成功获得了财政学专业学习的机会，有幸跟着导师学习治学和做人，虽然只学到了皮毛，但已让我受益终身。因此，导师对我有终生难忘的知遇之恩。

治学之道

在导师给我们传道授业解惑的过程中，最深的感受就是他坚持从中国国情出发，借鉴、吸收西方经济理论，并应用到我国的具体实践中。导师给财政学博士生开设的课程是财政理论与政策研究，这是他一直坚持到90多岁还在上的一门课程。这门课程在中国财政学领域有着举足轻重的地位，目前已经成为国家财政部门、税务部门、国有资产管理部门制定各项财政政策的理论依据之一。我至今仍能清楚地回忆起他反复强调的三句话：对待马克思主义，先坚持，后发展，重在"发展论"，既反对"僵化论"，又反对"过时论"；对待西方论述，主张学习、分析、借鉴、吸收，重在"消化论"，既反对"排斥论"，又反对"照搬论"；对待方法论，要求坚持辩证唯物主义和历史唯物主义。其核心要义在于：解放思想，实事求是；一分为二，对立统一；从国情出发，从现象到本质；与时俱进，开拓创新，在继承中发展。导师除了传授方法论，还经常拿学科前沿的选题来让我琢磨研究，经常拿着他那厚厚的放大镜，一个字一个字地批改我写的论文。经过导师的这种训练和教导，我的科研能力逐步提高。读博时，我获得了学校自强奖学金、国家奖学金等，所有这些荣誉，都得益于导师邓子基教授的精心指导。

人生榜样

　　云山苍苍，江水泱泱，先生之风，山高水长。厦大期间的求学，让我深刻认识到邓老的为人师表、乐观积极、虚怀若谷、良好的职业道德和崇高的敬业精神，以及严谨的学术作风。邓老辛勤耕耘，永不停歇，为我们学生树立起了"活到老、学到老、做到老"的榜样。导师早已到退休的年龄，但他坚持每天读书看报、做学问、带博士研究生，他85岁时自称"一个还能战斗的老兵"。面对学生，他总是乐呵呵，充满信心和耐心，我从来没有听导师说过任何严厉指责的话，从来都是认真听我们叙述，然后鼓励，给予有效指导。导师对学生尊重，学生则更加敬重老师。同时，他还有一颗"虚心"，虚心对待每一个人，他虚怀若谷的品质赢得了众人的一致爱戴。导师自然散发出的气质，对学生的影响是无形的、巨大的。"所谓大学者，非谓有大楼之谓也，有大师之谓也。"江海不拒涓流，故能成其深；泰山不拒细壤，故能成其高。圣殿之高，不在眼里，而在心里。我们唯以出家的心做好入世的事。唯此，方不负恩师。

后续之缘

　　博士毕后时，我选调进入了厦门市审计局，继续留在了导师所在的城市。这样，每年我们都能见上好多次面，这让我感到格外幸福。特别是春节前，他都一定会选一颗又大又红的桔子给我，寓意着他的无限期望与祝福。除了解我工作的情况，导师就像家里的长辈一样，对我的个人问题也格外关心，让我感到温暖。如今，我秉承着导师的马克思主义方法论，发扬认真做事、勤恳做人、坚持不懈、努力拼搏的精神，在审计工作岗位上工作快10年了，我始终牢记坚持以人民为中心，结合中央关注焦点、群众关心热点、每个单位问题，从促进建立长效机制出发，力求发现问题具有针对性、根本性，对被审计单位乃至整个社会有推动作用。最后，希望导师在天之灵看到学生取得的点滴进步，也能感到欣慰。

忆恩师

曾 聪（厦门市财政局）

2016年12月，本文作者（右二）陪同博士生导师邓子基教授参加中国财政学论坛颁奖典礼

2020年12月21日，是农历冬至。那一晚的厦门，风很大，气温很低。在第一医院门诊楼远远看着窗外ICU病房的我，脑子里突然就浮现出李叔同的《送别》，"长亭外，古道边……"眼泪止不住流下来，悲从中来。两年后的今天，再次想起那天，我依然泪如雨下。那一晚，是邓老、敬爱的爷爷在告诉我，他将要去往另一个遥远的世界，我将再也看不到可亲可敬的老爷爷了。

爷爷是我的恩师邓子基老师，厦门大学文科资深教授，是一直以来屹立于财政学界、教书育人著作等身、爱生如子桃李满天下的泰斗爷爷。我们最后几个博士入门的时候，这位可亲可敬可爱的老师已经年近九十，我们和老师的孙辈年龄相当，所以经常称恩师邓老为"爷爷"，是尊重，是亲近，也是喜欢。爷爷是长寿康健的爷爷，他的长寿康健让我们误以为，他会永远陪着我们。当生老病死自然规律到来、他离开我们的时候，就如一棵参天大树轰然倒下，让我们不敢接受、不愿接受、不忍接受。

我是幸运的，因为是邓老招录的最后几个博士之一，毕业后又留在厦门，所以无论学习、工作还是生活，都得到了邓老更多的关心照顾、指导和帮助。邓老伟大人格的熏陶让我受益终身，影响着我的为人处世，支撑着我把人生之路走得更稳更实。

博爱

邓老是博爱的。他一生拼搏研财政、两袖清风为人师，培养了100多名博士、300多名硕士。他惦记着这些学生，常常念叨谁成家了、谁当父母了、谁工作调动了……如果哪位学生太久没有联系，他会打开书桌抽屉，取出学生通讯录，拿着放大镜找到学生的号码，拨过去，关心最近怎么样。听到一切都好，邓老就开心得哈哈笑，拍拍书桌说"我就说肯定是太忙了，都很好"，悬在心上的石头落地了。

邓老是沙县人，虽然从十多岁到南平读初中开始，他就离开了沙县、很少回到故乡，但是他对故乡的情感从来没有淡过，而且年龄越大越惦记着家乡。2018年10月，已经96高龄的邓老，还回到家乡去祭拜先祖、看望父老乡亲、关心邓子基教育基金会奖优助学孩子们的成长。在厦门，常常有家乡的亲朋好友来拜访他，他总是热情地接待，记住他们叫什么，关心他们的工作生活怎么样。很多人会请教他关于孩子求学、个人工作之类的问题，他都耐心地听，拿本子记下来，然后给他们建议，给一些力所能及的帮助。

邓老于2007年发起成立了邓子基教育基金会，设立奖教奖学金、财税学术论文奖、助学金等多个奖项，支持教育和财经事业的发展。基金会活动范围覆盖全国，截至目前已资助1000多名优秀学子、评选并奖励近200篇优秀财经学术论文。邓子基教育基金会是邓老将毕生心血倾注于祖国教学科研和人才培养事业的重要体现和传承，为我国教育事业、财税理论与实践的发展作出了积极贡献。

邓老家里有一座观音像，通体洁白、端庄慈善。无论是对学生，对远方亲友，还是对慕名而来的陌生人，他都充满善和爱，就像那尊观音一样，慈悲亲善，让每一位走近他的人都能感受到温暖。

豁达

邓老是豁达的。有一段时间财政学界关于国家分配论和公共财政论的争论比较激烈。国家分配论的基本观点是，财政随国家的产生而产生，财政与国家有本质的联系，是以国家为主体的分配关系，参与社会总产品与国民收入的分配。公共财政论的基本观点是，由于存在市场失灵的状态，必须依靠政府的力量来弥补由于市场失灵所带来的公共产品的空白。两种理论都有其存在的合理性和必要性，基于不同的发展背景发挥不一样的作用。每每谈及当时的争论，邓老总是说，学术嘛，百家争鸣、百花齐放，大家都在思考、都在创造，才会有新的东西，要兼容并蓄、海纳百川。他还说，学术是学术，即使观点不一样，私下还可以是朋友，互相交流、一起进步。这是他对学术持有的宽容豁达态度。

邓老醉心于学术研究，生活上的大小事都交给师母料理，他和师母携手一生六十多年，风雨同舟、相濡以沫，从来没有大声争吵过。师母性格相对强势，邓老总是很和缓，乐于接受师母的安排，如果意见不合，他就默默不吭声，等师母说完之后，回到书房去看书写字。坐在书桌前沉浸在自己世界的邓老，遇到想分享的，又跟没事一样叫着"奶奶、奶奶，你来看看"。师母端着刚切的水果，来到邓老身边，两位和蔼可敬的老爷爷老奶奶、两副老花镜、一个放大镜，头碰头、一起看、一起聊。邓老和师母伉俪情深、互相包容、互相敬重，一辈子相依相守，是我们晚辈学习的榜样。

上班后的我们，在工作生活上偶有不顺的时候也会向邓老吐槽。记得有一次，有位师姐给邓老说同事对她的评价不好，她既生气又难过。邓老说，不要生气，要想一想别人为什么那样评价，是不是自己哪里做得不好？如果有做得不好就要改正。也不要太在意别人的评价，要有自己的判断，只要我们是积极、正确、向上、向善的，也不要害怕别人说什么。邓老的循循善诱、谆谆教导，没有任何责备，打消了师姐迷茫焦虑的负面情绪。他总是能够超脱又宽厚地处理这些负面、消极的事情，我想一个本身狭隘的人是做不到这样的，因为邓老宽厚豁达，才总是能化干戈为玉帛。

邓老家里还有一尊弥勒佛，袒胸露腹、慈眉善目。无论是在学术上，还是生活、做人上，他都是宽以待人，从来不会给人苛责或难堪，就像那尊弥勒佛一样，宽厚仁慈，身边的一切和美融洽。

自律

邓老是自律的。"邓六条：心态平和、生活规律，合理饮食、适当运动，劳逸结合、必要治疗"迄今还在我脑海里盘旋，这是邓老的生活之道。他坚持锻炼，每天早上5点醒来，做的第一件事就是锻炼，拍脸、搓手、揉腹、踢腿、抬腿、拉伸，自创的保健操整套练下来需要近一个小时，从70岁到90多岁，20多年没有间断过，这就是即使90多岁，他不仅身体健康，还保持着较好韧性、能做到体前屈拉伸触地的原因。

邓老保持着每天写日记的习惯。后来我也学邓老写日记，希望自己能默默追随邓老的脚步，养成一些好的习惯，把邓老的优秀品质在生命点滴中传承下去。

邓老热爱读书看报，喜欢研究最新的学术观点、时事政治。每天下午是他固定的读书看报写作时间，午休起来他就会坐到书桌前，把当天需要看的书报整理出来，一份一份看，看到重要处用红笔画线或圈圈；看到需记下来的，就拿出本子摘抄；想到相关联的内容还反复回头翻看。他看的书报很多、涉猎很广，例如，学术期刊《财政研究》《经济研究》《国际税收》《税务研究》等，报纸《人民日报》《厦门日报》《光明日报》《参考消息》《中国税务报》等，理论书籍《中国特色社会主义财政"四位一体"的分析》《中国特色社会主义财税思考》《降成本与供给侧结构性改革》《现代财政制度探索》等等，这些都是邓老热爱的、坚持的、每天都在做的，这些热爱和坚持是良好习惯，更是坚韧自律。

2020年年初发生了新冠肺炎疫情。那年直到8月底，我才有机会看到已经98岁的邓老，因为吞咽困难，他消瘦了许多，原本合身的衣服穿在身上空荡荡的，我的眼泪瞬间漫出来。邓老看到我很开心，虽然消瘦了，精神还是很好，记忆力惊人，问我两个孩子是不是三岁和一岁了？我握着他的手，眼泪簌簌往下流，百岁老人身体不好，仍然惦记着我们……后来听说，即使写字会手抖，他还是坚持每天看书、读报、写字。

2020年12月22日上午11时38分，这位博爱、宽容、自律的文科资深教授，永远地离开了我们。我常常后悔这一年我没有多去看他，多学习他的教学、为人、处事之道，多听他聊聊时事政治、财经政策、社会生活，多陪他在西村客厅、书房一圈一圈地散步，陪伴多一些、遗憾少一点……

生老病死自然规律，虚怀若谷、德高望重的邓老去了另一个世界，但他一直活在我们心里，每一位学生想到他、谈起他，都是充满怀念、爱戴和感恩。我们将带着邓老对生活的热爱和眷念，好好生活、认真工作，努力在平凡的岗位上作出更多的贡献。

琐琐碎碎、絮絮叨叨，写不完邓老严谨认真一丝不苟的学风、诲人不倦循循善诱的师风、不怕挫折直面困难的气势、与时俱进不懈探求的勇气、坚持真理无所畏惧的骨气，说不尽的怀念，数不清的感恩，谨以此文纪念敬爱的文科资深教授邓子基老先生。

师恩似海　永生不忘

李　潇 （中国银河金控）

2017年11月，本文作者（左一）博士毕业并与导师邓子基教授合影留念

虽知月寒日暖来煎人寿，但恩师的离去对我而言还是那么突然。2020年冬至刚过，收到恩师驾鹤西去的消息，我望着办公桌上恩师的照片，呆坐半晌，眼泪止不住地流下来。回想6月份，瑞杰师兄还组织了线上视频会为恩师祝寿，没想到这竟是我与恩师见的最后一面。12月26日，我怀着沉痛的心情登上飞往厦门的航班，赶在入夜前抵达，为恩师守灵，师兄师姐们也从四面八方奔赴厦门，送恩师最后一程。时光如梭，转眼间恩师离开我们已两年有余，恩师的音容笑貌、谆谆教诲不时浮现脑海，感怀深切。

恩师邓子基资深教授是我国著名经济学家、财政学家、教育家，中国财政理论研究终身成就奖获得者，是我国社会主义财政学的奠基人和开拓者之一，更是中国财政学界主流学派"国家分配论"的主要代表人物。"一生拼搏研财政，两袖清风为人师"是恩师光辉一生的生动写照，他坚韧不拔、乐观豁达的人生态度和虚怀若谷、与时俱进的学术品格影响并激励着一代又一代青年才俊勇毅前行。

回想起来，能与恩师结缘确是我人生至今最大的幸运。2012年夏，那时的我正准备报考厦大财政学博士，在志宏师兄的引荐下，我得到了与恩师联络的机会。8月的一天，我鼓起勇气拨通了恩师的电话，自报家门并表达了想跟随恩师学习深造的意愿，恩师似乎听出了我言语间的紧张，安慰道："不要紧张，我就是一名普通的老师，你的情况志宏跟我说过，欢迎你报考！"然而，在登门拜见恩师之前，我仍然彻夜难眠，几乎不敢想象能有机会拜入这位屡获殊荣、著作等身的学界泰斗门下。初见恩师和师母时，二老可能看出我有些拘谨，便亲切地与我拉家常、了解基本情况，师母还关切地问我有没有谈对象，让我真切感受到了二老的热情谦和、平易近人。临走时，二老一再嘱咐我要好好备考，务必过线，又把我一直送上电梯才挥手道别。就这样，有了二老的首肯，我全身心地投入备考中，最终以优异的成绩被财政系录取，幸运地成为恩师的第108位博士。犹记得面试那天，恩师竟顶着大太阳，在文倩师姐的搀扶下亲临面试现场，而那一年，他老人家已近90岁高龄。

恩师在七十多年的教学生涯中，始终坚持"教书、育人，出人才、出成果"的理念，他爱生如子，对学生倾注了无微不至的关爱，对积极上进的年轻人也总是乐于指导和帮助。他常说，人生有两把钥匙，治学的钥匙和做人的钥匙，我自己要先掌握好这两把钥匙，然后再交给学生。虽已是耄耋之年，恩师仍然坚持带学生、搞科研，在校期间我基本每周都会去家里看望并汇报学习生活情况，除了学术指导之外，恩师也会饶有兴致地跟我聊起师兄师姐们的过往或近况，若是得知谁又取得了新成绩，恩师总是不吝赞美之词，而我总能从他的笑谈间读出一份对学生的牵挂和自豪。后来，随着恩师身体状况的变化，长时间段探望和听"故事"的机会也渐渐少了，但恩师对我提交的论文仍是尽心尽力地审核把关，并委托力平老师一同进行指导，在很长一段时间里，我近乎"奢侈"地享受着两位大家的学术加持。春风化雨，润物无声，在两位老师的呵护和支持下，我于2017年顺利毕业并前往北京工作。2018、2019年回厦探望恩师时，恩师仍不忘嘱咐我好好工作，多向北京的师兄师姐们学习、请教。

恩师常说他有五力：理解力、分析力、判断力、记忆力、执行力，而我最佩服的就是他的记忆力。恩师家客厅桌上放着一个本子，师兄师姐或者其他慕名前来拜访的客人都会在本子上登记下最新信息，下次再见面，恩师总能脱口而出他们的单位、职务等信息。恩师这般年纪仍能保持超强的记忆力和敏捷的思维，这跟他的保健之道是分不开的，总结起来有六条：心态平和、生活规律、劳逸结合、适当运动、合理饮食、必要治疗。有师兄师姐风趣地称之为"邓六条"。这看似简单的24个字，恰恰是恩师健康长寿的独家"秘诀"，我们若能学以致用，想必也会受益无穷。

正如余华所言，死亡不是失去生命，而是走出了时间。恩师虽然离开了我们，但他的学术思想仍熠熠生辉，他的谆谆教诲仍历久弥新，他的精神和品格必将成为穿透岁月的光芒！落其实者思其树，饮其流者怀其源，师恩似海永不忘！

谨以此文纪念恩师百年诞辰！愿恩师和师母在天堂一切安好！

智慧殿堂　温暖港湾

邓永勤　周金荣　葛　锐　安　然（2003级博士研究生）

2003年12月，本文作者看望邓子基教授（右三）及王若畏女士（左三）并合影留念

　　2003年9月，我们四人来到芙蓉湖畔，师从邓力平老师攻读财政学博士学位。在三年学习及毕业以后，我们有幸在著名经济学家、财政学家、教育家邓子基教授家里聆听教诲。在我们心中，邓老家既是智慧殿堂，又是温暖港湾。邓老的大师风范，谆谆教诲，如春风化雨，润物无声。回忆起在邓老身边的点点滴滴，浓浓的师生情依然在心头荡漾。

　　第一学期，我们和同年级邓老带的8名博士生一起，在海滨东区邓老家聆听邓老讲授专业课"财政理论与政策研究"。第一次到邓老家，面对心中神一般存在的学术泰斗，我们4个徒孙比邓老带的博士生多了一丝"蹭课"的忐忑。邓老拿起讲义，目光明亮，扫视全场，略显拥挤的客厅立刻安静下来，升华为庄严的课堂。邓老思维敏锐，如数家珍，我国财政理论发展的源流演变精彩纷呈，名家风采和观点碰撞跃然眼前，如临其境。同学们或凝神聚听，或沙沙记笔记，无不肃然。听到妙处，常有同学忍不住发问，即使有时问得幼稚，邓老从来都是嘉许鼓励，启发讨论，引人深思，绝不把自己的观点强加于人。随着邓老娓娓道来，智慧的珍珠在我们心中悄然串联，奇思妙想仿佛自由的小鸟，振翅欲飞。课间，邓老靠在沙发上怡然小憩，师母宽和慈爱，笑声爽朗，亲自给我们发水果、发点心，谈笑风生，其乐融融。我们心中的一丝紧张在欢笑声中消散得无影无踪。此后，每周去邓老家上课成为我们快乐的期待。邓老学贯中西，纵论古今，思想深刻，尤其是对"发展论""消化论"的系统阐述，引导我们树立学术研究的基本立场，使我们受益匪浅。

至今回味，仍然有新的启迪，深感大学之大，在于大师。我们在邓老家上了大约10次课。最后一次课，我们格外珍惜，透出依依惜别之情。下课后我们簇拥着邓老和师母，二老也亲切随和，任我们"摆布"，留下了一张张珍贵的合影。

新年之际，我们到邓老家祝福新年。邓老仔细端详四个徒孙精心挑选的贺卡，指着贺卡上画的四朵小花会心一笑，说你们"四朵小花"同样是我的学生。以后，我们就常常以"四朵小花"自称。

毕业以后，只要有机会到厦门，我们都会约上在厦门工作的同学一起看望邓老伉俪，重返智慧殿堂，憩息温暖港湾。随着邓老年事渐高，不适合长时间会客，但只要我们到了厦门，力平老师都会尽量为我们安排时间拜见，只是要求尽量控制在半小时左右。邓老总是专注倾听我们汇报学习、工作和生活，汇报"四朵小花"在各自工作岗位取得的些许成绩、点滴进步。工作中、生活中遇到烦心事，我们也会和邓老吐槽一番。邓老除了给我们指点迷津，也时常和我们回忆自己年轻时辗转福建、重庆的求学生涯，回忆面对困难的积极应对，回忆少年当学徒时帮助过自己的老板，回忆关心爱护自己的老师们，回忆将自己带入经济学殿堂的王亚南老校长，回忆发生在厦大的轶闻趣事。邓老见到"四朵小花"，常常天南海北，兴味盎然，每每超时。

厦大校训是"自强不息、止于至善"，邓老正是自强不息、追求至善的典范。从早年艰辛求学，到我们入学时年过八旬仍然活跃在教学科研第一线，邓老以"老兵"自许，老骥伏枥，心明眼亮，以自己的道德文章和独特的人格魅力言传身教，教书育人。

二十年弹指一挥间，当年意气风发的我们华发已生，邓老也在2020年永远地离开了我们。"四朵小花"，饱含邓老的期许，也饱含我们对邓老的感恩和思念。无论我们身在何处，也无论能力大小、成就多少，邓老的赤子情怀将激励我们见贤思齐，踏实做人，勤勉工作，努力传承邓老的学术品格、学术思想，不敢懈怠。

谨以此小文，纪念敬爱的邓老百年诞辰。

回忆邓老

胡　巍（湖南省税务局）

2007年12月，本文作者（右一）看望邓子基教授并合影留念

2007年9月，我考入了厦门大学财政学专业，有幸成为财政学泰斗邓子基老师的学生，并师从邓力平老师攻读博士学位，两位老师和师母都对我关怀备至、厚爱有加、恩重如山。求学期间，我有时间经常会去看望邓老和王老师，博士毕业以后，我也坚持每一两年回厦门看看老师们，报告自己的财税工作情况，听听老师们的指导教导。时光如梭，一晃十余年过去了，虽然邓老已经仙逝两年多时间，但邓老指导我为人为事为学的点点滴滴始终铭刻在我的脑海中。值此邓子基老师诞辰100周年，撰此文以表思念和感恩之情。

慈眉善目的大师

初见邓老，是在厦门大学校内海滨教工宿舍6楼他的家中，跟邓老电话预约后，我攀爬6层楼梯气喘吁吁、诚惶诚恐地敲响了邓老家的门，虽然已经在网络、书本上多次见过邓老，但当面见邓老的那种慈眉善目的神态、平易近人的语调，着实让我感受到一种高山仰止、景行行止的大师风范。邓老很亲切地跟我说起他到湖南讲学，到我工作单位原湖南国税局讲学的经历，鼓励我好好学习，不断探索，将财政理论与税收实践紧密联系起来。

治学严谨的教授

2007年，邓老已经84岁高龄，但是他还是坚持每周给博士生上课，而且是给我们财政学一年级十几个博士生上的小班课。对于财政学的学生来讲，能每周听到财政学泰斗的课是多么骄傲和自豪的事情。邓老的治学，让我印象特别深的有三件事，让我深深感受到邓老的治学严谨和治学为人之道。第一件事是第一节课，邓老讲完章节的内容后，离下课还有五分钟，虽然已经84岁高龄，但邓老跟我们说"还有五分钟，我给大家再讲讲"，一直讲到下课铃响后才结束授课。第二件事是学期完毕后，我们全班同学去邓老家看他，他给我们每个人的结课论文都做了详细的批阅，哪怕是一个标点符号都进行了修改，邓老告诉我们"我是用放大镜给大家批改了论文"。第三件事是2009年我去看邓老，正好他发表了一篇讲"效率与公平"的文章，他跟我讲20世纪80年代强调"效率优先"，到90年代确定"效率优先，兼顾公平"，现阶段公平越来越重要，应该要"效率优先，注重公平"了。邓老告诉我，虽然年纪大了，但一直要站在学术的前沿。邓老用他的身体力行和谆谆教诲，给我们"传道授业解惑"，给我们传递他人生的两把钥匙"治学的钥匙、为人的钥匙"，以及"我不是大师，我是老师；我不是泰斗，我是老兵"的人生信条。

关怀备至的长者

因为对邓老特别崇敬，也因为是邓力平老师学术助理的原因，我去看望邓老的次数特别多，也特别愿意听他和王老师的指导，两老也特别喜欢我、关心我。2010年6月，我的博士论文答辩通过，马上要离开厦大了，我带着合页笔记本去听邓老的指导教诲，依依不舍，受益匪浅，邓老在我的本子上给我留下了"为人诚恳，虚心求索，联系实际，学有成就"的16字寄语，对我厦大博士学习给予了高度肯定，也坚定了我继续为人治学、不断学习、不断实践的信心和决心。为了感谢老师的厚爱，博士毕业后，我几乎每一两年就利用周末坐飞机去看看邓老和力平老师，听听他们的指导，2018年，我去厦门拜访邓老，感觉他苍老和虚弱了一些，去到家里，他正在按摩椅上闭目养神，令我非常感动的是，他睁开眼睛看到我就说"胡巍

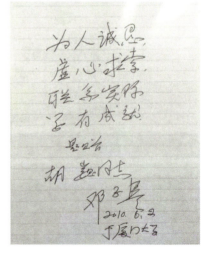

2010年6月，邓子基教授写给本文作者16字寄语

来了"，尽管已经95岁高龄，他始终都把学生记在心中。2020年的6月21日，邓老97岁生日，我很荣幸被选中作为学生代表视频连线表达祝福和感恩。未曾想，这一面竟成永别。2022年12月22日，邓老仙逝。他离开了我们，但是他为人治学的精神，他的人生哲学，他的师恩师德，他的家风家训，他对我的"为人诚恳，虚心求索，联系实际，学有成就"的16字寄语，永远激励着我"继续加油，继续前行"。

财政大师与人生导师

王智烜（厦门国家会计学院"一带一路"财经发展研究中心副主任）

2017年6月，本文作者（左一）在"邓子基从教70周年座谈会"上与邓子基教授合照

2020年12月22日，我国著名经济学家、财政学家、教育家邓子基资深教授驾鹤西去。时隔两年多的时间，这位可爱、可敬、可亲的老人家的音容笑貌还时常在我脑海里浮现，仿佛他还在陪伴着我们，与我们一起前行。在即将迎来邓子基教授诞辰100周年之际，请允许我也提笔记下我脑海中的邓子基教授。

与导师一起认识大师

我在硕士和博士期间的研究生导师都是邓力平教授，论辈分应该算邓子基教授的"徒孙"辈，因此对邓子基教授的印象一开始也多源于师兄师姐口口相传的著作等身和爱生如子。现在细想起来，我对邓子基教授的了解更多还是源自与邓力平老师的交往中。从导师身上，我真正体会到什么是家学渊源、书香门第。邓力平老师治学严谨，待学生也十分严格。但是毕业之后，学生们往往都会常常感激和回味这段难得的治学经历。邓力平老师学贯中西，既做到了洋为中用，更始终坚持中国特色社会主义的研究方向，而这种态度也在滋养着他的学生，让大家走在康庄大道上，不断笔直地前进。随着之后在与邓子基教授接触的过程中，我发现这些作为老师最重要的特质，同样也在邓子基教授身上散发着光芒。每次邓子基教授的学生从五湖四海回到厦门看望老师，我发现大家都是从"打趣"邓子基教授的"严格"开始，而往往也都是以感恩他认真负责的培养为结束。邓子基教授在与我们学生聊天的过程中，多次强调"中为体、洋为用"的观点，要始终坚持马克思主义理论的本体，同时要学习、分析、批判和吸收西方的理论。随着与邓子基教授的接触增多，我常常能在导师身上看到邓子基教授的一脉相承和与时俱进。

曾经有一段时间，我作为邓力平老师的学术助理，能够在导师的带领下更近距离地观察邓子基教授。每每跟着邓力平老师全国讲学回到厦门，邓老师都会第一时间回到厦大西村看望邓子基教授。除了日常的寒暄，邓子基教授与邓力平老师聊的更多的是当下财税改革的重点内容，这种与普通父子不同的交流让我真是又敬佩、又羡慕、又服气。邓子基教授往往都会根据自己的思考，从本质上把握我国财税改革的发展路径，而邓力平老师又会提出自己的观点和观察的一手资料进行引证和讨论。邓子基教授常常肯定并且鼓励邓力平老师继续研究，我想这也是邓力平老师能够不断著作等身的重要原因。除了这些，让我记忆深刻的一件事是在2017年的夏天，当时学术界对供给侧结构性改革的研究不断深入，财税政策如何在深化供给侧结构性改革中发挥更重要作用的讨论也在展开中。邓力平老师在扬州讲学中比较了我国供给侧结构性改革与里根供给侧改革的异同，特别提到了邓子基教授与他在20世纪90年代的专著《美国加拿大税制改革比较》的很多基本观点依然适用。我深受启发，就从网上买来这本书研读。邓力平老师看到我买来这么久远的书非常高兴，鼓励我好好研究。当时我们刚好在西村，邓力平老师就建议让邓子基教授签字留念。邓子基教授看到这本久远的书后非常高兴，也提到了书中最后章节值得研究的内容，并提笔写下了自己的名字。邓力平老师随后也在书上补签了自己的名字。这本书自此之后就放在了我书架最中间的位置，经常让我想起这段回忆，鼓励我独立思考、持续向前、不断努力。

2017年6月，邓子基教授在赠送作者的
著作上签名留念

在理论学习中理解泰斗的思想

大家在平时更愿意称邓子基教授为"泰斗"，这是因为邓子基教授对中国财政学奠基和发展做出了不可磨灭的贡献。邓子基教授是中国财政学"国家分配论"的主要奠基人，在关于"国家分配论"的三次论战中，邓子基教授始终坚持"国家分配论"不动摇，始终坚持国家与财政的本质联系，这种正本清源的学术思想影响着一代又一代财政理论和实务工作者。即便在今天，以"国家财政"为根本框架去统一后来的"公共财政""发展财政""现代财政"等理论的思路依然具有很强的生命力，依然有很多的知名学者沿着这一方向不断推动中国财政学的前进。因此，邓子基教授作为"国家财政"的集大成者，被大家称为"泰斗"是实至名归的。当然，邓子基教授的成就绝不仅限于"国家分配论"，在我的记忆里还有两件事让我记忆深刻。

第一件事是在即将迎来中华人民共和国成立70周年之际，邓力平老师开始筹划一篇回顾共和国70年财政发展的论文。在70年历史长河中，在浩浩荡荡的改革发展中找到共和国财政的共性，显然不是一件容易的事。邓力平老师很敏锐地抓住新时代以人民为中心的发展思想与财政的结合，并敲定了《人民财政：共和国财政的本质属性与时代内涵》的题目进行撰写。在繁忙的写作过程中，他还不忘指点我们这些学生好好看一下老一辈财政学家对人民财政的思考，理解当时环境下的观点，才能更好进行当下的研究。当我翻阅邓子基教授、许毅教授等老一辈财政学家的名篇后，很多思路豁然开朗，一句"人民财政为人民"不正是一代又一代中国财政学者研究的基本内容，不正是共和国财政的初心和使命吗？时代是出卷人，人民财政也在不断发展，这也与近期财政学的最新研究成果相符合。

第二件事是新时代以来，党中央着重推进人大制度和人大工作完善发展，特别是提高人大对经济工作的监督效力，确保全体人民能够依法管理国家经济事务。2018年，中共中央办公厅印发《关于人大预算审查监督重点向支出预算和政策拓展的指导意见》，同时《中共中央关于建立国务院向全国人大常委会报告国有资产管理情况制度的意见》也出台实施。邓力平老师作为全国人大常委会委员认为这是人大经济监督的重大改革，必须从理论层面进行把握和理解。经过认真思考，邓力平老师认为邓子基教授关于财政、税收、国有资产管理的"一体两翼"理论和思路可以用于解释当前人大经济监督的新发展，进而撰写了《"以人民为中心"发展思想与新时代人大对预算国资监督》一文。同时，他还督促我们再次阅读邓子基教授的"一体两翼""一体五重"等理论观点和政策主张，并让我们通过对比理解财政理论一以贯之的内容和与时俱进的内容。应当说，这样的练习使得我们这一批学生有了更加深厚的财政学底蕴，也为我们后续的研究打好了基础。

在欢声笑语中体会教授的为人之道

2017年4月，我陪同邓力平老师赴北京参加中国财政学会第21次全国财政理论研讨会。在这次大会上，我见证了楼继伟会长宣布邓子基教授与王亘坚、姜维壮、陈共等著名老一辈财政学家共同获得首届"中国财政理论研究终身成就奖"。6月份，厦门大学召开"财政学科建设与发展暨邓子基从教70周年座谈会"，财政部和中国财政学会委托刘尚希院长到场为邓子基教授颁发"中国财政理论研究终身成就奖"。这是国家、社会和学界对邓子基教授的又一次认可。我还记得当时我扶着邓子基教授走上讲台后，邓子基教授扶着讲台一下子就有了精神，他说道："我是一名从事财政教学科研工作的老兵。"大家都被邓子基教授这种洒脱、幽默和大家风度所折服。其后，邓子基教授洋洋洒洒回顾了自己的财政学研究历程，谈了为师的经验，让人并不觉得讲台上站的是耄耋老人。那天时间过得很快，大家不仅吸取了邓子基教授的研究和为师经验，还聆听了邓老的为人之道，这里简单说一下我的感受。

邓子基教授经常说他有五力，即记忆力、理解力、分析力、判断力和执行力。其中，我印象最深刻的是记忆力。每次五湖四海的师兄师姐来看邓子基教授，他都会让学生在本子上写上他们的名字和单位方便他记忆。往往下次师兄师姐再去看望邓子基教授，他会一口说出师兄师姐的名字和上次留的单位。这种事情经常发生，一开始我还是大为震惊，后来只能归结于邓子基教授有一个很好的记忆力。而师兄师姐在看到邓子基教授还记得自己后，都非常激动和感恩，进而对邓子基教授的嘱咐更加铭记于心。

邓子基教授经常愿意与学生分享他的三道，即为人之道、治学之道、保健之道。我记得中国财政理论研究终身成就奖颁发不久，中国财政学会就与中央电视台共同拍摄了《财政学功勋人物》。我当时引导摄制组在厦大采景完毕来到厦大西村后，本以为邓子基教授会很严肃地回忆他的理论学说。谁知开拍时，邓子基教授先讲了他的保健之道，也正是这种保健之道才让邓子基教授学术之树长青，屹立于中国财政学之巅。而这种平易近人的交谈，使得摄影组拍到更加真实的大家，之后节目在中央电视台《纪录东方》播出后，效果也是非常得好。

2020年11月3日，收到邓子基教授身体不适的信息后，邓力平老师带我立即从南京赶回厦门。当时，我还在想找合适的机会探望邓子基老师。万万没有想到，这个机会再没来到。在告别会场，那"一生拼搏研财政，两手清风为人师"的挽联恰是邓子基教授一生优秀品质和卓越精神最凝练的概括，也印在了所有从天南地北赶来吊唁他的学生和亲友的心中。

今天，邓子基奖教奖学金依然颁发，邓子基教授的精神将被更多的老师和学生所继承。今天，邓子基优秀学术论文奖也依然在颁发，邓子基教授的学术精神也将被一代又一代的财政学者继承和发扬下去。

我们即将迎来邓子基教授诞辰100周年，愿老人家在天堂安详，相信他的遗志会被后来人继承和发扬。

两代恩师　一生贵人

郑俊峰　（福建省泉州市税务局）

2017年12月，本文作者（右一）看望邓子基教授并合影留念

　　2020年11月10日，我到厦门拜见力平恩师后想去拜见邓老，力平老师说，"邓老最近比较虚弱，等过段时间恢复好了再去"。不承想仅一个多月后，传来邓老逝世的消息，眼泪不由自主地流了下来。敬爱的邓老，在学生心目中，是严师，是慈父，是人生道路上引路的贵人。

　　2006年，我有幸被国家税务总局推荐报考邓老的财政学博士。面试的时候，坐在对面的就是仰慕已久的财政学泰斗，因为紧张，我一时竟说不出话来，邓老温和地看着我，轻轻地说"没关系，慢慢想"，老人家仿佛不是主考官，而是一位慈祥的长者，用耐心和宽容来缓解后生晚辈的局促不安。那一天，我磕磕绊绊完成了面试，心里很沮丧。一周后，当我怀着忐忑不安的心情面见邓老时，邓老笑着对我说"恭喜你，上线了！"我又惊又喜，连忙起身向邓老鞠躬。当时我清楚地记得，邓老说："人生无常，要拿得起、放得下啊，明年是我从教60周年，连你在内，我已经收了101位博士生，我也快85岁了，体力精力都有限，学生都劝我收到100位就可以圆满收官了，我想把你转给我的儿子——邓力平教授，我们都是一家人。"能够同时师从两代名师是我之前想都不敢想的，欢喜之余更是无尽的感恩。

　　读博三年，随着学习不断深入，我对中外经济理论体系差异有了进一步的感悟，越发深刻地理解邓老坚持"国家分配论"的重要性，对邓老始终坚持的"中学为体、西学为用""坚持、借鉴、整合、发展",以及建立发展中国特色的经济学理论体系的高瞻远瞩更加敬佩。与此同时,通过与邓老近距离接触,了解到恩师求学从教的人生经历,越发敬仰他学为人师、行为世范的高尚品格以及中华优秀传统文化在他身上的自然流露。

2008年我着手开始准备博士论文,适逢全球金融海啸,于是选择了实物财政方向,研究粮食、石油、矿产等战略物资储备课题。向邓老汇报时,邓老点头赞许并指出,中国储备历史很长,中国发展要安全,要有前后眼,不能照搬西方的财政理论。得到邓老的指示后,我向力平老师汇报,力平老师当即表示同意我的选题,同时告诉我,邓老这方面研究深,要多向他汇报请教。在两位恩师的共同指导下,我查阅了大量中国古代"常平仓"等经典文献,论文顺利通过答辩并取得好成绩,得到高培勇、白恩培等教授的肯定。

对学生的学术指导,邓老循循善诱精益求精;对学生的工作生活,能帮尽帮不遗余力;对学生的个人成长,忠言良语一路引导。

邓老"爱生如子"的风范在力平老师身上得到了延续传承。力平老师一直都在关注关心着学生在基层一线的工作和成长,当听说我就任泉州税务大企业局局长时,很高兴地勉励我说,你们的团队除了要有理论科研人才,还要有基层实操人才,一定要守正尽责,为国家守好国库大门。恩师的谆谆教诲将陪伴我走好职业生涯的每一步。

两代恩师,一生贵人,高山仰止,终身追随。在恩师邓老诞辰100周年之际,谨以此文表达学生对恩师的无限感恩和思念。学生将铭记两代恩师的谆谆教诲,修身立德,在基层一线踏踏实实工作,为税收现代化服务于中国式现代化贡献绵薄之力。

大爱无疆

—— 忆先师邓子基

郝联峰 （中华联合保险集团）

邓老师离开我们已经两年多了，我一直不敢提笔回忆邓老师，笔拙难以写出心中深深的敬意和怀念。

我生在农村，长在大山里，在上厦大之前，不知道单衣还分冬夏、食堂吃饭可以刷饭卡、上课可以小班，是厦大改变了我的人生。一踏进厦大，我感觉天格外蓝，街道格外整洁，宿舍依山傍海，人格外友善，连空气都散发着花草的清香。我在厦大收获了友谊，收获了爱情，收获了知识，这一切都离不开厦大财金系有一位优秀的学术带头人，有一位深得师生爱戴的精神领袖，有一位以爱育爱、大爱无疆、对我关爱有加的邓老师。

第一次去见邓老师时，我的心惴惴不安，这是一位国内外享负盛名的学术泰斗，我这一个无名小辈、穷酸学生，邓老师会搭理咱吗？没想到见到邓老师后，邓老师起身相迎，师母端茶送水，邓老师请我们坐下后，就开始拉起了家常，问我是哪里人。我说我来自安徽，邓老师说，"安徽人聪明勤奋啊，我很多安徽籍学生都非常优秀"。不知不觉中，我也慢慢抬起了头。临告辞的时候，邓老师送到门口，说一些"珍惜时光、欢迎常来"的暖心话，让人觉得这是在走亲戚，而不是在泰斗家。不过，邓老师经常谦虚地说，我不是泰斗，只是"老兵"。

后来到邓老师家次数多了，邓老师也会谈起他的童年。邓老师是福建沙县夏茂镇儒元村人，九岁丧母，十一岁丧父，少年即成孤儿，童年生活充满了坎坷，多亏了家乡族亲的关爱和资助，他才能够读书成才。我感觉得到，正是邓老师少成孤儿，成长艰辛，受到亲友关爱，懂得人生不易，才养成了特别懂感恩、特别愿付出、特别有爱心的性格。邓老师的爱是大爱，没有分别心的博爱，对于很多人，邓老师见过一面，时隔多年再见面，仍能叫上名字，嘘寒问暖。

在厦大六年，邓老师给我上过两门课，一门是财政理论与政策，另一门是财政与宏观调控。同学们都喜欢上邓老师的课，在邓老师家上课好似举办小型派对，大家很放松，可以边喝茶，边吃师母准备的水果点心，边听邓老师畅谈财政理论渊源、财政流派演绎、财政政策效应、财政货币协调、财政逸闻趣事。邓老师的课不仅传授知识，解答问题，还以自己的言行，阐述了什么叫真诚、善良、勤俭、养生、慎独、谦虚。

邓老师已离我们远去，但他在敬贤楼陈旧的教师宿舍里招呼我们坐在木沙发上，他因胆结石躺在福州病床上仍不忘厦大财金系学科建设，他在海滨东区26号楼为我和妻子边剥橘子边说橘子是圆圆满满，他在课间十分钟为同学们演示他自创的全套保健操……这一幕幕仿佛还在昨天。邓老师并没有远去，他的音容笑貌，他的大爱精神，他的春阳般的温暖，一直陪伴着我们，激励着我们前行。

师恩如灯 烛照桃李深情

师恩难忘，铭记终生

范玉洁 （招商银行）

2013年5月，本文作者（右一）看望导师邓子基教授

时光如梭，邓子基资深教授，我敬爱的恩师邓老，离开我们已经两年了。他的音容笑貌时常出现在我的脑海里、我的梦里。今年是邓老诞辰100周年，回顾承蒙恩师教导的日子，承欢恩师膝下的时光，依然历历在目，感怀备至。

2009年，我从漳州校区搬到厦大本部，有幸作为当时本科生的学生代表陪同邓老出席学校举办的活动，第一次见到了敬爱的邓老。他白眉善目，和蔼可亲，犹如一尊笑呵呵的弥勒佛。到了攻读研究生阶段，我斗胆向邓老和师母提出了想要拜邓老为导师、投身邓老门下的想法。那个时候，邓老已年逾九十，虽然奋斗在教学科研的第一线，但是已经十几年不招研究生了，着实比较为难。然而两位老人还是满足了我的愿望，破格招收我为硕士研究生，从此改变了我的人生轨迹。2010年，我正式拜入邓老门下，并且有幸成为邓老的助手。

入门时我虽然只是一名硕士研究生，但是邓老有教无类，身为泰斗，却自称"年轻的老兵"，教学工作亲力亲为。邓老经常带我参加师兄师姐的研讨会，给我们讲述"国家分配论"的光荣历史沿革、与"公共财政论"的学术交锋和融合，教导我们要坚持实事求是、学会兼收并蓄。邓老视力不好，帮我修改毕业论文时，总是拿着放大镜逐字逐句地阅读、校正，一段一段地帮我修改，连标点符号也不放过。他记忆力惊人，2010年我陪同邓老和师母去上海出差，在黄浦江畔，邓老能清晰地指出年轻时他在上海工作期间的办公位置、居住大楼和几经变迁的道路。我攻读硕士期间，系里有计划派学生去德国参加学术交流会，邓老了解情况后鼓励我积极报名，并最终帮我促成了出国学习事宜。

生活方面，邓老作息严格，按时起居和锻炼；饮食也很健康，爱吃五谷杂粮，常说"一日三枣，健康不老"。他每天早上坚持晨读和锻炼，傍晚有空闲的时候也会和师母一起去散步。邓老戏谑说他四十多岁的时候，眉毛就开始变白，人称"白眉教授"；因为切除了胆囊，还有人叫他"无胆教授"，说完总会开心地哈哈大笑。他乐观豁达的生活态度、严格自律的保健之道，深深感染着身边的人。步入工作岗位之后，我时常怀念与邓老和师母相处的日子。每隔一段时间，我就会给邓老和师母打电话，向二老问好，讲述工作生活中的趣事或难事。每每回到厦门，我都会带家人去看望邓老和师母，体会亲人般无间的温暖。邓老"教书、育人，出人才、出成果"的教育理念，"动脑多思、动口多讲、动手多写、动腿多走"的保健之道，犹在耳畔；师母春风和煦般的关怀，历历在目。回忆往事一幕幕，我当何其有幸，能受教于邓老，承恩于邓老，师恩如山，无以回报。如今，邓老和师母已经在天堂相会了，相信他们一定会像在人间一样，星光熠熠、慈眉善目、和美相依。

邓老一共招收了108名博士、300多名硕士和成千上万名本科生。他培养了无数栋梁之材。凡是受教于邓老的学生，不管是博士生、硕士生还是本科生，不仅仅从邓老那里学到了知识，更多的是获得了人格上的锤炼、精神上的提升。泰斗陨落、精神不朽，作为邓老的弟子，对恩师最好的怀念，就是传承和发扬邓老留给我们的学术财富和精神力量，薪火相传、生生不已。他崇高的师德、博大的胸怀将成为弟子们永远学习的榜样，他的"为人之道、治学之道"将成为弟子们永远的精神动力。

五老峰下不老松精神犹在，一代名师硕德难量，邓老风范必将万世流芳、千古永存。